MESDAMES

DE

FRANCE

MESDAMES

DE FRANCE

FILLES DE LOUIS XV

PAR

ÉDOUARD DE BARTHÉLEMY

PARIS
LIBRAIRIE ACADÉMIQUE
DIDIER ET Cⁱᵉ, LIBRAIRES-ÉDITEURS
35, QUAI DES AUGUSTINS, 35

1870
Tous droits réservés.

A Madame la baronne de Brimont
née du Suau de la Croix

Madame,

Il est juste, ce me semble, de vous prier d'agréer la dédicace de ce livre, dont vous avez déterminé la publication. Ne vous souvenez-vous pas de ce beau jour d'octobre où nous fûmes en bande joyeuse nous promener sous les ombrages du parc de Louvois? Là, tandis que nos compagnons causaient, et médisaient du temps présent, nous évoquions la mémoire du grand ministre de Louis XIV ; puis, nous vînmes à parler des filles de Louis XV, qui possédèrent après lui ce château, et dont notre cicérone en cornette nous rappelait les souvenirs. L'un et l'autre nous nous trouvâmes fort peu renseignés sur l'existence des nombreuses filles du roi Bien-Aimé. Je me proposai dès-lors d'étudier brièvement l'histoire de ces princesses, et de cette étude, qui devait à peine fournir la matière d'une notice, est sorti ce volume. Aurez-vous assez de mémoire pour lui faire bon accueil? Je crois, sans attendre la réponse, pouvoir ne pas en douter, et, en dépit de la distance qui malheureusement sépare la côte du Pouldu des bords de la Vesle, être assuré de ce nouveau témoignage d'une bienveillante amitié dont je suis heureux de pouvoir m'honorer.

Veuillez agréer, Madame, le nouvel hommage de mes plus respectueux sentiments.

E. DE BARTHÉLEMY

Paris, le 23 Mars 1870.

AVANT-PROPOS

Peu de personnes connaissent l'histoire de la vie des filles de Louis XV ; presque toutes seraient assurément bien surprises en apprenant que la dernière de Mesdames de France, comme on les appelait, est morte au commencement de notre siècle. Leur biographie est cependant curieuse et utile : curieuse par les innombrables faits qu'elle nous révèle, et qui nous font pénétrer dans l'intimité de la Cour au XVIIIe siècle ; utile, par les détails historiques qu'elle nous fournit, et qui ont la plus réelle importance au point de vue des grands événements du siècle dernier.

L'histoire de Mesdames n'a jamais été écrite. Les Biographies universelles ne leur consacrent que quelques lignes, et l'histoire générale en a parlé à peine, si ce n'est dans ces dernières années, et l'on chercherait vainement, par exemple, dans le grand travail de M. Henri Matrin une page sur leur rôle, si considérable cependant, et si regrettable, durant le règne de

Louis XVI. Le premier, M. Todière, dans un remarquable ouvrage intitulé : *Louis XVI, Marie-Antoinette et le comte de Provence*, a abordé franchement ce point de la vie de Mesdames. M. Michelet aussi s'est beaucoup occupé d'elles dans les deux derniers volumes de son *Histoire de France*, mais avec une partialité regrettable et dans des termes tels que je m'efforcerai de n'avoir pas à les citer dans ce travail. Quant aux ouvrages spécialement consacrés à Mesdames, il n'existe que le récit de leur fuite et de leur exil, raconté sans aucune critique par M. de Montigny et celui de leur voyage de France en Italie, par M. de Chastellux. On a, sur Madame Louise, il est vrai, le livre bien connu de l'abbé Proyart, dans lequel l'auteur a intercalé un certain nombre de lettres dont il omet malheureusement d'indiquer l'origine. Une nouvelle biographie, écrite par une religieuse carmélite d'Autun, et où la partie purement religieuse de l'ouvrage, déjà si développée dans l'abbé Proyart, l'est encore davantage, a été publiée en 1852. Madame la comtesse Drohojowska a donné récemment sur le même sujet un mince volume, qui n'est guère que le résumé du travail de la carmélite d'Autun. Enfin, Madame la comtesse d'Armaillé vient de publier un livre estimable sous le titre de *Marie-Thérèse et Marie-Antoinette*, dans lequel les filles de Louis XV sont sérieusement étudiées. Nous ne pouvons mentionner que pour mémoire ce travail sur Mesdames de France, par M. Honoré Bonhomme, inséré cet automne dans la *Revue Contemporaine* : le nôtre était complétement terminé à ce moment.

Il y a donc peu de livres spéciaux et ils offrent peu de ressources. Nous nous sommes efforcé d'y suppléer en recherchant tout ce qui a pu être inséré dans les ouvrages les plus divers concernant les filles de Louis XV. Les journaux de Marais, de Bachaumont, de Collé, les correspondances de Grimm, nous ont fourni un certain nombre de détails ; mais les mines où nous avons trouvé les principaux matériaux de cette entreprise, sont les Mémoires du duc de Luynes, le journal de l'avocat Barbier, celui de l'abbé Baudeau, inséré dans la *Revue rétrospective*, et les correspondances de Marie-Antoinette. Le récent travail de M. de Beauchesne sur Madame Élisabeth, le *Journal de la Cour*, publié par M. de Lescure, l'*Histoire de Madame de Pompadour*, de M. Campardon, nous ont également été utiles. Nous avons trouvé aussi des renseignements précieux dans les archives de M. le comte de Chastellux ; dans celles de la ville

d'Arnay-le-Duc, où Mesdames ont été arrêtées en 1791 et dans celles de la préfecture de Seine-et-Oise; nous avons recueilli sur elles tous les souvenirs encore existants à Louvois. Nous avons aussi à remercier MM. Rathery, de la Bibliothèque impériale, et Charavay, qui ont bien voulu nous procurer quelques lettres intéressantes; MM. Port, archiviste de Maine-et-Loire, Lepage, archiviste de la Meurthe, Duhamel, archiviste des Vosges, qui nous ont communiqué des documents précieux sur le séjour des princesses à Fontevrault et sur leur voyage en Lorraine. Bref, nous avons l'espoir de n'avoir laissé de côté aucune des sources auxquelles nous pouvions puiser utilement. Notre seul regret est de n'avoir pu avoir communication des correspondances de Mesdames Adélaïde et Victoire, actuellement conservées aux Archives impériales. Un érudit bien compétent nous a révélé l'existence de ces documents, transférés des archives de Versailles à celles de la liste civile en 1825, et plus récemment à l'ancien hôtel de Forbin. Suivant lui, « ces corres-
» pondances présenteraient les deux princesses
» sous un jour très-favorable. » Il paraît que l'état incomplet du classement de ce riche dépôt rend les communications des documents très-difficiles.

Nous présentons donc ce travail au public avec la confiance de n'avoir rien négligé pour nous renseigner et pour éclairer toutes les questions relatives aux filles de Louis XV. On sera peut-être surpris de l'aspect peu avantageux sous lequel je présente la reine Marie Leckzinska, mais je n'ai pas cédé au vain désir de porter un jugement sévère pour avoir l'occasion d'écrire quelque chose de nouveau. Je ne cite que des faits, et mes lecteurs pourront juger eux-mêmes de la valeur de mes appréciations. Quant à Madame Adélaïde et à Madame Louise, leur conduite envers Marie-Antoinette ne laisse pas de doute possible : la soif du pouvoir, une jalousie étroite, ont seules pu les déterminer à prendre part contre la malheureuse reine à une guerre qui, il faut qu'on le dise bien haut, est le véritable point de départ de l'impopularité sous laquelle a succombé cette noble et sympathique princesse. Il y a là tout un chapitre des origines de la révolution française, qui était à peine indiqué et qui méritait d'être plus étudié.

MESDAMES DE FRANCE

CHAPITRE I

ENFANCE DE MESDAMES

Enfants de Louis XV. — Ses filles. — Cérémonial à leur naissance. — Baptêmes des trois aînées. — Incident piquant à la naissance de Madame Louise. — Mesdames aînées paraissent dans les cérémonies dès 1737. — Elles vont de bonne heure au bal. — L'ordre donné par Mesdames. — Incident. — Leur vie à la cour. — Premier bal masqué. — Mariage de Madame avec l'Infant Philippe. — Chagrin de sa sœur. — Comment elles reçoivent officiellement. — Première communion. — Leur maison — Singulière éducation. — Mesdames cadettes envoyées à l'abbaye de Fontevrault. — Cause de cette mesure. — Madame Adélaïde obtient de rester à Versailles.

Louis XV épousa, le 15 août 1725 par procureur à Strasbourg, et le 5 septembre en personne à Fontainebleau, Marie Leckzinska, fille du roi de Pologne et de la princesse Opalinska : il avait quinze ans et demi, et la reine vingt-deux ans et deux mois. Dix enfants naquirent de cette union : trois moururent en bas âge (1) ; les sept qui restèrent, six filles et un fils, furent le Dauphin (2), père de Louis XVI, de Louis XVIII et de Charles X ; Louise-Élisabeth, dite *Madame*, en qualité d'aînée, puis *Madame Infante*, après son mariage avec le duc de Parme, née le 14 août 1727 ; Anne-Henriette, dite *Madame Henriette*, puis *Madame*, après le mariage de sa sœur, dont elle était jumelle ; Marie-Adélaïde (3), dite *Madame Adélaïde*, puis *Madame* après la mort de sa sœur Henriette, en 1752, redevenue *Madame Adélaïde* à la suite du mariage du comte de Provence, dont la femme fut qualifiée Madame, née le 23 mars 1732 ; Marie-Louise-Adélaïde-Victoire, dite *Madame Victoire*, filleule du roi Victor-Emmanuel, née le 11 mai 1733 ; Sophie-Philippine-Élisabeth, dite *Madame Sophie*, née le 27 juillet 1734 ; Louise-Marie, dite *Madame Louise*, née le 15 juillet 1737. Toutes ces princesses naquirent à Versailles. Une seule parmi elles se maria, et elle mourut après avoir traîné une

---

(1) Louis, duc d'Anjou, né le 30 août 1730, mort le 7 avril 1733 ; Marie, née le 20 juillet 1728, morte le 19 février 1733 ; Marie-Thérèse-Félicité, dite Madame Sixième, née le 16 mai 1736, morte le 27 septembre 1744.

(2) Né le 4 septembre 1729.

(3) Elle reçut ce nom par ordre du roi, en mémoire de la mère de ce prince, Adélaïde de Savoie.

existence précaire au milieu des splendeurs royales. Madame Henriette disparut de bonne heure ; Mesdames Sophie et Louise quittèrent ce monde, l'une quelques années, l'autre quelques mois avant la Révolution : seules Mesdames Adélaïde et Victoire assistèrent au renversement de la monarchie, et, après avoir couru de sérieux dangers personnels, elles durent prendre le chemin de l'exil et moururent à Trieste. Toutes étaient instruites, quoique intelligentes à divers degrés, pieuses et portées à aimer le bien : trois d'entre elles attiraient les yeux par leur beauté, dangereux avantage refusé à Mesdames Adélaïde, Sophie et Louise.

C'est au palais de Versailles, comme nous l'avons dit, que la reine mit au monde ses nombreux enfants. Chaque princesse avait, en naissant, une maison composée d'une première femme de chambre, d'une nourrice (1), de sept femmes de chambre, d'une fille de lingerie, et d'un huissier

---

(1) Le duc de Luynes, dans ses *Mémoires*, remarque que les nourrices de Mesdames ne les coiffèrent jamais et n'assistèrent pas à la cérémonie, quoique qualifiées premières femmes de chambre, « parce que, comme on nomme toujours la femme de chambre avant l'accouchement, la nourrice ne peut être que seconde. » La première femme de chambre recevait 2,400 livres.

de la chambre. Le roi témoigna toute sa vie une grande affection pour ses filles, et il ne négligea rien pour leur bien-être d'abord, puis pour l'éclat de leur rang à la cour, quoiqu'en ayant soin de les tenir constamment éloignées des affaires. Il se plut de bonne heure à les faire figurer dans les réunions d'apparat. Le 29 mars 1737, nous raconte le duc de Luynes, Mesdames allèrent entendre à la chapelle du château l'office des Ténèbres du Jeudi-Saint, dans la travée voisine de celle du roi : on avait disposé pour elles un coussin de damas cramoisi, avec des carreaux et un drap de pied : le cardinal de Fleury fit enlever ce drap, comme contraire à l'étiquette (1). Peu de jours après, la reine donnait le jour à Madame Sixième, et il n'est pas hors de propos, ce me semble, de relater ici les détails conservés par le duc de Luynes sur cet événement.

La reine commença à ressentir la première douleur, le 15 mai à huit heures du soir, et immédiatement le duc de Gesvres, comme gouverneur de Paris, en prévint le prévôt des marchands, afin que messieurs de la ville s'assemblassent pour

---

(1) Le tapis fut accordé peu de temps après à Mesdames, et le duc de Luynes nous apprend qu'au mois d'avril 1732, on augmenta son étendue pour que Madame Troisième pût y prendre place.

demeurer réunis suivant l'usage, jusques à l'avis de la délivrance. Les princes et les princesses du sang furent avertis en même temps par les soins de la dame d'honneur qui désigna les noms et du premier écuyer qui envoya les pages chargés de la commission : on prévint également le chancelier, le garde des sceaux, les trois autres secrétaires d'État et le contrôleur général. La dame d'honneur s'occupa, comme de coutume, de « tout ce qui concernoit le lit de la reine » et de tout ce dont on pouvait avoir besoin en pareille circonstance. Au moment de l'accouchement, la garde prit l'enfant et le remit à la duchesse de Ventadour, comme gouvernante des Enfants de France; celle-ci le porta immédiatement dans la pièce voisine où un aumônier du roi l'ondoya.

Le 8 janvier 1737, Mesdames Louise-Elisabeth et Anne-Henriette vinrent, pour la première fois, au lever du roi (1) et, le mois suivant, nous les voyons recevoir gravement chez elles l'ambassadeur de l'ordre de Malte, chargé de notifier la mort du grand maître à la cour de France, puis

(1) Les princesses étaient conduites en chaises à porteurs jusqu'à l'antichambre de la Reine; quand la sous-gouvernante tenait l'une d'elles sur ses genoux, elle venait également jusqu'à l'antichambre, mais si elle suivait seulement, sa chaise s'arrêtait dans la pièce précédant la der-

l'ambassadrice d'Espagne. A dater de cette époque, les dames et officiers nouveaux dans la maison royale furent astreints à se faire présenter à Mesdames, lors de leur nomination et immédiatement après la visite au roi, à la reine et au Dauphin. Il en fut de même pour les femmes admises aux honneurs du tabouret. Le 2 juillet, les princesses assistèrent à la grande revue de la maison du roi et elles furent saluées par les troupes avec les mêmes honneurs que le Dauphin.

Comme nous l'avons dit pour Madame Sixième, les princesses, recevaient l'ondoiement immédiatement après leur naissance. Les cérémonies du baptême se faisaient ensuite assez attendre. Elles eurent lieu le samedi 27 avril pour le Dauphin et ses trois sœurs aînées. Louise-Élisabeth fut présentée par le duc de Chartres et la princesse de Conti; Henriette, par le duc de Bourbon et mademoiselle de Bourbon; Adélaïde, par le comte de Charolais, qui se tenait depuis plusieurs années éloigné de la cour, et par mademoiselle de Clermont. La cérémonie commença à cinq heures du soir et était terminée à six; les trois princesses

---

nière salle des gardes. La gouvernante seule avait le privilége de circuler partout en chaise, mais, par exception, à cause du grand âge de la titulaire de cette charge, la duchesse de Ventadour.

furent baptisées en même temps, devant le roi et la reine, par le cardinal de Rohan qui ne prononça aucun discours; tous les officiers et toutes les dames de la cour avaient été convoqués, le corps diplomatique occupait une des travées du haut : « Il y eut seulement quelques révérences d'omises, » dit le duc de Luynes qui était singulièrement ferré sur l'étiquette (1).

Le 15 juillet, la reine accoucha de Madame Louise, la dernière de ses filles, et il se produisit à cette occasion un incident assez piquant. Les douleurs commencèrent à six heures du soir, et comme elles se prolongèrent, Louis XV voyant la quantité de monde qualifié qui attendait dans la chambre ordonna d'improviser promptement un souper dans l'antichambre. « On n'avoit pas encore servi le rôt, dit M. de Luynes, que nous entendîmes un bruit général et des cris de pie : Un garçon, un prince. Vive le roi ! vive M. le duc d'Anjou ! On couroit chez le roi, chez la reine sans savoir où l'on alloit. Les uns envoyoient des courriers, et les courriers partoient de toutes parts. M. le cardinal fut averti chez lui où il étoit

---

(1) On fit aussi peu de cérémonie que possible pour éviter les coûteuses gratifications d'argent distribuées dans le cas de grandes solennités. Le grand maître des cérémonies reçut seulement 2,000 livres par enfant baptisé; le maître des cérémonies 1,300 livres, et l'aide 400.

revenu pour la seconde ou troisième fois, et il ne crut point pourtant à la nouvelle. J'allai chez la reine et je trouvai qu'elle n'étoit point accouchée. Elle avoit eu une si fort grande douleur que l'on demandoit du vin d'Espagne pour elle et un garçon de la chambre pour en aller quérir. L'huissier de la chambre n'en trouvant pas dans ce moment, cria à la porte de la chambre : « Un garçon, un garçon ! » Ce mot fut répété aussitôt et courut de tous côtés. Le roi s'étoit levé de table à cette fausse nouvelle et étoit dans la chambre de la reine. La première parole de Marie Leckzinska quand elle sut que c'étoit encore une fille fut pour dire à Louis XV : « Je voudrois souffrir encore autant et vous donner un duc d'Anjou. » Et M. de Luynes, après avoir dit que le roi « l'exhorta à se tranquilliser, » ajoute : « Quoique son souper ne fût qu'au rôti, Sa Majesté alla sur-le-champ se coucher. »

Le 12 septembre, Madame fut en personne marraine du fils du duc de Châtillon. Dès cette époque, les trois filles aînées du roi étaient reconnues comme si leur âge leur eût véritablement attribué à la cour la place que leur donnait la volonté de leur père. Quand le roi, la reine et le Dauphin étaient absents, c'était Madame qui donnait seule le mot d'ordre à l'officier de garde, et cela amena, au mois de septembre, une plainte des plus vives de la part de la duchesse de Tallard, gouvernante en survivance, qui prétendait que l'officier devait lui rapporter ce mot, — qui était toujours un nom de saint, — faisant surtout valoir « le peu de convenance de laisser une jeune fille parler bas à l'oreille d'un homme, » tandis que ce dernier s'y refusait, disant n'avoir de rapport avec aucun particulier. Cette grosse question fut portée au cardinal de Fleury, qui en parla au roi, et on décida « que Madame continueroit à donner le mot, mais qu'elle demanderoit à la gouvernante le nom du saint qu'elle auroit à nommer. »

Les princesses recevaient déjà. Elles donnèrent un bal dès le 30 mars 1737, et à partir du mois de novembre, on dansa chez elles tous les jeudis d'abord, puis, tous les mercredis, « parce que le jeudi étant jour de tragédie, il y avoit moins de monde au bal pour cette raison, » dit le duc de Luynes. « Ce fut M. le Dauphin et Madame, écrit-il le 16 décembre, qui commencèrent le bal, ensuite M. le Dauphin ayant demandé l'ordre du roi, alla prendre le duc de Chartres, et le duc de Chartres prit ensuite Madame Adélaïde. » Mais les princesses ne pouvaient danser le menuet qu'avec des gens titrés, et pas même avec des fils de ducs dont les duchés n'auraient pas été régulièrement constitués; aussi notre noble chroniqueur s'étonne-t-il de les voir accepter une fois le fils du prince de

Monaco « qui n'avoit nul rang en France. » Avant ces bals, qui avaient naturellement lieu dans le jour, on servait une collation (1).

Le journal du duc de Luynes fournit les détails les plus circonstanciés sur la vie des princesses à la cour. Nous y trouvons tous les incidents relatifs à ces bals qui, après avoir été des « assemblées comme des répétitions, » devinrent, au mois de janvier suivant, des fêtes véritables. Les dimanches, on dansait chez le Dauphin, et ses sœurs y venaient toujours. Les divertissements cessèrent avec les jours gras, et nous voyons alors Mesdames suivre très-exactement les offices du carême, ayant deux travées de la chapelle réservées pour elles et leur suite, et ne manquant aucune des cérémonies de la semaine sainte. Mais Louis XV semble n'avoir pas pris le moindre souci de l'éducation religieuse de ses filles, qui trouvaient heureusement à cet égard de précieux exemples près de leur mère.

Les questions de représentation et d'étiquette paraissent avoir primé toute autre préoccupation dans l'esprit du roi. Plus Mesdames grandis-

---

(1) Un ordre du roi défendit aux officiers des gardes de paraître à ces bals, et décida que les danseurs seraient exclusivement choisis parmi les personnes admises à monter dans les carrosses des chasses.

saient, plus il tenait à affirmer leur rang (1), plus il exigeait strictement qu'elles reçussent les mêmes visites que lui et la reine : ambassadeurs, députés de la ville de Paris venant annoncer les élections de l'échevinage, femmes de ducs nouvellement mariées, tous devaient se rendre chez ces princesses.

Au mois de décembre les bals recommencèrent chez les princesses, et le jour adopté fut cette fois le dimanche : la reine y vint assez ordinairement, et alors, on élevait les quatre fauteuils préparés pour le Dauphin et ses sœurs, en n'en laissant qu'un pour leur mère. Pendant que les princesses dansaient, tout le monde restait debout, même mademoiselle de Bourbon, qui y venait souvent.

Le 26 janvier 1738, Mesdames assistèrent pour la première fois à un bal paré et masqué, qui avait été retardé de quelques jours, à cause de la rougeole dont Madame Adélaïde fut atteinte au commencement de ce mois. Elles en donnèrent elles-mêmes un le mardi-gras. On commença par souper à cinq heures, chez madame de Tallard : puis le bal s'ouvrit à sept heures; à neuf, Mesdames se masquèrent et les danses durèrent jusqu'à minuit. « Le bal fut joli, fort gai, et tout se passa avec beaucoup

---

(1) Le 18 juin 1738, le roi décida que les dames présentées à Mesdames baiseraient leurs robes.

d'ordre : il n'y avoit point trop de monde, et il y en avoit assez pour danser. » Déjà le bruit circulait à la cour que Madame allait épouser l'Infant don Philippe, troisième fils du roi d'Espagne, et ces fêtes assez anormales à l'âge des princesses donnèrent promptement créance à cette nouvelle : on remarqua l'empressement avec lequel, à l'un de ses bals, Madame, voyant entrer l'ambassadeur d'Espagne, le comte de la Mina, « prit des tartelettes et petits choux, dans une assiette, et courut à lui, sans paroître avoir vu un signe de madame de Tallard : » on racontait que la princesse apprenait l'espagnol. Enfin, le 22 février 1739, le roi « déclara » le mariage. « M. le cardinal alla chez Madame, avec qui il eut une conversation d'un quart d'heure, ou environ : madame de Tallard étoit présente. Madame fut ensuite chez le roi ; après quoi, étant revenue chez elle, elle reçut grand nombre de compliments, des hommes seulement : les dames y allèrent l'après-midi. Elle montra plus d'affliction que de joie à cette nouvelle, mais la douleur qu'elle a marquée n'est point une douleur d'enfance, mais de l'attachement qu'elle a pour tout ce qu'elle quittera, et qu'elle doit aimer dans ce pays-ci. Pour Madame Adélaïde, lorsque la reine fut hier voir Madame Henriette et elle, Madame Adélaïde s'avança vers elle et lui dit : « Maman, je suis bien fâchée du mariage de ma sœur. »

La faveur que Madame avait témoignée au comte de la Mina semble se concilier difficilement avec l'affliction dont parle ici le duc de Luynes. Il est permis surtout de croire que la princesse, à onze ans et demi, n'avait pas encore d'idées très-arrêtées sur le mariage, encore moins sur l'Infant qu'elle n'avait jamais vu. Et deux mois plus tard, le duc de Luynes écrivait tout au contraire : « Madame est, à ce que l'on dit, fort consolée présentement sur son départ, et attend même le moment avec impatience. » Mais cet hymen fut retardé jusqu'au mois d'août, et pendant ce temps la royale fiancée demeura à Versailles, continuant de partager l'existence de ses sœurs.

Le 1er mars suivant elles reçurent la princesse de Lichtenstein, femme de l'ambassadeur de l'Empire : « Mesdames, nous rapporte le duc de Luynes, étoient toutes trois dans la chambre à coucher des deux aînées. Il y avoit trois fauteuils : Madame dans le milieu, Madame Henriette à sa droite, et Madame Adélaïde à sa gauche, madame de Tallard à la droite de Madame Henriette, sur un pliant, un peu en arrière ; madame de Rohan, nièce de l'ambassadrice, assise du même côté que madame de Tallard, mais en avant. Lorsque madame l'ambassadrice est arrivée, madame de Sainctot est venue prévenir madame de Tallard, qui est sortie aussitôt jusqu'à la porte en dehors, a salué et baisé madame l'ambassadrice des deux côtés, et est entrée aussitôt, suivie de madame de Lichtenstein. Les trois révérences comme chez la reine. Ensuite madame de Lichtenstein s'est approchée de Madame; elle a eu l'honneur de baiser Madame des deux côtés, et puis Madame Henriette, et puis Madame Adélaïde. Madame et Madame Henriette lui ont chacune fait un petit compliment : il n'y a que Madame Adélaïde qui ne lui a rien dit. Madame de Tallard a fait apporter deux pliants en face de Mesdames : madame de Lichtenstein s'est assise à la droite de madame de Tallard ; il y a eu quelques moments fort courts de conversation qui a été bientôt interrompue, parce que Mesdames ont eu la curiosité de vouloir voir le bouquet de diamants. La reine avoit eu la même curiosité : madame de Lichtenstein l'avoit défait et lui avoit présenté elle-même, sans faire semblant de le remettre à madame de Luynes, ce qui paroît être la règle ; elle a fait de même chez Mesdames. Après cela, elle ne s'est point rassise et s'est retirée en faisant les trois mêmes révérences, sans se retourner. »

Une cérémonie plus grave eut lieu peu de temps après pour Mesdames aînées : le 16 mars, elles furent confirmées, par le cardinal de Rohan, dans la chapelle de Versailles, mais sans aucune pompe, tout comme pour le baptême. Or, à cette occasion, notre fidèle guide constate que « Mesdames étoient toutes deux en grand habit; c'est le premier jour qu'elles ont quitté les manches pendantes. » Le jeudi saint, les trois princesses portaient, comme à l'ordinaire, des plats à la cène de la reine. Contrairement à l'usage actuel, les princesses, confirmées le 16 mars, firent leur première communion le 30. Dès lors elles furent de toutes les parties de la cour; elles furent admises à souper chez le roi, elles l'accompagnèrent à Marly, assistèrent au jeu et prirent même, à ce qu'il paraît, un goût particulier au cavagnole; elles parurent, le 30 juin, à la revue de la maison du roi.

Quand on lit le *Journal* du duc de Luynes, on s'étonne de n'y trouver aucune indication relative à l'éducation des filles aînées du roi. Nous les voyons admises, au sortir du berceau, à toutes les cérémonies de la cour et figurant au premier rang, après leurs parents, sur le même pied que le Dauphin, recevant, comme nous l'avons dit, les princes étrangers, les ambassadeurs, les femmes présentées; donnant des bals à l'âge où elles auraient dû jouer à la poupée. L'*État de France* pour l'année 1736 nous fournit l'état de la maison de Mesdames : « Première, Seconde, Troisième, née quatrième, et Quatrième, née cinquième : » chacune a une première femme de chambre, une nourrice, huit femmes de chambre, un valet et un garçon de chambre, un porte-faix, une blanchisseuse et une servante de cuisine (1). Le médecin, le chirurgien et l'argentier du Dauphin étaient pareillement attachés à Mesdames. Mais nous n'y voyons figurer ni aumônier, ni précepteur, ni professeur : la vieille duchesse de Ventadour avait le titre de gouvernante des Enfants de France, charge exercée en réalité par la duchesse de Tallard ; mesdames de la Lande, de Villefort et du Muy étaient sous-gouvernantes.

La reine paraît s'être peu occupée de ses filles ; on en trouve la preuve dans le consciencieux *Journal* du duc de Luynes : il n'enregistre que de très-rares visites de Marie Leckzinska chez Mesdames : quand elles commencèrent à donner des bals, la reine en laissa passer plusieurs sans même y faire d'apparition ; rarement aussi il mentionne sa présence dans les appartements de ses filles, et presque jamais nous n'entendons parler de leurs visites chez elle. Il y a là une lacune fâcheuse et qui surprendrait de la part d'une femme sérieuse et attachée à ses devoirs comme l'était Marie

---

(1) Chaque maison coûtait 23,700 livres de gages, soit en tout 94,800 livres.

Leckzinska, si nous ne savions pas qu'elle était retenue par les règles de l'étiquette, et malheureusement aussi par de fréquentes souffrances (1). Le roi aimait beaucoup ses filles; mais il n'avait aucune notion sur la manière dont une éducation devait être dirigée, et l'on en juge facilement, quand on voit le faste déployé pour la moindre réception, la moindre fête, et la simplicité déplacée avec laquelle furent célébrées les trois cérémonies principales de la vie de ses filles : leur baptême, leur première communion et leur confirmation. On retrouve dans cette circonstance la légèreté du caractère de Louis XV, son absence de sens moral, son indifférence ou plutôt son ignorance des convenances les plus ordinaires ; la reine était trop faible, redoutait trop tout ce qui pouvait contrarier le roi pour réagir contre ce fâcheux courant et faire donner à l'éducation de ses filles la direction convenable.

Il semble cependant qu'on se soit aperçu — trop tard pour les aînées — des inconvénients de cette manière d'élever les filles de France : Soit cette cause, soit ennui du roi (2) d'être entouré d'un aussi grand nombre de

---

(1) Le roi les aimait avec cette bonhomie bourgeoise rare chez les princes. (Dangerville, *Vie privée de Louis XV*, Tome II, p. 44.)

(2) Barbier dit nettement dans son Journal (III, p. 128):

filles, toujours est-il qu'au mois d'avril 1738, le bruit se répandit à Versailles que Mesdames de France allaient être envoyées à l'abbaye de Fontevrault, en Anjou. Ce monastère était dirigé alors par une femme de haute vertu et de grand mérite, Louise de Rochechouart-Mortemart, qui avait hérité des rares qualités de sa tante et devancière, la sœur de madame de Montespan. Le roi « déclara » le voyage le 18, et annonça que Mesdames Élisabeth et Henriette resteraient seules à la cour. La duchesse de Tallard obtint, à force d'instances, que Madame Adélaïde demeurât aussi : Louis XV céda, probablement à cause du prochain mariage de l'aînée, résolu déjà dans son esprit, et qui aurait laissé Madame Henriette complétement isolée, mais surtout à cause des plaintes violentes, du désespoir de l'enfant, qu'on craignit de rendre malade, en maintenant une décision contre laquelle elle montrait une résistance extrême.

Dès ce moment, les filles du roi vivront très-séparées : l'une va quitter la France pour ceindre une couronne précaire qui l'obligera à venir souvent à Versailles solliciter un appui qu'elle n'ob-

« Le cardinal imagina ce moyen de ménager au sujet de toutes les Filles de France, actuellement au nombre de sept, qui embarrassent le château de Versailles, et causent de la dépense, ça été d'en envoyer cinq à l'abbaye de Fontevrault. »

tiendra pas, et des secours d'argent qui lui seront péniblement accordés ; Mesdames Henriette et Adélaïde vont continuer leur existence mondaine, sans donner plus de place à leur instruction, et les autres princesses ne feront guère mieux à Fontevrault, comme nous le verrons. Nous avons reproché au roi et à la reine l'éducation de leurs enfants, mais il faut reconnaître qu'une bonne part de la responsabilité incombe également au cardinal Fleury, qui voulait à tout prix rétablir les finances du royaume, et eut le mérite d'y parvenir, mais il poussa à l'extrême ce système d'économie. Il ne fit rien pour donner à Mesdames aînées des professeurs qui eussent pu causer quelque dépense, et il trouva ingénieux d'envoyer les plus jeunes princesses dans une lointaine abbaye, tandis que leur place était véritablement indiquée à Saint-Cyr. La présence de Mesdames aurait ajouté un nouveau lustre à cet établissement; les gentilhommes pauvres auraient été flattés de voir leurs filles avec celles de leurs souverains, et les princesses y auraient reçu à bon marché une instruction excellente; mais le cardinal n'aimait pas la fondation de Louis XIV. La parcimonie d'un côté, la jalousie de l'autre décidèrent l'envoi de Mesdames à Fontevrault.

CHAPITRE II

MESDAMES CADETTES A FONTEVRAULT

Départ de Mesdames cadettes pour Fontevrault. — Leur escorte. — Leur arrivée. — L'abbaye de Fontevrault. — Madame de Rochechouart, abbesse. — Éducation des princesses. — Faiblesse de leurs sous-gouvernantes religieuses. — Le maître de danse. — Le menuet rose et bleu. — Caractère des quatre princesses. — Terreurs de Madame Sophie. — Maladie de Madame Sixième. — Sa mort. — Baptême de Mesdames Victoire et Sophie. — Le roi leur envoie des voitures et des chevaux. — Retour de Madame Victoire. — Son portrait. — Sa vie à la cour. — Ignorance des religieuses. — La nouvelle abbesse malade ne peut s'occuper des deux princesses. — Leur retour.

Le départ de Mesdames Quatrième, Cinquième, Sixième et Septième, comme on disait alors, avait été fixé d'abord au 5 mai, mais il n'eut pas lieu avant le 16 juin. Tout fut réglé avec autant de minutie quant à l'étiquette pour le voyage, que d'économie dans la dépense. Les quatre princesses montèrent dans le même carrosse, les deux aînées au fond, les deux cadettes devant, sur les genoux de madame de la-Lande, sous-gouvernante désignée pour les accompagner, et d'une première femme de chambre : deux autres femmes de chambre étaient aux portières. Madame de la Lande ne devait même pas coucher à l'abbaye : les princesses avaient pour leur service deux premières femmes de chambre, huit femmes de chambre, un écuyer de bouche, avec un détachement de la bouche et quatre valets de pied (1) : l'abbaye recevait quinze mille livres de pension pour la nourriture et l'éducation de chacune de mesdames. L'escorte devait se composer de douze gardes du corps, commandés par un exempt, M. d'Autichamp. Le cardinal n'avait voulu d'abord accorder que huit gardes, et le duc de Luynes constate que M. de Béthune obtint avec bien de la peine qu'il y en aurait douze. Les Cent-Suisses réclamèrent, en vertu de leurs priviléges, l'honneur de fournir également une escorte, mais cette fois le cardinal fut intraitable.

Le roi était à Rambouillet, quand ses filles s'éloignèrent : il ne songea même pas à les venir embrasser avant leur départ, et il se contenta de lire une lettre de la duchesse de Tallard, annonçant cet événement au cardinal de Fleury et que ce dernier lui remit au retour d'une chasse.

(1) Les officiers de la bouche et les valets de pied revinrent avec madame de la Lande; seul l'écuyer de bouche demeura, mais ce fut un maître d'hôtel, nommé par l'abbesse, qui fut chargé de la dépense de la table.

Les princesses mirent treize jours pour franchir les quatre-vingts lieues qui séparaient Versailles de Fontevrault. Elles arrivèrent le 28 juin. Nous avons été assez heureux pour retrouver le récit de la réception de Mesdames à l'abbaye. On remarquera que le service d'honneur et l'escorte étaient beaucoup plus considérables que ne l'avait ordonné le cardinal de Fleury (1) :

« Mesdames sont arrivées ici sans cérémonie, comme par toutes les villes où elles ont passé, n'ayant été haranguées dans aucunes. Elles étoient cependant escortées par une partie de la maison du Roy : elles avoient un écuyer, cinq exempts, vingt-cinq gardes du corps, quatre pages, un maréchal des logis, huit carrosses attelés de huit chevaux, deux chaises, vingt fourgons, pour les bagages.

« M. l'intendant de Tours, accompagné du prévôt d'Angers et de la maréchaussée de toute la province, furent au-devant et joignirent la maison du Roy, tous à cheval, qui en arrivant dans l'abbaye se rangèrent des deux côtés de la cour, l'épée nue.

« Mesdames arrivèrent à une heure après midi, précédées de quatre hocquetons du Roi, habillés en

(1) La dépense était bien faible cependant ; l'extraordinaire consistait par jour en dix sols par homme et cinq livres à l'officier.

cottes d'armes, le maréchal des logis devant le carrosse, après eux des pages à cheval à côté du carrosse.

« Mesdames entrèrent ; il n'y eut que trois carrosses qui entrèrent. La plupart des femmes descendirent dans la cour de l'Abbaye.

« Madame l'abbesse reçut Mesdames à l'entrée d'une galerie proche leur appartement (1), qui lui furent présentées par madame de la Lande, sous-gouvernante des Enfants de France et qui l'a été du Roi.

« Madame l'abbesse en habit blanc, accompagnée seulement de madame la duchesse de Lesdiguières, sa sœur, et de quatre religieuses, destinées pour estre auprès de Mesdames, aussi en habit blanc pour ne point leur faire peur, avec quatre petites filles à peu près de l'âge de Mesdames.

« La communauté étoit dispersée, les unes dans le jardin proche la galerie que nous nommons Bourbon, parce que c'est Madame Éléonore de Bourbon, tante de Henri IV, qui l'a fait faire : les autres étoient aux fenêtres des appartements. Le Roy n'a pas voulu que la communauté fût assemblée pour ne pas faire peur à Mesdames.

(1) Le duc de Luynes dit que l'abbesse : « ne voulut être accompagnée d'aucune de ses religieuses, ni même mettre son grand habit pour ne point présenter à Mesdames un appareil qui auroit pu les effrayer. »

« Lorsque Mesdames passèrent, elles aperçurent qu'on les regardoit : elles mirent la tête à la portière pour faire le salut, en portant leurs petites mains à leur bouche et les présentant ensuite à la portière. Après être descendues de carrosse, elles entrèrent dans la galerie ; on les conduisit dans leur appartement où on leur servit à dîner.

« M. l'intendant de la province fut au réfectoire, où on se mit à la table de madame l'abbesse, avec les principaux officiers de Mesdames. Comme la table de madame l'abbesse est trop petite, on en plaça une partie à celle de la mère grande-prieure, et de la mère-prieure du cloître, qui sont au même niveau que celle de madame l'abbesse ; et des deux costés du réfectoire étoient les pages et autres officiers, gardes du corps, valets de pied, hocquetons du Roy et maréchaussée : le tout montoit à 250 personnes qui eurent à dîner. Après quoy on leur donna du caffé.

« Le soir, après que tout le monde fut sorti, on fit des illuminations et on tira autant de fusées que le soir précédent, n'ayant pu les tirer toutes la veille parce qu'il faisoit un trop grand vent. »

Contrairement à ce qui avait été convenu, madame de la Lande coucha une nuit à Fontevrault et servit même les princesses le soir. Le lendemain l'abbesse commença à les servir à table :

elle était du reste investie du pouvoir le plus étendu pour l'éducation et l'instruction des royales élèves qui lui étaient confiées, mais pour lesquelles il y avait lieu de craindre que l'on ne trouvât pas de professeurs suffisants au fond de cette province reculée.

L'abbaye de Fontevrault a toujours joui d'une grande illustration : elle fut fondée vers l'an 1000, par le bienheureux Robert d'Arbrissel, aux environs de Saumur, pour donner un asile aux fidèles des deux sexes qui voulaient chercher la vérité sous sa direction. Une magnifique église fut construite comme lien central entre les divers monastères qui composaient l'abbaye dont, par une exception unique, le gouvernement appartint toujours, après le bienheureux Robert, à une abbesse. On y compta jusqu'à trois mille religieuses avant la mort de son saint fondateur. Fontevrault demeura toujours le chef-lieu d'un ordre considérable par les larges privilèges que lui accordèrent sans cesse les souverains pontifes, par les aumônes de nos rois et des rois d'Angleterre qui, du temps des Plantagenets, y choisirent leur sépulture, et par les nombreuses abbayes qui furent filles de Fontevrault. De 1477 à 1670, les abbesses furent sans interruption des princesses de Bourbon et d'Orléans : la sœur de madame de Montespan fut nommée à Fontevrault à cette dernière date, et nous venons de voir que sa nièce lui avait succédé. Élisabeth de Mortemart était fille du maréchal duc de Vivonne.

Au début le régime de l'abbaye paraît avoir médiocrement convenu aux jeunes princesses : « Madame Septième étoit si mal à Fontevrault, écrit le duc de Luynes, le 28 décembre 1738, que l'on croyoit à tout moment apprendre sa mort ; elle étoit mieux hier, mais Madame Cinquième est mal : or, toutes les quatre sont malades. » Mais il ne parle plus du tout de Madame après cette mention, et il est facile de constater qu'on paraît s'en être très-faiblement préoccupé à la cour, d'où l'on ne songea pas même à envoyer à Fontevrault quelque personne de confiance, quelque médecin émérite. Les princesses guérirent heureusement. Le 20 décembre, on procéda au baptême de Madame Louise qui eut pour parrain M. de Bussy, seigneur de Bizay et pour marraine, madame Bailly-Adenet, sa première femme de chambre (1).

L'abbesse s'occupa de l'instruction des princesses qui lui étaient confiées : on s'en était remis à elle sans lui tracer aucun plan, sans lui fournir aucune indication. L'abbé de Piers, docteur en droit, fut choisi pour remplir les fonctions « d'instituteur de Mesdames, » mais il mourut le 15 no-

(1) Archives de Maine-et-Loire.

vembre de la première année de leur séjour (1). Je ne sais s'il fut remplacé, mais dans ce cas il vaut mieux laisser dans l'ombre le nom de son successeur, car plus tard Madame Louise disait elle-même qu'à douze ans elle n'avait pas encore parcouru la totalité de son alphabet, et qu'elle n'avait appris à lire couramment qu'après son retour à Versailles (2). Deux religieuses furent spécialement chargées de Mesdames, la mère Mac-Carthy, qui ne sut que témoigner la plus fâcheuse condescendance à tous leurs caprices, et la mère de Soulanges qui, au contraire, montra une certaine sévérité tout en prodiguant aux princesses des preuves d'attachement dont elles lui conservèrent une vive reconnaissance (3).

Nous savons que M. de Caix, l'un des symphonistes de la musique du roi, donna des leçons à Madame Victoire à Fontevrault; elles avaient aussi un maître de danse amené pour elles de Versailles, et madame Campan raconte à ce sujet une assez plaisante anecdote. Le maître leur appre-

---

(1) Archives de Maine-et-Loire.

(2) Mémoires de madame Campan.

(3) Madame Campan dit qu'elles en gardèrent rancune à la mère Mac-Carthy, et laissèrent ses neveux vieillir parmi les gardes du corps, tandis qu'elles procurèrent plus tard l'abbaye de Royal-Lieu à la mère de Soulange.

naît une danse alors fort à la mode, le menuet
« couleur de rose. » Madame Victoire voulut
qu'on le nommât le « menuet bleu. » Le professeur résista à ce caprice en soutenant qu'on se
moquerait infailliblement de lui à la cour si jamais la princesse y parlait d'un « menuet bleu. » La
dispute s'échauffant; l'abbesse assembla, assure-
t-on, la communauté, laquelle décida qu'il ne fallait pas contrarier Madame Victoire ; le menuet
fut déclaré « menuet bleu » et la princesse
dansa (1).

Les détails que nous possédons, encore en
très-petit nombre, sur le séjour à l'abbaye, ne
sont pas de nature à nous édifier sur l'éducation donnée par les religieuses aux filles de
Louis XV. Madame Victoire racontait qu'on la
rendait effroyablement peureuse par les péniten-
ces qu'on lui imposait, comme d'aller réciter les
prières des agonisants dans une chapelle voisine
de la demeure du jardinier du monastère, qui mou-
rait enragé en poussant des cris terribles; ou en la
forçant à aller dire ses prières du soir, seule, dans
le caveau où les religieuses étaient enterrées. Il y

---

(1) Madame Campan se trompe en donnant le principal
rôle dans cette historiette à Madame Adélaïde; cette princesse n'est jamais venue à Fontevrault ; l'aînée présente
était Madame Victoire.

a lieu de croire que c'est cette éducation qui développa chez Madame Sophie une susceptibilité nerveuse qui la rendit pendant toute sa vie presque étrangère à ce qui se passait autour d'elle.

« Madame Sophie était d'une laideur rare, dit madame Campan. Je n'ai jamais vu personne avoir l'air si effarouché ; elle marchait d'une vitesse extrême, et pour reconnaître, sans les regarder, les gens qui se rangeaient sur son passage, elle avait pris l'habitude de les voir à la manière des lièvres. Cette princesse était d'une si grande timidité qu'il était possible de la voir tous les jours, pendant des années, sans l'entendre prononcer un mot. On assurait cependant qu'elle montrait de l'esprit, et même de l'amabilité dans la société de quelques dames préférées ; elle s'instruisait beaucoup, mais elle lisait seule ; la présence d'une lectrice l'eût infiniment gênée. Il y avait pourtant des occasions où cette princesse si sauvage devenait tout à coup affable, gracieuse, et montrait la bonté la plus communicative ; c'était lorsqu'il faisait de l'orage ; elle avait peur, et tel était son effroi, qu'alors elle s'approchait des personnes les moins considérables ; elle leur faisait mille questions obligeantes ; voyait-elle un éclair, elle leur serrait la main ; pour un coup de tonnerre elle les eût embrassées. Mais le beau temps revenu, la princesse reprenait sa roideur, son silence, son air farouche, passait devant tout le monde sans faire attention à personne, jusqu'à ce qu'un nouvel orage vînt lui ramener sa peur et son affabilité. »

J'ai dit que les renseignements manquent presque absolument sur le séjour de Mesdames à Fontevrault. Le duc de Luynes n'écrit pas une seule fois leur nom jusqu'à la mort de Madame Sixième, arrivée le 28 septembre 1744. Madame de Montmorin avait alors succédé à madame de Mortemart. Le 24 septembre, elle donnait une fête à l'occasion de la guérison du roi. Madame Félicité se trouva souffrante, mais comme elle s'amusait, elle voulut demeurer, et, suivant la coutume, on céda à son caprice, malgré la fièvre assez violente dont elle était atteinte. Le 27, le docteur Cosnard déclara qu'il y avait danger et on envoya immédiatement des courriers à Versailles et à Metz : malgré d'abondantes saignées, le mal empira rapidement et l'état devint si désespéré qu'à 3 heures de l'après-midi, on procéda au baptême *in extremis* de la pauvre enfant ; son parrain fut le père Macé, curé de Vouvré et confesseur de Mesdames : la marraine, madame Tascher-Milsion, nourrice de Madame Sophie, femme de chambre honoraire de Mesdames. « L'enfant gardoit sa tête, étoit gracieuse et embrassoit souvent le crucifix. A 6 heures du soir la léthargie commença, cessa à 4 heures du matin, assez même pour donner quelque espoir; l'agonie commença à 8 heures et demie du matin. Elle mourut un peu avant midi. A 4 heures toute la communauté vint saluer chacune de Mesdames; le prieur vint ensuite avec ses religieux. Des religieuses gardèrent le corps en se relevant d'heure en heure. Le lendemain matin le corps fut levé à 8 heures du matin; quatre diacres le portèrent, les quatre plus anciens religieux étant aux coins; l'abbesse suivoit derrière, puis venoient les quatre sous-gouvernantes » Madame Félicité avait huit ans quand elle mourut; elle ressemblait beaucoup à son grand'père Stanislas : elle succomba à une petite vérole rentrée par suite de l'ignorance du médecin qui ne sut pas reconnaître la maladie.

La nouvelle de ce malheur parvint le 3 octobre seulement à la reine qui était à Lunéville. On s'explique difficilement par les devoirs de cour l'attitude de la mère en cette circonstance. Le duc de Luynes se contente de dire : « La reine qui devoit manger avec les dames, mangea seule dans un cabinet de l'appartement du roi son père; » puis il ajoute que dans la journée elle alla voir « le rocher mouvant et la cascade; » elle soupa seule cependant, ne joua ni le soir, ni le lendemain, mais dîna comme à l'ordinaire avec ses dames :

la musique fut supprimée pendant le repas. On peut dire que ce fut l'unique manifestation de deuil. Le roi de Pologne ne décommanda même pas les comédies qui étaient annoncées : lui et sa fille s'abstinrent seulement d'y paraître. Avant la fin de la semaine, la reine avait complétement repris sa vie habituelle. Quant au roi, il ne paraît pas qu'il ait interrompu un seul jour ses dîners ni son jeu.

Le 15 août suivant on baptisa Mesdames Victoire et Sophie. Toutes deux eurent pour parrain Mgr de Montmorin, évêque de Langres, et pour marraine l'abbesse. Mgr de Montmorin officia pour la première et Mgr de la Tour d'Auvergne pour la seconde. Les princesses offrirent à cette occasion à l'église paroissiale les vaisseaux du Saint-Chrême, deux burettes, et le custode en argent à leurs armes ; l'abbesse donna un ostensoir également en argent (1).

Les années s'écoulaient sans qu'on songeât à faire revenir les princesses à Versailles. Madame

---

(1) Archives de Maine-et-Loire. — Les pièces données par Mesdames valaient 374 livres. Tous ces documents relatifs à Fontevrault proviennent des archives départementales, et sont consignés à la fin de l'inventaire des titres de l'abbaye, dressé par P. Lardière ; nous les devons à l'obligeance de M. C. Port, archiviste de ce dépôt.

Victoire avait quatorze ans et Madame Sophie treize, quand on paraît s'être souvenu d'elles. Au mois d'août 1747, le roi, pour la première fois, pensa que ses filles pourraient avoir le désir de se promener et qu'elles étaient dans l'impossibilité matérielle de le faire convenablement. Il leur envoya alors deux carrosses et une gondole avec cochers, postillons, palefreniers, valets de pied et trente-deux chevaux, le tout sous la direction d'un piqueur de la petite écurie; on y ajouta « quatre ânes tout harnachés pour se promener. » En même temps Louis XV alloua trois mille livres par mois à Madame Victoire pour ses menus plaisirs et deux mille à chacune de ses sœurs. « Il avoit aussi fait faire leurs portraits et les offrit en surprise à la reine. » Celle-ci écrivit à madame de Luynes que le roi lui avait montré les portraits de Mesdames qui sont à Fontevrault; « que ç'avoit été une surprise agréable pour elle, ne sachant pas qu'elles fussent peintes. » La reine entrait ensuite dans quelques détails sur la figure de ses filles (1) et finissait par ces mots : « Vous trouverez peut-être cette lettre longue, mais prenez-vous-en à la tendresse d'une mère et à la confiance d'une amie. »

(1) Luynes, 13 octobre 1747 : « Les deux aînées, écrit la reine, sont belles réellement, mais je n'ai jamais rien vu de si agréable que la petite : elle a la physionomie atten-

Madame Victoire cependant s'ennuyait beaucoup à l'abbaye et elle pressait vivement son père de la rappeler auprès de lui : Louis XV, qu'on veut toujours nous montrer animé d'une si grande affection pour ses filles, y mit au moins peu d'empressement. « Ce n'est que d'hier ou d'avant-hier que l'on parle publiquement du retour de Madame Victoire ; elle avoit une grande impatience de revenir, enfin le roi y a consenti (1). » On choisit comme dame de confiance auprès de la princesse, sans avoir le titre de sous-gouvernante, mademoiselle de Charleval qui se trouvait à la fois la protégée de la duchesse de Duras, alors dame d'honneur de Madame, et de la duchesse de Luynes. Mademoiselle de Charleval n'avait aucune fortune, elle était parente du duc de Brancas, sourd et presque aveugle, auprès duquel elle demeurait depuis plusieurs années pour lui prodiguer les soins les plus dévoués. M. de Brancas avait donné à ses parents des témoignages constants d'affection et de générosité, et mademoiselle de Charleval avait tenu à lui prouver sa reconnaissance « par les soins qu'elle a de son amusement et de faire les honneurs de sa maison. »

drissante et très-éloignée de la tristesse, je n'en ai pas vu une si singulière ; elle est touchante, douce et spirituelle. »

(1) *Mém.* de Luynes, 30 janvier 1748.

Le 10 mars, la maréchale de Duras prit les ordres du roi, et le 14, elle quitta Paris avec la comtesse de Civrac, l'une des dames de Madame, et mademoiselle de Charleval. Elle arriva à Fontevrault le 18 et en repartit le surlendemain avec madame Victoire, en couchant à Langeais, à Amboise, à Cléry et à Étampes. « Le roi partit hier 24, sur les quatre heures, dans un carrosse à quatre places où il étoit seul avec M. le Dauphin. Il avoit envoyé dire à madame la maréchale de Duras de ne point s'arrêter à Sceaux et de continuer à marcher. Il trouva Madame Victoire qui sortoit du village de Sceaux. L'entrevue fut vive et tendre. Le roi remonta dans son carrosse avec M. le Dauphin, Madame Victoire et madame la maréchale de Duras et arriva à Versailles environ à six heures et demie. Il vint dans le moment chez la reine, précédé de M. le Dauphin et de Madame Victoire. L'antichambre de la reine, le grand cabinet, la chambre et même presque le salon étoient remplis d'un monde si prodigieux que le roi en fut surpris. La reine s'avança avec empressement au-devant de sa fille; l'embrassade fut tendre à tirer des larmes des yeux; la conversation se fit debout devant tout le monde et fut assez longue. La reine descendit ensuite chez madame la Dauphine avec Madame Victoire; elle n'y resta pas longtemps et remonta chez elle avec

Madame pour jouer à cavagnole. Madame Victoire monta dans son appartement (1) où elle reçut des présentations; elle étoit en robe de chambre, ainsi que les deux dames qui l'ont suivie. Elle ne soupa pas au grand couvert; elle soupa chez elle avec Madame. Aujourd'hui elle est en grand habit et soupera ce soir au grand couvert (2). »

« La figure de Madame Victoire est agréable; elle a un beau teint de brune, les yeux assez grands et fort beaux, une forme de visage à peu près comme Madame Henriette. Elle ressemble au roi, à M. le Dauphin, à Madame Infante, même un peu à Madame Adélaïde, et a cependant un visage différent de tous ceux-là. On lui trouve une ressemblance, on ne sait pas pourquoi, mais elle est assez juste, avec M. le duc d'Orléans, régent. On prétend aussi qu'elle a un peu de ressemblance avec madame de Civrac; en quoi elle lui ressemble davantage, c'est par le son de sa voix. Jusqu'à présent elle se tient mal; elle ne sait pas bien faire la révérence; elle marche encore plus mal. On prétend que sa démarche est dans le goût de celle de ma-

---

(1) Cet appartement consistait seulement alors en une chambre à coucher, servant auparavant de seconde antichambre à la Dauphine, placée entre la chambre de madame de Duras et le grand salon de la Dauphine.

(2) *Mém.* du duc de Luynes VIII, 481.

dame de Modène. Elle est bien faite, mais un peu grasse ; on dit que son caractère est charmant (1). » Ainsi, on ne cherche point à savoir si la princesse est instruite, si elle a été bien élevée : elle se tient mal, ne sait pas faire la révérence et marche encore plus mal, voilà ce qui préoccupe les familiers de la Cour.

Les premières heures de l'arrivée de la princesse furent absorbées par les présentations faites par madame de Duras: elles continuèrent le lendemain ; elles avaient lieu soit dans la chambre de Madame Victoire, soit dans celle de Mesdames, qui passaient alors dans leur cabinet et se mettaient à la fenêtre « pour ne pas paraître être présentes. » Tous les hommes et toutes les femmes portant régulièrement un titre « ont eu l'honneur de saluer et baiser Madame Victoire. » Le mardi le corps diplomatique fut reçu : le nonce adressa un compliment en français au nom de tous à Madame. Le duc de Luynes enregistre ensuite tous les faits et gestes de la jeune princesse pendant les premiers jours. Le lundi suivant elle s'habilla pour la première fois et fut au sermon ; le mardi, elle alla à la comédie avec sa mère, et ne parut pas faire grande attention au spectacle ; le 30 mars, elle

---

(1) Lettre du duc de Gesvres au duc de Luynes citée dans les *Mémoires* de celui-ci.

parut avec ses deux aînées à la revue de la maison du roi dans la plaine des Sablons.

Les deux dernières filles de Louis XV durent passer encore près de deux ans et demi à Fontevrault. On ne commença à parler à Versailles de leur retour que vers le mois de décembre 1749, et elles ne rentrèrent auprès de leurs parents qu'au mois d'octobre suivant, après une séparation de plus de douze ans, sans que ni Louis XV, ni Marie Léckzinska, aient pu une seule fois aller les embrasser et voir par eux-mêmes comment leur éducation était dirigée. Les souverains ne peuvent prétendre à une liberté assez grande pour remplir les plus impérieux devoirs de famille, ni satisfaire un besoin d'affection que la reine cependant ressentait vivement, d'après ce qu'assurent tous les contemporains. Or, le duc de Luynes, qui n'a malheureusement rien recueilli au sujet de l'aînée, nous donne sur l'éducation de ces deux princesses de tristes renseignements. Madame de Montmorin qui avait succédé à Madame de Rochechouart, comme abbesse de Fontevrault, était une femme d'esprit, « et peut-être très-capable de donner une bonne éducation. » Mais sa santé était détestable, et son appartement se trouvait assez éloigné de celui de Mesdames, pour que « ce fût un voyage pénible et fatigant d'y aller » : elle était le plus souvent hors d'état de s'y transporter. Aussi, bien loin de les voir tous les jours, à peine pouvait-elle les visiter une fois dans un mois quand elle était malade. Il est vrai que Mesdames avaient chacune auprès d'elle une religieuse qui leur tenait lieu de sous-gouvernante, mais quelque soin que l'on prît de bien choisir ces religieuses, elles n'avaient point l'usage du monde, et « souvent les femmes de chambre de Mesdames étoient les premières à s'en moquer. » Ainsi ces pauvres jeunes filles furent littéralement pendant douze années abandonnées à elles-mêmes, sans surveillance, à la merci de personnages subalternes qui les gâtaient pour s'en faire bien venir, n'apprenant rien, n'ayant auprès d'elles que des religieuses ignorantes le plus souvent et des femmes de chambre, sans que personne vînt de temps en temps les voir, et leur parler au moins de leur père et de leur mère (1). On s'en préoccupait si peu à Versailles, que le duc de Luynes n'enregistra même pas la date de leur première communion.

Quand le retour de Mesdames Sophie et Louise eut été décidé, le roi nomma près de la première mademoiselle de Welderen, Hollandaise de très noble famille et femme de grand mérite, dit-on;

---

(1) Seule de toutes les princesses, madame de Penthièvre passa un jour par Fontevrault, et vit Mesdames.

près de la cadette, mademoiselle de Braque, sans fortune et très-liée avec mademoiselle de Charleval. Madame de Duras partit, le 8 octobre 1750, pour Fontevrault avec ces deux demoiselles, mademoiselle de Clermont, mesdames de Coigny et de Castellane, dames de Mesdames. Les princesses quittèrent l'abbaye le 14 : un détachement de seize gardes du corps, commandé par M. de Veillère, exempt, quatre pages de la petite écurie, avec MM. d'Allard et de la Vallette, écuyers, les accompagnèrent. Le 18, elles rencontrèrent le roi à Bourron, avec le Dauphin et Madame Victoire, « Mesdames aînées ne daignèrent jamais se déranger pour voir leurs sœurs cadettes ; » elles arrivèrent à 5 heures et demie à Versailles : (1) « Madame Sophie est plus grande que Madame Adélaïde, fort blanche, l'air de beauté. Le roi trouve qu'elle ressemble à madame de Surgères ; tout le haut du visage a la forme de celui du roi; elle a fort bonne grâce. Madame Louise est fort petite, mais elle a beaucoup de physionomie et paroît vive, mais la tête est un peu grosse pour sa taille. La reine a été au-devant d'elles dans la galerie des Réformés, et, après les premiers embrassements, le roi est venu avec elle et toute sa famille dans la chambre de la

(1). *Mém.* du duc de Luynes, X, p. 355.

reine, où il y avoit un monde prodigieux, princes, princesses, ambassadeurs, etc. Cela a duré trois quarts d'heure. Le roi s'en est allé et tous ses enfants l'ont suivi. La reine a fait commencer le jeu, et a retourné dans les Cabinets où ses enfants sont revenues. » La reine y resta assez longtemps. Le soir, les nouvelles arrivées soupèrent chez Madame Victoire. Le lendemain elles reçurent toute la cour, comme avait fait Madame Victoire à son arrivée. « On leur a baisé le bas de la robe et elles ont salué toutes les personnes titrées, écrit la duchesse de Luynes. Madame la maréchale de Duras, en nommant, avoit soin de les avertir de la différence..... Elles sont venues à Vêpres et au Salut, et les trois jeunes se sont mises dans la niche à gauche ; et de là elles sont venues reconduire la reine, et puis se sont allées reposer chez elles jusqu'au grand couvert. Madame Sophie étoit mal habillée. Il est vrai qu'elle ressemble un peu au roi, surtout de profil ; le bas du visage n'est pas fort agréable ; elle a la bouche plate et le menton un peu long ; c'est cependant en tout une belle figure.... (1) »

(1) Luynes, X, p. 353.

CHAPITRE III

MESDAMES AINÉES A LA COUR

(1738-1744)

Départ de Madame Infante. — Vie de Mesdames à la cour. — Futilité de cette existence. — La reine ne s'occupant d'elles qu'au point de vue de l'étiquette. — Bals. — Jeu. — Le Dauphin intervient et donne à ses sœurs le goût du travail. — Madame Adélaïde passionnée pour la musique. — Bals masqués chez Mesdames aînées. — Petite mascarade chez la duchesse de Ventadour. — Le roi décide que Madame mettra du rouge. — Mesdames seront de tous les voyages. — Madame vient à l'Opéra. — Le jeu de la reine. — Madame à Choisy. — Maladie de Madame Adélaïde. — Prédilection du roi pour Madame. — Escapade de Madame Adélaïde. — Son aversion pour les Anglais. — Maison des princesses. — Leur vie pendant que le roi est à la guerre. — Elles prennent goût aux choses sérieuses. — L'abbé Nollet. — Maladie du roi. — Mesdames vont à Metz. — La reine et ses filles. — Bibliothèques de Mesdames.

Le mariage de Madame Infante avait laissé seules à Versailles Madame Henriette, désormais dénommée Madame et qui, comme telle, fut admise à souper quelquefois avec sa mère, notamment le surlendemain du départ de sa sœur, et Madame Adélaïde : toutes les autres princesses étant à Fontevrault, comme nous l'avons dit, ne causaient aucune préoccupation à leurs parents. Les deux jeunes filles avaient alors douze et huit ans, mais il ne paraît pas qu'on se soit plus inquiété de leur éducation que de celle de leurs sœurs de l'abbaye. En revanche, nous savons qu'elles continuèrent à paraître dans toutes les cérémonies et toutes les fêtes, tenant partout les premières places. Madame assistait à tous les bals, et le noble chroniqueur de la cour note qu'au bal costumé du mardi-gras 1742, elle portait « une robe de velours noir agréablement relevé par des bandes couleur feu. » Sa mère s'occupait de ses filles pour prendre des décisions de la gravité de celle-ci : « Hier (20 décembre 1739), la reine régla que Mesdames ne se feroient plus porter dans leurs chaises jusqu'au cabinet qui est devant sa chambre, comme elles ont toujours fait jusqu'à ce jour; mais qu'elles descendroient de leurs chaises à la porte de l'antichambre du côté dudit cabinet (1). »

(1) Citons encore cet exemple de l'importance ridicule que l'on donnait aux moindres questions à la cour : « Il y eut, il y a quelques jours, une petite difficulté chez la reine. Mesdames y étoient ; toutes les fois qu'elles sortent, l'huissier du roi, qui est de quartier chez elles, a tou-

M. de Luynes enregistre toujours avec le même soin les faits et gestes des princesses : « Madame alla pour la première fois à la messe de minuit, cette même année : toutes deux assistèrent, le mois suivant, à l'audience de l'ambassadrice de Naples, qui baisa le bas de leurs robes ; elles donnèrent un bal masqué le 3 février 1740, et Madame Adélaïde, malgré ses huit ans, y étoit encore après deux heures du matin ; elles recommencèrent un mois après chez leur frère. Le 7 novembre, Madame soupa pour la première fois au grand couvert, avec le roi et la reine ; elle reçut le même jour une lettre de sa sœur l'Infante ; le 20 décembre, elle mena chez la reine mademoiselle de Montauban, seconde fille du prince de Rohan-Montauban, âgée de sept ans, et lui fit prendre possession de son tabouret. » Et tout cela se répète avec une régularité des plus monotones : nous voyons toujours les princesses recevoir les ambassadeurs, suivre la reine aux cérémonies de la semaine sainte, leur père à la chasse, assis-

---

jours l'honneur de les suivre ; cet huissier étant entré dans la chambre de la reine, et Mesdames ayant voulu s'asseoir, ledit huissier approcha un pliant. Les valets de chambre de la reine se plaignirent à la reine de ce que l'huissier avoit fait une fonction qui leur appartenoit. Madame de Luynes en parla hier à madame de Tallard, qui lui dit que cela n'étoit pas raisonnable et qu'elle le diroit à l'huissier. » (*Mémoires* du duc de Luynes, 20 juin 1740.)

ter aux revues, aux jeux, aux assemblées d'apparat : Madame figure aux grands couverts. Les dimanches et jours de fête, les deux sœurs descendaient chez leur frère, qu'elles aimaient beaucoup, et avec lequel elles jouaient et passaient leurs heures les plus agréables (1).

Cette éducation menaçait de porter de tristes fruits pour l'instruction des filles de Louis XV. Le Dauphin, heureusement, quoique bien jeune encore, le remarqua, et, comme il avait une grande influence sur ses sœurs, il en profita pour leur faire comprendre leur regrettable infériorité. Madame Campan raconte que c'est lui seul qui les décida à apprendre l'histoire et l'orthographe, qu'elles ignoraient complétement. Madame Adélaïde avait une passion pour la musique et apprit, assure-t-on, à jouer de tous les instruments, y compris le cor et la guimbarde. Elle prit goût au travail, et nous savons qu'elle s'adonna, dans la suite, avec ardeur à l'étude de la langue italienne, ne se doutant guère, alors, de quelle utilité cela lui serait malheureusement un jour ; elle étudia également les mathématiques, apprit à tourner et se fit indiquer les principes de l'art de l'horlogerie.

---

(1) Madame était restée en correspondance assez suivie avec l'Infante.

Plus tard, même, Madame Adélaïde poussa très-loin son étude sur le violon; en 1746, elle prenait des leçons de Guignon, premier violon de la chambre et de la chapelle du roi, qui devint aussi à ce moment le professeur du Dauphin, et elle exécuta quelquefois des morceaux, en 1751, avec Marchand, autre artiste justement estimé, dans les petits appartements du roi, à Fontainebleau.

La vie que l'on faisait mener à Mesdames convenait peu à leur santé, et on le comprend de reste, quand on voit une enfant comme Madame Adélaïde passer des nuits au bal; le duc de Luynes enregistre de fréquentes indispositions. En 1741, il n'y avait pas eu de bals chez elles, mais il en fut autrement l'année suivante; le 6 janvier, grand bal masqué, « en beaux masques »; on dansait dans deux salons, et dans un troisième on avait installé un cavagnole qui dura jusqu'à cinq heures du matin. Second bal masqué le 25; autre le surlendemain chez le Dauphin, et ces bals étaient réellement donnés pour amuser les princesses qui ne quittaient pas la place. Le roi assista et dansa au premier; la reine parut au second. Le mardi-gras on recommença chez le Dauphin et la fête dura toute la nuit. Le Dauphin, Madame Adélaïde, le jeune comte d'Estaing et mademoiselle de Chalais, étaient tous les quatre en Espagnols et formaient un quadrille. Madame ne put y venir, souffrant d'une maladie éruptive qui la tourmentait souvent et à laquelle le duc de Luynes donne un nom très-peu révérencieux ; mais le lendemain, pour la consoler, la duchesse de Ventadour, qui aimait tendrement la princesse, imagina une petite mascarade : « Pour cet effet, elle se masqua elle-même et fit masquer madame de la Lande, qui est une des sous-gouvernantes, M. de Saint-Paul et mademoiselle de Castéja. » Il faut observer, ajoute le duc de Luynes, que madame de Ventadour a environ 90 ans, que M. de Saint-Paul n'est guère plus jeune, et que mesdames de la Lande et de Castéja sont aussi fort âgées. »

Ces fêtes recommencèrent en 1743, et nous mentionnerons le bal donné par le Dauphin, le 17 février, dans lequel Mesdames dansaient encore à deux heures du matin, et où madame de Vintimille eut le mauvais goût de venir déguisée et masquée en sœur grise. Mesdames en donnèrent un à leur tour, cinq jours après, et nous savons qu'il ne finit qu'au jour ; le roi y resta tout le temps et conserva le masque avec toutes les personnes de sa suite.

Ce prince voyait souvent, et avec plaisir, ses filles, mais il ne savait observer aucune convenance devant elles : il ne se faisait nul scrupule de les avoir avec mesdames de la Tournelle, de Lauraguais et de Flavacourt, c'est-à-dire avec les femmes les plus affichées de la cour ; il les recevait à sa table toutes ensemble, les emmenait à la chasse, comme le 17 mai 1743, où elles assistèrent à la chasse au vol, dans le parc de Versailles, montées sur des ânes, tandis que le roi était en calèche avec ces dames. Ou bien, s'il s'occupait plus particulièrement de ses filles, c'était pour décider qu'à l'avenir Madame mettrait du rouge, « ce qui la changeait fort en bien, » dit M. de Luynes (1), lequel ne mentionne la confirmation de Madame Adélaïde, quelques mois plus tard, que pour constater qu'elle y parut, pour la première fois, habillée en grand habit et qu'elle soupa au grand couvert (2). Désormais les deux sœurs furent de tous les voyages de la cour (3) ; elles assistèrent régulièrement aux jeux, aux promenades, aux spectacles, et ce n'est pas sans une pénible surprise qu'on les voit prendre au jeu un intérêt peu compatible avec leur âge. Tandis que le Dauphin recevait trois mille cinq cents livres par an pour son entretien et faisait remettre

---

(1) *Mém.* du duc de Luynes, 2 novembre 1742.
(2) Ibid. 1ᵉʳ juin 1743.
(3) Quand Mesdames partirent avec leur suite pour Choisy, au mois de novembre 1743, il y avait 142 chevaux employés pour leur seul service.

tous les trimestres la note de ses menus plaisirs, Mesdames n'avaient aucune allocation fixe; madame de Tallard demandait chaque trimestre l'argent nécessaire et faisait les avances pour les menus plaisirs qui parfois, grâce au jeu, s'élevaient à des chiffres considérables : en prenant part seulement au cavagnole de la reine, Mesdames avaient trouvé moyen de perdre dans le cours de l'année 1743 plus de quatre mille louis (1). Elles assistaient toujours au jeu de leur mère, qui aimait extrêmement ce divertissement, et s'y livrait régulièrement après la musique et après la comédie : le dimanche elles se réunissaient, sans jamais y manquer, chez leur frère.

Le 9 janvier 1744, le roi conduisit ses filles à l'Opéra pour la première fois, emmenant avec elles mesdames de Châteauroux, de Lauraguais et de Flavacourt, ce qui produisit le plus mauvais effet dans le public. « Madame de Châteauroux et sa sœur étoient dans une loge à droite immédiatement à côté de celle du roi; Mesdames étoient dans la même loge avec le roi. Ce contraste a choqué le public; et ce qui a donné encore lieu à plus de discours, c'est que ce voyage s'est fait précisément le jour de sainte Geneviève, pour laquelle on sait que tout Paris a

---

(1) Luynes, V, p. 109.

grande dévotion (1). « Ce soir-là, Madame demanda à son père avec une grande insistance de l'accompagner au voyage de Marly; Louis XV répondit que malgré tout son désir il ne pouvait y consentir, faute de logement à donner à sa fille. Celle-ci ne se découragea pas, et elle fit tant et si bien que, de Marly, Louis XV lui écrivit qu'il avait trouvé une toute petite chambre à lui offrir et que, si cela lui suffisait, elle serait maîtresse d'y venir. Madame s'empressa de remercier son père, et cela amena un petit incident qui faillit causer presque une inconvenance au point de vue de l'étiquette. A six heures, au moment où devait commencer le jeu de la reine, Mesdames, contrairement à leurs habitudes très-exactes, ne parurent point; la reine les envoya avertir, et elles firent répondre qu'elles viendraient après avoir fini une lettre à leur père; Marie Leckzinska ne savait pas le premier mot de toute cette affaire et ne l'apprit que par madame d'Andlau qui vint commencer le jeu à la place des princesses (2). On avouera que c'est bien encore là un singulier exemple du peu d'intimité qui existait entre la mère et ses filles. C'est de ce moment aussi que date la faveur de Madame auprès du roi; elle lui

---

(1) Luynes, V, p. 294.
(2) Ibid. V, p. 295.

avait beaucoup plu par son tact et son enjouement dans sa course de Paris, et c'est ce qui le décida à la laisser venir à Marly. « On ne peut dire assez de bien jusqu'à présent de Madame, écrit le duc de Luynes : à ce moment, sa figure est noble, son visage ne déplaît point, et même est agréable quand elle a du rouge ; d'ailleurs une grande piété, un maintien très-convenable, beaucoup de douceur, de politesse et d'attention, parlant très à propos et d'une manière obligeante et convenable à chacun. Madame Adélaïde n'a pas encore de caractère décidé ; elle est vive, elle a de l'imagination ; sa figure n'est pas à beaucoup près si bien que celle de Madame (1). »

Avant le voyage, Mesdames donnèrent encore à Versailles un bal masqué : ce jour-là elles dînèrent, entre trois et quatre heures, dans leur appartement, servies par leurs garçons de chambre et les valets de madame de Tallard : à cinq heures on commença un lansquenet qui dura jusqu'à huit « et fut assez beau ; » elles s'habillèrent ensuite en « habits de masques avec des plumes sur la tête » et vinrent au jeu de la reine la prier d'assister à leur bal qu'elles ouvrirent à onze heures et qui

---

(1) « Dès le premier jour de marche le roi a ordonné que Mesdames missent du rouge pendant tout le voyage. » (Luynes, V, p. 306.)

dura jusqu'au jour : on y remarqua un quadrille d'Allemands et d'Allemandes dans lequel figurèrent mesdames la duchesse de Chartres, d'Andlau, de la Guiche et de Simiane ; un autre de marmottes avec mesdames de Castries, de Tresnel, de l'Hôpital et de Belzunce ; une mascarade de quatre aveugles qui étaient MM. d'Agenois, de Crussol, mesdames de Vaubecourt et de Flavacourt qui n'osa pas se démasquer, ayant promis au roi de ne pas venir à ce bal, et le roi ayant appris avec un vif mécontentement sa présence. Il y assistait en chauve-souris avec sept personnes habillées comme lui, ce qui fit qu'on ne put jamais le distinguer. « Par cette raison Mesdames et Madame Adélaïde prièrent plusieurs chauve-souris à danser, espérant que ce seroit le roi, mais il dansa peu, » quoiqu'il resta jusqu'à cinq heures. Mesdames de Châteauroux et de Lauraguais y assistaient, bien entendu, en domino et le masque à la main.

Le 16 janvier 1744, la cour arriva à Marly. Mesdames y conservèrent leurs habitudes de Versailles, jouant tous les jours avant le souper au cavagnole, et donnant alternativement avec le Dauphin un petit bal tous les dimanches. Chaque jour le roi, qui montrait une indifférence croissante pour la reine, « aimant mieux au jeu, dit naïvement ou malignement le duc de Luynes,

madame de Châteauroux (1), laissait voir plus nettement sa prédilection pour sa fille aînée, dont la vertu et la politesse inspiroient les mêmes sentiments à tous ceux qui la connoissoient. » Il est évident aussi que sa figure lui plaisait particulièrement, si l'on en juge par le soin avec lequel il s'occupait de tout ce qui devait l'embellir. Mais on doit reconnaître que ce séjour de Marly était bien propre à fausser la bonne nature de ces deux jeunes princesses et à nuire à leur éducation; elles avaient sous les yeux les plus fâcheux exemples; elles voyaient la conduite de leur père qui, loin de se cacher, s'affichait véritablement avec « les trois sœurs; » on jouait devant elles un jeu effrayant par les sommes engagées et les pertes qui se produisaient. Louis XV naturellement n'y faisait aucune attention, et l'on doit penser que Marie Leckzinska fut impuissante à lui faire comprendre que ce n'était pas là précisément l'école où il fallait mener une jeune fille de dix-sept ans et une enfant de douze.

Le 11 février, Mesdames donnèrent un bal masqué qui dura de onze heures du soir à six heures du matin : « Madame de Châteauroux étoit chaussée avec des souliers plats, de manière qu'on la prit à la taille pour M. d'Aumont. » La reine y

---

(1) Luynes, V, p. 310.

parut à visage découvert, et revint à Versailles pour le carême.

Le jour de Pâques, Madame Adélaïde se trouva subitement assez souffrante, et cette indisposition dura quelques jours. Louis XV vint la voir et resta chaque fois assez longtemps auprès d'elle ; la duchesse de Châteauroux y passait aussi des heures. La reine y venait tous les jours avant le dîner et y installa plusieurs fois son cavagnole dont elle ne pouvait plus se passer ; Madame avait été prise en même temps d'un mal à l'œil qui la retenait forcément auprès de sa sœur.

Cette singulière existence ne paraît point avoir nui cependant au caractère de Madame dont tous les contemporains reconnaissent la haute valeur et les qualités. Elle semble assez indifférente pour sa mère, mais elle avait conçu, depuis le voyage de Marly, une prédilection marquée pour son père, avec lequel, disait-elle, elle était plus à son aise qu'avec personne (1). Elle avait une intelligence très-développée, beaucoup de bon sens et de simplicité ; elle se plaisait dans la société des personnes sérieuses et on lui attribue une réflexion qui prouve sa sagacité. Au moment où madame de Simiane remplaça madame de Castellane, comme dame d'honneur de la

---

(1) Luynes, V, p. 380.

duchesse de Chartres, place que madame de Castellane dut résigner autant à cause du mauvais vouloir de la princesse que de sa santé, Madame dit qu'elle « auroit été sans doute fort aise d'avoir madame de Simiane auprès d'elle, et de partager avec elle ses plaisirs et ses amusements, mais qu'elle auroit eu beaucoup de peine à se séparer d'une personne aussi sage et aussi sensée que madame de Castellane. »

Madame Adélaïde, beaucoup plus jeune, supportait moins bien cette vie si mondaine, et sa tête, particulièrement vive, s'en ressentait parfois. On en jugera par cette plaisante anecdote que ne manque pas de rapporter le duc de Luynes.

« J'appris, il y a deux jours, une petite aventure de Madame Adélaïde, qui est assez singulière. En général, Madame Adélaïde a une imagination vive et un caractère déterminé. Son instrument favori est le violon, et quoiqu'on n'ait pas cherché à la perfectionner beaucoup dans cet amusement, elle y a réussi d'une manière étonnante. Elle disoit, il y a quelques années, qu'elle ne savoit pas pourquoi on désiroit un duc d'Anjou, qu'il n'y avoit qu'à la prendre pour duc d'Anjou, qu'elle ne demandoit pas mieux. Elle aime extrêmement à entendre parler de nouvelles. Il y a environ un mois qu'ayant fait tout son arrangement, elle trouva le moyen, en jouant au cavagnole de la reine, de mettre (sans qu'on s'en aperçût) quatorze louis dans sa poche sur l'argent qu'on lui donna pour jouer. Le lendemain, sur les sept heures du matin, elle se lève sans appeler personne, et sans être entendue de la sous-gouvernante qui couche dans sa chambre, ni d'aucune femme, elle met une robe et un jupon, passe dans un petit cabinet, où Mesdames se tiennent toute la journée, qui donne sur la galerie ; elle ouvre avec assez de peine la porte de ce cabinet (elle s'écorche même un peu les doigts) et sort dans la galerie. Une de ses femmes qui se trouva par hasard dans la galerie, fut dans la dernière surprise, et la ramena au plus tôt dans sa chambre. On lui demanda où elle avoit l'intention d'aller ; elle dit qu'elle vouloit aller se mettre à la tête de l'armée de papa-roi ; qu'elle battroit les ennemis et qu'elle amèneroit le roi d'Angleterre aux pieds de papa-roi. On lui demanda quel moyen elle avoit pour exécuter ce projet ; elle répondit qu'elle connoissoit un homme à qui elle avoit fait obtenir une place à la cour et qui iroit avec elle. Mesdames n'ont point encore jusqu'à présent monté à cheval, mais elles vont quelquefois dans le parc de Lagny monter sur des ânes, et l'on a chargé un petit garçon de douze à quinze ans d'avoir soin des ânes. C'est là l'écuyer que Madame Adélaïde s'étoit imaginé de prendre pour faire le voyage avec elle. On lui représenta qu'une pareille entreprise déplairoit beaucoup au roi. Elle répondit que M. le prince de Conti avoit bien été à l'armée, et que papa-roi lui avoit bien pardonné; que, pour elle, elle obtiendroit bien plus facilement son pardon, parce qu'elle gagneroit une bataille, et que le prince de Conti n'en avoit pas encore gagné. L'affaire parut fort plaisante à madame de Tallard, qui la raconta. Puis on lui fit comprendre que le roi pourroit bien se plaindre d'une surveillance aussi insuffisante, et la gouvernante tourna la chose en plaisanterie en priant Louis XV de ne point en parler à sa fille, « parce que sûrement il « ne sauroit s'empêcher de rire d'un sujet aussi « comique. » Le duc de Luynes ajoute encore à ce propos: « En général Madame Adélaïde a une souveraine aversion pour les Anglois. Elle disoit, il y a quelque temps, qu'elle avoit trouvé le secret de détruire cette nation. On lui demanda quel pouvoit être un pareil moyen. — Je demanderai, dit-elle tranquillement, aux principaux de venir coucher avec moi; ils en seront sûrement fort honorés, et je les tuerai successivement. — Comme elle n'entendoit pas ce qu'elle disoit (elle avoit onze ans), on ne jugea pas à propos de lui faire entendre davantage. On lui représenta seulement que c'étoit un sentiment bas et cruel que de surprendre et de faire mourir de la manière dont elle se le proposoit ; qu'il y auroit plus de courage et de noblesse à se battre contre eux. — Cela est vrai, dit-elle ; mais papa-roi a défendu les duels, et d'ailleurs cela intéresseroit ma conscience. »

Pour mieux indiquer le caractère de Madame Adélaïde, citons encore ces deux faits ; l'un prouve la bonté de son cœur : ayant appris que son porte-manteau était tombé malade et manquait de tout, elle lui fit passer vingt-cinq louis ; mais elle ne voulut pas absolument qu'on lui en parlât. L'autre témoigne de sa finesse. Au mois de juin, le cardinal de Fleury avait obtenu la charge de premier gentilhomme de la chambre du roi pour son neveu, malgré une vive opposition de la part de la noblesse de cour. Ce succès l'étonna d'abord et l'effraya ensuite au point qu'il cherchait à le dissimuler sous une modestie exagérée. Il conduisit son neveu chez Madame, « mais étant dans une telle consternation et un changement si singulier, qu'on pouvoit tout croire et tout appréhender dans ce moment. Enfin cela étoit au point que lorsqu'il fut sorti, madame Adélaïde dit à madame de Tallard : « Vous dites, « maman, qu'il faut faire des compliments à M. le « cardinal : il devroit donc être bien aise ! »

Au moment de partir pour la campagne de 1744, le roi voulut réorganiser la maison de ses filles.

Jusqu'alors elles avaient eu une gouvernante, la duchesse de Ventadour, que son grand âge condamnait à un repos absolu ; une dame d'honneur, qui dirigeait réellement tout le service, la duchesse de Tallard ; trois sous-gouvernantes, mesdames de la Lande, du Muy et de Villefort, toutes fort âgées ; deux dames pour accompagner, mesdames d'Andlau et de l'Hôpital ; deux écuyers, MM. de Saussoy et de Vigny. Le 3 mai, mesdames du Muy et de Villefort prirent leur retraite en conservant leurs appointements, et deux nouvelles dames furent nommées : la duchesse de Beauvilliers (1), « fort jeune, mais ayant infiniment de vertu et de piété, » et la duchesse de Brissac (2), femme d'un des plus vaillants officiers généraux de l'armée, dont le cardinal de Fleury disait « qu'il entroit dans les escadrons comme dans du beurre. »

(1) Marie-Suzanne, fille de M. de Creil, intendant de Metz, née le 28 août 1716, mariée le 30 décembre 1738, à Paul-François de Beauvilliers, mestre de camp d'un régiment de son nom, fils aîné du duc de Saint-Aignan, titré duc de Beauvilliers, mort sans postérité, le 7 janvier 1742.

(2) Marie-Joséphine Durey de Sauroy, fille de Joseph, seigneur de Sauroy, et de Marie-Claire-Joséphine d'Estaing du Terrail, mariée, le 10 juin 1732, à Jean-Paul-Timoléon de Cossé, comte, puis duc de Brissac ; elle mourut le 18 juin 1756. Son mari devint maréchal de France en 1768.

Pendant l'absence du roi, Mesdames restèrent avec la reine à Versailles. Louis XV avait tendrement embrassé le Dauphin en partant, mais il ne se sentit pas le courage de faire ses adieux à ses filles. Il écrivit à Madame une lettre qui lui fut remise à son réveil, et monta en carrosse au milieu de la nuit. Dans cette lettre il témoignait à ses filles les sentiments les plus affectueux, leur expliquant pour quels motifs il ne les avait pas envoyées avertir, leur annonçant que « pour les consoler » il leur avait donné deux nouvelles dames et leur promettant d'écrire alternativement au Dauphin et à chacune d'elles en les pressant de lui envoyer souvent de leurs nouvelles. Le roi tint en effet parole et ne manqua pas d'écrire chaque jour à l'un de ses enfants.

Ce fut un temps de repos pour Mesdames que celui passé par le roi à l'armée de Flandre. Elles demeurèrent à Versailles, sauf quelques courtes promenades à Trianon, assistant à la musique qui avait lieu tous les deux jours dans l'appartement de la reine ; jouant avec elle au cavagnole depuis six heures jusqu'au souper. Elles voyaient beaucoup leur frère qui les aimait tendrement. C'est à cette époque (22 juin 1744) qu'appartient cette piquante anecdote : « Il y avoit quelques jours qu'étant chez lui avec Mesdames ils se mirent en grande conversation, Madame et le Dauphin, sur madame la Dauphine. M. le Dauphin parloit à Madame de chasses, de voyages qu'il feroit quand il seroit marié. Il aime beaucoup Madame et a grande confiance en elle. Ils parloient aussi de la figure de madame la Dauphine; Madame disoit qu'elle étoit bien faite, qu'elle avoit l'air noble, qu'elle avoit un fort beau teint; Madame Adélaïde, pendant ce temps-là, étoit assise sur un canapé, n'étant point admise dans la conversation; or, s'ennuyant assez, à ce mot de beau teint, elle s'approcha avec vivacité : — Je crois bien qu'elle est blanche, dit-elle, car elle est extrêmement rousse. — Elle n'en demeura pas à ce commencement de portrait, elle l'acheva avec les couleurs les plus désavantageuses à Madame la Dauphine. Madame fit ce qu'elle put pour réparer cette étourderie. M. le Dauphin répondit qu'on l'avoit assuré qu'elle avoit un très-bon caractère, que cela lui suffisoit. »

Pour la première fois, à la même époque, le duc de Luynes nous entretient d'un passe-temps sérieux offert à Mesdames pendant plusieurs mois. L'abbé Nollet, l'un des savants les plus distingués de ce siècle, donna des leçons et des expériences de physique à Versailles, sous le patronage du Dauphin qui s'intéressait vivement à lui (1).

(1) Jean-Antoine Nollet, fils d'un cultivateur du Soisson-

Mesdames y assistèrent souvent; l'on sait que Madame Adélaïde avait un goût tout particulier pour les sciences exactes; un jour que le professeur avait fait voir à Madame une chambre noire, la princesse lui dit gracieusement qu'il avait oublié sa tabatière dans l'appareil, et elle y avait, en effet, déposé adroitement une tabatière de prix.

Dans la suite Madame Adélaïde se montra volontiers protectrice des arts et des lettres. Nous savons que madame Vincent, née de la Bille des Vertus, reçue à l'Académie de peinture le 31 mai 1783, avait le brevet de premier peintre de Mesdames. Elles acceptaient la dédicace d'ouvrages sérieux : l'abbé Pichenot eut l'honneur de dédier à Madame Adélaïde ses *Poésies sacrées* (1). Elles avaient chacune une bibliothèque composée d'ouvrages d'un genre sévère ; chaque volume portait l'écu de France en losange, imprimé à froid, tantôt en or, tantôt en argent, surmonté d'une couronne fleurdelysée et accompagné de deux palmes ; les livres de Madame Adélaïde étaient tous reliés en maroquin rouge,

---

nais, entra dans les ordres, et se livra de bonne heure à l'étude de la physique, où il acquit une juste et immense réputation. Membre de l'Académie des sciences et professeur, il fut nommé maître de physique et d'histoire naturelle des Enfants de France, et mourut en 1770. Le Dauphin lui faisait cent pistoles de pension.

(1) Un volume in-12. Paris 1787.

ceux de Madame Sophie en maroquin citron et ceux de Madame Victoire en maroquin vert ou olive (1).

C'est au milieu de cette vie paisible que la nouvelle de la maladie du roi parvint tout d'un coup à Versailles (9 août); l'inquiétude fut de suite

---

(1) Le catalogue de la bibliothèque de Madame Victoire, formant un volume petit in-folio, ainsi relié, a été vendu cette année à la vente de M. le baron J. Pichon qui avait bien voulu nous le communiquer: il est daté de 1763. Les livres étaient, à ce qu'il constate, rangés par tablettes et suivant leurs formats, in-folio, in-quarto, in-octavo et in-12. Deux tables permettent les recherches par matière et par auteur. Voici comment les ouvrages y étaient répartis:

Religion, 5 ouvrages in-4°.

Philosophie, 8 in-folio, 15 in-4°, 67 in-8°, 5 in-12.

Grammaire, éloquence, 3 in-folio, 91 in-12.

Science, 10 in-4°, 1 in-folio, 218 in-12.

Géographie, 28 in-folio, 21 in-4°, 121 in-12.

Histoire ancienne, 5 in-folio, 28 in-4°, 88 in-12.

Histoire grecque et romaine, 5 in-folio, 31 in-4°, 98 in-12.

Histoire de France, 40 in-folio, 46 in-4°, 94 in-12.

Histoire d'Italie, 7 in-folio, 40 in-4°, 73 in-12.

Histoire d'Allemagne, Pays-Bas, Nord, 2 in-folio, 12 in-4°, 50 in-12.

Histoire d'Angleterre, 18 in-folio, 28 in-12.

Histoire d'Orient, voyages, 7 in-folio, 13 in-4°, 24 in-12.

Écriture Sainte, bréviaire, 4 in folio, 87 in-12.

Morale, 85 in-folio, 60 in-4°.

Nous aurons du reste l'occasion de reparler des bibliothèques de Mesdames.

à son comble. La reine allait sans cesse prier à la chapelle, se précipitait au-devant des courriers pour avoir des nouvelles plus promptement; Mesdames passaient les journées à fondre en larmes. Dans la nuit du 14 au 15 arriva une lettre de M. d'Argenson portant que le roi consentait à ce que la reine vînt à Lunéville et ses enfants à Châlons-sur-Marne. La reine partit le lendemain matin et poussa jusqu'à Metz presque sans s'arrêter. Le Dauphin et ses sœurs prirent la route de Verdun; le Dauphin gagna immédiatement Metz, mais on n'osa pas annoncer son arrivée contraire à l'ordre du roi, et il ne put le voir qu'au bout de vingt-quatre heures. Mesdames avaient également poursuivi, mais à deux lieues de Metz, elles trouvèrent un courrier de la reine ordonnant à la duchesse de Tallard de rentrer à Verdun à cause de la faiblesse du roi et du mauvais air. Elles ne virent leur père que le 21. Elles avaient fait ce long trajet dans deux calèches de chasse, avec mesdames de Tallard, de la Lande, d'Andlau, de Beauvilliers et de l'Hôpital. « On ne peut pas dépeindre, écrit le duc de Luynes, l'état où Mesdames furent le vendredi 14, la veille de leur départ. Madame aime passionnément le roi; elle se rouloit par terre, faisoit des cris affreux; Madame Adélaïde étoit dans une si grande agitation que l'on crut qu'elle avoit la fièvre. Dans la douleur où étoit Madame, elle marqua une consolation et une satisfaction extrême d'apprendre que le roi s'étoit confessé. »

La reine et sa fille firent à Metz un assez long séjour, entourant le roi des soins les plus affectueux et vivant pour la première fois probablement de la véritable vie de famille. Les journées s'écoulaient calmes et monotones, « d'une façon assez ennuyeuse, » remarque le duc de Luynes ; à six heures, on commençait le cavagnole que la reine quittait à huit heures et demie pour souper; elle montait ensuite chez Louis XV, souvent avec ses filles, et y restait jusqu'à onze heures au plus tard. Mesdames partirent le 24, après avoir reçu en audience d'adieu l'abbesse et les chanoinesses de Sainte-Marie, et elles rentrèrent directement à Versailles.

C'est à ce moment que Madame Sixième mourut ; la nouvelle en parvint à la cour le 1er octobre; la reine l'apprit le 3 à Lunéville et le roi le 4 à Strasbourg ; mais bien que cette enfant eût sept ans, sa perte causa une médiocre émotion. Nous avons dit que le jour même où elle apprit la mort de sa fille, la reine dîna seule, mais que dans la journée elle alla visiter quelques curiosités dans le parc avec son père, le roi Stanislas, et que le lundi elle avait repris ses habitudes de repas et de jeu avec ses dames; quant au roi, le duc de Luynes se contenté de dire : « Cette nouvelle n'a dû rien déranger aux fêtes de Strasbourg. »

Nos appréciations paraîtront sans doute sévères, sinon envers Louis XV, du moins à l'égard de Marie Leckzinska, qu'on a coutume de considérer comme une princesse douée des meilleures qualités de la femme. Il n'est pas dans notre intention de contester qu'elle ne fût éminemment vertueuse, et qu'elle n'ait donné ainsi un exemple peu commun parmi les princesses de ce siècle, mais notre impartialité nous oblige de constater que, soit par servitude de l'étiquette, soit par faiblesse maladive, la reine ne pouvait pas se montrer véritablement mère tendre et dévouée. Il nous semble que nous ne pouvions être mieux édifiés sur les rapports de Marie Leckzinska avec ses enfants qu'en nous adressant à l'homme qui professait pour la reine le plus profond attachement, le duc de Luynes, ce soigneux Dangeau du règne de Louis XV, et nos lecteurs ont pu facilement déjà tirer leurs conclusions. Un biographe de bonne foi, l'abbé Proyart, nous montre, il est vrai, la reine voyant chaque matin ses filles, s'informant du progrès de leurs études, de leur instruction religieuse, de leur docilité ; les grondant et les félicitant, le cas échéant, les contraignant à faire des excuses aux personnes auxquelles elles auraient manqué ; développant leur goût pour les bonnes œuvres. Quand elles furent plus grandes, il nous dit que la reine les recevait volontiers le soir, cherchait à les distraire sagement au milieu des fêtes trop bruyantes de la cour. Si elles étaient malades, elle ne les quittait plus. Dans le même ordre d'idées il n'y a rien à ajouter à ces paroles du cardinal de Luynes. « Sa Majesté a daigné m'admettre dans son auguste société, dont je puis dire en vérité et sans profaner le passage de saint Paul, qu'elle offrait un spectacle digne des anges et des hommes. Je n'en suis jamais sorti sans être pénétré d'admiration. Que de vertus! Quelle mère! Quelle princesse!... (1) »

Or, quelle est la vérité? De bonne heure la reine consentit à laisser envoyer ses quatre dernières filles à l'abbaye de Fontevrault, à cent lieues de Versailles, et si Madame Adélaïde fut maintenue à la cour, ce fut sur une instante prière de la duchesse de Tallard. Pendant dix ans la reine ne put songer à faire la plus courte apparition dans ce monastère, bien que toutes ses filles y aient été grièvement malades et que l'une y soit morte. Elle ne put même exercer aucune influence sur leur éducation qui fut complétement nulle. Jamais le minutieux duc de Luynes ne

(1) Abbé Proyart. — Mme la comtesse d'Armaillé a complétement adopté le jugement de cet auteur dans le livre intéressant qu'elle a consacré à Marie Leckzinska.

dit qu'elle leur ait écrit ou qu'elle ait reçu des lettres d'elles. Quant aux princesses demeurées à Versailles, nous voyons la reine négliger absolument leur instruction, s'occuper de leur toilette, de ridicules détails d'étiquette, passer souvent des journées sans les voir (1), les laissant à un âge où le sommeil est indispensable aux enfants, jouer un jeu acharné et donner des bals masqués. Un dernier trait suffira. La reine perdit, le 9 octobre 1742, le vieux maréchal de Nangis qu'elle aimait extrêmement. « Elle s'enferma dans son appartement, dit le duc de Luynes ; elle reçut mesdames de Luynes, de Villars, de Mailly et ses deux sœurs, le Dauphin ; elle ne voulut point voir Mesdames » (2). Ce sont là des faits qu'il faut regretter d'avoir à enregistrer, si ce n'est pour leur donner leur vraie valeur et prévenir de malveillants commentaires. Marie Leckzinska, je le répète, est une des figures sympathiques du XVIIIe siècle, et l'opinion n'a pas dû se tromper à ce point sur la

---

(1) Nous en empruntons une preuve au hasard au duc de Luynes : « A la date du 11 juin 1745, il dit que la reine va *tous les soirs*, après souper, chez madame de Villars, et souvent en en sortant elle entre chez madame de Luynes et y joue à cavagnole. » De ses filles il n'est pas question et on a peine à croire que le duc n'en eût pas fait mention le cas échéant.

(2) Tome IV, p. 248.

conduite en apparence si répréhensible de la reine. On peut, en effet, l'expliquer en songeant au joug que la reine était contrainte de subir, au peu d'influence qu'elle exerçait à la cour, à l'éloignement que le roi montrait de plus en plus pour elle et au rôle passif qu'il lui fallait accepter. Louis XV d'une part avec son insouciance immorale, le cardinal de Fleury d'autre part, avec ses manies d'économie, lui enlevaient tous moyens d'action. La santé de la reine avait été rudement atteinte par dix couches successives et très-rapprochées, il lui en restait une faiblesse et une langueur bien faites pour achever de lui enlever toute énergie et toute force de résistance dans cette lutte, où il aurait fallu payer de sa personne chaque jour, à chaque heure. C'est ainsi que l'abbé Proyart et le cardinal de Luynes pourraient avoir raison sans infirmer notre appréciation, mais du moins en nous fournissant les moyens d'innocenter véritablement la reine, et de lui trouver au contraire un sujet de plus de douleur au milieu de toutes ses douleurs.

CHAPITRE IV

MADAME A LA COUR

(1744-1749)

Retour du roi. — Il retrouve ses filles ayant appris à monter à cheval pour lui plaire. — Mort de madame de Ventadour. — Affection de Madame pour elle. — Premières étrennes du roi à ses filles. —Bal masqué chez Mesdames, où commence l'intrigue de madame de Pompadour.—Nomination de madame de Brissac. — Son mari la force à refuser la place de dame chez Mesdames. — Fontenoy. — Billets du roi. — Le Dauphin. — Son affection pour ses sœurs. —Le Dauphin et Mesdames.—Mesdames à Dampierre. — Retour du roi. — Madame de Pompadour. — L'affection du roi pour sa fille aînée augmente chaque jour. — L'éducation déclarée finie. — Déconvenue de madame de Tallard. — Sa disgrâce. — Sentiments religieux de Mesdames. — Madame d'Andlau et ses mauvais livres. — Union de la famille royale. — Mort de la Dauphine. — Madame Henriette. — On songe à remarier le Dauphin. — Marie-Josèphe de Saxe. — Madame Henriette seule l'accueille bien. — Intrigues. — Lettres de la nouvelle Dauphine. — Le maréchal de Saxe. — Concerts intimes. — Petits voyages autour de Paris. — Maladies de Mesdames. — Petite vérole de Madame Adélaïde. — Assiduités du prince de Conti.

Le roi cependant achevait avec succès sa campagne d'Alsace, et le jour (7 novembre 1744) où Fribourg capitula, il écrivit des billets à la reine, au Dauphin et à ses deux filles aînées. Peu de jours après il quitta l'armée, et la cour vint à Paris pour assister à un *Te Deum* et pour recevoir l'heureux triomphateur. Le roi entra à Paris le 13 au soir, et se rendit aux Tuileries où il trouva la reine et ses enfants l'attendant à la porte de la salle du trône ; il les embrassa, et les emmena dans son appartement ; la reine et Mesdames revinrent jouer au cavagnole, puis il y eut souper au grand couvert en présence d'une foule énorme. Après le repas, Louis XV rentra avec sa famille dans la grande galerie et y resta assez longtemps à causer. « Le roi et la reine se retirèrent ensuite chacun dans leur appartement. »

Louis XV revit avec plaisir ses filles, et on le remarqua par la prévenance dont il entoura Mesdames à une chasse au daim, qui eut lieu dès le 17 au bois de Boulogne. En partant il leur avait vivement recommandé d'apprendre à bien monter à cheval, et il était très-satisfait de constater comme il avait été écouté. Madame aimait tendrement son père ; « elle aime le roi, dit à cette occasion le duc de Luynes, et le roi a du goût et de l'amitié pour elle. » Les deux sœurs vivaient étroitement unies et menaient, il faut le dire, une existence triste et monotone. Elles trouvaient heureusement dans leur propre entourage des ressources qu'elles appréciaient. Madame portait une tendre affection à la vieille duchesse de Ventadour, pour laquelle elle obtint au mois de décembre un appartement voisin de celui qu'on disposa pour ces princesses à Versailles, en échange de ceux qu'on appropria au logement du Dauphin et de la Dauphine. Elle y allait en effet tous les soirs après le souper « y passer une ou deux heures, faisant la conversation avec les amis particuliers de madame de Ventadour, et paroissant regarder ce temps de la journée, comme celui où elle s'amusoit davantage. » Mais Madame perdit à ce moment même sa vieille gouvernante, qui mourut des suites d'une indigestion et surtout de son grand âge, quatre-vingt-treize ans. Elle avait fait beaucoup de bien dans sa longue existence, et l'on ne pouvait pas citer une personne à laquelle elle eût nui; elle était d'une charité proverbiale et n'avait jamais abusé de sa grande situation à la cour. Polie, aimable, aimant la bonne compagnie, et sachant s'accommoder de celle qui était moins parfaite, très-pieuse après avoir été quelque peu galante, elle avait de nombreuses et fidèles amies et jouissait d'un crédit réel. Le duc de Luynes compte qu'elle et sa mère élevèrent vingt-trois Enfants de France, et il rappelle que c'est madame de Ventadour qui sauva Louis XV en lui administrant de sa pleine autorité un contre-poison dans son enfance, au moment où tous les princes disparaissaient autour de Louis XIV. Madame fut péniblement affectée de cette perte, et le duc de Luynes remarqua qu'au lieu d'aller à la comédie, la reine descendit ce soir-là chez ses filles « pour leur donner une marque d'amitié. »

Le 31 décembre, le roi offrit à ses filles les premières étrennes dont le souvenir ait été conservé : à Madame, une paire de boucles d'oreilles de diamants; à Madame Adélaïde une cave de cristal de roche. La veille il s'était rendu chez elles pour voir Madame qui n'avait pu, à cause d'un mal de dents, assister à la signature du contrat de mariage du duc de Penthièvre : il était accompagné du prince de Conti, du comte de Charolais, du duc d'Harcourt et y resta assez longtemps à causer; il apporta en même temps à Madame deux petits étuis tenant ensemble avec une chaîne, l'un contenant des jetons pour jouer au cavagnole, l'autre un fichet, et il eut soin de bien répéter que c'était pour les deux princesses.

Le 7 février 1745, il y eut un bal masqué chez Mesdames, bal auquel s'attache un intérêt tout particulier et qui me paraît avoir été ignoré. On a beaucoup parlé des commencements de la passion du roi pour madame d'Étiolles, et tous les chroniqueurs s'accordent à indiquer le bal, donné à l'Hôtel-de-Ville de Paris en l'honneur de la nouvelle Dauphine, le 1ᵉʳ mars, comme le point de départ de ce honteux et long esclandre. C'est au bal de Mesdames que Louis XV laissa paraître le sentiment que Madame d'Étiolles lui inspirait; le discret duc de Luynes le dit très-clairement : « Hier dimanche, il y eut un bal chez Mesdames à Versailles. M. le Dauphin ni Madame n'aiment point le bal, et je crois qu'il n'y en auroit point eu si le roi ne l'eût désiré. Il en parla il y a quelques jours à madame de Tallard, qui lui répondit ce que je viens de marquer ; mais le roi répondit que cela ne faisoit rien et qu'à leur âge on aimoit toujours à danser. On prétend qu'il fut, il y a quelques jours, à un bal en masque dans la ville de Versailles: on a même tenu à cette occasion quelques propos, soupçonnant qu'il pouvoit y avoir quelques projets de galanterie; et on croit avoir remarqué qu'il dansa hier avec la même personne dont on avoit parlé. Le roi paroissoit avoir grand désir de n'être point reconnu. La reine fut aussi hier au bal en masque et y a resté jusqu'à quatre heures : elle ne voulut point se démasquer ainsi qu'elle a fait en d'autres occasions, disant qu'elle n'est plus d'un âge à aller en mascarade, mais elle a su que le roi ne trouvoit pas que son âge fût une raison » (1).

La scène est complète: le roi avait invité ma-

---

(1) Luynes, VI, p. 288.

dame Le Normand d'Etiolles chez ses filles; il était venu au bal, masqué comme elle, cherchant à se dissimuler dans la foule, et il avait été mécontent de ce que la reine y était demeurée longtemps, contrairement à ses habitudes, avec son masque, évidemment pour surveiller son royal époux. Du reste, nous savons que Louis XV ne se gêna jamais avec ses enfants sur le chapitre de ses maîtresses qu'ils virent toujours d'un très-mauvais œil. Il forçait ses filles à recevoir la duchesse de Châteauroux que nous avons vu venir s'installer même avant la reine, au chevet de Madame malade : il les faisait souper avec la duchesse et ses sœurs, et la reine ne prenait pas plus de peine à cacher à ses filles les désordres de leur père. Pendant le carnaval de 1743, à un bal de la cour, Marie Leckzinska vit le Dauphin « faire des grimaces » en apercevant madame de Châteauroux, et elle chargea sa fille aînée d'aller « lui parler très-sérieusement et lui marquer combien elle étoit mécontente qu'il se mêlât de faire des observations si peu convenables. » Et quelques années plus tard on verra Madame s'amuser elle-même des amours de son père. A un bal masqué donné chez la reine, en 1747, le roi parut déguisé, avec sept ou huit hommes de sa maison. Madame remarqua deux masques semblables auxquels la marquise de Pompadour, le visage découvert, donnait la main; elle appela la Dauphine, et toutes deux coururent sur ces deux inconnus et les emmenèrent : la Dauphine avait pris le roi sans s'en douter. Le 14 février, il y eut un second bal travesti chez Mesdames, et la reine y resta également fort tard. Le roi y fut tout le temps, en paysan, et ne se démasqua point. « Ce paysan fut assidûment auprès de la reine, et se jeta même à ses genoux pendant le bal, ce qui faisoit douter beaucoup que ce fût le roi. »

A la fin du même mois, Mesdames allèrent au devant de l'infante Marie-Thérèse, devenue la Dauphine, qui devait faire une si courte apparition en France. Elle ne paraît pas avoir produit d'ailleurs une vive impression à la cour, sinon auprès de son mari qui l'aima passionnément. Elle était laide, « sans vivacité, » se plaisant à demeurer dans son cabinet avec ses femmes, détestant le jeu et le mouvement. Aucune intimité ne s'établit entre elle et ses belles-sœurs avec lesquelles elle n'avait qu'un goût commun, celui de la chasse, au grand déplaisir de son mari. Mesdames aimaient ardemment cet exercice, montant très-bien à cheval.

C'est à ce moment que se termina une affaire qui traînait depuis plusieurs mois et avait fait beaucoup de bruit à la cour. Nous avons vu que la duchesse de Brissac avait été choisie comme dame pour accompagner Mesdames. Cette nomination lui déplut infiniment, parce qu'elle ne s'était mise en avant que pour entrer dans la maison de la Dauphine. Le duc de Brissac prit plus vivement les choses, se plaignit hautement et pria même le maréchal de Noailles d'en parler au roi, disant « qu'il vouloit vivre avec sa femme, et qu'il ne se soucioit nullement qu'elle demeurât à la cour. » Le maréchal déclina la commission, comme on peut le penser, et conseilla à M. de Brissac, qui voulait agir directement, de réfléchir avant de ne rien faire. Et en effet il se contenta, un soir que le roi, pendant le souper, lui parlait des nouvelles fonctions de sa femme, de ne pas répondre un mot. Madame de Brissac prit cependant sa semaine, et elle fut très-bien traitée par Madame, qui disait « qu'elle la connoissoit peu jusqu'à présent, mais que tout ce qu'elle en voyoit lui plaisoit. »

Les choses prirent bientôt une tournure inattendue. Le duc de Brissac soutenait que sa femme avait accepté la place de dame sans l'avoir consulté, et l'on disait que celle-ci, n'ayant eu que trois heures pour se décider, n'avait pas eu, en effet, le temps d'en entretenir son mari, et qu'elle n'avait pas osé refuser. On prétendait aussi que M. de Brissac gardait rancune à la duchesse, parce qu'il avait voulu exiger d'elle l'engagement de garantir un emprunt de 60,000 livres, engagement au prix duquel il aurait seulement consenti à la laisser occuper la place de dame pour accompagner. Bref, il la força à porter sa démission, après sa première semaine, à M. de Maurepas, qui, par ordre du roi, refusa de l'accepter. Quand le temps de reprendre son service revint, madame de Brissac pria Mesdames de l'en dispenser à cause de son mari, obstinément sourd aux sages conseils qui lui étaient donnés de toutes parts. M. de Brissac lui laissa faire les deux derniers jours de sa semaine, ayant à peu près la certitude que Louis XV « demanderoit la démission. » Puis, comme les choses traînaient, il ne connut plus de bornes à sa colère, et alla s'en ouvrir, dans de tels termes, à son beau-père, que celui-ci le mit à la porte et dépêcha à sa fille un courrier pendant qu'elle était encore de semaine, pour la prévenir de « prendre des mesures en conséquence. » Madame de Brissac informa madame de Tallard, qui fit atteler et conduisit, sans perdre un instant, la pauvre femme au couvent des filles du Saint-Sacrement du Marais (1). Le lendemain, elle forma sa demande en séparation. M. de Brissac demeura intraitable, tout en laissant voir un vif regret de quitter sa femme; il parvint à

---

(1) Prévoyant un événement fâcheux, madame de Brissac s'était depuis quelque temps déjà munie à tout hasard

obtenir que la démission de la duchesse fût acceptée, et il fit si bien qu'il se concilia la bienveillance du roi dans une circonstance où l'on aurait dû attendre tout le contraire. L'affaire fut facilement arrangée. La duchesse, ayant donné sa démission, s'engagea à ne jamais reparaître à la cour, et put retourner librement chez son père : auparavant, son mari prétendait qu'elle restât toute sa vie au couvent. On parla de madame de la Rivière, fille d'un officier de mousquetaires noirs, pour lui succéder; mais la place fut donnée, le 10 mars 1745, à la duchesse douairière de Brissac (1), malgré les actives démarches de la duchesse de Ruffec, qui désirait ardemment cette position pour avoir accès à la cour.

Peu de temps après, le roi et le Dauphin partirent pour la campagne que devait clore glorieusement et promptement la victoire de Fontenoy.

---

d'une autorisation de l'archevêque de Paris, pour entrer à toute heure du jour et de la nuit dans ce couvent.

(1) Catherine Pecoil, fille du seigneur de Villedieu et de Catherine Le Gendre, mariée, le 20 octobre 1720, à Charles Timoléon de Cossé, duc de Brissac, frère aîné du duc dont nous venons de conter les aventures; il était mort dès le 18 avril 1732, n'ayant eu qu'une fille, mariée, en 1737, au duc d'Ayen. Madame de Brissac mourut le 2 mai 1770.

Mesdames chassèrent plusieurs fois auparavant avec leur père et furent souvent admises à sa table (1) ; puis ce fut pour elles une période de repos, ce qui leur plaisait fort, car le duc de Luynes, en racontant comme la reine aimait jouer après souper et veillait volontiers, ajoute : «Madame la Dauphine et Mesdames soupoient rarement avec la reine; elles aiment toutes trois à se coucher de bonne heure. C'est à Versailles qu'elles apprirent la bataille de Fontenoy : le roi n'écrivit que deux lignes à la reine, ainsi que le Dauphin, qui la pria cependant d'embrasser ses sœurs, et M. d'Argenson, dans sa dépêche, ajoute : « Je supplie Votre Majesté de vouloir bien faire part de cette nouvelle à Mesdames, à qui le roi ne me donne pas le temps d'écrire, afin de faire partir plus promptement le courrier. »

Le Dauphin écrivait très-souvent à ses sœurs : il leur portait une extrême affection. La Dauphine était fort indifférente à tout ce qui l'entourait ou se passait autour d'elle, et n'offrait aucune res-

---

(1) Le duc de Luynes remarque qu'au dîner du jeudi saint il ne paraît pas de poisson sur la table royale, mais qu'on en donnait la forme à divers légumes (avril 1745). — Pendant le carême la reine soupait avec ses filles souvent le jeudi et dimanche, jamais les jours maigres, quand la santé de ces princesses exigeait qu'elles fissent gras; immédiatement après on installait le cavagnole.

source à Mesdames qui faisaient cependant tous leurs efforts pour l'attirer à elles. Elle avait d'abord montré quelque plaisir à suivre les chasses à cheval, mais elle s'en dégoûta promptement, et l'on put ensuite à grand'peine la décider à s'y rendre en calèche; rien ne l'amusait, « hors la promenade à pied. » Mesdames ne la laissèrent jamais seule pendant l'absence de son mari, et nous les voyons faire des parties à Madrid, chez mademoiselle de Charolais, à Chaillot, chez la duchesse d'Orléans, aux Tuileries, à la Muette que le roi avait donné à la Dauphine, sans qu'elle ait paru en ressentir aucun plaisir. Elle était peu communicative, parlait presque à regret et manifestait rarement ses désirs, à ce point qu'elle négligea même d'exprimer l'envie qu'elle avait de prendre part avec la reine et Mesdames à une fête que le duc de Luynes leur offrit à cette époque à Dampierre, et qu'elle montra après une vive contrariété. La réception fut des plus galantes, en effet. Les princesses arrivèrent au château vers midi, avant leur mère, avec mesdames de Tallard, de Beauvilliers, d'Andlau, de l'Hôpital, de Belzunce et de Sourches; une suite nombreuse accompagnait Marie Leckzinska. Le duc avait pensé que la reine voulant souper de bonne heure, ferait une collation seulement en descendant de voiture, mais il fallut servir un dîner qui dura plus de deux heures. Aussitôt après les nobles visiteurs se rendirent dans l'île où « une troupe de jardiniers et jardinières avec toutes sortes d'instruments de musique, vinrent au-devant d'eux avec des habillements blancs, ornés de rubans ; ils exécutèrent devant Sa Majesté plusieurs morceaux de musique vocale et instrumentale tirés de différents auteurs. Le petit comte de Dunois étoit à la tête des jardiniers, vêtu comme eux ; il fit un petit compliment à la reine, que Godounèche chanta ensuite devant Sa Majesté. » Puis la reine se mit à jouer dans l'île même, pendant que ses filles parcouraient le parc avec madame de Chevreuse et l'évêque de Bayeux, frère de M. de Luynes. La reine et ses filles vinrent se reposer au château dans les appartements qui leur avaient été préparés, et on soupa à huit heures et demie ; Marie Leckzinska, qui avait goûté dans l'île, fit peu honneur au repas et quitta promptement la table pour reprendre le cavagnole ; on revint à minuit à Versailles, mais Mesdames arrivèrent une heure avant leur mère (26 juillet.)

Le roi et le Dauphin quittèrent l'armée au commencement du mois de septembre et ils furent reçus le 18, aux Tuileries, avec un véritable enthousiasme. Six jours après avait lieu la scandaleuse présentation de madame de Pompadour à la reine ; le Dauphin fit tous ses efforts pour ne pas céder à sa mauvaise humeur et parla à la marquise de sa toilette. Dès lors madame de Pompadour fut officiellement de toutes les fêtes, de même que dans tous les châteaux qu'une folle prodigalité donnait incessamment à ses caprices, il y avait, sans la moindre dissimulation, l'appartement du roi à côté de celui de la marquise : elle assistait à tous les divertissements de la cour, comme si elle était pourvue d'un grand office de la couronne. Louis XV n'avait même pas le tact d'éloigner sa maîtresse de ses filles ; tout au contraire, il continuait à les réunir sans la moindre vergogne. Le 30 octobre, par exemple, à Fontainebleau, le roi emmena dans son carrosse Mesdames et madame de Pompadour, costumées en amazones, jusqu'au lieu de l'assemblée ; la marquise monta alors à cheval et suivit les princesses toute la journée (1); elle se montra même très-satisfaite de leur attitude envers elle, surtout de Madame, qui, connaissant trop le faible de son père et le chérissant comme elle le faisait, ne savait pas résister au désir de lui être agréable.

La tendresse de Louis XV en effet pour sa fille

---

(1) Le 28 mars 1746, le roi emmena à une chasse au cerf, à Fontainebleau, ses filles, le Dauphin, mesdames de Pompadour et de Duras dans la même voiture ; elles montèrent ensuite à cheval.

aînée était évidente et assurément partagée; il était sensible à sa déférence pour lui et à ses complaisances ; il lui savait gré de suivre en cela une voie toute différente de celle du Dauphin. La reine d'ailleurs favorisait cette prudence, car on sait qu'elle ne haïssait pas madame de Pompadour, pleine de respect apparent envers elle, et qu'elle répéta plus d'une fois qu'en tant qu'il fallait supporter une maîtresse du roi, elle préférait celle-ci à toute autre.

La vie cependant continuait aussi uniforme pour les princesses ; elles passaient leurs journées chez elles, se promenant volontiers, chassant, aimant les fleurs, dit madame Campan, et se plaisant à en cultiver dans leurs appartements, faisant de la musique ; elles dînaient avec leurs dames, la dame d'honneur (1) et une sous-gouvernante, assise en face d'elles à table, ayant chacune derrière leur fauteuil une femme de chambre qui passait les assiettes à la gouvernante pour les présenter aux princesses ; les gens de l'office du roi mettaient les plats sur la table, ceux du gobelet présentaient également à la gouvernante la soucoupe pour donner à boire à Mesdames, l'essai se faisant au buffet.

---

(1) La duchesse de Tallard, peu sympathique à Madame, n'y assistait presque jamais, ou quand elle venait, elle ne restait qu'un moment.

Elles venaient chez la reine pour le cavagnole, avant le souper; on jouait peu au lansquenet qui les ennuyait; elles se couchaient toujours de bonne heure. Depuis la mort de madame de Ventadour, elles n'avaient plus de centre d'intimité et l'ennui bien souvent les assaillait. Madame désirait vivement qu'on organisât leur maison et qu'on déclarât ce que l'on appelait « la fin de l'éducation. » Pendant le séjour de Marly, en janvier 1746, elle eut à ce propos une longue conférence particulière avec le roi; elle redescendit ensuite chez elle « paraissant fort contente de cette conversation » dont elle ne dit rien à madame de Tallard. « Madame, ajoute le duc de Luynes, est de plus en plus contente de l'amitié et de la confiance que le roi lui marque » (23 janvier). (1).

Le moment était bien choisi, puisque Louis XV précisément s'occupait de la maison de l'enfant auquel la Dauphine allait donner le jour. Le

---

(1) « Tous les jours après le souper, le roi et la reine passent chacun dans leur appartement; ordinairement le roi y reste fort peu; mais le jour que le roi soupe dans ses cabinets, la reine s'établit dans la ruelle de son lit avec M. le Dauphin, Madame et Madame Adélaïde, et la conversation est extrêmement vive et gaie. Avant-hier elle dura près de trois quarts d'heure; de sorte même que dans le salon tout le monde attendoit avec impatience l'arrivée de la reine; mais Madame Adélaïde la retint autant qu'elle put. » (Luynes, 1er février 1746).

9 février, en effet, la maréchale duchesse de Duras (1) fut nommée dame d'honneur de Madame, et madame de la Lande, de sous-gouvernante devint intendante de la garde-robe et des atours de Mesdames ; le roi décida en même temps que tous les mois il ferait donner une somme fixe pour les menus plaisirs de ses filles (2). Deux jours après la duchesse de Tallard « remit Mesdames entre les mains du roi, l'éducation étant finie, » sans lui avoir coûté grande peine de surveillance ; elle ressentit une vive contrariété de perdre la position qu'elle avoit occupée pendant tant d'années à la cour (3). Elle avait eu déjà la malencontreuse pensée de recourir à l'influence de madame de Pompadour, à laquelle dès les premiers jours elle avait, dans ce but, té-

---

(1) Angélique-Victoire de Beurnonville, fille du prince et de Victoire d'Albert de Luynes, mariée le 6 janvier 1706 à Jean-Baptiste de Durfort, duc de Duras, maréchal de France en 1741; en 1722, elle avait été chargée de conduire à la frontière la princesse d'Orléans, mariée à l'Infant don Carlos.

(2) Peu après le roi régla cette somme à 48,000 livres pour chaque princesse et alloua 72,000 livres pour la toilette.

(3) Le 18 février, il y eut chez Mesdames un bal masqué « qui ne fut pas extrêmement vif. » Madame de Tallard en fit encore les honneurs, madame de Duras n'ayant point prêté serment ; elle affecta de ne pas vouloir y voir madame de Pompadour.

moigné un empressement excessif. Le moment venu, elle lui confia son extrême désir de conserver une position au moins honorifique auprès de Mesdames, en prétendant conserver le titre de surintendante inscrit conjointement avec celui de gouvernante dans son brevet. La marquise s'occupa de cette affaire, mais elle dut s'arrêter, quand Madame vint à son tour la prier d'intervenir pour empêcher « à tout prix que madame de Tallard restât auprès d'elle. » Madame de Pompadour, « ne pouvant pas balancer entre Madame et madame de Tallard, » porta tous ces faits à la connaissance du roi qui prit le parti de sa fille, à la suite de la conversation dont elle avait paru si satisfaite le mois précédent à Marly. La duchesse froissée de ce résultat et de la conduite de madame de Pompadour, qui cependant ne pouvait guère agir autrement, ourdit alors une véritable intrigue d'antichambre pour nuire à la toute-puissante maîtresse ; elle imagina de faire courir le bruit que madame de Pompadour voulait faire remplacer la femme de chambre de la Dauphine, par une créature à elle afin d'être au courant de tous les secrets du ménage. Ce prétendu projet se répandit et prit assez d'importance pour forcer madame de Pompadour à s'en expliquer avec le Dauphin et avec la Dauphine.

Madame de Tallard, pour se consoler de sa double déconvenue, usa de son droit de gouvernante avec une rigueur qui fut sévèrement appréciée. Son titre l'autorisait à prendre pour elle, en cessant son service auprès de Mesdames, tout ce qui leur appartenait ou était à leur usage, mais elle poussa la chose jusqu'à prendre même les bonbonnières que les princesses avaient dans leurs poches. Ce que voyant, Madame Adélaïde se mit à manger avec affectation beaucoup de petites dragées appelées *diavoli* par les Italiens, et quand on le lui reprocha elle répondit : « Qu'il falloit bien qu'elle les mangeât puisqu'elle n'avoit plus de boîte pour les mettre. » Madame de Tallard prit aussi les vêtements de Mesdames et ne laissa, encore sur un ordre exprès du roi, que les étrennes qu'elles avaient reçues cette année-là et les cadeaux de noce de la Dauphine.

Dès lors la duchesse de Duras s'occupa seule de la maison des deux princesses : ce fut elle qui se tint debout à table, en face d'elles, tandis qu'une femme de chambre recevait les plats des mains des officiers du roi, et les mettait sur la table ; elle faisait elle-même l'essai du vin. Mesdames n'avaient point encore de maison. Il semble qu'à ce moment il y ait eu plus d'intimité dans la famille royale : les princesses venaient plus souvent causer avec la Dauphine chez la reine : quand le roi paraissait, le plaisir était extrême de part et d'autre : ses filles lui baisaient les mains d'abord, puis elles l'embrassaient (1). Il les aimait très-sincèrement, mais comme il pouvait les aimer, très-égoïstement, pour s'amuser de leur esprit et sans penser ni à leur avenir ni à leur éducation. Quand il partait pour l'armée, la cour redevenait calme ; le duc de Luynes n'enregistre plus que des soirées de jeu, quelques chasses (2), quelques promenades ; Mesdames recommençaient à se coucher de bonne heure.

Louis XV se rendit à son quartier général le 8 mai, et il se produisit, au moment de se séparer, un incident regrettable ; Marie Leckzinska vint avec ses filles pour lui faire ses adieux : il était descendu chez madame de Pompadour et se fit attendre au moins un quart d'heure, encore n'embrassa-t-il la reine « que très-froidement : il n'y eut qu'à Mesdames qu'il montra plus d'amitié. »

Un incident vint faire diversion au calme qui

---

(1) Mesdames, à cette époque, allaient voir le roi tous les matins à son lever ; elles se rendaient chez lui également quand il revenait de la chasse, et les jours de fête et dimanches au retour de la chapelle.

(2) Mesdames allaient à peu près régulièrement tous les cinq jours chasser le daim.

suivit ce départ : « Madame avoit une grande affection pour un vieux colonel, M. de Moussy, ancien ami de madame de Ventadour, excessivement petit, maigre et louche : elle avait prié le roi de l'attacher à sa personne, ce qu'il ne put faire, la princesse n'ayant pas de maison, mais il l'autorisa verbalement à faire auprès d'elle le service de chevalier d'honneur sans en avoir le titre. Or Mesdames avaient deux carrosses des écuries du roi pour leur usage, et un jour Madame eut la pensée de vouloir y faire entrer M. de Moussy. Mais une si grosse innovation devait causer une profonde émotion dans une cour où l'étiquette était le premier de tous les soucis : « M. de Moussy a fort bien senti que cette prétention étoit insoutenable, et il n'en parla plus. » Il resta simple chevalier d'honneur volontaire de Madame, comme un autre ami de madame de Ventadour, « le bonhomme Saint-Pau » l'était de madame Adélaïde : M. de Saint-Pau, ancien chef de brigade à Choisy, avait quatre-vingts ans.

Jusqu'à présent nous n'avons pas eu occasion d'insister sur les sentiments religieux de Mesdames. Élevées auprès de la reine, qui était excessivement pieuse, elles ne pouvaient pas ne point puiser au moins à cet égard de bienfaisants exemples. Aussi les voyons-nous assister aux offices et aux sermons, suivant très-strictement tous les exercices du Carême, soumises au maigre, et approchant souvent de la Sainte-Table : Elles avaient le même confesseur que leur mère. Leur frère, qui avait une incontestable influence sur elles, les avait également dirigées dans cette voie à laquelle elles demeurèrent toujours fidèles. et cependant non-seulement, comme nous l'avons dit, leur éducation religieuse avait été très-négligée, mais le roi ne leur avait donné ni bons conseils, ni bons exemples : il n'avait pas même eu la pudeur de placer auprès de ses filles des personnes d'une moralité certaine. Nous le verrons bientôt choisir madame d'Estrade, la cousine et la complaisante de madame de Pompadour, mais dès maintenant nous citerons madame d'Andlau, fille de M. de Polastron, sous-gouverneur du duc de Bourgogne et l'une des quatre dames de Mesdames, jeune et jolie femme, très-spirituelle, élégante, d'une tenue excellente et particulièrement aimée de Madame.

Un beau jour, Mesdames se rendirent à cinq heures chez leur père, peu de temps après son retour de l'armée, et tout était si bien réglé à la cour de Versailles que cette visite à une heure si inaccoutumée devenait un véritable événement. Ce fut bien pis quand le soir on apprit que madame d'Andlau avait reçu l'ordre de se retirer à Strasbourg. Or, voici ce qui s'était passé pendant que le roi était encore à l'armée : Madame Adélaïde avait ramassé un livre oublié par madame d'Andlau, et ce livre était l'un des plus licencieux que l'on puisse imaginer. Elle en parla sur l'heure à sa sœur, puis au Dauphin, qui dut s'informer auprès des personnes de la cour de la nature de cet ouvrage, dont il ne soupçonnait même pas l'existence.

Madame d'Andlau, prévenue de tout le bruit que causait cette affaire, supplia Madame de lui garder le secret, pour empêcher sa perte, assurant qu'elle avait reçu ce livre sans en connaître l'infamie et qu'elle était victime d'une basse vengeance. Mesdames eurent d'abord pitié de cette malheureuse jeune femme et le Dauphin fit comme elles. Cependant Madame crut devoir consulter la maréchale de Duras, qui, sans hésiter, lui dit qu'elle devait consciencieusement en parler au roi et que, si elle ne le faisait pas, elle l'en informerait elle-même. Louis XV voulut d'abord envoyer madame d'Andlau à la Bastille, mais Madame conjura cette excessive sévérité en alléguant l'état avancé de grossesse de cette jeune femme : elle fit également changer le lieu d'exil et madame d'Andlau, au lieu de se rendre en Alsace, put se retirer en Languedoc dans les terres de son père. Le duc de Luynes remarque avec raison qu'il aurait beaucoup mieux valu assoupir cette affaire que de lui donner des proportions que la malignité publique exagéra démesurement, et qui fut très-préjudiciable à la jeune princesse, « d'autant plus, ajoute-t-il en homme qui sait le fond des choses, que dans les pays étrangers les objets vus de trop loin se grossissent souvent sans fondement. » (24 juin). Le soir même, la place vacante était donnée à madame de Castries (1).

Nous avons dit qu'une grande union régnait alors dans la famille royale ; aussi la naissance de l'enfant de la Dauphine fut-elle accueillie avec joie, quoique ce fût une fille. Madame ne conçut même aucun regret de céder son titre à sa jeune nièce et de redevenir Madame Henriette (19 juillet). Nous rapporterons un passage, écrit à cette date par le duc de Luynes, qui, en peu de lignes, fait nettement connaître cet intérieur : « Le Dauphin est capable d'amitié : il est caressant et gai, et se montre tel qu'il est ; il a l'imagination vive et des saillies assez plaisantes. Madame Adélaïde a beaucoup de ce

---

(1) Marie-Louise-Angélique de Chalmazel, fille du premier maître d'hôtel de la reine et de Marthe de Bonneval ; elle épousa, le 20 juillet 1741, Armand-François de la Croix, marquis de Castries, gouverneur de Montpellier, mort des suites des fatigues de la campagne de Bohême, le 27 janvier 1743 ; elle n'avait pas eu d'enfant.

caractère. Madame Henriette est moins vive et plus sérieuse. Tous trois, même Madame la Dauphine, sont fort à leur aise avec la reine, et fort timides avec le roi; Madame Adélaïde l'est un peu moins que les autres. De tous les enfants du roi, celle qu'il paroît aimer le plus, c'est Madame Henriette. »

Trois jours après, la mort pénétrait dans cet intérieur : le 22, au matin, la Dauphine expirait presque subitement, quand la veille, au soir, les médecins l'avaient déclarée aussi bien que l'on pouvait le désirer. La reine emmena aussitôt son fils et sa fille chez le roi; ils restèrent longtemps enfermés et entendirent la messe; ce n'est qu'après que l'on apprit au Dauphin la réalité : jusque-là on ne lui avait parlé que d'un état très-grave. Le lendemain, tous partirent pour Choisy, chez madame de Pompadour, et l'on ne peut s'empêcher de trouver naïve la remarque du duc de Luynes, qui dit que « la vie y fut fort triste et que tout le monde s'y ennuya extrêmement. » A midi commençait la journée officielle par le lever du roi, auquel le Dauphin assistait toujours; la reine descendait avec ses filles, sa toilette terminée, et tous, après un moment de conversation, allaient à la messe. Le roi rentrait donner ses ordres, puis montait chez madame de Pompadour, tandis que la reine dînait à une heure avec le Dauphin et Madame ; on restait un instant réunis, puis chacun se retirait dans son appartement ; le roi rentrait, et ne sortait plus de son cabinet avant sept heures ; la famille royale se promenait alors ensemble ou séparément ; le souper était servi à neuf heures. Le Dauphin accompagnait alors le roi chez lui et y demeurait une heure : Mesdames allaient se coucher. Le dîner de madame de Pompadour était servi à dix heures : vers minuit Louis XV descendait pour causer et il y demeurait assez tard. « Cette vie ennuyeuse » éprouva les augustes hôtes de Choisy : le roi en fut assez souffrant ; la reine « en ressentit un redoublement de vapeurs qui viennent tant de son estomac que de la tristesse du spectacle et de la vie qu'elle mène. »

Aussitôt après le service, qui eut lieu à Saint-Denis, le 25 juillet, et où Mesdames représentèrent toute la famille royale, la cour revint à Versailles. Le Dauphin avait ressenti un violent chagrin, mais il se calma assez promptement. Il était encore à Choisy, « pleurant souvent, mais riant déjà quelquefois. » M. le duc de Luynes écrit ce curieux passage, le 8 août : « Il y a tout lieu de croire que la douleur de M. le Dauphin ne sera pas de fort longue durée : son caractère est gai naturellement ; outre cela, on cherche non-seulement à le dissiper, mais même à lui faire remarquer des défauts dans la figure et dans le caractère de Madame la Dauphine, dont il n'avoit point été frappé. »

Dès la fin du voyage de Choisy, il fit avec Madame un petit voyage à Orly, chez M. le maréchal de Coigny : « on y rit, on y chanta, rien ne ressembloit moins à la douleur. » Bien plus, dès le 3 août, le roi avait donné des ordres pour remanier et agrandir à Versailles l'appartement de la future Dauphine. Sans tarder en effet, on chercha quelle serait la princesse qui pourrait remplacer l'Infante, et le ministre de Saxe mit en avant le nom de Marie-Josèphe de Saxe, qui devait huit mois après devenir Dauphine de France.

Mesdames assistèrent au service solennel qui eut encore lieu, le 9 septembre, à Saint-Denis, pour l'ensevelissement de leur belle-sœur, dont le corps avait été seulement déposé dans les caveaux de l'abbaye. Elles parurent en grands habits de deuil. La mante de Madame Henriette était portée par MM. de Saulx-Tavannes et de Matignon ; celle de Madame Adélaïde, par MM. de Champagne, de Gontaut et de La Marck : le duc de Chartres et le prince de Conti leur donnaient la main. La cour reprit ensuite sa vie ordinaire. La reine recommença son jeu, dont la privation lui avait beaucoup coûté ; le roi retourna à Choisy à la fin du mois de septembre, emmenant avec lui ses filles et madame de Pompadour. « Il n'y a eu d'autres jeux pendant ce voyage que la comète, le papillon et un petit lansquenet. » On chassa une fois le cerf dans la forêt de Sénart, toutes les dames en noir et les hommes en gris. Au retour, le roi déclara la nomination de mesdames d'Estrades et de Belzunce (1), comme dames de Mesdames, ce qui en porta le nombre à six.

Mesdames voyaient beaucoup leur frère et cherchaient à écarter les idées sombres qui s'étaient emparées de lui au bout de quelque temps, et lui faisaient plus regretter sa femme à mesure qu'il s'éloignait du moment de sa mort. Elles restaient beaucoup chez elles à Choisy comme à Fontainebleau, et s'occupaient dans ce temps très-assidûment de musique. Nous avons vu que Madame Adélaïde avait un talent réel sur le violon : elle

(1) Charlotte-Alexandrine Sublet d'Heudicourt, mariée en 1737 à Antoine-Armand de Belzunce, comte de Castelmoron, grand louvetier de France, veuve le 17 septembre 1741.

N. Huguet de Semonville, mariée à Charles-Jean, comte d'Estrades, tué à la bataille de Dettingen, le 19 juillet 1743 ; il avait pour mère Charlotte le Normand du Port, sœur de M. le Normand d'Etiolles, beau-père de madame de Pompadour.

l'avait abandonné pour se mettre à dessiner, elle le reprit alors (1). Madame Henriette apprenait à jouer de la viole; mais elle excellait infiniment mieux à dessiner et à peindre la miniature : elle n'avait pas de voix, tandis que sa sœur avait une voix de basse presque aussi forte que celle du Dauphin (2).

C'est à ce voyage de Choisy qu'il arriva un incident qui, plus que tous les autres, fait vraiment plaindre la reine. Madame de Pompadour lui avait fait demander par la duchesse de Luynes la faveur, pour ce voyage, de monter dans un de ses carrosses : « cette proposition n'a pas été d'abord trop bien reçue, » quoique madame de Luynes eût fait respectueusement comprendre à la reine que si madame de Pompadour agissait ainsi, c'était certainement avec l'assentiment du roi. La reine répondit qu'elle n'emmenait que deux carrosses, et que, comme ses filles l'accompagnaient, il ne pourrait y avoir de place libre; madame de Luynes obtint cependant que si un vide se produisait,

---

(1) « Madame Adélaïde est parfaitement bien : elle est très-bien faite, elle a l'air léger, sa figure change en bien tous les jours. » (Luynes, 31 mars 1745.)

(2) Nattier a peint, en 1754, un portrait de Madame Henriette, jouant du violoncelle; ce portrait est à Versailles.

la marquise serait admise à en profiter. Or, madame de Villars s'excusa au dernier moment : la reine fit prévenir madame de Pompadour et l'invita à dîner avec elle et Mesdames avant de monter en voiture. Le roi fut particulièrement gracieux pour Marie Leckzinska, quand il la vit arriver en pareille compagnie : il organisa aussitôt un cavagnole, et le soir, madame de Pompadour ayant soupé à la table royale, la reine recommença son jeu favori, le roi et madame de Pompadour s'associant pour tenir la partie ensemble.

Le 24 novembre eut lieu, à la cathédrale de Paris, un nouveau service solennel pour la Dauphine, auquel assistèrent Mesdames. Trois jours après, le roi « déclaroit » le mariage du Dauphin avec la princesse Marie-Josèphe de Saxe. Les choses furent menées très-rapidement, et la nouvelle Dauphine arriva à Fontainebleau le 7 février suivant. Le roi, la reine et Mesdames allèrent au-devant d'elle, et l'on raconte que Marie Leckzinska, en lui nommant ses filles, ayant dit : « Henriette, sage et prudente; Adélaïde, vive et toujours gaie, » la Dauphine répliqua : « Je prendrai conseil de Madame Henriette et je me divertirai avec Madame Adélaïde. »

Marie-Josèphe de Saxe était aussi sympathique que l'Infante pouvait paraître peu gracieuse. Elle plut à tous dès le premier jour, et ses belles-sœurs résolurent de l'entourer de façon à la faire complétement entrer dans sa nouvelle famille. La position de la Dauphine était extrêmement difficile. Un fâcheux malentendu lui avait donné la certitude que son mari ne l'aimait pas et ne l'épousait que par contrainte (1). Le Dauphin, à mesure qu'il s'éloignait de la date de la mort de sa première femme, se prenait, après l'avoir, comme nous l'avons vu, très-faiblement regrettée, à l'aimer passionnément et ne songeait plus qu'à la pleurer. La jeune princesse ne trouvait donc aucun appui là où elle était en droit d'en chercher, et elle sentait les difficultés et les périls qui l'environnaient : elle était dès les premiers jours découragée, isolée, en butte à des jalousies diverses et à toutes sortes d'intrigues. « Il s'agit, d'une part, de suivre les inclinations de son époux et de se conformer, autant qu'il est possible, aux sentiments de M. le Dauphin, qui est dominé par la reine ; et de l'autre part, de complaire au roi Très-Chrétien et de ménager sa maîtresse, choses qui sont très-difficiles

---

(1). Madame de Brancas, dame de la Dauphine, ayant reçu une lettre du Dauphin, crut bien faire en la donnant sans l'ouvrir à la princesse. Or, le Dauphin y avait écrit de longs gémissements sur la perte de sa première femme, en y déclarant que « rien ne lui feroit oublier Marie-Thérèse. » (*Maurice de Saxe et Marie-Josèphe de Saxe*, par le comte d'Eckstaedt, 1 vol. in-8°, Leipzick, 1867.)

à concilier, les inclinations du premier ne s'accordant pas toujours avec celles de son fils, et la dernière étant détestée de la reine, quelque belle mine qu'elle soit obligée de lui faire extérieurement (1). » Le comte de Saxe constatait dès ce moment les avances faites à la Dauphine par Madame Henriette, en les appréciant avec une injuste sévérité : « Nous appréhendons, écrit-il trois jours après, la jalousie de la reine et son mauvais caractère, ainsi que les artifices de sa chère favorite, Madame Henriette, qui est une caillette; nous craignons que Madame la Dauphine ne se laisse emporter par ces caresses déguisées que ces deux rivales emploient pour s'emparer de son esprit. » Nous sommes renseignés sur ces débuts de la Dauphine et ces « chiffonnages de cour » par le comte de Saxe lui-même, qui aimait beaucoup sa nièce dont il avait décidé le mariage : « Nous avons un petit peu de chiffonnage de cour, écrit-il le 6 mars; chacun cherche à s'emparer de Madame la Dauphine, et l'amour de ce peuple-là n'éclate que par des traits de jalousie les uns contre les autres. Comme l'objet est le désir de plaire à cette princesse, elle (la jalousie) n'est pas très-dangereuse. Cependant il y a

---

(1) Dépêche du ministre de Saxe à Paris, 2 mars 1747, *ibid.*, p. 185.

des personnages desquels il faut que notre princesse se gare, et qui ont intérêt à ce qu'elle n'ait pas le crédit que je prévois qu'elle aura. Pour ma part, c'est la reine qui voit de jour en jour diminuer sa cour; pour l'autre, c'est Madame Henriette à qui Madame la Dauphine fait tort par son rang, par le brillant de sa cour, et sur toutes choses par l'affection du roi. Cette princesse est autant haïe dans cette cour que Madame la Dauphine y est adorée. Elle a le caractère de la reine, sa mère, rempli de petites finesses et cherchant toujours à tracasser; elle s'est *alléchée* auprès de Madame la Dauphine et lui a déjà fait faire quelques petites démarches dont elle ne s'est pas défiée; cela a été au point que le roi a lavé la tête à Madame Henriette, et lui a dit qu'il la prioit de ne point donner des impressions fausses à Madame la Dauphine, de l'aimer et de la respecter, mais de ne point s'aventurer à lui donner des avis et à la conseiller; que son discernement la conduisoit très-bien, et que les femmes qu'il avoit placées auprès d'elle étoient faites pour cela. Il a fait dire en même temps à Madame la Dauphine, par madame de Pompadour, qu'il la faisoit prier de s'adresser directement à lui lorsqu'elle désireroit quelque chose, et surtout de n'y jamais employer Madame Henriette, qui ne cherchoit qu'à se faire valoir auprès d'elle et peut-être à la gouverner, ce qu'il verroit avec peine, parce qu'il avoit beaucoup meilleure opinion de son discernement que de celui de madame Henriette. Madame Henriette a pleuré deux jours de cette aventure, et la cour de la reine en a été en déroute (1). »

Rien n'est plus injuste que cette appréciation de la conduite de Madame Henriette, et nous avons heureusement une lettre de la Dauphine qui constate, au contraire, le tendre et sincère attachement que lui portait sa belle-sœur et la sollicitude toute maternelle dont elle l'entoura dès les premiers jours. Nous avons dit que le Dauphin s'était tout d'un coup saisi d'une vive passion rétrospective pour sa première femme, et il se plaisait à faire sentir chaque jour davantage à Marie-Josèphe qu'il l'avait épousée malgré lui. Madame Henriette n'avait pas eu de peine à deviner la tristesse profonde qui envahit la Dauphine, pauvre jeune fille, presque une enfant encore, qui dut passer sa première nuit de noces à pleurer avec son mari; peut-être même lui arracha-t-elle un secret qu'elle devait, à son âge, avoir quelque peine à garder, et voulut-elle, par ses soins, distraire la Dauphine autant que c'était en son pouvoir. Cette « lune rousse, » comme un spirituel auteur allemand a appelé ce commen-

---

(1) *Ibid.*, p. 186.

cement de mariage, dura assez longtemps pour fournir à Madame Henriette les moyens de montrer son dévouement et sa tendresse à sa belle-sœur qui « avoit beau grandir et embellir, » ainsi que le constate volontiers le comte de Saxe, « elle étoit toujours traitée avec la même froideur au milieu des mêmes bouderies et colères. » La Dauphine a raconté tous ces détails dans une longue lettre écrite à sa mère, le 19 février 1752, au lendemain de la mort de Madame Henriette, et ce passage rétablit sous son véritable jour la situation des deux belles-sœurs : « Non, ma chère maman, rien n'est comparable à l'état où je me suis trouvée dans ce moment. J'aimois tendrement ma sœur. Je m'étois liée avec elle d'une amitié très-étroite, pour ainsi dire dès le premier instant. De plus, je lui dois le bonheur de ma vie, car l'amitié que M. le Dauphin a pour moi, je ne la dois qu'à ses soins, car je ne puis vous cacher que quand je suis arrivée ici, il m'avoit dans la plus grande aversion. On l'avoit prévenu contre moi. D'ailleurs il étoit très-fâché de me voir occuper la place d'une femme qu'il avoit tendrement aimée ; il ne me regardoit que comme une enfant : tout cela l'éloignoit de moi et me causoit un chagrin mortel. Je tâchois, par une obéissance aveugle aux moindres de ses volontés, de lui prouver le désir que j'avois de lui plaire ; mais je n'avois pas beaucoup d'instants dans la journée où j'aie pu le lui prouver, puisqu'il ne restoit pas un moment seul avec moi; il faisoit venir Mesdames, prenoit Adélaïde avec lui et me laissoit avec Madame. Elle voyoit la douleur que me causoit cette conduite. Elle ne m'en marquoit rien, mais elle me conseilloit sur ce que j'avois à faire, et puis, quand je n'y étois pas, elle parloit à M. le Dauphin, lui peignoit ma douleur et mon désespoir de ne pouvoir lui plaire; enfin elle fit tant qu'il prit pitié de moi et me traita un peu mieux. Quand elle eut gagné sur ce point, elle continua ses tendres soins et fit tant qu'à la fin M. le Dauphin prit de l'amitié pour moi, et jusqu'à la fin de sa vie, elle l'a toujours cultivée et augmentée (1). »

Nous avons anticipé sur les événements pour montrer quelle était la vérité sur la conduite de Madame Henriette envers sa belle-sœur : nous allons remonter maintenant aux premiers jours du mariage de la Dauphine.

Dès les commencements, nous avons vu Mesdames entourer la jeune princesse avec d'autant plus d'empressement que le Dauphin lui laissait voir plus de froideur. Elles passèrent le printemps à visiter ensemble les environs de Paris : elles allèrent au Mont-Valérien, à Saint-Cyr, à Poissy, à Marly,

(1) *Ibid.*, p. 112.

à Saint-Germain, à Trianon. Le jeune ménage et les deux princesses ne se quittaient pas ; le souper les réunissait tous les soirs, puis on restait chez le Dauphin où Mesdames gardaient leurs dames jusqu'à onze heures pour converser ou jouer un peu au cavagnole. Aussi la moindre séparation causait un véritable chagrin aux princesses : quand les deux filles du roi partirent pour Fontainebleau, au mois d'octobre 1747, laissant à Versailles la Dauphine, que l'on croyait grosse : « elle a fait ses adieux à Mesdames, écrit le duc de Luynes, avec des embrassades qui ne finissoient point et qui paraissoient marquer l'amitié la plus tendre. » Et cette affection était bien réciproque, car depuis le retour à Versailles, M. de Luynes note que la reine eut plus souvent ses filles à souper : « voulant leur donner cette marque d'attention et d'amitié parce qu'elles sont accoutumées à souper avec M. le Dauphin et Madame la Dauphine et se trouvent fort seules en ce moment. » (12 novembre.) Et, le 16, il ajoute : « La reine a soupé tous les jours, depuis dimanche, et soupe encore aujourd'hui, avec Mesdames et plusieurs dames. Elle joue au cavagnole avant et après le souper. Cet arrangement lui a paru nécessaire pour amuser Mesdames, qui soupoient tous les jours avec M. le Dauphin et Madame la Dauphine, et qui commencent à s'accoutumer à ne plus se coucher d'aussi bonne heure. » Pendant tout l'été, l'intimité avait donc été très-étroite. « Ils vivent tous dans l'union la plus grande, écrivait notre noble chroniqueur ; il y a jusqu'à présent beaucoup d'enfance dans cette société : quoique Madame soit plus âgée et plus raisonnable, elle a un caractère doux et complaisant, et, sans être peut-être aussi gaie que Madame Adélaïde, elle rit davantage. Madame Adélaïde est extrêmement vive, elle ne tient pas en place : elle fait en une demi-heure de temps beaucoup de choses différentes ; elle joue du violon, elle chante, joue du clavecin, et, malgré cette vivacité, elle est paresseuse en certaines occasions. » La Dauphine était également très-enfant, comme il convient à son âge, mais, contrairement au goût de ses belles-sœurs, elle aimait assez le jeu. Toutes trois étaient très-pieuses ; le Dauphin plus encore, en conservant « une grande disposition à la médisance », pour ne pas dire plus ; « mais l'enfance est grande en lui, » dit le duc de Luynes : il était très-versatile dans ses goûts, très-vif, emporté même, aimant uniquement la musique, ne lisant que des livres religieux ; « en fait, ne sachant pas s'occuper assez (1). »

(1). On jugera mieux de cette légèreté quand on saura que le Dauphin imagina, le jour où l'on tendit de noir chez

C'est de l'année 1747, au mois de mars, que mourut la reine de Pologne, la mère de Marie Leckzinska. Ce triste événement était depuis longtemps prévu ; la douleur de la reine fut extrême cependant, et ses filles lui témoignèrent une touchante sympathie. Elles savaient déjà la mort de leur grand'mère, quand la reine, l'ignorant encore, adressa à tous ceux qui l'entouraient les plus pressantes questions ; elle en fit surtout à Madame Henriette, et avec tant d'instance, que la jeune princesse s'évanouit, à bout de forces, dès que sa mère eut quitté le salon. Quand son confesseur lui eut enfin appris la triste vérité, ses filles et son fils vinrent près d'elle et ils ne la quittèrent plus de la journée (1).

L'année 1748 commença mal pour Mesdames :

sa femme à cause de la mort de sa grand'mère, la reine de Pologne, de faire quérir ses sœurs et la Dauphine et de jouer avec elles à quadrille sous le dais, les rideaux baissés et les flambeaux de cire jaune allumés. Et il faut savoir encore que c'est dans cette même pièce qu'un an auparavant avait été exposé le corps de sa première femme. (Luynes, VIII, 368.)

(1) Nous citerons à cette date un assez piquant détail du rigorisme de l'étiquette. « Madame, étant chez la reine, a demandé un mouchoir. On a été le chercher chez elle. Un valet de chambre l'a pris et remis à madame de Luynes, qui l'a présenté à Madame. La reine étoit présente ; elle dit à madame de Luynes qu'en pareil cas il falloit que le valet de chambre allât avertir une de ses femmes, et que c'est la femme de chambre qui doit présenter à la dame d'honneur sur une soucoupe. » (Luynes, VIII, 171.)

toutes deux furent assez souffrantes de la fièvre dans les premiers jours de janvier; à Marly, on jouait beaucoup alors au cavagnole avant et après le souper, et au lansquenet, auquel le Dauphin et ses sœurs prenaient part « assez régulièrement, mais en jouant l'argent du roi. » Madame Adélaïde ne se remit pas cependant de ses malaises, et la petite vérole se déclara, le 12 février, en se révélant par des boutons qui se produisirent subitement pendant que la princesse était au jeu. On appela aussitôt le docteur Dumoulin et la maréchale de Duras, qui s'enfermèrent avec madame de la Lande chez elle. Mais Dumoulin rassura la cour en affirmant que « c'étoit la petite vérole à quatre ailes, » c'est-à-dire fort légère, et en retournant à Paris, laissant la direction des soins à Bouillac, médecin ordinaire de Madame Adélaïde. Dès le 2 mars, elle reprit sa vie ordinaire, et pendant tout ce temps, Madame Henriette passa ses journées et ses soirées chez la reine, qui « a fait cet arrangement pour contribuer à sa consolation d'être séparée d'avec Madame sa sœur, avec laquelle elle avoit continué de passer les après-dîners. » Il paraît cependant que ces trois semaines d'internement ne furent pas absolument rigoureuses pour la princesse : elle reçut de nombreuses visites, quand on fut rassuré sur l'intensité de la maladie, et le prince de Conti s'y montra si assidûment empressé, que les commentaires ne manquèrent pas. On disait qu'il agissait avec l'assentiment du roi, et cela « donna lieu, écrit le duc de Luynes, à des propos qui ne font aucun tort assurément à Madame, et d'ailleurs qui sont absolument faux. » Nous aurons plus tard cependant à en reparler (1).

La maison de Mesdames avait été augmentée, au mois de mai 1747, de trois nouvelles dames. On savait depuis longtemps qu'une place était promise à mademoiselle d'Antin, qui venait d'épouser le comte de Civrac (2); et on ne doutait pas non plus de la nomination de madame de la Rivière, fille d'un officier de mousquetaires très-aimé du roi, mariée à un de ses cousins. Mais la lutte était d'autant plus vive entre la duchesse de Brancas et la duchesse de Broglie, que cette dernière était patronnée par la reine et avait été

(1) Au mois de mai 1747 Madame Adélaïde donna encore quelques inquiétudes. « Le roi et la reine ont été la voir plusieurs fois, hier et aujourd'hui, » écrit le duc de Luynes, en ajoutant que la princesse était tellement grasse qu'on ne put point la saigner.

(2) Marie-Françoise de Pardailhan de Gondrin d'Antin, fille du duc d'Antin et de mademoiselle de Montmorency-Luxembourg, née le 13 mars 1728, mariée, le 14 mai 1747, au comte de Durfort-Civrac, brigadier d'infanterie, l'un des menins du Dauphin. Elle mourut le 1er juin 1764.

demandée par Madame Henriette elle-même, tandis que madame de Pompadour soutenait la première (1). Il semble que l'on n'aurait pas dû avoir de doute sur l'issue de la lutte. Le 7 juin, les nominations furent connues, et madame de Pompadour fit naturellement triompher sa protégée.

(1) Louise-Diane de Clermont-Gallerande, fille de Pierre-Gaspard, marquis de Clermont, lieutenant général, et de Gabrielle d'O, veuve de Jacques de Beauvilliers, marquis de Saint-Aignan, remariée, le 24 février 1738, à Louis de Brancas, duc de Villars, colonel d'infanterie, mort le 24 janvier 1739.

CHAPITRE V

RETOUR DE MADAME VICTOIRE

(1749-1750)

Le roi a ses trois filles aînées auprès de lui. — Madame Victoire; sa vie, ses occupations. — Réorganisation de la maison des princesses. — Chasses. — Voyage de l'Infante à Versailles. — Madame d'Estrades et madame de la Lande. — Madame de Pompadour fait nommer la première auprès de Mesdames. — Théâtre des Petits-Cabinets. — Entrée de Madame Victoire à Paris. — Fête à Dampierre en l'honneur de Mesdames. — Madame de Pompadour en antagonisme avec elles pour une question de logement. — Vie retirée et studieuse de Mesdames. — Leur goût pour la lecture et les arts. — L'académicien Hardion. — Ouvrages qu'il compose pour ses royales élèves. — Visites du débotter au roi. — Scènes plaisantes. — Indifférence de la reine. — Elle voit peu ses filles. — Mauvais régime alimentaire. — Petit souper. — Retour de Mesdames cadettes. — Organisation définitive des maisons de Mesdames aînées et de Mesdames cadettes. — Intrigues.

Désormais Louis XV eût trois de ses filles auprès de lui, mais l'arrivée de Madame Victoire ne causa aucun changement; le nombre des dames ne fut point augmenté et la nouvelle princesse fit assez peu parler d'elle (1). On attacha seulement mademoiselle de Charleval à son service : cette décision avait été prise avant le retour de Fontevrault et Madame Victoire lui écrivit à cette occasion, le 7 février, ce gracieux billet : « Le choix que le roi a fait de vous, mademoiselle, est si généralement applaudi que j'ai tout lieu de penser qu'il m'a bien partagé en vous donnant à moi. Je suis ravie de fournir à la fortune une occasion de réparer ses injustices à votre égard, et je suis prévenue pour vous de tous les sentiments que vous pouvez souhaiter. »

Mademoiselle de Charleval devait faire les fonctions de sous gouvernante sans en avoir le titre, avec six mille livres d'appointement et « commander dans la chambre de la princesse » sous les ordres de madame de Duras, qui conservait la haute surveillance de la dépense (2). Madame Victoire dînait avec ses sœurs, mais soupait seule, chez elle, sauf

---

(1) « L'intention du roi a été que madame de Duras mette du rouge en chemin à Madame Victoire: il l'a recommandé à madame la maréchale, et de lui remettre la quantité qu'elle jugeroit à propos. » (Luynes, ix, 191.)

(2) Madame Victoire reçut 3,000 livres par mois pour ses menus plaisirs ; la maréchale de Duras les touchait et les lui remettait. Elle avait, comme sa sœur, 6,400 livres par an pour sa toilette, et on dépensa 72,000 livres pour monter sa garde-robe et son linge en arrivant.

les jours de grand couvert, auquel elle assistait, mais en se couchant immédiatement après. Ses journées se partageaient entre les différents maîtres que, contrairement à ce qui avait été fait pour ses sœurs, on eut le soin d'attacher à sa personne sous la direction de Hardion, membre de l'Académie française, bibliothécaire particulier du roi. Elle prenait part quelquefois au jeu de la reine; la maréchale de Duras ou mademoiselle de Charleval devaient toujours être auprès d'elle.

L'arrivée de la troisième fille du roi causa une certaine émotion dans l'intérieur de la cour. La maréchale de Duras avait prévenu Mesdames qu'elle ferait tout son possible pour décider madame Victoire à se montrer plus expansive et plus libre envers son père. La princesse suivit ses conseils et s'en trouva très-bien, ce qui excita la jalousie de Madame Adélaïde, non point, dit le duc de Luynes, à cause d'elle, mais de sa sœur Henriette, qu'elle aimait passionnément et pour laquelle elle redoutait cette concurrence : « Elle est fâchée d'imaginer que Madame Victoire puisse parvenir à être plus approuvée que Madame, soit par la figure, soit par ses manières. » La princesse était intelligente, elle aimait le travail; très-bonne musicienne, elle jouait bien du clavecin et un peu du violon. Ses sœurs et la Dauphine cherchèrent au début à la tenir éloignée de leur intimité en la faisant « regarder comme une enfant dans la petite société » (1). La princesse avait pourtant quinze ans sonnés, mais elle donna précisément à cette époque matière à l'appui de cette opinion que l'on voulait propager. L'historiette vaut la peine d'être racontée telle que nous la donne le duc de Luynes : « Avant-hier une dent arrachée fut un événement à la cour. M. Maston, chirurgien dentiste de Mesdames, avoit prononcé qu'il falloit arracher une dent à Madame Victoire. Cette sentence confirmée par la Faculté et approuvée par le roi étoit sans appel; mais Madame Victoire ne pouvoit se résoudre à la laisser exécuter. C'étoit le dimanche même de Pâques que la dent devoit être arrachée. Madame Victoire remettoit de demi-heure en demi-heure, et enfin la journée se passa sans qu'on pût la déterminer. Le lendemain même incertitude, mêmes délais. M. le Dauphin et Mesdames renouvelèrent leurs instantes sollicitations. Enfin le roi prit le parti d'y aller avant vêpres et y resta deux heures et demie. M. le Dauphin se mettoit à genoux devant Madame Vic-

---

(1) « Elle commence à marcher mieux, écrit le duc de Luynes le 13 avril 1748, que quand elle est arrivée. Elle fait la révérence d'assez bonne grâce. » Le matin elle avait eu une conversation de trois quarts d'heure avec son père. Sur sa demande, « elle a dit qu'elle ne s'étoit pas ennuyée un moment et avoit trouvé le temps très-court. »

toire, et à toutes les exhortations que la religion et l'amitié lui inspirèrent, il ajoutoit des réflexions touchantes sur la bonté du roi, qui auroit pu ordonner qu'on la tînt et qu'on la lui arrachât par force, et qui cependant vouloit bien compatir à sa foiblesse et à sa déraison, mais que cependant il ne falloit pas abuser de cette bonté. En effet, le roi ne pouvoit se résoudre à donner ordre qu'on arrachât la dent; il différoit toujours et Madame Victoire lui faisoit pendant ce temps-là mille amitiés. Elle proposa au roi de la lui arracher lui-même. On pourroit dire que c'étoit une sorte de scène tragique et comique. La reine avoit été chez Madame Victoire au sortir de la chapelle, et voyant que le roi ne pouvoit se résoudre à prendre le ton d'autorité, elle lui représenta la nécessité indispensable de s'en servir; et Madame Victoire voyant enfin qu'elle n'avoit plus qu'un quart d'heure à se résoudre, se laissa enfin arracher la dent, mais elle voulut que le roi la tînt d'un côté et la reine de l'autre, et que Madame Adélaïde lui tînt les jambes. La reine ne tint pas longtemps la main et Madame la remplaça. Lorsque l'opération fut terminée, Madame Victoire disoit: « Le roi est bien bon, car je sens que si j'avois une fille aussi déraisonnable que je l'ai été, je ne l'aurois pas soufferte avec autant de patience. »

Madame Victoire apprit à monter à cheval avec Bridge, écuyer de la petite écurie, et elle commença à chasser au mois de juillet. Il paraît que c'est ce qui la rapprocha de ses sœurs, car on la voit plus souvent désormais avec elles. Le 28 juillet, elle alla à Saint-Cyr où sa visite était attendue avec une vive impatience. Dès ce moment les trois princesses menèrent une vie complétement commune. Elles sont constamment à cheval, au grand déplaisir du Dauphin qui aimait de moins en moins la chasse ; elles parcourent les environs de Paris, assistent toujours ensemble aux spectacles des Petits-Cabinets. Au mois de décembre, la reine consentit à ce que ses filles tinssent un cavagnole chez elles, mais à la condition qu'une d'elles serait toujours auprès de leur mère, et que leur jeu fini, les deux autres descendraient la rejoindre.

L'année 1749 s'ouvrit très-agréablement pour Mesdames et pour le Dauphin : ils virent arriver à Versailles leur sœur l'Infante qu'ils chérissaient. « Dans le premier moment, M. le Dauphin embrassa tout ce qu'il vit, même les caméristes. » Les princesses vécurent dans une grande intimité pendant tout le séjour de l'Infante qui se prolongea jusqu'au mois d'octobre, et dont nous verrons dans un autre chapitre les causes et les conséquences politiques.

C'est à ce moment que madame de la Lande

quitta le service de Mesdames, par suite d'une intrigue habilement ourdie par madame de Pompadour. Nous savons que la comtesse d'Estrades avait été l'une des marraines de la marquise pour sa présentation à la cour : c'était une femme ambitieuse et sans principes ; jeune encore, assez grasse, petite, « vilaine dans tous les sens, du côté de l'âme et du côté de la figure, » a dit Marmontel. Elle s'insinua adroitement auprès de sa cousine, qu'elle détestait au fond, et obtint d'abord par elle, malgré sa propre inconduite, une place de dame chez Mesdames, comme nous l'avons vu. Cela ne lui suffit pas, elle voulut devenir dame d'atours, charge qui n'existait pas, mais qui devait être créée dès que madame de la Lande, titrée sous-gouvernante des Enfants de France et intendante de la garde-robe de Mesdames, prendrait sa retraite. Madame de la Lande avait vu naître toute la famille royale ; elle portait à tous ses membres le plus tendre attachement, et il lui était largement rendu. Elle tenait beaucoup à ses fonctions, et rien ne faisait prévoir qu'elle pensât jamais à les résigner. Madame de Pompadour seule pouvait tenter d'arriver à ce résultat, et elle eut la hardiesse de fonder sa démarche précisément sur le respect profond qu'inspiraient à madame de la Lande les volontés du roi. « Le baron de Montmorency-Fosseuse voyoit souvent madame de la Lande : il alla lui dire que le roi vouloit sa démission, qu'elle prît garde, qu'elle déplaisoit. Elle vouloit aller au roi et le prier qu'on la laissât mourir dans sa place. Le baron l'en détourna et lui dit qu'on empêcheroit son petit-fils de se marier avantageusement, comme elle le cherchoit : on lui fit peur, elle céda (1). » Madame d'Estrades fut donc nommée, et M. de Montmorency reçut pour sa peine le collier des ordres. De plus, la place laissée vacante par cette promotion fut réservée à la personne qu'épouserait M. de Gouy, petit-fils de madame de la Lande (2). Le roi, du reste, souffrit beaucoup de sa faiblesse à condescendre à un pareil caprice de madame de Pompadour; il ne pouvait pas, en effet, ne pas sentir la honte de mettre auprès de ses filles, dans une place aussi considérable, une femme sans mœurs et sans morale. Le duc de Luynes lui-même raconte que Louis XV « dit la nouvelle si promptement et si bas à Mesdames, qu'on pouvoit à peine l'entendre, et il avoit l'air embarrassé. »

Le mariage de M. de Gouy eut lieu peu de jours

(1) *Mém.* d'Argenson, vi, 61.

(2) Madame de la Lande recevait 19,000 livres comme sous-gouvernante des Enfants de France, 6,000 comme intendante de la garde-robe de Madame. Le roi lui laissa ce traitement et y ajouta encore une pension de 6,000 livres.

après : il épousa mademoiselle de Rivier, qui fut présentée à la cour le 25 février (1). En même temps, le roi nommait dame surnuméraire, sur la demande expresse du roi de Pologne, la marquise de Boufflers-Remiancourt (2).

Pendant toute cette année, Mesdames continuèrent à assister aux représentations du théâtre des Petits-Cabinets, et de plus elles prirent plusieurs fois part aux dîners et aux soupers servis dans les mêmes appartements (3). Le roi aimait

---

(1) Anne-Yvonnette-Marguerite-Esther de Rivier, mariée, le 18 février 1745, à Louis, marquis de Gouy-d'Arcy maréchal de camp.

(2) Marie-Françoise-Catherine de Beauvau, fille de Marc, prince de Craon, grand écuyer du duc de Lorraine, et de Marguerite de Ligneville, mariée, le 19 avril 1735, à Louis de Boufflers, marquis de Remiancourt, maréchal de camp. Elle était dame de la reine de Pologne, et elle devint veuve le 2 février 1752.

(3) Nous ne passerons pas sous silence le cruel accident qui arriva alors à madame de Duras par la maladresse du Dauphin. La cour était à l'Opéra dans la petite galerie du roi, et le Dauphin, qui s'ennuyait en attendant la pièce, prit le bas de la robe de la maréchale, qui lui dit qu'elle était flattée d'avoir un page d'aussi bonne maison. Le Dauphin répondit : « Je suis Criquet, et vous êtes la comtesse d'Escarbagnas; mais je veux faire comme Criquet, car vous savez qu'il s'assit. » Madame Adélaïde fit de même. Le Dauphin chercha alors, en jouant, à repousser sa sœur en tirant sa robe. Madame Adélaïde fut en effet renversée, mais sans aucun mal, tandis que la maréchale se cassa le pied en tombant. « Mesdames étaient dans une consterna-

Madame Victoire ; son esprit vif l'amusait, et sa brusquerie ne lui déplaisait pas. Il voulut qu'elle fît une entrée solennelle à Paris, et la cérémonie fut fixée au 13 septembre.

Le roi désirant qu'en cette circonstance on rendît des honneurs particuliers pour Madame Victoire, la princesse partit dans son carrosse une demi-heure avant ses sœurs : madame de Duras et mademoiselle de Charleval l'accompagnaient ; seize dames étaient de ce voyage, et parmi celles étrangères à sa maison, mesdames la duchesse et la comtesse de Gramont, de Senneterre, de Bentheim, etc. Madame Victoire fut reçue à l'ancienne porte de la Conférence par M. de Gesvres, gouverneur de Paris, et M. de Bernage, prévôt des marchands, qui fit une harangue à la portière de la voiture. La princesse se rendit directement à Notre-Dame, où l'archevêque la reçut et lui adressa également une allocution. Partout la foule encombrait les quais, et les troupes étaient sous les armes, les tambours battaient aux champs comme pour le roi. Madame Victoire fut rejointe, pendant la messe, par ses trois sœurs. Toutes remontèrent ensuite dans le carrosse de parade et

tion et une affliction extrêmes, et encore plus M. le Dauphin.» (12 février 1749.) La maréchale ne commença à marcher qu'au mois de mai, et elle eut la permission de paraître sans paniers.

se dirigèrent sur Sainte-Geneviève en s'arrêtant un moment devant le Collége des Jésuites, dans la rue Saint-Jacques, où les Pères avaient rangé leurs élèves en bataille. A Sainte-Geneviève, le duc d'Orléans, qui y demeurait, embrassa ses cousines que l'abbé reçut en grande cérémonie, et qui prièrent devant la châsse de la sainte et devant les reliques de sainte Clotilde.

Le cortége redescendit, par la rue Dauphine et le Pont-Neuf, vers les Tuileries, où fut servi, à deux heures, le dîner : toutes les dames du voyage y assistèrent avec la duchesse de Tallard, spécialement invitée ; on joua ensuite au cavagnole, et à quatre heures et demie les princesses descendirent dans le jardin, où se trouvait une affluence immense : elles y demeurèrent deux heures, « ayant la bonté de s'arrêter de temps en temps et de s'asseoir sur des bancs placés sur la terrasse qui est du côté du pont tournant, pour se faire voir au public. » Elles repartirent bientôt après, escortées jusqu'à la porte Saint-Honoré par MM. de Gesvres et de Bernage, et saluées par le canon des Invalides.

Quelque temps auparavant (28 juillet), Mesdames étaient allées à Arcy, chez madame de Gouy, pour voir madame de la Lande à laquelle elles conservaient une grande affection ; elles vinrent aussi de nouveau à Dampierre, en grand équipage, puisque leur suite comprenait vingt dames ou officiers de leur maison et douze gardes du corps (10 septembre). « Mesdames voulurent d'abord voir la maison (1) ; elles virent le rez-de-chaussée et le premier étage : il pleuvoit et on ne leur proposa de sortir que dans une voiture couverte. Elles voulurent aller à l'île dans la chaloupe ; il y avoit un bateau qui suivoit la chaloupe, dans lequel étoient des timballes, trompettes, violons et violoncelles, qui jouoient, sonnoient et battoient alternativement. Dans l'île, on servit des gaufres à la hollandoise à Mesdames, du café et des glaces. Elles voulurent aller ensuite à la Ménagerie de mon fils.... Après être restées quelque temps à voir le dedans et le dehors, elles remontèrent dans les mêmes calèches et allèrent voir le grand parc. Elles rentrèrent sur les sept heures. Madame Infante joua au papillon, Madame à quadrille, Madame Victoire accompagna du clavecin, et Madame Adélaïde joua du violoncelle et du violon; ces amusements durèrent jusques au souper. Mesdames se mirent à table avec toutes les dames. Pendant le souper de Mesdames, il y eut une table servie en haut, en même temps, dans la grande salle, où nous allâmes souper avec tous les hommes, mon fils et moi, lorsque Mesdames

(1) Madame Infante et Madame Victoire n'étaient jamais venues à Dampierre.

nous ordonnèrent de quitter leur service, que nous vînmes reprendre avant le fruit.

« Les fenêtres du salon étoient fermées avec des rideaux que l'on ouvrit quand Mesdames sortirent de table. Elles trouvèrent tout le parterre, en face de la maison, éclairé avec des lampions jusqu'au haut du fer à cheval et le tour des bassins. Elles parurent contentes de l'effet de cette illumination; et comme le temps étoit redevenu beau, Mesdames Adélaïde et Victoire allèrent se promener un moment dans le parterre. Il y avoit eu pendant le souper de la musique dans l'antichambre de madame de Luynes, et du cor de chasse dans la cour; pendant l'illumination, il y eut dans le parterre des timbales et trompettes, et, un peu plus loin, du cor de chasse. Mesdames revinrent dans le salon jouer aux dames et aux échecs, et partirent à minuit » (1).

Le départ de l'Infante au mois d'octobre causa à sa sœur Henriette une douleur violente; elle s'évanouit plusieurs fois et donna quelques inquiétudes par l'excès de son émotion. Le jour du départ, les quatre sœurs furent dispensées du souper au grand couvert et purent rester ensemble.

Louis XV multiplia beaucoup ses soupers

(1) Luynes, ix, 484.

avec ses filles : au mois de décembre, Madame fut assez souffrante. Elle et sa sœur Adélaïde furent alors marraines des filles de mesdames de Gouy et de Civrac. Nous mentionnerons encore que pendant l'automne, le peintre genevois Liotard fit les portraits des trois princesses. Mais nous constaterons aussi, avant de quitter l'année 1749, une nouvelle victoire de madame de Pompadour sur les filles de Louis XV, auxquelles elle rendait bien l'antipathie dont elle les savait animées envers elle.

Mesdames souhaitaient vivement d'échanger leur appartement de Versailles contre celui du duc et de la duchesse de Penthièvre, qui avaient jusqu'alors occupé l'entre-sol situé immédiatement au-dessous des chambres du roi. Madame de Pompadour comprit le danger que présentait le voisinage de Louis XV avec ses filles, et le duc de Luynes déduit clairement les causes de la tentative décisive qu'elle fit pour en triompher.

« Madame de Pompadour connoît le roi ; elle sait qu'il a de la religion, et que les réflexions qu'il fait, les sermons qu'il entend peuvent lui donner des remords et des inquiétudes : qu'il l'aime, à la verité, de bonne foi ; mais que tout cède à des réflexions sérieuses, d'autant plus qu'il y a plus d'habitude que de tempérament, et que s'il lui arrivoit de trouver dans sa famille une compagnie qui s'occupât avec douceur et gaieté de ce qui pourroit l'amuser, peut-être que n'ayant point une passion violente à vaincre, il feroit céder son goût présent à son devoir. Elle a remarqué le goût du roi pour ses filles; le séjour de Madame Infante dans l'appartement de la comtesse de Toulouse a fait connoître encore davantage au roi la facilité de faire usage de cet appartement par le petit escalier qui avoit été fait du temps de madame de Montespan; c'est par cet escalier que le roi descendoit souvent chez madame Infante, avec laquelle il avoit de fréquentes conversations. Comme il est vraisemblable que Mesdames Sophie et Louise ne seront plus longtemps sans revenir de Fontevrault, et que cela fera une augmentation de logements, il est à présumer que le roi, qui a pris l'habitude de faire revenir, depuis environ quatre mois, Mesdames, sans paniers, chez lui, après souper et les jours de chasse, dans ses cabinets, faire une espèce de retour de chasse, pourroit bien loger Madame et Madame Adélaïde dans un appartement et s'accoutumer à y descendre et même à y souper. Voilà précisément ce qu'elle a voulu éviter (1). » Ce fut donc une lutte

---

(1) Luynes, x, 173. M. d'Argenson parle dans le même sens de cette affaire. Il dit que « Madame aînée espéroit avoir l'appartement et profiter des visites du roi l'après-

entre la maîtresse et les filles du roi, et ce furent encore celles-ci qui succombèrent. Madame de Pompadour ravie, répandait soigneusement partout le bruit que c'était le roi seul qui avait fait prendre spontanément cet arrangement, et elle en écrivit à son ami M. de Lutzelbourg : « Le roi m'a donné le logement de M. et de madame de Penthièvre, qui me sera bien commode. »

Le carnaval de 1750 se passa le plus tranquillement du monde, et il est assez curieux de voir que devenues grandes, Mesdames supprimèrent ces bals costumés et masqués avec lesquels on chercha si mal à propos ce semble, à amuser leur enfance. Elles menèrent alors une vie assez sévère et retirée : « Le Dauphin et Mesdames deviennent atrabilaires, écrivait M. d'Argenson, et se livrent à leur goût sans aucune contrainte ; ils aiment à ne voir personne et ne disent mot à personne ; ils aiment à parler de mort et de catafalques. » Mesdames cependant avaient décidément pris goût au travail sous la double influence de leur frère et de l'excellent précepteur que le roi leur avait choisi. Pour remplir leurs journées dont la monotonie était désespérante, elles voulurent se créer des occupations selon leur humeur. Chaque jour M. Hardion passait une heure avec chacune

---

souper des jours de grand concert, en attendant que le souper de la marquise fût fini. » (vi, 113.)

des trois sœurs, leur faisant des cours d'histoire et même de philosophie, d'après lesquels elles rédigeaient des extraits : il leur apprit également plusieurs langues, voire même le grec, et les avança assez dans l'étude des belles-lettres. Mesdames lisaient beaucoup ; « elles faisoient, dit le duc de Luynes, des entreprises de grandes lectures dont elles venoient à bout, » comme l'*Histoire d'Allemagne* du P. Barre en onze volumes in-4, et l'*Histoire ecclésiastique* de Fleury. Mesdames Henriette et Adélaïde s'attachaient vivement à tout ce qui concernait leurs études : la première, alarmée de la hardiesse des plusieurs poëtes païens, s'était prononcée contre la poésie en général et la déclarait dangereuse au point de vue religieux et moral : Hardion prit la défense de la poésie et publia un traité pour réformer l'opinion de Madame (1) : Madame Adélaïde le pria de rédiger une *Histoire universelle*, suivant un plan qu'elle lui soumit (2). Pour se

(1) *Nouvelle Histoire politique, précédée de deux traités abrégés, l'un de la poésie et l'autre de l'éloquence, à l'usage de Mesdames de France*, 3 vol. in-12. Paris, 1752.

(2) *Histoire universelle sacrée et profane*, composée par ordre de Mesdames de France, 20 volumes in-12 (les deux derniers sont de Linguet). Paris, 1754-1769. Jacques Hardion, né à Tours le 17 octobre 1686, mourut à Versailles le 1er octobre 1766. Il commença par servir dans l'admi-

délasser, Mesdames dessinaient et peignaient même assez bien : Madame Victoire était devenue très-habile sur le clavecin, « accompagnant bien et jouant des pièces presque comme des maîtres ; » elle apprenait en outre, avec sa sœur, le violon, la musette (1), la guitare et la basse de viole (2). Madame Adélaïde avait un talent véritable sur le violon.

Mesdames étaient très-assidues à leurs prières et à leurs lectures de piété auxquelles elles donnaient quelque temps chaque jour. Si l'on ajoute à toutes ces occupations leurs devoirs de famille, les visites chez le roi et chez la reine, le jeu de la reine, les causeries avec le Dauphin et la Dauphine, on avouera que les journées des princesses pouvaient être bien remplies. Elles venaient toujours au lever et au débotter du roi après la chasse.

nistration de la marine, et après la retraite de son ministre, M. de Morville, en 1728, il s'adonna uniquement à son goût pour les lettres. Il entra, en 1730, à l'Académie française et fut nommé conservateur-adjoint de la bibliothèque du roi. Il mourut, laissant un assez grand nombre d'ouvrages d'érudition, et sans fortune.

(1) Leur maître était Chefdeville le cadet.

(2) Leur maître se nommait Paisible, ancien musicien de la maison de l'infant Philippe. C'est le roi qui payait tous ces maîtres par les mains du premier gentilhomme de la chambre. Chefdeville, qui commença ses leçons au mois de novembre 1749, recevait cent écus par mois ; Paisible, qui commença au 1er janvier suivant, eut 1,000 écus par an.

Le débotter avait lieu à six heures du soir : Mesdames interrompaient leurs occupations, — c'était ordinairement le moment de la lecture,— passaient un énorme panier qui soutenait une jupe richement ornée; elles attachaient une longue queue autour de leur taille et cachaient le négligé de leur toilette par un grand mantelet de taffetas noir. Tous leurs officiers les précédaient et les suivaient jusqu'au cabinet du roi, qui baisait chacune de ses filles au front, puis Mesdames regagnaient leurs appartements, se débarrassaient de leurs paniers et la lecture recommençait, tandis qu'elles reprenaient leurs ouvrages de broderie ou de tapisserie (1).

La reine continuait à se montrer aussi indifférente pour ses filles; pourvu qu'elles assistassent à son jeu, elle n'en demandait pas davantage. « La reine, écrit d'Argenson, se pique de deux choses : qu'elle n'a absolument pas d'esprit et de sentiment; elle répète perpétuellement qu'elle a un bon cœur, et le vrai est qu'elle n'aime rien. Elle dit sur cela les choses du monde les plus ridicules et avec le plus d'affectation. Elle réprimande ses enfants sur des minuties, comme sur quelques minutes où ils seront arrivés trop tard, et tourne en tolérance et

---

(1) *Mémoires* de madame Campan, qui fut, comme on sait, lectrice de Mesdames.

mauvaise plaisanterie les choses essentielles. Quand elle réprimande ses enfants, ils ont pris la coutume de lui dire qu'ils ont des vapeurs, et elle rit de cette réponse banale; ainsi ils se moquent d'elle ouvertement sans qu'elle s'en offense » (1). Nous recueillerons en même temps, dans les Mémoires du duc de Luynes un passage aussi peu favorable à la tendresse de la reine pour ses enfants. L'usage à la cour était que chaque fois que le Dauphin et Mesdames entraient chez leur mère ou qu'ils en sortaient, ils vinssent lui baiser la main et l'embrasser. Cette marque de respect et de tendresse se répétait souvent plusieurs fois dans la journée. « La reine a trouvé que c'étoit trop souvent; elle prétend qu'elle en est fatiguée; elle leur a dit de ne plus baiser sa main que la première et la dernière fois de la journée qu'ils la verroient. Bien des gens croient que la reine auroit mieux fait de ne point supprimer cet usage, qui entretient le respect et l'attachement » (2). Encore un souvenir recueilli par le noble chroniqueur : la reine était à Compiègne au mois d'août 1749; elle avait à écrire à ses filles demeurées à Versailles. « Ennuyée » de faire une lettre pour chacune, elle s'adressa à Madame

---

(1) D'Argenson, VI, 316. Il écrivait ce passage au mois de décembre 1750.

(2) Luynes, IX, 173.

Infante seule et finit par ces mots : « J'embrasse la gracieuse souveraine, la sainte Henriette, la ridicule Adélaïde et la belle Victoire. ». La reine ne s'occupait réellement de ses filles qu'à son jeu : elle les associait alors à sa partie et leur faisait souvent gagner de l'argent.

A cette époque, le régime intérieur de la vie des princesses laissait beaucoup à désirer; elles ne sortaient pas assez. On ne les voit presque plus chasser depuis une chute assez grave que fit Madame Victoire, au mois de juin 1749. Elles vivaient constamment entre elles et se nourrissaient selon leur caprice. D'Argenson nous apprend qu'elles avaient toujours dans leurs armoires des jambons, des mortadelles, des daubes, du vin d'Espagne. « Elles s'enfermoient pour en manger continuellement et à toute heure » (1). Cette manie paraît avoir persisté. Le 21 novembre 1753, d'Argenson enregistre encore une grave indisposition de Madame Victoire, « causée par des indigestions multipliées. Les princesses soupent peu à leur couvert public, puis commandent de petits soupers dans leur cabinet, à l'imitation du roi : elles se mettent à table à minuit et se crèvent de vin et de viande. »

(1) D'Argenson, vi, 317. Il leur reproche aussi d'être « dans une grande dévotion de bigoterie et de chercher à y faire tomber leur père. » Cela aurait toujours mieux valu que la conduite qu'il tint.

Cela n'empêcha pas la princesse, quand elle se trouva mieux, d'aller souper, le 25, chez la duchesse de Brissac, à Monceaux. Mais aussi, le 7 décembre, elle avait la fièvre avec un transport cérébral.

Au mois d'août, le Dauphin et sa sœur avaient été parrain et marraine des cloches de l'église Saint-Antoine de Compiègne. Le moment où les dernières filles du roi allaient enfin rentrer à la cour approchait. On en avait parlé déjà à la fin de l'année 1749. « Voilà qu'on retire de Fontevrault les deux Dames de France, écrit d'Argenson, le 12 décembre, et toutes ces princesses vont habiter Versailles pour y profiter de la bonne éducation et des grands exemples qu'on y voit. Ainsi Versailles va être augmenté de femelles; tant en chef qu'en suite rien ne ressemblera plus à un sérail... Le grand article, c'est la dépense, et que « coûte cette cour ! » L'incident de l'appartement donné à Versailles à madame de Pompadour fit ajourner, faute de place, ce voyage. « Voilà de cette affaire-là, dit encore d'Argenson, le retour des deux Dames cadettes de France, qui restent à Fontevrault, fort reculé, ce qui fait fort haïr la marquise » (1). On remit sur le tapis ce voyage au mois de juin. « En même temps,

---

(1) D'Argenson, VI, 113.

dit d'Argenson, on parla de leur faire une maison et grande dépense : cela va augmenter environ de deux millions la dépense de la cour. J'ai vu le roi Stanislas vivre à Chambord avec cent mille écus et pas davantage, et encore avoir de quoi faire des libéralités au bout. On compte que ces quatre Dames de France, qui ne seront jamais bonnes à rien, coûteront tous les ans au roi six à sept millions, ayant deux maisons séparées en officiers, dames, bouche, écurie, etc. » (1).

Il s'agit, en effet, d'organiser la maison des princesses aînées avant l'arrivée des cadettes. Nous avons vu que jusqu'à ce jour les aînées avaient seulement leurs dames; la maison du roi fournissait pour le reste personnel et matériel. La maréchale de Duras demeura dame d'honneur de Mesdames cadettes (2); mais il y eut d'actives intrigues à ce sujet. Madame de Pompadour aurait voulu complétement évincer la maréchale, amie de Maurepas, et mettre à sa place la grande duchesse de Brancas. « Mesdames eurent à cette occasion deux longs entretiens avec leur père et parèrent le coup. » La marquise essaya de la

(1) Ibid. vi, 211.

(2) Mais d'Argenson nous apprend qu'elle fut très-mécontente de voir sa charge coupée en deux. « Comme elle était fort avare, on lui donna une pension supplémentaire de 10,000 livres « pour apaiser sa mauvaise humeur. » (vi, 264.)

donner à la Dauphine, mais le Dauphin fit comme sa sœur, en déclarant qu'il n'admettrait auprès de sa femme qu'une personne « intacte de mœurs et contre laquelle il n'y auroit pas eu le moindre soupçon. » C'est alors que madame de Pompadour, malgré le désarroi financier de la cassette du roi, fit décider la création d'une maison de Mesdames cadettes; la duchesse de Brancas devait être dame d'honneur, et sa mère, madame de Clermont, dame d'atours; « la fille pouvant ainsi ôter le service à sa mère quand elle voudra. » Cette combinaison échoua; mais quelques mois après, la duchesse pût, en dépit du Dauphin, être attachée à la Dauphine. Tous ces changements faisaient beaucoup de bruit et causaient infiniment de mécontentement. Ces dames se plaignaient qu'on les renvoyait comme des « femmes de chambre. » La duchesse de Beauvilliers devint, de dame pour accompagner, dame d'honneur de mesdames Henriette et Adélaïde, malgré les efforts de la duchesse de Brissac, qui ambitionnait ce poste. Madame de Clermont (1)

(1) Gabrielle d'O, fille du marquis de Franconville, lieutenant général, et de Marie-Anne de la Vergne de Guilleragues, mariée, le 7 avril 1706, à Pierre-Gaspard de Clermont, marquis de Gallerande, lieutenant général, premier écuyer du duc de Chartres. Elle avait d'abord été dame d'atours de la duchesse d'Orléans. Sa fille était la duchesse de Brancas, dame de Mesdames.

fut dame d'atours des jeunes princesses par l'influence de sa fille de Brancas, amie intime de la comtesse d'Estrade, « dont le crédit, dit le duc de Luynes, grandit de jour en jour; on prétend même que madame de Pompadour la craint (1); mais, crainte ou amitié, elle peut beaucoup. » Elles furent six dames : mesdames de Châteaurenaud (2), de Goesbriand (3), de Maulde (4), de Coigny (5), de Castellane (6), de Boufflers (7), — celle-ci, seulement surnuméraire ; — elles

(1) Nous verrons par la suite que dès ce moment les deux cousines étaient brouillées. Il paraît même qu'un soir Madame d'Estrade avait cherché à profiter de ce que le roi était un peu gris.

(2) Anne-Julie de Montmorency-Fosseuse, mariée, le 18 juillet 1724, à Emmanuel de Rousselet, marquis de Chateaubriand, lieutenant général, fils du maréchal. Elle était tante du chevalier d'honneur de Madame.

(3) Louise de Béthune, fille du duc de Sully, veuve, le 14 mai 1744, de Louis, marquis de Goesbriant, lieutenant général, chevalier des ordres.

(4) Marguerite de Conflans, fille du marquis de Saint-Remy et de Françoise de Jussac, mariée, le 12 juillet 1735, au comte de Maulde, capitaine au régiment Turenne. Veuve en 1745.

(5) Marie-Thérèse de Nevet, fille du marquis de Nevet, mariée en 1725, à François de Franquetot, marquis de Coigny, lieutenant général, capitaine des chasses. Veuve le 4 mars 1748.

(6) Pauline de Castellane, fille de M. de Norante et de Marie-Anne de Rouillé de Jouy, mariée, en 1741, à Jean-Baptiste de Castellane, marquis de Grimaud, brigadier.

(7) Marie-Françoise-Catherine de Beauvau, fille du prince

devait servir trois par semaine; le nombre de dames des aînées fut réduit à huit, — madame de Beauvilliers n'était pas remplacée, — servant quatre par semaine. On voulut nommer chevalier d'honneur M. de Clermont, qui refusa, puis M. de Cossé, pour indemniser sa belle-sœur de Brissac; mais madame d'Estrade fit encore réussir la candidature du baron de Montmorency (1), « place dont on a voulu faire une énigme, dit le duc de Luynes. Madame d'Estrade conserve tout le service des atours, ne laissant à madame de Clermont que le titre, le traitement et 12,000 livres seulement sur les revenant-bons. » M. de l'Hopital (2), ensuite ambassadeur à Naples, devint premier écuyer; M. de la Roche-Fontenille (3), évêque

de Craon et de Marguerite de Ligneville, mariée le 19 août 1735, à Louis de Boufflers, marquis de Remiancourt, maréchal de camp, veuve le 2 février 1752.

(1) Louis de Montmorency, lieutenant général, baron de Fosseuse, né en 1705, veuf de Anne de Ville, remarié, en 1752, à Gabrielle Charette de Montébert, veuve du comte de Vertus et du marquis de Serent-Kerfily.

(2) Paul de Galluccio de l'Hopital, marquis de Châteauneuf, lieutenant général, chevalier des ordres, né en 1697, marié en 1736 à Elisabeth de Boullongne, fille du contrôleur général, dame de Mesdames depuis 1738. Le *Journal de police de Sartines* (publié en 1865) rapporte que madame de l'Hopital, entretenue largement par le prince de Soubise, entretenait à son tour l'acteur Clerval, de l'Opéra-Comique.

(3) Frère du marquis de Fontenille.

de Meaux, fut premier aumônier, malgré Mesdames, qui désiraient avoir l'abbé Miolay, et avaient cru même pouvoir lui annoncer secrètement sa nomination. « Lorsque le roi dit à Mesdames : — Ma fille, je vous donne M. de Meaux, — Madame, persuadée qu'il ne pouvoit plus y avoir que son chevalier d'honneur à nommer, crut qu'il étoit question de cette place, et dit au roi qu'elle ne connoissoit pas ce M. de Meaux; il fallut que le roi lui expliquât que c'étoit l'évêque de Meaux. » La maison nouvelle commença son service le 1er octobre.

A dater de ce moment aussi, mesdames Henriette et Adélaïde eurent chacune leur chambre : le soir, on apportait le lit de camp de la première femme de chambre. Le roi, pendant son séjour de Fontainebleau, vit beaucoup plus souvent ses filles : au retour des chasses, elles se rendaient dans son cabinet, et ordinairement on servait alors une collation. Quand toutes les princesses furent arrivées, le roi, d'habitude après le grand couvert, descendait chez les deux aînées et prenait avec lui les trois cadettes, dont les appartements étaient plus éloignés. C'est probablement cette tendresse qui faisait écrire par madame de Pompadour à son frère : « Il est difficile de trouver un père aussi unique dans tous les points. »

Enfin on se décida à faire revenir les deux

princesses, qui semblaient oubliées depuis douze ans à Fontevrault. Il fut d'abord question d'envoyer leurs trois sœurs pour les chercher, mais on recula devant la dépense, surtout quand on vit qu'on avait oublié de payer les frais dus aux maîtres de poste pour le voyage de 1744 (1). Nous avons vu précédemment comment Mesdames Sophie et Louise furent reçues.

(1) D'Argenson, vi, 261.

CHAPITRE VI

MESDAMES RÉUNIES A LA COUR

1750-1764

La famille royale est au complet. — Le roi en paraît heureux. — Le portefeuille de madame Victoire. — Le café du roi chez madame Adélaïde. — Mesdames aînées et Mesdames cadettes forment deux coteries. — Courses en traîneau. — Madame Adélaïde logée près du roi. — Maladie de madame Henriette. — Sa mort. — Obsèques. — Madame Victoire et le Saint-Sacrement. — Générosité de Mesdames. — Nouveau voyage de l'Infante. — M. de Choiseul et madame de Pompadour. — Appartement « magnifique » de madame Adélaïde à Compiègne. — Son caractère. — Lettres inédites prouvant son bon cœur. — Elle est déclarée Madame. — Son influence sur son père. — Brouille de mesdames de Pompadour et d'Estrade. — Disgrâce de celle-ci. — Une représentation d'*Esther* à Saint-Cyr. — Monotonie de la vie de Mesdames. — Madame de Pompadour triomphe de madame Victoire. — Attentat de Damiens. — Plaintes contre les dépenses de la cour. — Réforme sévère. — Mesdames s'y associent avec empressement. — Le cotignac d'Orléans et madame Victoire. — Mort de madame Infante. — Voyages de Mesdames à Plombières. —Détails. — Mesdames et la petite-fille de La Fontaine. — Mesdames cadettes font leur entrée à Paris. — Service de la reine d'Espagne.

La famille royale était donc enfin au complet. Le roi parut y trouver un grand plaisir, car ses filles venaient chaque jour le voir plusieurs fois : c'était de fondation au lever, après la messe, et les jours de chasse au débotter, comme nous l'avons déjà dit. Parfois aussi il recevait en particulier l'une de ses filles. Madame Louise conquit tout d'abord ses faveurs et il la voyait volontiers (1). Un matin, comme elle avait passé plus d'une heure dans son cabinet, la maréchale de Duras, qui attendait dans la pièce voisine, lui demanda en riant, quand elle sortit, si elle avait pris son « portefeuille. » La princesse répliqua vivement : « Il est dans ma poche et le reste est dans ma tête » (2).

A Versailles, Louis XV aimait à venir le matin, par le petit escalier, chez madame Adélaïde, et madame Campan nous raconte qu'il y apportait souvent de quoi faire lui-même son café. Madame Adélaïde tirait alors une sonnette pour avertir madame Victoire, qui rendait le même service à madame Sophie, laquelle avertissait semblablement madame Victoire, et toutes arrivaient en-

---

(1) Quelque temps après d'Argenson raconte qu'un huissier de la chambre, devenu fou, dit à Madame Louise, en la reconduisant dans son appartement, qu'il la trouvait jolie, et lui passa la main sous le menton. La princesse courut chez son père, qui destitua l'huissier et le fit mettre en prison.

(2) D'Argenson, VI, 444.

semble. Au commencement de leur séjour à Versailles, les jeunes princesses ne paraissent pas avoir été accueillies très-tendrement par leurs aînées, et la famille se partagea en deux camps. Mesdames Henriette et Adélaïde continuèrent à voir intimement la Dauphine et à passer toutes les soirées avec elle, tandis que mesdames Sophie et Louise firent bande à part avec madame Victoire, « qui est le chef de cette petite société, » dit le duc de Luynes. Elles étaient seulement obligées toutes de se réunir pour le cavagnole de la reine : c'était le divertissement favori de Marie Leckzinska ; mais il ennuyait profondément ses filles. La dauphine s'y amusa d'abord, puis le prit également en grippe et s'y fit remplacer par une de ses dames. Les princesses se soumirent assez longtemps à cette corvée et finirent par suivre l'exemple de leur belle-sœur. Elles se mettaient de moitié avec leur mère pour l'argent et jouaient de leur côté au piquet. Seule madame Louise ne dédaignait pas le cavagnole et le duc de Luynes raconte que le dimanche gras, en 1751, elle vint supplier sa mère de lui permettre, à cause du jour, de lui accorder ce plaisir. Au coup de minuit et demi, le jeu finissait sans une seconde de retard.

Les cinq princesses dînaient toujours ensemble avec une seule de leurs dames ; elles prenaient le café dans la chambre de Madame. Le débotter suivait habituellement; puis, à six heures, il fallait venir chez la reine.

Les seules distractions mentionnées pendant l'hiver de 1751 furent des courses en traîneau qui se renouvelèrent l'année suivante. Du reste, la santé des princesses subit de fréquentes atteintes : Madame, madame Victoire étaient souvent souffrantes; madame Louise, très-délicate, était souvent aussi retenue; madame Adélaïde eut au printemps la rougeole, malgré les précautions exagérées qu'elle prenait contre les maladies contagieuses. A cette époque, Madame était redevenue la favorite de son père (1).

Les événements, étaient rares comme les distractions dans l'intérieur de Mesdames. Au mois de mars, la maréchale de Maillebois (2) remplaça

(1) « On ne peut avoir plus d'amitié que le roi pour Madame. Il la trouva l'autre jour écrivant une lettre à M. le Dauphin, il prit la plume en badinant, contrefit l'écriture de Madame, et écrivit la lettre sous sa dictée. » (Luynes, xi, 190.) Vers la même époque, M. de Luynes cite un trait de Madame Adélaïde : « Madame de Rupelmonde, dame de la reine, venoit de quitter le château pour se faire carmélite; la princesse accourt un matin chez son père et lui demande avec vivacité à l'imiter. Le roi lui répondit qu'il falloit attendre vingt-cinq ans et qu'elle fût veuve. »

(2) Marie-Catherine de Voyer, sœur du marquis de Paulmy, née le 25 mai 1724, mariée, le 11 mai 1745, à Yves Desmarets, comte de Maillebois, grand d'Espagne, maréchal de France.

comme dame la duchesse de Beauvilliers, et dans le mois suivant nous voyons nommer dames mesdames de Bassompierre (1), sur la demande du roi Stanislas, et de Riant (2); dames surnuméraires : mesdames de Laval (3), de Durfort (4) et de Choiseul-Romanet (5), celle-là même qui, six mois après, était jetée dans les bras du roi par l'intrigue de madame d'Estrade et du comte d'Argenson, alors son amant. Madame d'Estrade était devenue l'ennemie de madame de Pompadour, tout en conservant avec elle les apparences d'une grande intimité, et elle avait compté sur les charmes de madame de Choiseul pour faire oublier la favorite. C'était dans ce des-

(1) Charlotte de Beauvau, fille du prince de Craon, mariée, le 22 décembre 1734, à Clément-Léopold, marquis de Bassompierre, chambellan du roi Stanislas.

(2) Babionne Colbert, fille du marquis de Croissy, née en 1727, mariée, le 21 février 1745, à Guy de la Porte, marquis de Riant.

(3) Renée de Maupeou, fille du marquis de Maupeou, premier président, née en 1725, mariée, le 22 avril 1745, à Pierre de Montmorency, comte de Laval, menin du Dauphin.

(4) N. de la Faurie, fille d'un conseiller au Parlement de Paris, mariée à Jacques de Durfort, marquis, puis duc de Civrac, ambassadeur à Naples et dans d'autres cours.

(5) Rosalie de Romanet, fille d'un président au grand conseil et de mademoiselle d'Estrades, mariée, le 25 avril 1751, au comte de Choiseul-Beaupré, menin du Dauphin, morte le 2 juin 1753.

sein qu'elle avait voulu la placer auprès de Mesdames, tout en ayant l'air de faire de ce brevet un cadeau de noces. Enfin, au mois de juin 1751, mademoiselle de Charleval épousa Roger, marquis de Rochechouart, maréchal de camp.

L'année suivante, le roi installa sa fille Adélaïde, qu'il affectionnait alors beaucoup, au même étage que madame de Pompadour, pendant qu'on préparait son appartement à la place du grand escalier de marbre : il n'y avait entre la chambre de la fille et de la maîtresse du roi que la pièce occupée par la dame d'honneur. Le commencement de l'année fut attristé par un cruel événement, la mort de Madame.

Madame Henriette se sentit souffrante dès le 2 février 1752. Madame Sophie fut indisposée en même temps, mais elle se remit aussitôt, tandis que sa sœur voulut vaincre le mal. Elle dut cependant quitter Trianon et rentrer à Versailles. La princesse était, comme l'Infante, atteinte, depuis sa naissance — il faut bien appeler les choses par leur nom, ainsi que l'ont fait MM. de Luynes et d'Argenson, — d'une maladie dartreuse, qui la tourmentait souvent et l'humiliait extrêmement. Elle avait trouvé un certain adoucissement en suivant un régime sévère, très-rafraîchissant ; mais elle oubliait parfois les prescriptions de Bouillac, son médecin, et cédait trop souvent à la gourmandise, défaut qu'elle partageait avec ses sœurs. Nous avons vu qu'elles avaient toujours des mets dans leur armoire. « Madame, dit le duc de Luynes, mangeoit dans sa chambre le matin, l'après-midi, et lorsqu'elle étoit dégoûtée, elle cherchoit ce qu'elle pourroit manger plus volontiers. » La maréchale de Duras avait dû tenter d'intervenir bien des fois, mais toujours inutilement. Madame Henriette était surtout affectée de voir le mal envahir son visage, y amener des boutons, attaquer ses cheveux. D'Argenson assure qu'elle voulut faire disparaître cet indice extérieur par des toxiques et qu'elle provoqua ainsi une répercussion sur les poumons. Le mal s'accrut avec une effrayante promptitude. Dumoulin, Falconnet, Senac, Quesnay, accoururent; ils déclarèrent que la princesse était atteinte d'une fièvre putride. On recourut à des saignées et à des médecines répétées; un mieux sensible se manifesta et subsista pendant deux jours, ce qui n'empêcha point Madame d'appeler le père Perusseau et de remplir tous ses devoirs religieux, à l'exception de l'extrême-onction. On la crut assez bien pour différer cette cérémonie suprême. Le roi, la reine, Madame, le Dauphin ne quittaient pas la chambre de la malade. Le 10 au matin, l'état était désespéré, et la princesse, sans connaissance, délirait. « La reine y a été avant huit heures; elle l'a trouvée qui parloit avec force, mais sans connoissance. Elle a passé chez Madame Adélaïde. Madame, au milieu de plusieurs discours sans raison et sans suite, disoit souvent: « Ah! ma sœur, ma chère sœur ! » Le père Perusseau étoit auprès de Madame ; il a dit à M. de Meaux qu'il croyoit bien à propos de donner l'extrême-onction, ce qui fut fait sans que la connoissance lui soit revenue. Après la cérémonie, Madame l'a appelé et lui a dit, en le nommant : « Je remarquai bien hier que dans la cérémonie que vous fîtes vous aviez les larmes aux yeux. J'ai reconnu votre attachement pour moi et j'en ai été très-touchée. » M. de Meaux a répondu en peu de mots. Madame n'a pas répondu, et a paru faire réflexion aux paroles de M. de Meaux ; mais, un moment après, elle a dit : « Je vais m'habiller, » et elle a toujours été depuis sans connoissance. C'est partant à peu près dans ce moment que M. l'archevêque de Paris, étant entré dans la chambre de Madame et s'étant approché de son lit, elle a paru le reconnoître et lui a fait un signe de la tête ; mais ayant voulu lui parler, elle l'appela : « Mon père (1). »

---

(1) Luynes, xi, 401 et suiv. On acquit à peu près la certitude que la princesse avait fait usage d'une pommade que lui avait donnée l'Infante, et qui fit rentrer cette humeur dartreuse. De là les accidents intérieurs qui l'emportèrent. Le 14 janvier elle avait fait une course en traîneau,

Cet état se prolongea, et tous les contemporains, même le malveillant d'Argenson, constatent la douleur profonde de la famille royale, le chagrin du roi, sur lequel cette mort sembla faire une impression poignante. On dissimula autant que possible les inquiétudes aux plus jeunes filles du roi; mais il fallut leur laisser savoir l'issue fatale, et Madame Louise fit alors cette touchante exclamation : « Pourquoi ne m'a-t-on pas laissée à Fontevrault ? Je ne l'aurais jamais connue ! (1) » Madame Henriette était en effet très-douce, sans humeur, ayant même trop peu de volonté, ce qui était la cause de la grande affection de sa sœur Adélaïde ; très-complaisante et empressée, elle était digne, polie, cherchait à plaire, et savait dire un mot agréable à chacun. Elle était pieuse, charitable, et évitait tous les commérages si dangereux à la cour de son père; seulement elle avait la faiblesse de se sentir honteuse de son mal, n'en parlait jamais, et suppliait sa sœur de se taire quand elle s'apercevait de son imprudence. A l'heure de la mort, le roi n'eut pas le courage

---

conduite par son père, et elle y prit froid. Il paraît qu'au moment de partir, sa sœur Adélaïde la surprit crachant le sang, mais elle voulut y aller de peur de contrarier le roi.

(1) Madame Adélaïde ne pleurait pas, « mais les douleurs sans larmes, dit le duc de Luynes, sont les plus longues ordinairement. »

de venir au chevet de sa fille, comme si la vue de cette mort l'effrayait par les idées qu'elle évoquait et les sages avis qu'elle lui donnait malgré lui. Il était resté étendu sur un canapé, dans son cabinet, en proie à un violent chagrin, car il aimait sa fille Henriette autant qu'il se savait aimé d'elle. A midi, il pria la reine et tous ses enfants de venir auprès de lui. A deux heures moins un quart, le cardinal de Soubise vint lui annoncer que tout était fini.

On croit peut-être que la cour ressentit une grande émotion de cette disparition d'une princesse jeune et vraiment aimable ? La seule préoccupation du moment fut de savoir où le roi voudrait aller. Tous les gentilshommes et les dames attendaient dans l'Œil-de-Bœuf cette grave décision (1). Les carrosses étaient prêts, la garde était à cheval, et personne n'osait interroger le roi. Le Dauphin se risqua, et Louis XV répondit : « Où l'on voudra. » La reine partit pour Trianon avec Mes-

(1) Quelques jours après la mort de Madame Henriette, le feu prit, au milieu de la nuit, au parquet de la chambre où couchait Madame Adélaïde; elle se leva, et, tout émue, appela du secours. Un des gens de service la pria de faire moins de bruit à cause de l'état de la Dauphine — (sa grossesse). — Le comte de Noailles survint et apporta de l'eau, et tout fut arrangé sans qu'on s'en doutât dans le reste du château.

dames Sophie et Louise ; Madame Adélaïde resta avec le Dauphin et la Dauphine (1).

Le roi s'enferma chez lui en arrivant ; ses enfants entrèrent un instant seulement dans son cabinet. Le Dauphin et la Dauphine se retirèrent chez eux ; la reine fit de même, laissant ses filles s'arranger dans leur appartement. A ce propos, le duc de Luynes ajoute, avec une gravité assez singulière dans un pareil moment, que le souper de la reine « ne fut pas servi aussi exactement qu'il auroit pu l'être, à cause du trouble où tout le monde étoit. On apporta une table ; il n'y avoit point de linge, il fallut l'attendre. On servit un potage salé, deux poulets avec du mauvais lard, et point de salières. Enfin il fallut attendre jusqu'à du vin qui manquoit. »

Le corps de Madame fut transporté immédiatement aux Tuileries, sur un matelas porté par quatre gardes du corps jusqu'à un carrosse attelé de huit chevaux, et elle fut assise dans le fond, avec deux femmes de chambre sur le devant. Mesdames de Beauvilliers, de Maillebois, de Gouy et de Rivière étaient dans la voiture de suite. Le corps

(1) Quand la cour vint à Paris, à l'occasion de la naissance du duc de Bourgogne, au mois de septembre 1751, pendant qu'on relayait sur le Cours, la reine s'aperçut de l'empressement du peuple pour voir ses filles et disputant sur leur nom. Elle les lui nomma l'une après l'autre, ce qui provoqua une véritable ovation.

fut ouvert le 14 par Lantonot, chirurgien de la princesse, et mis ensuite dans la chapelle ardente. Le Dauphin et ses plus jeunes sœurs vinrent jeter l'eau bénite ; mais Madame Adélaïde était dans un tel désespoir que le roi l'empêcha d'accompagner son frère.

A l'occasion du voyage de Mesdames cadettes à Paris pour cette triste cérémonie, il se place une touchante anecdote relative à Madame Victoire : « En passant devant Saint-Roch, dit le duc de Luynes, madame la maréchale de Duras ayant aperçu le Saint-Sacrement qui sortoit et que l'on portoit à un malade, tira le cordon. L'usage ordinaire, pour les femmes en pareil cas, est de se jeter à genoux dans le carrosse ; mais Madame Victoire ayant vu que le prêtre qui portoit le Saint-Sacrement étoit arrêté sur le degré qui descend de la paroisse et attendoit qu'elles fussent à genoux pour leur donner la bénédiction, elle fit ouvrir la portière par le valet de pied qui marchoit à côté, et, descendant avec une rapidité qui ne donna presque pas le temps à madame de Duras de s'en apercevoir, elle, et Mesdames ses sœurs qui l'avoient suivie, se mirent à genoux sur le pavé, dans la boue, et reçurent la bénédiction. Cette marque de piété fut un grand sujet d'édification pour le peuple, et on entendit des voix qui disoient : « Ah ! les adorables princesses. »

Nous donnerons encore cet extrait des mémoires du duc de Luynes pour constater les excellents sentiments des enfants de France. « Du mercredi 9, Versailles. — Il y a sept ou huit jours que l'on fit à Paris un service aux Capucines pour Madame. Madame Adelaïde chargea madame de Beauvilliers d'aller à cette cérémonie de sa part. La veille de ce service, madame de Beauvilliers reçut, à une heure après minuit, un courrier de Madame Adelaïde; Madame Adelaïde lui mandoit de donner 30 louis aux Capucines. C'étoit le résultat d'une délibération charitable de la petite assemblée qui se fait tous les soirs, de M. le Dauphin, madame la Dauphine, et Madame Adelaïde. Cette circonstance peu importante en elle-même prouve la disposition des cœurs et des esprits de la famille royale pour faire du bien (1). »

Des prêtres de Saint-Germain-l'Auxerrois demeurèrent constamment auprès du corps de la princesse, ainsi que deux dames et quatre archevêques ou évêques. Chaque jour quelques corps constitués venaient jeter de l'eau bénite; les

(1) Mesdames Adélaïde et Victoire furent toujours très-aumônières et elles devaient ce sentiment à madame de Lancival, l'une de leurs sous-gouvernantes. Le dernier bail des fermes passé sous le règne de Louis XV mentionne trois sommes de 6,000 livres et une de 15,000 livres pour « les protégés » de Mesdames Adélaïde, Sophie, Victoire et Louise.

membres du corps diplomatique et la plupart des gens de la cour firent de même. Le 19 eut lieu la levée du corps et sa conduite en grande cérémonie à Saint-Denis. Les obsèques y furent célébrées le 24 mars, seulement en présence de Mesdames cadettes et du Dauphin ; l'état de Madame Adélaïde décida le roi à l'empêcher encore de s'y rendre (1).

La cour prit le deuil le 15 février, pour six semaines et la reine cessa de jouer. Le roi continua ses chasses, mais on reconnaissait facilement son extrême abattement, comme celui de Madame Adélaïde qui continuait à ne pouvoir point pleurer. Marie Leckzinska recommença son cavagnole dès le 8 mars, sous prétexte que « l'appareil d'un jeu étoit absolument nécessaire pour tenir une cour. » La Dauphine refusa d'y prendre part : « elle désiroit fort, aussi bien que Madame, ne jouer qu'après l'enterrement ; » elle put s'excuser sur la fatigue que lui causait sa grossesse, mais ses belles-sœurs durent se conformer au désir de leur mère (2). Le 10 avril, le Dauphin fit célébrer un service pour sa sœur à Notre-Dame et il donna à cette

(1) Voir la relation détaillée dans les *Mémoires* de Luynes, xii, 245-256.

(2) Madame Adélaïde fonda un obit pour sa sœur au couvent de l'Ave-Maria ; sa sœur, un à Fontevrault ; son

église une somme de 6,000 livres pour fonder cet obit à perpétuité Mesdames y assistèrent, à l'exception de Madame Adélaïde à laquelle le roi le défendit encore.

Le reste de l'année 1752, ne présente aucun incident dans l'existence des filles de Louis XV ; au mois de juillet Madame Sophie commença à suivre à cheval les chasses. Au mois d'août le Dauphin causa de vives inquiétudes à cause de la petite vérole dont il fut atteint ; on cacha le nom de la maladie à sa sœur Adélaïde, qui en avait une peur excessive. Elle continua à voir sa mère, même quand elle sut qu'elle allait tous les jours chez le Dauphin, mais « on assure que sa tranquillité, dit le duc de Luynes, n'est pas bien sincère. » En septembre, les princesses eurent le plaisir de voir arriver leur sœur l'Infante. Pendant tout l'été, elles avaient vécu intimement avec le Dauphin et elles s'associèrent à la joie que causa la naissance du duc de Bourgogne. Le duc de Luynes raconte que le 5 octobre, il y eut à Fontainebleau un petit concert chez Mesdames auquel prirent part M. de Laval, basson du roi de Sardaigne, Guignon,

---

frère, à Notre-Dame de Paris et à la Trappe. A cette époque, le Dauphin et sa sœur ayant su la misère de la Touraine, y envoyèrent sur leur argent 20,000 livres à l'archevêque de Tours.

Guillemin et Marchand. Le roi prit un violon et le présenta à Madame Adélaïde qui se mit à jouer avec ces artistes.

Au mois d'octobre eut lieu la scandaleuse présentation de madame de Pompadour pour prendre possession chez la reine du tabouret en vertu du brevet de duchesse que le roi lui avait accordé. Elle fut accompagnée en cette circonstance par mesdames d'Estrades et de Choiseul, toutes deux de la maison de nos princesses. Et cependant la marquise était alors au courant des menées de ces deux dames. Madame de Choiseul avait pleinement réussi dans l'œuvre que lui avaient confiée madame d'Estrades et le comte d'Argenson, et il faut lire, dans les Mémoires de Marmontel, le réaliste récit de son triomphe qui menaçait de devenir d'autant plus durable qu'à ce moment le roi ne considérait plus madame de Pompadour que comme une amie. Madame de Choiseul, malheureusement pour elle, peu douée des qualités de l'esprit, commit l'imprudence de recourir, pour la rédaction de sa correspondance avec le roi, à un sien cousin : ce cousin, brouillé avec madame de Pompadour, trouva commode de se réconcilier avec elle en lui dévoilant toute l'intrigue. La marquise dès lors reconquit facilement le terrain perdu ; elle avait trop d'empire sur Louis XV pour ne pas y réussir entièrement. Elle commença par se plaindre à M. de Choiseul en lui nommant les amants de sa femme; comme ce dernier paraissait très-indifférent, elle raconta tout au roi en gémissant amèrement « sur ce petit serpent qu'elle avoit nourri dans son sein. » Elle défendit à madame de Choiseul de paraître aux soupers des petits Cabinets et força madame d'Estrades, avec laquelle elle n'osait pas rompre encore, à ne plus la recevoir (1). M. de Choiseul se prononça vivement pour sa femme qui continua son service, et trouva auprès du Dauphin et de Mesdames un accueil d'autant plus gracieux qu'elle était poursuivie par madame de Pompadour. Elle mourut presque immédiatement après, le 2 juin, des suites de couches.

Pendant les années qui suivirent, nous trouverons peu de faits à citer relativement à Mesdames de France : elles furent souvent malades, surtout madame Victoire, qui parut assez vivement atteinte en décembre 1753, en juillet 1754 et en janvier 1755. Nous dirons que le 4 juin 1754 toutes les princesses assistèrent, à Saint-Cyr, à la bénédiction donnée par leur aumônier à madame de Soulanges, leur ancienne sous-gouvernante de Fontevrault, comme abbesse de Royal-Lieu. Du reste la cour fut, pendant tout ce temps, très-sé-

(1) D'Argenson, VII, 382.

rieuse, les voyages moins fréquents. La mort de Madame Henriette laissait un vide. Nous voyons cependant les princesses assister à deux représentations dramatiques : une fois à Fontainebleau, au « *Mercure galant,* » dont la reine a été très-choquée à cause de beaucoup d'indécences, non-seulement par rapport à elle, mais par rapport à ses filles. » Une autre fois à *Alceste* : « on a trouvé le spectacle triste ; des morts, des blessés, un enterrement en forme, et ne parlant que de la mort, a donné et renouvelé des idées tristes, et surtout à Madame Adélaïde (1). »

Au mois de juillet 1755, Madame Adélaïde s'installa à Compiègne, dans son nouvel apparte-

---

(1) Dans le courant de 1754, la duchesse de Brancas, née Clermont-Guillerande, quitta Mesdames pour devenir dame d'atours de la Dauphine. La duchesse de Broglie (Louise-Augustine Salbigothon de Crozat de Thiers, fille du baron de Thiers et d'Augustine de Montmorency-Laval, née en 1733, mariée, le 11 avril 1752, au maréchal duc de Broglie); la princesse de Chimay (Madeleine Le Pelletier de Saint-Fargeau, mariée, le 25 avril 1754, à Alphonse-Thomas d'Alsace-Hénin-Liétard, prince de Chimay, colonel des grenadiers de France); et la marquise de Brancas (Marie-Renée Grandhomme de Giseux, fille d'un maître des cérémonies et de Marie-Anne de la Motte, mariée, le 9 mars 1747, à Louis-Paul de Brancas-Forcalquier, grand d'Espagne, maréchal de camp,) furent nommées dames de Mesdames Cadettes; dès lors elles servirent quatre par semaine, une titrée et trois non titrées.

ment. Le duc de Luynes parle de sa chambre « magnifique » et de « jolis cabinets » communiquant avec ceux du roi qui voyait alors sa fille avec une grande intimité. Madame Adélaïde, avec son caractère brusque, ses manières rudes, sa voix trop mâle, sa parole brève, était « plus qu'imposante. » Elle avait eu un moment un charmant visage, « mais jamais beauté n'a si promptement disparu que la sienne, » dit madame Campan. Bonne musicienne, aimant à s'occuper d'affaires, sans les rechercher, elle plaisait au roi. Elle connaissait à fond les arguties de l'étiquette et y attachait une grande importance. On l'appelait « Monsieur », parce qu'elle était aussi experte que feu Monsieur en ces matières. Chaque fois qu'un cas embarrassant se présentait, on recourait à elle : comme le jour où la dame de la princesse de Conti voulut marcher avec les dames de la reine et de ses filles, Madame Adélaïde fut consultée, elle blâma l'acte, en décidant que « ce n'était point prétention, mais ignorance. » Une fois, cependant, elle fut en défaut et ne sut dire par qui devait lui être présenté un nouveau chapelain ; mais le duc de Luynes a soin d'expliquer comment la princesse ne pouvait être tenue de savoir que la présentation avait lieu par le premier aumônier, à la chapelle, un moment avant la messe.

Le 16 septembre, le roi se décida à donner à sa fille une marque publique de faveur. « Depuis la mort de Madame, fille de M. le Dauphin, dit le duc de Luynes, on ne savoit pas si Madame Adélaïde seroit nommée Madame tout court, parce que ce nom peut changer si madame la Dauphine accouche d'une fille. Cependant on annonça, il y a quelques jours, Madame Adélaïde sous le nom de Madame chez madame la Dauphine et encore hier au grand couvert. » A cette époque Louis XV descendait tous les matins chez sa fille et y faisait son premier déjeuner : il affectait de lui donner une grande prééminence sur ses sœurs et lui montrait une affection et une confiance particulières. La reine, sans cesse assaillie de « vapeurs », gênée dans une cour où la favorite occupait une situation si indécente, n'y comptait presque plus, et le roi aimait à retrouver auprès de ses filles une société intime et dévouée. Si les princesses avaient voulu, elles auraient pu exercer sur leur père l'influence la plus salutaire; mais, comme le dit madame Campan, « elles ont trop négligé les occasions de lui plaire. »

Un événement, considérable pour le milieu où il se produisit, émut la cour de Madame au mois d'août 1755. Nous avons dit que depuis longtemps une guerre sourde était allumée entre mesdames de Pompadour et d'Estrades; nous avons vu comment celle-ci avait essayé de captiver le roi à l'aide des charmes de madame de Choiseul et comment l'intrigue avait été éventée. Madame de Choiseul avait été sacrifiée, mais la favorite n'avait pas encore osé s'en prendre à sa cousine. Madame d'Estrades mit maladroitement le comble à ses mauvais procédés en dérobant dans le bureau de madame de Pompadour une lettre du roi. Louis XV en fut immédiatement instruit. « Avant-hier soir, écrit le duc de Luynes à la date du 8 août, madame d'Estrades vouloit aller de la Muette à Paris; elle demanda à madame de Pompadour : — A quelle heure faut-il revenir pour souper? — A l'heure ordinaire, comtesse. — Elle partit; au bas de la montagne des Bons-Hommes elle trouva un courrier qui lui remit une lettre de Saint-Florentin, qui lui marquoit de la part du roi qu'elle eût à remettre la charge dont Sa Majesté lui conservoit cependant les appointements, et qu'elle ne revînt plus à la cour. »

La cour était alors à Compiègne : l'émoi y fut grand et une foule de dames sollicitèrent la place vacante. Ce furent mesdames de Chateaurenaud, de Montmorency, de Rochechouart, de Civrac et de l'Hopital. Cette fois le roi remit complétement le choix à sa fille, qui fit nommer madame de Civrac, la demandant, à l'exclusion de toute autre, pour se conformer à une promesse de sa sœur

Henriette. La nomination eut lieu dès le 9 août.

Le commencement de l'année 1756 fut signalé par une représentation de la tragédie d'*Esther*, jouée à Saint-Cyr, devant le Dauphin, la Dauphine et un nombre considérable de personnes de la cour et de parents des élèves. Depuis quatre mois, elles répétaient cette pièce sous la direction du fils de son illustre auteur. « La décoration du théâtre étoit très-agréable ; il y eut un changement pour représenter les changements de palais, la perspective en étoit fort bien exécutée. Il n'y avoit d'instruments que deux violoncelles, qui accompagnoient les voix et étoient derrière les coulisses. Les rôles qui étoient les mieux exécutés furent celui d'Aman (mademoiselle d'Escaquelonde) et celui de Mardochée (mademoiselle du Moutier) : celui d'Esther (mademoiselle de la Salle), fut assez bien aussi en certains endroits. Clerembaut, organiste de Saint-Cyr, et son frère avoient travaillé l'un et l'autre, pour l'exécution de la pièce. Le premier avoit fait plusieurs changements à la musique des chœurs, et l'autre avoit dirigé les habillements, lesquels avoient beaucoup d'apparence et réussirent très-bien. On s'étoit servi de toutes les étoffes de la maison, que l'on avoit chamarrées avec du clinquant, et l'on avoit fait usage d'un grand nombre de pierres fausses qui appartenoient à la maison : elles lui ont été données par Louis XIV, et l'on estime qu'il y en a pour 20,000 livres. La pièce dura une heure et demie. Les chœurs furent fort bien exécutés. Les filles qui chantoient avoient conservé sur le théâtre les distinctions de leurs classes. Quoique ce soit l'usage de mettre du rouge sur le théâtre, aucune des actrices n'en avoit et on ne s'en apercevoit pas. M. le Dauphin, madame la Dauphine et Mesdames restèrent dans la salle encore environ une demi-heure après la fin de la pièce; ils voulurent voir les actrices; ils firent beaucoup de questions et l'on eut sujet d'être content des marques de leurs bontés. La famille royale descendit pour le salut, et M. de Chartres officia; puis elle alla voir le réfectoire, et la supérieure, sur l'ordre de M. le Dauphin, donna permission aux pensionnaires de parler pendant le souper; il demanda six jours de congé, un pour chacun de la famille royale (1). »

Quelques semaines auparavant, le comte de Béthune acheta la survivance de la charge de chevalier d'honneur de Madame (1) : il paya à M. de Montmorency 1,570,000 livres et s'engagea à obtenir du roi pour lui une pension de 7,000 livres, montant des appointements, ou à lui servir

(1) Luynes, XIV, 384.
(2) Fils du comte de Béthune et de mademoiselle de Gesvres, sa seconde femme.

cette rente sur ses propres revenus. Moyennant ce traité, le comte de Béthune devait exercer ses fonctions une fois par jour « à la volonté de M. le baron de Montmorency. »

La vie de Mesdames devenait de plus en plus monotone : le duc de Luynes n'enregistre presque plus aucun incident : la reine, tous les jours plus souffrante, s'isolait davantage, et quand elle était suppliée de paraître, comme à la prise de voile de mademoiselle du Moutier à Saint-Cyr, elle chargeait sa fille Adélaïde de la représenter. Nous voyons dans cette même année (1756) Mesdames se rendre deux fois au mois de juin à Paris, où elles étaient toujours très-bien accueillies : l'une pour la bénédiction des cloches de Panthémont, l'autre pour aller à vêpres à Notre-Dame ; elles se promenèrent sur le Cours et visitèrent la place des Victoires, qu'elles ne connaissaient pas. Le 1er avril, Madame perdit une de ses dames, la maréchale de Maillebois, à un âge peu avancé ; elle était bonne, assez agréable, douée d'un esprit original, mais s'exprimant mal ; « bonne amie, capable d'attention, parlant beaucoup et ne disant jamais de mal de personne, souffrant même avec peine la médisance. » Elle jouait avec passion « très-noblement » et gagna des sommes considérables ; séparée dans les derniers temps d'avec son mari « malgré les circonstances et les différents nuages qui avoient troublé leur union, elle avoit conservé un grand crédit sur l'esprit du maréchal, qui l'avoit toujours aimée et l'aimoit encore. » Elle fut immédiatement remplacée par la duchesse de Mazarin, fille du duc de Duras et de mademoiselle de Mazarin. A la fin de l'année, on résolut de donner une survivante à madame de Clermont, trop âgée pour ses fonctions de dame d'atours de Mesdames cadettes; cela remua les ambitions à la cour. Tout le monde croyait au choix de madame de Rochechouart, qui avait été si intimement attachée comme demoiselle de compagnie à Madame Victoire, qu'elle lui avait promis ce brevet. Le roi l'aimait et l'estimait, sa conduite était irréprochable. On savait le sentiment de Madame Victoire à son sujet. « La maréchale de Duras dit chez Madame Victoire, d'un ton à moitié bas, mais qui vouloit être entendu, et le fut en effet, qu'il étoit étrange que l'on fît parler Madame Victoire comme on faisait. Madame Victoire demanda sur quoi donc on la faisoit parler? Madame de Duras parut avoir peine à le dire; Madame Victoire insista; la maréchale dit que c'étoit au sujet de la place de dame d'atours et de madame de Rochechouart. Madame Victoire, d'un ton fort décidé, répondit que si on ne la faisoit parler que sur cet article, on n'avoit aucun tort, parce que, en effet, elle avoit promis toute sa protection à madame de Rochechouart pour cette survivance et qu'elle ne vouloit point en avoir d'autre. » Or, la Dauphine, toutes ses belles-sœurs, madame de Pompadour elle-même soutenaient madame de Rochechouart, et cependant ce fut la maréchale qui l'emporta, et fit nommer en survivance sa cousine de Durfort, déjà dame de Mesdames cadettes. Le duc de Luynes ajoute timidement : « On ne sait pas ce qui est arrivé et quels ressorts on a fait jouer ; on croit que la grande madame de Brancas a fait changer de sentiment à madame de Pompadour. (1) » Madame de Brancas était en effet devenue toute-puissante, ayant hérité auprès de la favorite de toute la confiance dont avait joui madame d'Estrades, comme nous l'apprend d'Argenson.

Madame Victoire commença l'année 1757 par une assez sérieuse indisposition ; le roi, qui était à Trianon, vint le 5 janvier à Versailles voir sa fille ; il y demeura deux heures, et comme il descendait l'escalier de la salle des gardes pour gagner son carrosse, il fut blessé par Damiens. Madame fut des plus empressées auprès de son père, et, comme dès le premier moment, Louis XV témoigna le désir de voir un prêtre, en attendant le père Desmarets, qui était à Paris, elle fit

(1) **xv**, 347.

venir l'abbé de Soldini, aumônier du grand commun; « le roi passa trois quarts d'heure avec lui sous le rideau » et le rappela plusieurs fois pendant la nuit.

Les mémoires du duc de Luynes fournissent à ce moment peu de faits particuliers sur l'existence de Mesdames. Nous les voyons passer les mêmes revues des troupes de la maison du roi; faire les mêmes voyages de Choisy, de Compiègne. Au mois de juin 1757, nous les voyons visiter la manufacture de Sèvres, récemment créée par madame de Pompadour; le 21 juillet, Madame Louise fait une chute de cheval à la chasse, ce qui ne l'empêche pas huit jours après d'aller à Royal-Lieu, assister à la première prise de voile qui fut célébrée depuis que madame de Soulange était abbesse de cette maison. Le 12 septembre, Madame Sophie faillit se tuer de la façon la plus bizarre : en voulant couper un morceau de chocolat avec un couteau très-affilé, la lame glissa et s'enfonça dans la cuisse de la princesse à une ligne de l'artère. Le 26 septembre, madame de Rochechouart demanda sa retraite à cause de sa santé, et l'obtint en conservant ses appointements, son logement et ses entrées à la suite de Mesdames. On se rappelle qu'elle était l'une des trois demoiselles d'honneur attachées à Mesdames cadettes à leur retour de Fontevrault.

Un changement plus considérable se fit sentir à cette époque dans la maison des filles de Louis XV. Depuis longtemps le peuple se plaignait hautement des dépenses folles de la cour, du gaspillage qui y régnait. D'Argenson revient sans cesse sur ce sujet dans ses Mémoires : « Tout est pillage, dit-il une fois à propos de la rapacité de madame de Lauraguais, dame d'atours de la Dauphine, et ces maisons coûtent beaucoup. » Il affirme que la première femme de chambre de la reine avait plus de 80,000 livres de rente, et il raconte « que le roi, allant chez madame la Dauphine, a trouvé que les bougies n'y étoient pas allumées, et sur cela, il a ordonné qu'on en retranchât vingt livres par jour, ce qui fait grand tort à madame Durfort, première femme de chambre de cette princesse. » Le duc de Luynes reconnaît que la dépense annuelle des filles de Louis XV allait à un million pour chacune. Or quand le roi, au milieu de l'année 1758, se vit sans argent pour faire la guerre, malgré tous les impôts inventés ou augmentés, il sentit la nécessité de chercher des ressources dans des économies ; pressé par ses ministres qui se décidèrent à lui dévoiler la gravité de la situation, il consentit à toutes les réductions qu'on jugerait nécessaires dans sa maison. « Le roi voulut qu'on en rendît compte aussi à Mesdames. Elles écrivirent aussitôt au roi une lettre qu'elles signèrent toutes, par laquelle elles l'assuroient qu'elles seroient comblées de joie de tout ce qui pourroit lui plaire, quand même elles n'auroient que le strict nécessaire. » On jugera de l'exagération des dépenses inutiles par un court passage que nous empruntons au duc de Luynes : « Il a déjà été réglé que le renouvellement qui se fait pour la chambre de la reine tous les trois ans, en draps, oreillers, dentelles, couvertures, seroit retardé de deux ans. On a supprimé aussi chez le roi l'usage où l'on étoit de donner du café à tout le monde. Les femmes de chambre des dames de la cour avoient du café de chez le roi tous les matins, et il y avoit des gens de cour comptés sur l'état des dépenses du café pour dix ou douze tasses dans un jour, soit en café, soit en chocolat; outre cela il y avoit des fournitures de limonade, orgeat et eaux glacées, et ces dépenses montoient à 200,000 livres par an : elles viennent d'être retranchées (année 1758) (1). »

(1) XVII, 37. Cet emprunt est malheureusement le dernier que nous faisons aux Mémoires du duc de Luynes; ils se terminent au mois d'octobre suivant, et il n'y a aucun ouvrage pour nous renseigner désormais aussi minutieusement sur la vie de Mesdames. — M. Rathery nous communique un petit billet de Madame Victoire, qui se place à l'époque où nous sommes. Madame Adélaïde fut

Nous placerons ici une anecdote assez plaisante que nous trouvons dans la correspondance de madame du Deffand. C'est un croquis piquant de l'intérieur du roi et de ses filles.

Louis XV venait de souper chez Madame Victoire; il appela en finissant un garçon de la chambre, lui remit une lettre et lui dit :

— Jacques, va chez le duc de Choiseul, et dis à M. le ministre de remettre sans délai cette lettre à M. l'évêque d'Orléans.

Jacques va chez le ministre; on lui dit qu'il est chez le duc de Penthièvre. Jacques se rend chez Son Altesse; le ministre est averti qu'on lui apporte un message du roi, reçoit la lettre, trouve sous sa main Cadet, premier laquais de la duchesse de Choiseul, et lui ordonne d'aller chercher partout M. l'évêque et de revenir aussitôt lui dire où il est. Au bout d'une heure et demie d'incessantes pérégrinations, Cadet revient, disant qu'il a d'abord été chez monseigneur, qu'il a frappé de toutes ses forces à la porte, que personne n'a répondu, enfin qu'il a été par toute la

---

un peu malade au printemps de 1758; la princesse, sa sœur, écrivit le 21 mai à madame de Civrac.

« Adélaïde a bien dormi cette nuit : je la trouve bien ce matin. Pourquoi vous êtes-vous avisée de faire une fausse couche? C'est ridicule! »

ville sans trouver monseigneur, ni savoir où il se trouve.

Le duc de Choiseul était homme de détermination; il prend le parti d'aller à l'appartement épiscopal, il monte cent vingt-huit marches et donne de si furieux coups à la porte qu'un domestique s'éveille et vient ouvrir en chemise à Son Excellence.

— Où est l'évêque? demande brusquement le duc de Choiseul.

— Il est dans son lit depuis dix heures du soir.

— Ouvrez-moi sa porte.

Le valet obéit à M. le premier ministre; l'évêque s'éveille à son tour.

— Qui est là? Quoi? Qu'est-ce?

— C'est moi, c'est une lettre du roi.

— Une lettre du roi?... Eh! mon Dieu! quelle heure est-il?

— Deux heures.

Et l'évêque de prendre la lettre.

— Je ne puis lire sans mes lunettes.

— Où sont-elles?

— Dans mes culottes.

Le ministre va chercher les lunettes, et, pendant ce temps, Son Excellence et Sa Grandeur se disaient: « Qu'est-ce que peut bien contenir cette lettre si urgente? L'archevêque de Paris est-il mort? Le roi change-t-il de confesseur? Est-ce une grâce ou une disgrâce? » A vrai dire, ils n'étaient ni l'un ni l'autre sans inquiétude. A force d'explorer les culottes épiscopales, le ministre finit par trouver les lunettes de l'évêque, qui essaie de déchiffrer la lettre royale sans pouvoir en venir à bout. Il la rend à M. de Choiseul, qui lit ces mots tracés de la main auguste :

« Monseigneur l'évêque d'Orléans, je vous fais cette lettre pour vous avertir que mes filles ont envie d'avoir du cotignac; elles en veulent de très-petites boîtes. Si vous n'en avez pas, je vous prie.... » — Dans cet endroit de la lettre royale il y avait une chaise à porteurs assez bien dessinée, et au-dessous : —

«.... Envoyez, sur-le-champ, dans votre ville épiscopale en chercher, et que ce soient de très-petites boîtes. Sur ce, monseigneur l'évêque d'Orléans, je prie Dieu qu'il vous ait en sa sainte garde.

« Louis. »

Et plus bas, en post-scriptum :

« La chaise à porteurs ne signifie rien ; elle était dessinée par mes filles sur cette feuille que j'ai trouvée sous ma main. »

La monotonie, qui continuait à peser sur l'intérieur de Mesdames, fut tristement interrompue par la mort de Madame Infante. Cependant, en 1761, une diversion plus attrayante se produisit, à la suite des maladies de Madame Adélaïde et des fréquentes indispositions de sa sœur Victoire. Senac, le premier médecin du roi, jugea que, pour le rétablissement de leur santé, les princesses devaient aller passer l'été aux eaux de Plombières. Louis XV décida que cet avis serait suivi, et le voyage eut lieu dès la fin du mois de juin (1). Ce fut une succession continuelle d'ovations, et mes lecteurs me permettront de raconter ici ce qu'était un voyage princier il y a un peu plus d'un siècle.

Mesdames Adélaïde et Victoire quittèrent Marly le 30 juin, accompagnées de mesdames de Beauvilliers, de Durfort, de Civrac, de l'Hôpital, de Narbonne, de Brancas, de Castellane, et du baron de Montmorency. Le Dauphin les accompagna avec Mesdames Sophie et Louise jusqu'au faubourg Saint-Martin, où était le relais de poste. A Meaux, la milice prit les armes, et l'évêque, monseigneur de la Marthonie de Caussade, premier aumônier de Madame Adélaïde, emmena les prin-

---

(1) Par une dépêche du 5 juin 1761, le secrétaire d'État Bertin s'informa auprès des intendants s'il n'y avait point de « maladies populaires. » (Arch. de la Marne.)

cesses dîner à Germiny, dans la maison de campagne de l'évêché. Elles remontèrent en carrosse à cinq heures, et, en passant à la Ferté-sous-Jouarre, elles furent complimentées par le curé, qui fit chanter, par une de ses paroissiennes, une chanson de sa composition de laquelle je citerai ce couplet :

> Le monde dit qu'à Plombière
> Vous allez prendre les eaux :
> C'est une pauvre ouvrière
> Que l'eau pour guérir les maux.
> Tenez, le moindre ordinaire
> De vin de notre canton,
> Est cent fois plus salutaire
> Que les eaux de grand renom.

A Château-Thierry, elles trouvèrent les rues illuminées et les habitants sous les armes; elles y passèrent la nuit dans le prieuré de Saint-Louis où elles reçurent les corps constitués. On tira dans le jardin un feu d'artifice, auquel madame Adélaïde mit elle-même le feu. Le lendemain le voyage recommença de bonne heure ; la population se pressant partout sur le passage de Mesdames et ne sachant qu'imaginer pour les fêter; on raconte que, sur un point du parcours, les paysans jonchèrent complétement la route de feuilles de roses; près de Châlons, elles rencontrèrent une troupe de bergers et de bergères auprès de deux fontaines de vins de Champagne. Elles couchèrent à Vitry-le-François, chez M. de Meaux, receveur des tailles, et soupèrent en public. Elles entendirent la messe avant de repartir, le 2 juillet, et les mêmes ovations recommencèrent : des bergères leur offrirent un agneau tout enrubanné; ailleurs, des pruneaux au milieu de corbeilles de fleurs; ailleurs encore un curé leur présenta d'énormes écrevisses cuites; des paysans imaginèrent même de brûler de l'encens autour des voitures.

Le roi Stanislas attendait ses petites-filles à son rendez-vous de chasse de la Fontaine-Royale, dans la forêt de Commercy. Elles reçurent de grands honneurs dans cette ville, où elles restèrent un jour entier. Le 4, le roi les conduisit à la Malgrange, en traversant Nancy où la population fit aux augustes voyageurs une magnifique réception. Sur la place Royale, un char de triomphe sur lequel étaient vingt jeunes filles habillées en nymphes les couvrirent de fleurs; l'une d'elles leur adressa un galant compliment. Elles s'arrêtèrent à l'église de Bon-Secours, et, à la Malgrange elles reçurent les principaux personnages de la capitale lorraine. Le 5, elles prirent de bonne heure la route d'Épinal où depuis bien des jours tout était en l'air pour recevoir dignement les petites-filles du roi Stanislas. Quatre amazones vinrent au-devant d'elles au galop de leurs chevaux, suivies d'un char triomphal conduit par des bergers et des bergères. Aux portes de la ville elles trouvèrent une compagnie d'enfants de sept à huit ans, gravement sous les armes, puis toute la milice urbaine et des troupes de volontaires commandées par MM. de Saint-Remy, de Saint-Privé, de Grandhaye et Steinne. Je ne rapporterai pas tout le cérémonial de cette réception, racontée avec détail par un témoin oculaire (1). Le soir Mesdames arrivèrent au but de leur voyage et logèrent dans la maison de l'abbaye de Remiremont. Un bataillon de milice, commandé par le chevalier de Lory, vint y tenir garnison et campa sur les hauteurs faute de logements en ville.

La présence de Mesdames fit accourir à Plombières nombre de personnes de qualité, et le séjour fut excessivement agréable et animé. A leur arrivée, le roi Stanislas avait voulu leur faire une galanterie : depuis qu'il savait ce voyage décidé, il avait fait exécuter quelques travaux en conséquence à Plombières; il avait notamment fait presser l'achèvement de la belle promenade, qui

---

(1) *Description des fêtes données à Mesdames de France dans la ville d'Épinal*, dédiée à madame la marquise de Spada, abbesse de l'illustre chapitre d'Épinal, 1 vol. in-8°. Nancy, 1762. Le signataire de l'épître dédicatoire « est M. de Cironcourt, chevalier d'honneur. »

porte aujourd'hui encore le nom de Mesdames; on y travailla tout l'hiver et on y planta des tilleuls déjà grands; deux cents ouvriers y étaient encore le matin du jour où les princesses arrivèrent, mais, quand leurs carrosses parurent, tout était fini, l'allée sablée et ratissée. Un théâtre fut improvisé sur cette promenade, par les soins de Beaumarchais qui était venu, dit-on, pour acheter la papeterie de Plombières. Il y eut des concerts, des bals, des parties champêtres, des *feuillées*, comme on les nomme dans le pays. Une scène de bergerie fut donnée au pré de la grange Girard : bref, pendant trois mois, Plombières fut en liesse perpétuelle, le bon roi Stanislas y vint trois fois, et Christine de Saxe fit également une visite à ses nièces.

Le 19 août, Mesdames vinrent à Remiremont avec toute leur suite ; elles y furent reçues avec les plus grands honneurs et elles dînèrent à l'abbaye. Elles se rendirent ensuite à Épinal où la réception fut encore plus brillante : des portiques ornés de devises latines, fournies par les Pères Jésuites, se dressaient dans toutes les rues, les amazones reparurent pour chanter une chanson composée par le Père Lamiral ; les bergers et les bergères en récitèrent d'autres, rimées par M. le lieutenant général de police ; on inventa des jets d'eau, des cascades. « Nos augustes princesses étant arrivées sur le pont, les officiers de ville eurent l'honneur de présenter des gaules garnies et ornées de rubans auxquelles était attaché un cordon de soie; l'une de ces gaules avait trois hameçons, et l'autre deux ; la ligne pendait dans la Moselle. Madame Adélaïde ayant soulevé la sienne, amena un hombre et deux truites de près de deux livres chacune. Mesdames, à la vue de leur prise, témoignèrent une grande joie : cette pêche les amusa infiniment, elles se mirent beaucoup à rire en voyant frétiller ces poissons, que les princesses tirèrent jusqu'à la portière de leur carrosse; l'on coupa les cordons pour les porter à madame l'abbesse. » On fit continuer la pêche qui fut réellement merveilleuse, et quand Mesdames rentrèrent dans leurs appartements, à l'abbaye, elles durent recevoir les femmes des pêcheurs qui leur offrirent « des paniers garnis de mousseline et de rubans verts en falbalas, tout remplis de poissons: » elles chantèrent une chanson en patois et répandirent la pêche dans le salon; les poissons se mirent à frétiller dans tous les sens, et l'un d'eux sauta sur la robe de Madame Victoire, « comme voulant mettre à ses pieds, si l'on peut parler ainsi, l'hommage même de la Moselle; » remarque gravement M. de Cironcourt. Le 23 août et le 24 septembre, Epinal se mit de nouveau en frais, toujours avec de nouvelles surprises et de **nouvelles chansons.**

Mesdames avaient avec elles leur médecin Bourdelin, leur chirurgien Cousteneaux, leur apothicaire Zamor, un garçon apothicaire, et chacune quatre femmes de chambre, deux huissiers, deux valets, un palefrenier, trois femmes de la garde-robe, un valet, un maréchal des logis, deux fourriers, deux écuyers, plus leur confesseur. Leur installation était des plus modestes, comme le constate l'inventaire de leur mobilier, que nous avons trouvé dans les archives de l'abbaye de Remiremont. L'intendant avait donné l'ordre au tapissier du chapitre, de choisir à Epinal et à Remiremont, « dans les maisons les plus proprement meublées, » les meubles, effets et ustensiles nécessaires pour l'installation des princesses. L'état de ces emprunts forcés donne une médiocre idée de l'arrangement des appartements des filles de Louis XV. Nous trouvons en effet, dans ces documents : treize chaises en bois tourné, couvertes en tapisserie, deux fauteuils semblables, une culbutte en moquette, deux lits duchesse complets, dont un en serge jaune à rubans rose, deux commodes à garniture de cuivre doré, trois tables de jeu dont une pour le piquet, quatre paires de chandeliers en cuivre, « avec leurs mouchettes, » une table à écrire, deux paires de draps en toile, douze pièces de tapisserie « à verdure et à personnages. »

Mesdames se firent aimer pendant leur séjour :

elles donnèrent très-généreusement aux pauvres, allèrent dans les chaumières des environs, se laissant facilement aborder. Elles visitèrent plusieurs fois la fabrique de fer poli, fondée à Plombières par le sieur Dautel, et elles y polirent elles-mêmes un miroir en acier. Le médecin leur ayant conseillé de partager la saison en deux parties, les princesses quittèrent Plombières le 13 août et se rendirent à Lunéville par Epinal. Elles y demeurèrent quinze jours, et leur grand-père leur offrit chaque jour un divertissement nouveau (1).

(1) Voici la chanson que leur chantèrent les grenadiers de Lunéville :

De nos cœurs, grenadiers, offrons les sentiments,
Et n'allons pas nous perdre en de vains compliments.
Chantons d'un ton guerrier le bonheur que j'avons
D'avoir vu dans ces lieux le beau sang des Bourbons.

Qu'Adélaïde plaît par son air de douceur,
Qui décèle à nos yeux la bonté de son cœur !
Qu'en dis-tu, Sans-Quartier ? si, reine de nous tous,
Je vivions sous ses lois, j'aurions bien des jaloux !

Je n'en aurions pas moins, n'est-il pas vrai, ma foi,
Si l'aimable Victoire aussi donnait la loi ;
Car je n'ignorons pas qu'un compte si parfait,
Du roi que je servons est le plus beau portrait.

On dit que vous allez bientôt quitter ces lieux.
Je venons pour vous faire à regret nos adieux.
Vos bontés, vos vertus, qu'je chanterons toujours,
Sauront nous rappeler le plus beau de nos jours.

Nous n'en citerons qu'un. La cour dînait au petit château de la Cascade. « A peine le fruit fut-il servi, qu'on vint avertir le roi qu'il paraissait au bord du canal, vis-à-vis le rocher, un vaisseau hollandais. Le roi et Mesdames sortirent du pavillon et furent se placer à l'entrée de la belle allée d'arbres qui y aboutit. Il est difficile de rendre l'ordre qui régnait tout le long de cette allée : des invalides placés entre chaque arbres contenaient avec peine une foule prodigieuse. Treize matelots et douze matelotes étaient descendus deux à deux, marchant en cadence, les matelots chacun une rame sur l'épaule et la pipe à la bouche, et les matelotes une guirlande de fleurs à la main. L'habit des matelots était jaune, relevé de noir, galonné sur toutes les coutures; celui des matelotes était des plus galants : elles étaient en corset de taffetas citron, garni d'un réseau d'argent; les manches, en amadis, étaient garnies de blonde; le jupon de mousseline avec falbalas; et pour coiffure elles avaient un petit chapeau couvert de taffetas, orné de rubans : une fraise ornée d'agréments bleus lui servait de collier. Le sieur Sister, premier valet de chambre du

On dira que j'avons peut-être mal rimé,
J'aurions pu rendre mal ce que j'ons bien pensé ;
Mais, mordié, j'ons des cœurs qui valent mieux cent fois
Que tous ces biaux esprits qui servent mal les rois.

roi, avait préparé cette fête à l'insu du prince. Pour la rendre plus agréable, il avait choisi dans la ville les plus jolies demoiselles et les mieux faites. Elles exécutèrent avec un ordre admirable leur ballet. Par la disposition de cette danse, les trois matelotes qui se trouvèrent vis-à-vis Mesdames, firent, l'une après l'autre, leur compliment. Je ne rapporterai que celui qui fut fait par la matelote de droite. En présentant à Madame Adélaïde une rame d'or et d'azur, elle lui dit :

Qu'heureux serait notre partage,
Si la Lorraine un jour était votre apanage !
Mais un si grand bonheur n'est pas de notre choix.
Que cette rame au moins puisse vous être un gage
Que nous n'aurions à craindre aucun naufrage
Tant que nous serions sous vos lois. »

Le 26 août, Mesdames revinrent à la Malgrange, et le lendemain à Nancy, où elles entrèrent au bruit du canon, après avoir passé, — dans le faubourg Saint-Nicolas — devant la maison du sculpteur Le Noir, où figuraient leurs bustes avec celui du roi Stanislas et le médaillon de Louis XV. La réception fut aussi brillante que la première fois. Les princesses logèrent à l'Intendance; il y eut spectacle, ballet donné par les demoiselles de la ville, illuminations, feu d'artifice. Le 30, elles commencèrent leur seconde saison, qui se prolongea jusqu'au 20 septembre : elles partirent de Plombières le 24, et couchèrent à la Malgrange, où il se passa une scène digne de trouver place ici.

Une foule de paysans encombrait les abords du château, chacun voulait voir les princesses. Le garde qui était en faction sous leurs fenêtres, craignant le bruit que tous ces braves gens faisaient en se communiquant leurs réflexions, leur imposa assez rudement silence. Au même moment, Madame Adélaïde paraissait au balcon pour savoir ce qui se passait. Le garde, croyant obtenir enfin du calme, s'écria : « Voilà Mesdames ! » La foule répondit par des cris enthousiastes. « Vous êtes donc bien aises de me voir? leur dit la princesse. Eh bien, je vais vous satisfaire. » Aussitôt elle commanda à madame de Narbonne de prendre deux bougies, s'approcha de la fenêtre et se présenta au public, qui réclama Madame Victoire. Celle-ci allait se coucher, mais elle dut se rhabiller au plus vite et accourut à son tour.

Les princesses revinrent par la même route qu'en se rendant à Plombières. Elles trouvèrent à Meaux leur frère et leurs sœurs. Le roi avait adressé à Madame Adélaïde ce billet qui fut porté à la connaissance des Lorrains, à la date du 23 août 1761 :

« Vous ne sauriez croire, ma chère fille, com-

« bien j'ai été touché de la bonne réception que les
« Lorrains vous ont faite, et je vous charge de leur
« en marquer toute ma satisfaction.

« LOUIS. »

L'année suivante, dès la fin du mois de mai, elles reprirent le chemin de la Lorraine, et furent reçues avec un enthousiasme plus grand encore, quoique le roi Stanislas eût recommandé de ne faire « rien d'extraordinaire absolument, » cette fois. Un incident intéressant signale cette fois leur passage à Château-Thierry, où elles couchèrent à l'Hôtel-Dieu.

Les arrière-petites-filles de la Fontaine habitaient cette ville dans une situation très-précaire : c'étaient de charmantes enfants qui vivaient avec mesdemoiselles de la Fontaine, leurs deux tantes. Un charitable complot avait été ourdi, le poète Rochon de Chabannes avait préparé une table et un placet en vers que la petite Françoise-Claire de la Fontaine débita aux deux princesses. Celles-ci ravies de cette jolie petite fille, bonne et élégante, la caressèrent, la gardèrent quelque temps seule avec elles pour lui faire de nouveau réciter ces vers, et promirent leurs bons offices (1).

---

(1) Nous donnons à l'appendice ces vers avec une lettre inédite très-curieuse de Rochon.

Elles suivirent le même itinéraire et traversèrent, le 28 mai, au soir, Nancy, où les deux compagnies d'écoliers volontaires, formées l'année précédente sous les noms d'Adélaïde et de Victoire, reparurent au complet. Elles arrivèrent directement à la Malgrange, splendidement illuminée ; le lendemain, elles couchèrent à Plombières, où leur grand-père avait fait bâtir un hôtel au Palais-Royal, dans un très-bon style, avec une galerie à neuf arcades au-dessous. Comme en 1761, Mesdames coupèrent en deux leur saison et vinrent se reposer à Lunéville au commencement de juillet. Ce furent encore des divertissements nouveaux chaque jour ; le 19, il leur offrit à Nancy une grande fête dont Christine de Saxe fit les honneurs. Mesdames revinrent à Plombières le 25, qu'elles quittèrent le 3 septembre. Pendant ce second séjour, elles donnèrent des *feuillées* au Val-d'Ajol, à Bain, et un banquet aux cavaliers de la garnison le jour de la Saint-Louis. Le 9 septembre, elles rentrèrent à Versailles, quittant, dit-on, avec beaucoup de regrets la Lorraine, où elles avaient reçu tant de témoignages sympathiques, et où elles avaient aussi trouvé d'abondantes distractions, dont elles étaient presque complétement privées à la cour de France. En repassant à Château-Thierry, Mesdames n'oublièrent pas Claire de la Fontaine ;

elles l'emmenèrent avec elles et la placèrent à Fontevrault (1).

Du reste, Mesdames ne se montrèrent pas ingrates : quand Plombières fut presque entièrement détruit, en 1770, par une inondation, elles reçurent avec une grande bienveillance les députés de cette malheureuse ville, et elles obtinrent du roi l'établissement d'un impôt extraordinaire en Lorraine, pour porter remède à ce désastre, sans compter les sommes qu'elles remirent sur-le-champ pour faire face aux besoins les plus pressés.

Ces voyages avaient excité une grande émotion dans toute la Lorraine, et à Nancy on s'ingénia par tous les moyens de plaire aux filles du roi de France. Les archives municipales de cette ville renferment deux liasses considérables composées de pièces relatives aux passages de Mesdames et l'on y trouve de curieuses poésies. Les Lorrains se distinguèrent notamment par le nombre des chan-

---

(1) On la présenta au roi, parée de diamants prêtés par Madame Adélaïde ; après la visite, comme la femme de chambre les retirait : « Ne les retirez pas, dit la princesse ; je ne reprends pas ce que j'ai donné. » L'enfant ayant terminé son éducation à Fontevrault, ne voulut pas prendre le voile et épousa, malgré Madame, M. Marin de Marson, gardé du corps ; les princesses cependant oublièrent vite leur mécontentement, firent à la jeune femme de généreux présents et lui servirent une pension de 1200 livres qui fut exactement payée jusqu'à la Révolution.

sons : chanson au sujet des réjouissances préparées à Nancy le 4 juillet 1761, chanson sur l'air de *à l'ombre de ces verts bocages*, deux chansons sur l'air de *Port-Mahon*, ode au roi sur l'arrivée de ses petites-filles, chanson sur la loterie tirée dans la maison des Missions royales en présence du roi et de Mesdames, sonnet sur leur entrée à Nancy, chanson sur leur arrivée. Et en 1762 : chanson nouvelle du sieur Delarivière; chanson poissarde sur leur retour; l'Amour à Plombières, le Coq du village, à l'occasion de la rentrée de Mesdames, le 14 juillet, à Plombières, etc.

Nous nous contenterons de donner place ici à cette « chanson nouvelle » sur l'air de *Daphnis* :

> Chantons, publions la gloire
> Des filles de notre roi,
> Pour Adélaïde et Victoire
> Que tout triomphe de joye.
> Elles vont venir sur nos terres,
> Ces filles du grand Bourbon,
> Ces filles du grand Bourbon (*bis*).
>
> Elles sont parties de Versailles,
> Suivies d'un superbe train ;
> Chacur s'empresse et travaille
> Pour aplanir le chemin (1).

(1) Dans la généralité de Châlons, on dépensa 1,564 livres, au premier voyage de Mesdames, et 1,151 au second pour la mise en état des chemins. Dans celle de Nancy, il y eut 2,400 livres dépensées en 1762, pour le rétablissement des chaussées.

Ce n'est qu'un chant d'allégresse,
Ce n'est qu'acclamations,
Pour ces dignes rejetons (*bis*).

Elles vont voir leur cher grand-père,
Stanislas le Bienfaisant ;
Ce roi tendre et débonnaire,
Désire passionnément
Revoir ses petites-filles,
Les rejetons de Bourbon,
Louis quinzième du nom (*bis*).

Elles honorent de leur présence,
La Lorraine, pour quelque temps ;
Faisons des réjouissances,
Marquons notre empressement.
Bourgeois, prenons tous les armes,
Sans penser à notre emploi,
Pour les filles d'un si grand roi (*bis*).

Nancy, cette jolie ville,
Est encore plus embellie,
Car des ouvriers habiles
Ont travaillé, jour et nuit,
Pour réparer une porte
Que messieurs les magistrats
Ont fait remettre en état (1) (*bis*).

L'on voit toute la noblesse,
Avec grand empressement,
Se signaler par la richesse

---

(1) On fit réparer la porte Saint-Nicolas : le sieur Le Noir y plaça deux groupes d'enfants et deux vases sur des socles doriques avec le buste de Stanislas au milieu, entre les chiffres des princesses avec la date du 4 juillet 1761.

De ses beaux habillements.
Aller tous à sa rencontre,
Et faire un beau compliment
Aux filles de Louis le Grand (*bis*).

Plusieurs jeunes demoiselles
Habillées distinctement (1),
En rubans et en dentelles,
Marcheront modestement,
Pour rendre honneur et hommage
De la part des citoyens,
Au filles du roi très-chrétien (*bis*).

Et les marchands de la ville (2),
Montés très-superbement,
Sortirent d'un pas habile,
En formant double rang,
Avec tymbales et trompettes,
C'est pour aller faire honneur
Aux filles du grand vainqueur (*bis*).

Pour Adélayde et Victoire,
Toutes les rues sont ornées ;
La noblesse se fait gloire
D'y placer des Renommées ;
L'on fait, dans toutes les villes,
Des illuminations
Pour les enfants de Bourbon (*bis*).

---

(1) Vingt vestales étaient dans un char : l'une complimenta Mesdames, deux leur jetèrent des fleurs. Mesdames prièrent ces demoiselles de les suivre dans leur char à la Malgrange.

(2) Les marchands avaient formé un escadron de cavalerie et entourèrent le carrosse de Mesdames pour leur entrée.

Ah! les voici qui approchent,
Accordons nos chalumeaux
Au son de toutes les cloches,
En jouant des airs nouveaux.
Mettons-nous sur le passage,
J'entends ronfler le canon
Pour les filles du grand Bourbon (*bis*).

Partout ce n'est qu'artifice,
Que feux de joye très-jolis ;
Chacun met son délice
D'honorer les Fleurs de lis.
Le cœur rempli d'allégresse,
En chantant : vive Bourbon,
Vivent ses rejetons ! (1) (*bis*).

Pendant ce voyage, Mesdames cadettes étaient restées paisiblement à la cour, et les mémoires du temps ne nous fournissent presque pas de renseignements sur les particularités de leur vie. L'avocat Barbier seul nous en dit quelques mots : « Pendant l'absence de leurs sœurs, Mesdames Louise et Sophie sont occupées à des cérémonies : elles ne sont jamais venues à Paris (juillet 1761). » Le 6, elles se rendirent en grande pompe à Notre-Dame et à Sainte-Geneviève, avec six carrosses et douze gardes du corps. Elles dînèrent à la Muette et parcoururent tous les boulevards au milieu d'une foule immense et d'une quantité d'é-

---

(1) *Journal de Barbier*, IV, 393.

quipages élégants. Le 8, « elles allèrent raconter leur belle réception au roi, à Saint-Hubert, et dînèrent avec lui. » Le lendemain, elles assistèrent au service célébré à Notre-Dame pour la reine d'Espagne ; le duc de Chartres donnait la main à Madame Sophie, et le comte de la Marche à Madame Victoire (1).

(1) Pour le détail du voyage de Mesdames, voir : *Voyage de Mesdames en Lorraine*, tome 1er, Paris, Desprez, 1762 ; tome II, Nancy, Hœner, 1763, petit in-8°. — *Journal de ce qui s'est passé en Lorraine à l'arrivée de Mesdames de France*, par Tillion de Charigneu, Nancy, Vᵉ Leseure, in-12, 1762, suivi d'une lettre de Plombières, insérée d'abord dans le Journal Encyclopédique d'octobre 1761, sur la générosité de Mesdames en faveur d'une pauvre paysanne expropriée. — *Relation du voyage de Mesdames à Plombières*, par Delespine ; 1 vol. in-8°, avec gravures, Paris, Desprez, imprimeur ordinaire de madame Adélaïde. — *Voyage de Madame et de Madame Victoire*, par de Sauvigny, garde du roi de Pologne. A Lunéville, 1761 ; pet. in-8° de 25 pages, figure gravée à l'eau-forte par madame de Pompadour. — *Description de la Lorraine*, par Durival, tome 1er, in-8°, Nancy, Leclerc, 1778. — *Description des fêtes données à Nancy à l'occasion du passage de Mesdames*. Nancy, Antoine, 1762. — Archives municipales de Nancy, deux liasses contenant les relations officielles des fêtes, les discours prononcés, de nombreuses chansons. — Archives municipales de Remiremont. — *Les archives de Nancy* par M. Henri Lepage, tomes 1er et 2e, in-8°, Nancy, Wiener, 1865. — *Histoire de Plombières*, par M. Haumontée, in-8°, 1867.

CHAPITRE VII

MADAME INFANTE

Déclaration du mariage de Madame Elisabeth avec l'Infant don Philippe. — Préoccupations de la cour. — Maison de Madame. — Fiançailles. — Célébration du mariage. — Bal de l'ambassadeur d'Espagne. — Départ de la princesse. — Chagrin de sa famille. — Le roi la conduit jusqu'au Plessis-Piquet. — Voyage. — Réception à Bordeaux. — Roncevaux. — Remise de la princesse à l'Espagne. — Alcala. — Mort de l'empereur. — Ambition de l'Infante pour obtenir une souveraineté. — L'Infant part pour le Milanais. — Sa faiblesse à l'armée. — Couches de l'Infante. — Intrigues. — Surprise que cause la longue absence de l'Infant. — L'évêque de Rennes. — Ses galanteries. — Affaire de Sardaigne. — Louis XV traite avec Charles-Emmanuel au préjudice de son gendre. — Négociations avec l'Espagne. — Sa résistance. — Elle cède. — Dot non payée de l'Infante. — Mort de Philippe V. — Mort de la Dauphine. — L'Infante veut marier le Dauphin avec sa belle-sœur. — Ferdinand V, froid pour l'Infante, lui enlève la plupart de ses revenus. — Chute de d'Argenson, ennemi de l'Infante. — Son intimité avec sa sœur Henriette. — *Sémiramis*, par Voltaire. — L'Infante vient à Versailles. — L'Infant duc de Parme. — Pauvreté de l'Infante. — Affection du roi pour sa fille. — Le peuple la voit d'un œil défavorable. —

Dépenses qu'elle occasionne. — Générosité du roi. — Influence politique de l'Infante. — Son départ. — Sa douleur en partant. — Elle emmène M. et madame de Narbonne. — Portrait de l'Infante par d'Argenson. — La cour de Parme. — Lettres de l'Infante à la duchesse de Luynes. — Elle accouche d'un fils. — Nouveau voyage. — Elle est traitée sur le pied d'une Fille de France. — Elle part sans profit. — Etat du duché. — Leurre d'une royauté des Pays-Bas. — Troisième voyage. — Tentatives de l'Infante pour faire son mari roi d'Espagne. — Intrigues avec Bernis. — Elle échoue. — Mot cruel du roi. — Abandon de l'Infante. — Son effacement. — Mort de l'Infante. — Ses enfants. — Lettre de Louis XV à son gendre.

Nous avons dit que le 22 février 1739, le roi « déclara » le mariage de sa fille aînée avec l'Infant don Philippe. Ce prince était le troisième fils de Philippe V, roi d'Espagne, et d'Elisabeth Farnèse. Né le 15 mars 1720, on ne pouvait pas encore porter un jugement sur lui à ce moment, mais il est permis de croire que dès cette époque il laissait pressentir la déplorable médiocrité dont plus tard il fit preuve, quand il fut appelé à succéder à son frère, l'Infant don Carlos, sur le trône de Parme. On sait que la cause déterminante de ce mariage fut l'espoir de voir don Carlos devenir roi d'Espagne à la place du prince des Asturies, qui ne devait jamais avoir d'enfants, et don Philippe succéder alors à son frère sur le trône des Deux-Siciles.

Le mariage ne fut célébré qu'au mois d'août, par la volonté expresse de Loui XV. Ce fut, pendant tout le printemps et l'été, la grande préoccupation de la cour. Dès le commencement d'avril, Madame écrivit au roi et à la reine d'Espagne, traitant l'un de « Monsieur mon frère et mon oncle, » l'autre de « Madame ma sœur et ma tante, » tout en mettant « Votre Majesté » dans le cours de la lettre, suivant l'étiquette des Filles de France. De grandes brigues furent provoquées par le choix des dames qui devaient accompagner la princesse jusqu'à la frontière. La duchesse de Tallard était du voyage, mais Madame l'aimait peu, comme nous l'avons dit, et évitait toutes les occasions de la voir. Quand la duchesse entrait chez elle en dehors des heures réglementaires, Madame lui demandait fort séchement, à ce qu'il paraît, la cause de sa présence : le duc de Luynes, en racontant cela, ajoute : « Elle est extrêmement timide, mais elle paraît avoir de la noblesse et de la dignité. » Toujours est-il qu'on prévit le cas où la princesse serait bien aise de se séparer plus tôt de sa gouvernante, et la duchesse d'Antin fut pourvue d'un brevet pour commander la maison aux lieu et place de la duchesse de Tallard. L'autre dame désignée pour le voyage fut madame de Rochechouart; chacune eut quinze mille livres de frais ; en même temps, la marquise de Lède était nommée *camarera mayor* de Madame, dont on décida que le titre serait : *Madame Infante*. Ces choix furent faits sans consulter la reine, qui les apprit uniquement par les bruits des salons, et qui n'en cacha pas son mécontentement : madame d'Antin hésita plusieurs jours avant d'accepter, parce qu'on ignora assez longtemps s'il y aurait une indemnité allouée. Ce fut la comtesse de Toulouse qui la détermina à consentir.

Puis les apprêts de la cérémonie des fiançailles absorbèrent la foule oisive et vaine des courtisans. Le duc de Luynes rapporte à ce propos une anecdote à peu près inconnue qui trouve naturellement sa place ici :

« Le mercredi 12 août, le roi partit de la Muette sur le midi; il alla à Madrid, où il entra chez Mademoiselle qui dormoit; ne s'étant point réveillée, le roi alla chez mademoiselle de Clermont, qui se réveilla; mais la visite ne fut pas longue. Ensuite le roi passa à l'appartement de madame de Mailly; elle étoit éveillée, mais dans son lit, toute coiffée et la tête pleine de diamants; mais elle couche toujours ainsi; elle avoit sur son lit la jupe de son habit pour le mariage de Madame, et dans sa chambre un joaillier, nommé Lemagnan, qui a beaucoup de pierreries et qui prête des parures valant deux et trois millions. Il y avoit aussi des marchands de Paris, de parures d'habits, que l'on appelle des charpes, et que madame de Mailly appelle ses petits *chats*. Le roi entra dans la plaisanterie et les appela de même, examina la jupe et les pierreries du sieur Lemagnan fort en détail. »

Le dimanche 23 août, l'ambassadeur d'Espagne vint faire la demande officielle de la main de Madame. Il se présenta en grand équipage et entra d'abord chez le roi, chez lequel il commença par se couvrir un moment avant de lui parler; il passa ensuite chez la reine, devant laquelle il ne « fit même pas semblant de se découvrir, » mais resta debout tout le temps de l'audience; il se rendit ensuite chez le Dauphin et enfin chez Madame, qui avait auprès d'elle mesdames de Tallard, de Montauban et d'autres femmes de la cour, mais aucune de ses sœurs. M. de la Mina lui offrit un médaillon de l'Infant pour monter un bracelet; le lendemain, il lui remit le médaillon du roi et de la reine d'Espagne, richement entouré de diamants.

Le 25, eurent lieu les fiançailles, entre six et sept heures du soir : les princesses et les femmes des grands d'Espagne se réunirent chez Madame, qui se rendit, donnant la main à son frère, chez la reine, entourée des dames de sa maison : le cortége, ainsi agrandi, passa chez le roi, où se trouvait toute la cour. Les galeries, splendidement éclairées, pouvaient à peine contenir la foule magnifique qui s'y pressait : il n'y avait pas un seul siége. Au fond de la chambre du roi, était une table derrière laquelle se placèrent Louis XV et la reine, et autour d'eux le cardinal de Fleury et les secrétaires d'Etat. Les pièces légales furent lues par M. Amelot, et aussitôt le cardinal de Rohan, grand aumônier, entra et procéda aux fiançailles : tous les princes, y compris les Légitimés, signèrent l'acte. Madame se retira en donnant la main au Dauphin et en suivant exactement le même cérémonial que pour venir : elle avait « un grand habit noir et or, comme c'est l'usage le jour des fiançailles, et une mante de réseau d'or de sept aunes de long; » Madame Henriette portait la queue.

Le mariage fut célébré, le lendemain, dans la chapelle du palais de Versailles. Madame s'y rendit accompagnée par son frère, par les princesses et par les Grandes d'Espagne qui s'étaient réunies chez elle, comme la veille : elle et le duc d'Orléans — chargé de représenter l'Infant — se placèrent chacun sur un carreau, sur la première marche du chœur; le Dauphin et Mesdames Henriette et Adélaïde étaient sur des carreaux également, sur le drap de pied du roi ; les princes, les princesses, les dames de la reine et de ses filles, les ducs et pairs, les dignitaires de la cour remplissaient le bas de la chapelle, tandis qu'une foule élégante se pressait dans les tribunes. Les cérémonies eurent lieu suivant l'étiquette ordinaire, pendant que l'on célébrait une messe basse avec la musique. L'acte fut signé sur le prie-Dieu du roi, et l'on se retira dans le même ordre que l'on était venu. Madame, qui dès lors se nomma Madame Infante, reçut, de quatre à six heures, dans les salons de la Paix et de la Guerre, entourée de ses sœurs, les félicitations de toute la cour : puis Louis XV et Marie Leckzinska entrèrent et commencèrent un grand lansquenet, pendant que Mesdames et le Dauphin jouaient à cavagnole. A huit heures on alluma, et il paraît que le coup d'œil était splendide ; à neuf, la cour se mit au balcon pour assister au feu d'artifice, puis on soupa, Madame Infante ayant la droite du roi (1).

Deux jours après, le comte de la Mina donna à son tour une grande fête à laquelle assistèrent Mesdames, mais où ni les princes ni les princesses ne parurent. L'ambassadeur avait été lui-même prier celles-ci de venir, tandis qu'il avait envoyé inviter les princes par des gentilshommes de l'ambassade : les princes se formalisèrent et crurent

---

(1) *Description des festes données par la Ville de Paris à l'occasion du mariage de Madame Louise-Elisabeth de France et de don Philippe, Infant et grand amiral d'Espagne.* — Paris, Lemercier, 1740, gr. in-fol., nombreuses planches par Blondel.

devoir s'abstenir, ce qui était médiocrement convenable à l'occasion d'une fête donnée pour les filles du roi. On joua, puis il y eut cercle, souper et enfin feu d'artifice, dont le bouquet figurait le passage des Pyrénées ; un bal termina cette fête, mais Mesdames s'étaient retirées auparavant.
« Avant leur départ, M. de la Mina leur présenta quelques corbeilles de fruits, à genoux, et madame de la Mina donna la serviette à Madame Infante, aussi à genoux. M. de la Mina vouloit aussi présenter à genoux à Madame Henriette, mais madame de Tallard lui dit que ce n'étoit pas l'usage en France. En arrivant, M. de la Mina avoit baisé, à genoux, la main de Madame Infante, laquelle ne l'avoit point salué, et au haut de l'escalier, madame de la Mina avoit aussi baisé la main à Madame Infante, qui lui avoit fait l'honneur de la saluer. Madame de Tallard fit tout cet arrangement sur-le-champ en disant à Madame, en badinant, qu'elle arrivoit en terre espagnole, et qu'il falloit se conformer aux usages. A leur départ, Madame Infante salua et baisa madame de la Mina, laquelle lui baisa la main. Madame Henriette salua aussi madame de la Mina, qui voulut aussi lui baiser la main, mais Madame Henriette ne le voulut permettre (1). »

(1) *Journal du duc de Luynes*, t. III, p. 29.

Le lendemain, il y eut feu d'artifice et souper, offerts par la Ville de Paris. Toute la cour vint y assister (1). Le duc de Luynes constate que le trousseau et la corbeille furent splendides : le linge seul coûta plus de cent mille écus, ce qui fit que le cardinal de Fleury, très-opposé à ces dépenses véritablement exagérées, s'écria en le voyant : « Mais c'est apparemment pour marier toutes Mesdames ! » parole qui déplut fort au roi.

Le 31, Madame Infante vint dans la matinée chez ses parents. « La reine, dit le duc de Luynes, a été une demi-heure enfermée avec elle, et il s'est répandu bien des larmes de part et d'autre. Le roi est devenu pâle quand Madame Infante est entrée dans son cabinet : il y a eu encore beaucoup de pleurs. Les deux sœurs se sont embrassées en fondant en larmes, et ne se pou-

(1) Le feu fut tiré sur la rivière, mais plusieurs pièces manquèrent par la malignité des artificiers. Le prévôt des marchands pria le roi de lui permettre d'en faire incarcérer plusieurs et de les destituer de leur maîtrise. Louis XV hésita, mais finit par consentir. Madame Infante réclama vivement leur grâce, sans pouvoir l'obtenir de son père. — Le 27 août, suivant l'usage, le prévôt des marchands, avec tous les échevins de Paris, présenta à la princesse le présent ordinaire de la Ville : douze douzaines de flambeaux parfumés et douze douzaines de boîtes de dragées enfermées dans des mannes peintes, garnies de mousseline et de rubans bleus. (*Ibid.*, p. 35.)

voient quitter, disant : « C'est pour jamais ! » M. le Dauphin a pleuré beaucoup, et surtout lorsqu'il l'a embrassée dans le moment qu'elle a monté en carrosse. » Le roi descendit avec sa fille « le visage fort triste, » et s'assit près d'elle dans la voiture, avec mesdames de Tallard, d'Antin, de Tessé, de Muy.

Au Plessis-Piquet, où attendaient les voitures pour le voyage, le roi quitta sa fille, qui descendit avec lui : il l'embrassa à deux reprises, sans pouvoir prononcer une parole et sans pleurer ; « Madame Infante n'a pleuré qu'à la seconde fois, et dès que le roi fut parti, elle fondit en larmes, ce qui dura fort longtemps. » En quittant Versailles, le roi, suivant l'usage, avait dit au cocher : « A Madrid; » en se séparant de sa fille, il se contenta, quand elle fut remontée dans la voiture, de dire : « Marchez ! »

En rentrant, Louis XV n'alla point chez la reine, qui était avec Madame Henriette : il attendit que celle-ci remontât chez elle, ne voulant pas — assure le duc de Luynes — renouveler inutilement pour sa femme des scènes émouvantes : il la fit appeler alors dans son cabinet, l'embrassa et partit sans attendre davantage pour Rambouillet.

Il paraît que dans le trajet de Versailles au Plessis-Piquet, le roi ne cessa de donner à l'Infante les plus sages conseils au sujet de sa conduite politique : il lui recommanda de ne rien négliger pour plaire au roi d'Espagne, qu'elle séduirait facilement par son caractère doux et aimable; lui répétant que ce devait même être sa seule préoccupation; qu'elle ne devrait demander de longtemps aucune grâce, quelque minime qu'elle fût, à son beau-père ; qu'elle devait faire attention aux détails qu'elle aurait à donner sur Versailles. « Il lui parla enfin avec tant d'amitié et de tendresse, que tout ce qui étoit dans le carrosse fondoit en larmes. »

Le voyage de la princesse fut accompagné de fêtes dans toutes les villes où elle passa : les plus splendides furent celles de Bordeaux, où elles eurent pour théâtre la Gironde. Là remise officielle s'effectua dans une plaine voisine du passage de Roncevaux, au milieu de laquelle on avait fait construire, aux frais des gouvernements espagnol et français, une maison en bois, à cheval sur les frontières : à l'intérieur, il devait y avoir un fauteuil surmonté d'un dais; mais comme on ne put jamais se mettre d'accord sur la question de savoir s'il serait en France ou en Espagne, on ne le laissa point, et Madame Infante resta debout pendant toute la cérémonie qui dura près d'une heure. MM. de Tallard et de Solfarino, *mayordomo mayor* de Madame, se haranguèrent chacun dans leur langue, et échangèrent au nom des deux gouvernements des cadeaux pour les personnes présentes, tandis que la princesse, embrassant mesdames de Tallard, d'Antin et de Tessé, passait du côté espagnol. On signa ensuite l'acte de remise (1). La *camarera mayor* remit alors les premiers présents de l'Infant à la princesse, qui vint coucher à Roncevaux, où elle en reçut de beaucoup plus nombreux et plus riches. Le mariage fut définitivement célébré à Alcala, et la nouvelle en parvint à la cour seulement à la fin d'octobre. « Le roi d'Espagne, ajoute à ce propos M. de Luynes, paroît transporté de cette alliance et en a écrit au roi dans les termes les plus touchants. On dit que Madame réussit fort bien dans ce pays, et que l'on est extrêmement content de son maintien et de sa figure. »

L'Infante paraît en effet avoir, dès les premiers moments, suivi les conseils de son père, en s'appliquant à plaire à sa nouvelle famille et à suivre la politique de sa nouvelle patrie. Très-attachée à don Philippe, auquel elle plut beaucoup, elle chercha par tous les moyens, et avec une infati-

---

(1) Le roi donna pour ce voyage 75,000 livres à M. et à madame de Tallard, 16,000 à madame d'Antin, autant à madame de Tessé. Les premiers, en outre, eurent le carrosse dans lequel ils firent le voyage.

gable constance, à lui concilier la protection de Louis XV et à disposer son père à lui procurer, le cas échéant, une souveraineté en Italie. L'état de santé de Charles VI, dont on attendait chaque semaine la fin et qui n'avait point d'héritier mâle, enflammait toutes les ambitions et allait bientôt y donner une libre carrière. Quand cet événement arriva, le 20 octobre 1740, l'explosion ne se fit point attendre : on se prépara partout à la guerre. Les intrigues s'ourdirent sans retard à Versailles. Madame de Nesle essaya de rapprocher Louis XV du roi de Prusse, pendant que le maréchal de Belle-Isle décidait l'élection de l'Électeur de Bavière à l'empire ; mais le cardinal de Fleury, soutenu par toute la famille royale, l'emporta sur la maîtresse, et rattacha son royal amant à la maison d'Autriche. La mort rapide de madame de Nesle facilita le triomphe de la cause de Marie-Thérèse (septembre 1741). Le Dauphin se fit, ou plutôt se laissa faire le chef du parti austro-espagnol, autour duquel se rallièrent la reine, sa fille aînée et surtout le clergé.

L'Infante voulait une souveraineté en Italie, le Milanais par exemple, et elle comptait sur la reconnaissance des deux puissances alliées. Elle était alors dans toute sa beauté : grande, bien faite, caressante, assez habile, grâce aux deux années passées auprès de sa belle-mère à Madrid, elle avait su se concilier la préférence de son père; de plus, elle exerçait une grande action sur sa sœur Henriette, qui, en son absence, continuait son œuvre et savait plaider avec succès sa cause. A dater de ce moment, la politique du roi fut surtout celle de sa famille, et nous verrons dans un autre chapitre comment le reste du règne s'écoula en luttes, pas assez connues, entre les filles de Louis XV et ses maîtresses.

A la fin de l'année 1741, don Philippe partit pour l'Italie. Sa femme l'annonça à sa sœur Henriette en lui disant que « quelque affligée qu'elle fût, dans son état avancé de grossesse, de voir l'Infant s'éloigner, elle aimoit encore mieux qu'il fût parti que s'il avoit fait comme le duc de Lorraine, qui venoit de mettre beaucoup de temps à aller prendre le commandement de l'armée impériale. » Le duc de Luynes cite à ce propos encore une réponse de l'Infante à sa belle-mère, qui mérite de trouver place ici : « La reine d'Espagne lui demandoit si elle étoit bien affligée du départ de l'Infant don Philippe. Madame Infante lui répondit qu'elle en seroit très-affligée, mais cependant pas tant que la reine. La reine, surprise de cette réponse, lui en demanda l'explication. Madame lui répondit : — C'est que j'irai le trouver partout où il sera; mais que pour la reine, elle pourroit bien être longtemps sans le revoir. »

Le 31 décembre, l'Infante accoucha d'une fille, qui fut nommée Elisabeth-Louise-Marie-Antoinette, et que, dès les premiers jours, on destina à devenir la femme du futur empereur Joseph II, qui comptait alors à peine six mois lui-même (1). De Madrid, elle entretenait avec sa mère et avec son frère une correspondance excessivement active, dans laquelle elle rendait compte de tout ce qui se passait à la cour d'Espagne (2). Elle ne put cependant empêcher son père de laisser Charles VI négocier avec Marie-Thérèse, ni prévenir le traité signé entre celle-ci et le duc de Savoie, effrayé par nos menées en Italie au profit de l'Infante (19 septembre 1743). L'Infante se rejeta alors vers Maurepas, que le roi, très-embarrassé entre les intérêts de sa politique et ceux de sa famille, consulta, et qui s'empressa de présenter les premiers articles du fameux Pacte de famille. Plusieurs

---

(1) Le mariage eut effectivement lieu le 6 octobre 1760 ; l'impératrice mourut de la petite vérole le 27 septembre 1763, ne laissant qu'une fille morte en 1770.

(2) Nous donnerons ici cette lettre de l'Infante au Dauphin, avec lequel elle entretenait une active correspondance : nous en devons la communication à notre regretté et savant ami Alfred de Courtois.

« A Saint-Ildefonse, ce 25 septembre 1745.

« Vous ne pouvez pas vous plaindre de moi, mon cher frère, je vous ai écrit hier par un courrier de la cour, et

mois se passèrent dans ces stériles intrigues, et tout reprit une violence nouvelle, quand le roi parut écouter d'Argenson et ses projets de paix en s'appuyant sur des alliances anti-austro-espagnoles et en voulant constituer une Italie fédérative, mais strictement nationale. Dans cette combinaison, le Piémont devenait le centre de ce faisceau, et il s'agrandissait du Milanais : Venise avait un peu de la Lombardie, la Toscane redevenait république, Naples demeurait à un Infant, au prix du serment de ne plus être qu'Italien : l'Autriche était exclue de la Péninsule, et nous nous en

aujourdhuy par un de l'Évêque ; ma lettre ne sera pas fort longue, ayant assez de mal de tête ; il y a eu depuis hier trois orages et beaucoup de pluye : ce temps ne vaut rien pour les têtes, aussi la mienne est en fort mauvais point. Ma fille va un petit peu mieux ; nous attendons à tout moment la nouvelle que nos trouppes soient entrées dans Parme, nous sommes continuellement en gala ; je suis fort aise des motifs, mais bien ennuyée de parure, et de cloches : nous les avons trois jours à chaque nouvelle, et comme je suis sous le clocher, on ne s'entend pas chez moi tant qu'elles sonnent. Malgré l'ennuy qu'elles me donnent, je souhaite les entendre souvent encore avant que de sortir d'ici. Adieu, mon cher frère, je vais me coucher, tâcher de dormir, ce que je n'ai pas trop bien fait la nuit passée, à cause de ma fille ; j'espère qu'avec cela ma tête se raccommodera. Vous voyez quelle est mon exactitude : qu'il en soit de même de vous, je vous prie ; je vous embrasse de tout mon cœur. Mes excuses à madame la Dauphine ; je lui écrirai lundi sans faute. »

écartions généreusement nous-mêmes. Mais l'Infante n'entendait point de cette oreille : son mari occupait alors Milan et elle ne se souciait nullement de l'en voir sortir. Louis XV souffrait aussi de cette combinaison, quoique à ce moment il eût peu d'entraînement vers l'Espagne ; il était d'ailleurs un peu refroidi envers sa fille, qui intriguait trop ouvertement avec son frère, avec Noailles et avec Maurepas.

On s'étonnait alors de l'absence prolongée de don Philippe. « M. le maréchal de Belle-Isle, écrit le duc de Luynes, à la date du 12 décembre 1747, parla beaucoup hier à la reine de l'Infant don Philippe et de Madame Infante ; il n'est pas moins étonné que tout le monde l'est ici de ce que la cour d'Espagne, ayant autant d'intérêt qu'elle en a à avoir des garçons, laisse l'Infant et l'Infante aussi longtemps séparés. Il dit que l'Infant est très-affable pour tout le monde, et surtout pour les François, auxquels il marque beaucoup de bonté ; qu'il parle très-bien françois ; qu'on peut bien lui reprocher encore un peu d'enfance et surtout beaucoup de timidité, mais qu'il a de l'esprit et beaucoup de volonté de bien faire ; que quoiqu'il ait un grand éloignement pour le joug de M. de la Mina, il est cependant très-exactement soumis à sa volonté ; que c'est la décision de M. de la Mina qui a empêché l'Infant de se trouver aux occasions qui se sont présentées pendant cette guerre, et qui a donné occasion aux propos indiscrets qui ont été tenus sur sa valeur, mais qu'il n'y a rien à lui reprocher sur cet article ; qu'à l'égard de Madame Infante, l'Infant l'aime passionnément, et que les Espagnols lui en ont parlé comme étant tous remplis d'attachement et de respect pour elle. »

L'Infante cependant avait écouté, dit-on, les galanteries de l'évêque de Rennes, M. de Vauréal, ambassadeur de France à Madrid (1), et mécontenté Louis XV. Sans insister sur ce point qui paraît complétement invraisemblable, en rapprochant l'âge de la princesse de celui du prélat, il faut reconnaître qu'à ce moment Louis XV montra peu d'empressement pour sa fille. Au mois de décembre 1744, il avait répondu à d'Argenson, qui venait de prendre le portefeuille des affaires étran-

---

(1) « Il passe pour constant, écrit d'Argenson en mars 1749, que ce prélat a voulu conter fleurette à Madame, étant à Madrid : c'est un grand paillard et un étourdi. » Il paraît même que le roi d'Espagne s'en aperçut et s'en vengea cruellement, à en croire une chanson insérée dans la *Bibliothèque bibliophilo-facétieuse* des frères Gébéodé (t. III, p. 112).

D'Argenson nous raconte encore qu'au mois de septembre 1749, Vauréal voulut « surprendre » madame de la Rivière, attachée à Mesdames, « jolie et encore plus sage, laquelle a sonné ses gens, et cela a donné un grand ridicule à l'évêque-ambassadeur. »

gères et qui lui demandait s'il désirait réellement la paix, par un ultimatum dans lequel un article attribuait à l'Infant don Philippe une bien médiocre souveraineté composée du duché de Savoie et du comté de Nice.

Après la brillante campagne de 1745, quand les troupes occupèrent le centre de l'Italie, sous les ordres du comte de Maillebois, Louis XV, voulant traiter secrètement avec Charles-Emmanuel, lui fit proposer, par M. de Champeaux, des conditions très-modérées : « Au roi de Sardaigne, tout le Milanais qui est à la rive gauche du Pô, et à la droite jusqu'à la Scrivia. A l'Infant, toute la rive droite, depuis la Scrivia jusques et y compris l'Etat de Parme, le Crémonois (le fort de Gera d'Adda rasé) et la partie du Mantouan qui est entre l'Oglio et le Pô... » Le plan était entièrement émané du roi et il fut complétement approuvé par d'Argenson. La cour de Turin ne fit pas de difficultés, et les préliminaires furent acceptés le 17 février 1746. Mais il fallait décider l'Espagne à cet arrangement, car aux termes du traité de Fontainebleau, — signé le 25 octobre 1743 — la paix ne devait être conclue que si l'Infant avait tout le Milanais.

Quand la nouvelle s'en répandit à Paris, d'Argenson nous raconte que l'ambassadeur d'Espagne « se mit à hurler. » A Madrid, on se récria fortement, « on s'y couvrit la tête de cendres; » mais la cour résista, gémit, cria à la trahison, tandis qu'à Versailles, la reine et Mesdames multipliaient leurs efforts dans le même sens. Louis XV, résolu en dépit des plaintes particulières de l'Infante, à passer outre, et sachant M. de Vauréal, notre ambassadeur, incapable de faire face à la situation, envoya le duc de Noailles au delà des Pyrénées, en lui remettant une très-courte note dans laquelle il y avait pour l'Infante ces seuls mots : « A ma fille, tendresse, amitié (1). »

Mais cependant les choses s'envenimaient : le duc de Savoie pressait une conclusion; les Espagnols continuaient les hostilités, les Piémontais reprenaient les armes; ils attaquèrent même nos troupes dans Asti et se déclarèrent libres de tout engagement. Le duc de Noailles arriva donc à Madrid dans les pires conditions; Philippe V était maussade et aigri, la reine hostile et prévenue. « Il me revient, écrit Louis XV à Noailles, le 12 avril 1746, que la reine vous craint auprès du roi, et que l'on ne veut pas vous traiter si familièrement que l'évêque. Nous verrons ce

(1) Nous empruntons tous les détails relatifs à cet épisode au remarquable ouvrage de M. Boutaric : *Correspondance secrète inédite de Louis XV*, t. Ier, p. 33 et suivantes.

qui arrivera ; vous êtes bien instruit, et sage, je compte. Votre diligence me paraît embourbée ; tant pis pour vous, car j'espère me mettre en branle dans les premiers jours du mois prochain, pour être revenu pour les couches de ma belle-fille, et puis retourner si besoin est. (1) » Le duc de Noailles en arriva à ses fins et obtint de la cour de l'Escurial qu'elle se contenterait des termes du traité du 17 février 1746, en ce qui concernait les futurs États de l'Infant. En même temps le roi, à l'insu de M. de Noailles, suivant son habitude, faisait négocier secrètement auprès des États-Généraux, pour une combinaison nouvelle qui aurait attribué la Toscane à l'Infant : les Hollandais eussent préféré Parme, et Louis XV au fond trouvait ce plan plus raisonnable, ce qui ne l'empêchait de mander à son ministre : « Amusons-les et allons notre chemin. » Tout le monde cherchait à se tromper : on ne disoit mot à l'Espagne de cette négociation qui l'intéressait si vivement, mais Philippe V, qui en fut informé, adressa de vifs reproches à M. de Noailles, qui n'était pas mieux instruit : enfin le prince se désista, au nom de son fils, du Mantouan et de la Lombardie, que lui assignait le traité de Fon-

(1) *Correspondance de Louis XV et du maréchal de Noailles*, publiée par M. Camille Rousset, II, 199.

tainebleau, s'en remettant à Louis XV pour obtenir un équivalent en Italie (1).

La mort de Philippe V vint aggraver la situation de l'Infante, dont la belle-mère perdait dès lors tout pouvoir. Ferdinand VI se défiait beaucoup d'Elisabeth Farnèse et s'intéressait fort peu à son frère Philippe. L'Infante et la reine douairière essayèrent alors de reprendre pied à Versailles en mariant le Dauphin, veuf depuis quelques semaines, à la sœur de sa femme : elles voulurent être trop habiles en écrivant dans deux sens différents à la fois au roi et au Dauphin, à l'insu de Ferdinand. Un éclat ne se fit point attendre de ce côté, et, en France, Louis XV refusa obstinément de consentir à une union que le peuple considérait comme un inceste (2).

(1) *Correspondance inédite de Louis XV*, publiée par M. Boutaric.

(2) Cette même année il se produisit à ce propos, entre Louis XV et sa fille, un incident assez piquant, comme nous l'apprend M. Boutaric dans le livre que nous venons de citer.

Au mois d'août 1746, le duc de Beurnonville adressa une lettre au maréchal de Broglie, au sujet de plaintes faites par l'Infante sur le non-payement de sa dot. Le roi répondit le mois suivant au maréchal : « La lettre du duc de Beurnonville n'est pas bonne du tout : il faut tâcher d'y remédier. Je souhaite toutes sortes d'alliances avec l'Espagne et les désire ainsi que notre union parfaite ; mais je ne consentirois jamais à voir mon fils épouser les deux sœurs en légitime mariage surtout y ayant un témoin vivant de leur union.

Madame Henriette était là, heureusement pour sa sœur, et elle fit si bien que, s'emparant de la confiance du roi assez pour le refroidir notablement envers madame de Pompadour, elle ne contribua pas peu au renvoi de M. d'Argenson (février 1747), à la grande joie de l'Infante pour laquelle la chute de la « bête » était le signal certain d'un changement dans la politique extérieure. Mais elle se trompait : le pays voulait trop ardemment la paix, pour que le gouvernement ne fût pas obligé de la désirer lui-même, dès lors plus de royauté lombarde pour don Philippe, plus de couronne pour l'Infante ; tout leur échappait, même l'espoir de régner un jour à Naples, comme le traité de 1736 le leur promettait. Mais l'Infante était incapable de découragement ; elle connaissait à fond Ver-

A propos de ce témoin, comme il n'a plus rien à espérer ni prétendre à ma succession, il lui revient une dot que nous ne payons jamais en ligne directe. Si l'Espagne veut payer celle de ma fille, je tiendrai bon compte de celle-ci. Si l'Espagne veut payer la sienne, moi je payerai la mienne ; mais tant tenu, tant payé ; voilà ce que vous pouvez mander au duc de Beurnonville. A l'égard des arrérages, si nous en devons, l'on nous en doit : partant quitte. » En effet, la dot de l'Infante n'avait jamais été réglée et elle réclama quand Ferdinand VI retrancha une partie de la pension servie à son frère par Philippe V. Le duc de Noailles intervint et calma Louis XV qui, à quelques années de là, devait traiter sa fille avec une générosité exagérée.

sailles : elle avait vu sa sœur Henriette y conquérir une incontestable influence malgré sa nullité ; elle savait que l'obéissance et la complaisance plaisaient fort au roi. Elle prit peur de la puissance qui paraissait incomber à sa sœur, et, voulant essayer désormais d'agir par elle-même, elle accueillit ou feignit d'accueillir, dit-on, les bruits odieux qui circulaient dans la lie de la société sur le roi et sa fille Henriette. Voltaire avait fait sous la Régence une pièce hardie contre l'inceste Œdipe : il nous apprend lui-même qu'à cette époque, l'Infante le chargea de composer une *Sémiramis*, pièce qui fut écrite avec assez de vivacité et qu'on représenta le 29 août 1748. Madame de Pompadour crut faire merveille en décidant le roi à donner l'un des décors de cette tragédie pour avoir l'air de l'approuver et d'éloigner par conséquent toute allusion.

Se sentant presque expulsée hors de l'Espagne, n'ayant aucun apanage, pauvre, sans expérience, l'Infante se décida à tenter un grand coup par elle-même : elle sollicita au mois de septembre l'autorisation de venir à Versailles. Le roi l'accorda d'autant plus volontiers que déjà il avait donné satisfaction à sa fille en obtenant pour son mari, par le traité d'Aix-la-Chapelle, la souveraineté des duchés de Parme, de Plaisance et de Guastalla. La paix fut signée le 20 octobre. Louis XV, qui ne repoussait aucune occasion de se distraire et qui d'ailleurs n'avait pas vu l'Infante depuis près de dix ans, s'empressa de lui dépêcher douze gardes du corps avec deux officiers pour aller la chercher à la frontière avec sa fille. La princesse quitta Madrid le 26 novembre et mit dix-huit jours pour arriver à Bayonne : là elle trouva les deux exempts des gardes, MM. de Sesmaisons et de Breteuil, avec les carrosses de la cour et des chevaux de poste. La princesse avait une suite nombreuse : une dame d'honneur, la marquise de Lède, un chevalier d'honneur, le duc de Montellano, « vilain crapaud, fort malpropre » écrit d'Argenson, un secrétaire d'État, M. Carpentaro ; un confesseur, un médecin, quatre caméristes, un argentier, un garçon de la chambre et une fille de la garde-robe, plus les domestiques de ces officiers ; le roi avait envoyé un cuisinier et un écuyer d'écurie. Pendant ce temps l'Infant prenait rapidement le chemin de l'Italie en passant par le Dauphiné.

A la première nouvelle de l'autorisation de son voyage, l'Infante écrivit directement au roi ; c'est avec lui seul qu'elle concerta sa venue à Versailles. « Ni l'ambassadeur d'Espagne, ni le secrétaire d'État des affaires étrangères ne furent consultés, » à ce que nous apprend le duc de Luynes, qui ajoute que tout en montrant beaucoup d'affection pour sa mère, l'Infante affectait de traiter plus intimement son père, jusqu'à lui parler de ses incommodités, « au lieu de faire passer ces détails par la reine, qui ne l'apprit que par le roi. » Elle arriva à Villeroy, le 30 décembre dans l'après-midi. « On l'avoit coiffée à la française à Thoury, car elle y arriva avec un toupet de grands cheveux que l'on faisoit tenir avec un peigne recourbé. » Le roi l'accueillit avec de vives démonstrations. Elle trouva sa sœur à Choisy ; il paraît que Madame Henriette laissa voir une joie extrême ; quant au Dauphin « dans le premier moment il embrassa tout ce qu'il vit, même les caméristes. » La cour coucha à Choisy et ne quitta cette résidence qu'après dîner ; on arriva à Versailles à six heures. « La reine s'avança aussitôt dans son antichambre, et après des embrassades fort tendres, elle rentra dans sa chambre. » On trouva l'Infante « considérablement engraissée, » le teint bruni ; elle s'empressa de donner des témoignages d'affectueux souvenirs à ses anciennes sous-gouvernantes, mesdames de Muy et de la Lande. La famille royale se réunit ensuite chez la Dauphine, puis l'Infante se retira dans ses appartements où eurent lieu immédiatement toutes les présentations.

Cinq jours après arriva la petite infante Gabrielle avec madame de Gonzalès, sa gouvernante. « Le roi avoit grand empressement de la voir, et la reçut avec beaucoup d'amitié. A quatre heures il l'a menée chez la reine, qui alloit sortir pour vêpres ; l'entrevue s'est faite dans le salon de la reine. Au retour de la chapelle, la reine l'a envoyée chercher et l'a vue dans ses cabinets. Elle est bien faite ; on dit qu'elle est assez grande pour son âge ; elle a un beau teint, les yeux petits, mais un visage assez agréable. »

Ce voyage ne fut pas vu d'un œil favorable à Paris, et d'Argenson s'est fait volontiers l'écho de ces bruits ; mais il est bon de savoir que d'Argenson n'aimait pas l'Infante, toute dévouée contre lui au parti des Noailles. On savait que la princesse n'avait aucune fortune, et on craignait la trop facile générosité du roi. Les folles prodigalités faites au moment du mariage avaient indisposé l'opinion publique, et les préventions grossirent encore quand on vit comment Louis XV entendait traiter sa fille. Elle fut logée dans l'appartement de la comtesse de Toulouse, c'est-à-dire dans le plus envié de tout le palais, parce que, placé au-dessus de l'appartement du roi, il y communiquait par un escalier intérieur ; la petite Infante fut installée tout à côté. Le roi ordonna que sa fille et sa suite seraient entièrement défrayées à ses frais ; il fit en outre renouveler toute sa garde-robe, qui était dans le plus misérable état, et il lui concéda, le 11 février, une pension de 200,000 livres. L'Infante mena dès lors grand train. Elle dînait toujours avec ses sœurs, dont trois dames étaient détachées chaque semaine pour faire le service de l'Infante. Mais elle commença par se tenir en dehors des usages de la cour de Versailles, retournant à ses appartements dès que le jeu s'ouvrait chez la reine et recevant volontiers ceux qui venaient lui faire leur cour. Cette réserve lui était sans doute dictée par la nécessité, car, dès que le roi la mit en état de le faire, on la voit jouer; un soir elle gagna à Marly, nous dit d'Argenson, deux mille louis.

Mais l'Infante songeait souvent au côté sérieux de son voyage. L'une des grandes difficultés de sa situation était le défaut d'argent; nous avons vu qu'elle en avait déjà triomphé. Un autre embarras plus grave provenait de la résistance faite par l'impératrice à se dessaisir de quelques portions des nouveaux États de l'infant don Philippe, notamment la place de Sabionnetta et de Pozzuolo. Les Autrichiens ne cédaient aux conséquences des traités qu'avec une excessive mauvaise grâce, et l'arrivée de l'Infant avait dû être retardée à cause de l'état de dégradation de son palais, dont on avait enlevé jusqu'aux marches du grand escalier de marbre. La princesse s'appliquait beaucoup à ses affaires; elle savait attirer souvent chez elle le roi, qui y descendait par le petit escalier. On remarqua que pendant ce temps madame de Pompadour fut assez abandonnée. Une fois même, le roi fit venir chez sa fille M. de Puisieux, secrétaire d'État des affaires étrangères, et M. de Luynes, qui nous l'apprend, ajoute « qu'elle est fort instruite de tout ce qui touche la cour d'Espagne. » Elle regrettait la médiocre situation de ses sœurs et elle ne put s'empêcher de leur dire, moitié en riant, moitié sérieusement, après leur avoir fait promettre qu'elles ne se fâcheraient pas, qu'elles lui paraissaient tout aussi enfants que quand elle était partie.

Venue pour quinze jours, disait-on, l'Infante passa dix mois en France; elle demeura pendant ce temps dans la plus grande intimité avec ses sœurs, paraissant partout avec elles, et toujours traitée comme elles. Dès le mois d'avril on commença à s'étonner à la cour de la prolongation de ce séjour. L'Infant était depuis un mois enfin dans ses États, mais il y trouva tout dans un tel désordre, qu'il dut demander pour l'Infante la permission de ne pas quitter Versailles. Les ressources lui manquaient : en Espagne il touchait 400,000 livres comme grand amiral, 600,000 livres de pension, 350,000 livres pour ses commanderies ; sa femme recevait 99,000 écus par an pour elle et sa fille. Mais après leur départ on lui retrancha tout, à l'exception du revenu des commanderies, comptant sur l'intervention de la France. Le roi Ferdinand aimait peu son frère, nous l'avons dit, la reine le détestait, et elle gouvernait absolument son mari.

« L'on dit aujourd'hui, écrit d'Argenson le 30 mars, que Madame Infante va rester longtemps ici et peut-être des années : la raison est que le palais de Parme manque de tout, qu'il n'y a ni meubles, ni même d'escaliers, qu'il y a pour longtemps à travailler : heureux prétexte de l'amour paternel pour garder ici cette Infante qui est fort chérie, et pour la séparer d'avec son mari qu'elle n'aime point. Le roi n'aime guère non plus son gendre, à cause qu'il ne s'est pas montré valeureux à la guerre d'Italie. Cependant, que doit dire la conscience à ce divorce entre mari et femme qui dure depuis sept à huit années, pendant lesquelles l'Infant prend de mauvaises habitudes? Et la plus grande raison humaine est que, pendant ce temps-là, on perd l'âge de fécondité de Madame Infante pour donner des mâles à la maison d'Espagne. »

Ce fut seulement au mois d'août que l'on commença à parler du départ de la duchesse de Parme : elle accompagna encore la cour à Fontainebleau et quitta son père le 6 octobre. La séparation fut très-cruelle. « Madame Infante, écrit le duc de Luynes, partit à une heure et demie après-midi ; la veille, Madame Henriette s'étoit évanouie plusieurs fois de chagrin. Le roi ne voulut point souper au grand couvert dimanche, à cause de la grande affliction de M. le Dauphin et de Mesdames, et de la sienne à lui-même. Un matin M. le Dauphin, voyant la douleur de Madame Infante, l'exhortoit à supporter cette séparation avec courage. Il ne sentoit point dans le moment combien il en avoit besoin lui-même ; mais quand il lui donna la main pour monter dans le carrosse, sa douleur fut si vive que ce n'étoient pas seulement des larmes, mais des cris capables de toucher les plus indifférents. Mesdames étoient restées dans leur chambre, et Madame étoit si saisie qu'on pouvoit avoir de l'inquiétude sur son état. »

L'Infante avait fait beaucoup de cadeaux en partant, tous, bien entendu, aux frais du roi : des bracelets avec son portrait entouré de diamants à mesdames de Duras, d'Estrades et à toutes les dames de ses sœurs, des montres ou autres bijoux en or à tous les officiers de la chambre du roi ; une croix de Malte à M. de Breteuil, qui allait encore l'accompagner ; des boucles d'oreilles de diamants à madame de Sesmaisons.

« On a peine à comprendre que vingt et une ou vingt-deux personnes à la suite de Madame Infante aient besoin d'un aussi grand nombre de voitures, » dit le duc de Luynes. En effet, la princesse était suivie par huit carrosses, vingt chaises de poste et neuf fourgons ; mais aussi elle emportait un mobilier complet et une foule d'objets donnés par le roi. D'Argenson évalue à 1,200,000 livres la dépense causée par ce voyage ; il ajoute qu'elle fut fort regrettée du roi et indifférente au public. L'Infante emmenait avec elle le comte de Narbonne, colonel du régiment Soissonnais, et sa femme, fille de M. de Chalus, dame de la comtesse de Toulouse, qui prirent l'un et l'autre le parti de s'attacher à elle. Le roi avait fait faire le portrait de sa fille avec la petite Infante par Nattier.

D'Argenson résume ainsi l'impression produite par le séjour de l'Infante à la cour : « Je n'ai point vu de princesse qui eût plus d'envie de jouer un rôle et de devenir habile ; elle s'occupoit beaucoup et au sérieux ; elle s'amusoit peu ici aux concerts, ni au cercle de la Reine ; elle y tiroit sa révérence et alloit s'enfermer dans son cabinet, de trois à quatre heures, à écrire, à envoyer chercher les ministres et surtout M. de Puisieux ; elle suivoit ici le roi comme le plus ardent courtisan ; elle avoit avec le roi son père des conversations de longueur ; elle se pique de l'aimer beaucoup et lui l'aime encore davantage, reconnoissant en elle le seul de ses enfants qui montre de l'esprit, quoique les autres puissent en avoir suffisamment, mais sans le montrer (1).

« Aussi elle a gagné beaucoup auprès du roi pendant ce séjour en France. L'affection est montée au point de tout faire pour la rendre plus heureuse et mieux mariée qu'elle ne se trouve aujourd'hui. On nous assure que si jamais nous avons la guerre, ce sera pour augmenter son établissement en Italie. Du moins on lui enverra de l'argent en présent et en subside ; le roi sait que l'Infant est un mauvais sujet et de nulle capacité : au reste, ce séjour de Madame à une aussi belle et grande cour que celle-ci l'aura rendue beaucoup plus malheureuse à la petite où elle est allée résider. »

L'Infante gagna directement le port d'Antibes, où une escadre commandée par le chevalier de Crenay l'attendait, et la conduisit à San-Remo, près de Gênes. L'Infant était venu au-devant de sa femme. Ils se rendirent de là à Parme, où elle trouva le palais convenablement restauré et sa maison organisée : madame de Léde était grande maîtresse; M. de Saint-Vidal était chevalier d'honneur, sa femme, dame du palais, avec madame de Narbonne et six autres dames italiennes. Elle garda pendant quelque temps M. de Crenay auprès

(1) Ailleurs d'Argenson la qualifie très-peu respectueusement de « bête et méchante. »

d'elle. La petite cour fut promptement organisée sur un bon pied, le nouveau duc étant parvenu à affermer pour deux millions par an le revenu de ses États. Il y avait opéra tous les jours, sauf le vendredi, réservé au jeu, notamment au cavagnole comme à Versailles, au quadrille et à la comète. « Le jour de l'arrivée de Madame Infante, à Parme, écrit le duc de Luynes d'après le récit de M. de Crenay, il vint plus de trente carrosses à six chevaux au-devant d'elle, et il se trouva beaucoup d'autres carrosses à la porte de son palais. Les femmes n'y sont pas jolies ; Madame Infante mande elle-même qu'elle est la plus maigre, la plus belle et la mieux coiffée des dames de sa cour. L'Infant a une confiance entière en elle et ne fait rien sans la consulter. D'ailleurs, il paraît s'occuper beaucoup de ses affaires. » A quelques mois de là l'Infant écrivit à madame de Luynes une lettre qui témoigne de sa tranquillité au milieu de sa petite cour :

« J'ai reçu votre lettre avec grand plaisir, madame ; je suis très-aise que ma sœur vous ait encouragée à m'écrire et me flatte que vous n'en aurez plus besoin dorénavant pour me donner de vos nouvelles. L'estime et l'amitié que j'ai pour vous, dont vous devez être persuadée, peuvent vous être garants du plaisir que j'aurai toujours d'en recevoir. Je vous prie, madame, de parler souvent à la reine de mon attachement pour elle ; il est sans bornes et inviolable, et il n'y a pas de jours où je ne parle d'elle longtemps. Pour y penser, il est peu de moments où je n'en sois occupé. Le portrait que j'ai d'elle fait ma consolation : elle est petite, quand on aime si tendrement ; mais excepté les lettres, il n'y en a point de plus grande dans l'absence. L'Infante me charge de vous faire ses compliments. Je lui ai parlé de vous plus d'une fois et de Dampierre. Je suis persuadé qu'il le trouverait charmant et qu'il serait charmé d'avoir une maison de campagne de même, car il a fort bon goût. Je vous prie de faire mes compliments à M. de Luynes et à M. de Bayeux ; je me flatte qu'il ne m'oublie pas dans son *memento* ; n'oubliez pas non plus M. de Dunois et mademoiselle de Chevreuse. Nous sommes accablés de neige depuis plusieurs jours : elle a recommencé aujourd'hui avec de la pluie. Aussi j'espère que celle-ci fera fondre celle qui restait encore sur la terre. Je ne crois pas qu'il fasse aussi froid à Paris qu'il en a fait ces jours passés ici, d'autant plus que cet air-ci est d'une vivacité qui le rend encore plus sensible. Je vous prie aussi de faire les compliments de l'Infante à M. de Bayeux, et de le prier de sa part de l'ajouter dans sa liste où j'ai écrit la jumelle. Colorno pourroit devenir très-joli avec une personne de votre goût ; il y a peu de réparations à y faire pour y habiter, mais beaucoup pour le rendre comme il pourroit être. Adieu, madame, souvenez-vous toujours de moi, soyez sûre de mon amitié et que je ne saurois vous oublier. Je vous embrasse de tout mon cœur (16 janvier 1750). »

L'année suivante, l'Infante accoucha d'un fils, (20 janvier 1751), et un mois après elle écrivait à madame de Luynes : « Je souhaite bien vivement que madame la Dauphine suive mon exemple et qu'elle vous donne un duc de Bourgogne aussi fort que mon fils. » Le duc de Parme, toujours trop enfant, comme le constate sans cesse le duc de Luynes, était, quoi qu'en ait dit d'Argenson, très-prévenant pour l'Infante : poli, attentif, parlant toujours français, bon musicien, passionné même pour cet art, — puisqu'afin d'avoir le temps de jouer de la viole, il se levait souvent à quatre heures du matin — ; chasseur modéré, il aimait tendrement sa femme. Il mangeait toujours seul avec elle : après le souper, il descendait chez madame de Lède (1) pour jouer avec six ou huit intimes un jeu très-modéré, tandis que l'In-

(1) D'Argenson raconte, en janvier 1751, que la marquise de Lède empoisonna avec une tasse de café le marquis de Maulevrier, notre ministre à Parme, qui avait eu le tort de se plaindre officiellement de ce que cette dame, gouvernant tout, pillait et s'enrichissait dans cette cour.

fante, qui avait repris les cartes en aversion, se promenait dans ses jardins. La mort de Madame Henriette affecta profondément l'Infante, qui sentait elle-même les atteintes de la maladie à laquelle sa sœur avait succombé : c'était, il faut ici aborder bravement l'expression, une espèce de gale, comme dit le duc de Luynes. Il est certain que Madame eut l'imprudence d'employer les pommades dont se servait l'Infante pour combattre les progrès apparents de ce mal, et que ce remède empirique provoqua une répercussion qui augmenta cette affection. L'Infante profita de cet événement pour solliciter la permission de revenir à Versailles. Elle écrivit dès le mois de mars 1752 afin de demander à venir faire ses couches en France, à y vivre et y pouvoir mourir pour être enterrée auprès de sa sœur chérie. Le roi en parut fort touché, à ce qu'assure M. d'Argenson, en ajoutant : « Mais cela coûtera cher. » L'Infante venait cette fois avec l'intention de ne plus retourner à Parme : elle voulait être entretenue sur le pied d'une Fille de France, avec la comtesse d'Estrades comme dame d'honneur; son mari devait venir de temps en temps la voir. « Les ennemis de madame de Pompadour, dit encore d'Argenson, y voyoient sa chute. » Son séjour à Parme était devenu, après de brillants débuts, des plus pénibles, à ce qu'il paraît :

elle manquait de tout par l'imprévoyance de l'Infant « magnifique et misérable, ne sachant rien » et dévorant inutilement ses revenus. Louis XV était contraint de venir souvent de sa bourse au secours de sa fille aînée, et dans le public, on affirmait que, présente, elle ne coûterait pas davantage à la France qu'absente : la petite Infante devait être envoyée à Madrid.

Le voyage n'eut pas cependant lieu immédiatement : les cours de Versailles et de Madrid firent attendre leur consentement, et la duchesse de Parme ne put se mettre en route qu'au mois de septembre 1752. « Peut-être ne fit-on pas alors toutes les observations que ce voyage pouvoit mériter, » écrit prudemment le duc de Luynes, mais comme Louis XV avait promis à sa fille de la laisser revenir si elle avait un fils, il ne voulut pas manquer à sa parole, et il lui fit même savoir que si elle ne restait que six mois, ce ne serait qu'une « visite, mais que si elle restoit un an en France, « ce seroit alors un voyage. » Le roi de Pologne alla voir sa petite-fille à Montargis, et Louis XV avec Madame vint la chercher jusqu'à Bouron. « La scène a été toute des plus touchantes. Madame Infante s'est jetée dans les bras du roi et y est demeurée longtemps fondant en larmes. Le roi s'est attendri beaucoup; de là elle a passé dans ceux de Madame Adélaïde, avec les mêmes transports de joie et d'attendrissement, ce qui a été fort long, et enfin on est remonté en carrosse et revenu très-doucement : il étoit près de sept heures quand on est arrivé. Le roi a conduit Madame Infante chez la reine, qui s'est avancée à la porte de sa chambre pour les recevoir. Les embrassements, les pleurs, la joie et tous les différents mouvements de tendresse de part et d'autre ne se peuvent exprimer. Madame Infante s'est même trouvée mal. Cette visite a duré environ une demi-heure, ensuite de quoi Madame Infante et toutes Mesdames sont passées chez le roi ; de là chez Madame Adélaïde, et elles soupèrent toutes chez le roi. » (26 septembre 1752.)

La duchesse de Parme avait cette fois une suite beaucoup moins nombreuse : elle logea dans l'appartement de Madame Adélaïde et reprit la vie qu'elle avait menée au voyage précédent, c'est-à-dire vivant constamment avec ses sœurs et sur le même pied absolument qu'elles. Elle cherchait à s'appuyer sur sa sœur Adélaïde, alors toute-puissante auprès du roi. Mais il ne semble pas qu'elle ait rien obtenu. Son séjour cependant se prolongea jusqu'à la fin du mois de septembre 1753 : il avait dû être infiniment plus court. « Madame Infante, dit d'Argenson (1), s'en va le 7 mai à

---

(1) Tome VII, 459.

son duché de Parme, bien contristée par le désespoir de ne plus revoir son père et sa patrie. Elle n'a que des talents contraires à l'économie, or son époux est encore plus imbécile qu'elle. Dans un état aussi médiocre, ils ne savent pas aller quatre mois avec leurs revenus : elle n'a aucun goût pour la table, la musique ni le jeu : elle s'ennuie de tout comme on est dans le reste de sa famille. Elle ne tire des plaisirs que de son cœur, aimant son père et sa famille et ceux qui l'approchent. » Au dernier moment elle obtint d'être du prochain voyage de Marly, puis elle arracha encore un répit : il fallut pourtant se résigner à quitter Versailles le 28 septembre. « La veille, la reine s'enferma et ne joua point, tout étoit ici dans l'affliction ; cette affliction redoubla au moment du départ ; les embrassements de M. le Dauphin et de Madame Infante furent les plus vifs et les plus tendres. » Les trois dames qui l'accompagnaient, les comtesses de Noailles, de Crussol et de Narbonne, étaient toutes excessivement affligées de quitter leurs mères et augmentaient encore la tristesse du voyage. La princesse s'embarqua à Antibes avec sa suite sur les galères du roi et alla débarquer à Gênes, des courriers étaient échelonnés sur toute la route, pour apporter de fréquentes nouvelles de l'Infante à Versailles : elle emmenait avec elle quatorze carrosses, chaises et fourgons. « Il est à souhaiter qu'elle ne revienne jamais », écrit d'Argenson en manière de conclusion.

Une nouvelle combinaison s'offrit pour satisfaire l'ambition de l'Infante, et notre gouvernement eut l'imprudence de se laisser prendre au leurre dont l'Autriche le berça fort adroitement. L'Autriche, voulant entraîner la France dans la guerre qui fut la guerre de Sept ans, cherchait à faire les plus séduisantes promesses : elle offrit de laisser constituer les Pays-Bas en royaume pour le duc de Parme. Madame de Pompadour approuvait cette idée qui enivrait l'Infant. Bernis était l'agent de cette négociation qu'on n'aurait jamais dû prendre au sérieux. La favorite se prêtait volontiers à ce projet, parce qu'elle avait su s'y faire attribuer le rôle d'intermédiaire et que par ce moyen elle était entrée en rapport avec l'Impératrice. Une réunion préparatoire eut lieu, le 22 septembre 1755, dans la petite maison appelée Taudis par Louis XV, et Babiole, par madame de Pompadour, située en bas de Bellevue : Stahrenberg, Bernis et la marquise y traitèrent la question de la souveraineté des Pays-Bas et du futur mariage de la petite Infante avec le jeune Joseph II. Bernis trouva les propositions si belles qu'il devina quelque piège derrière et il obtint que le conseil des ministres serait consulté. Le beau rêve s'évanouit comme la fumée pour l'Infante, mais l'Autriche réussit dans ses désirs : elle entraîna le gouvernement de Louis XV, malgré Bernis que cette grande guerre effrayait avec raison, malgré tout ce qu'il y avait d'hommes sensés à Versailles.

La duchesse de Parme, profondément découragée cette fois, demeura assez longtemps dans ses États sans faire parler d'elle en France, cherchant à vivre dans sa petite capitale aussi agréablement que possible et se plaisant à retrouver auprès de M. et de madame de Narbonne des souvenirs de Versailles. L'Infant avait pour premier ministre un ancien fonctionnaire espagnol, M. du Tillet, marquis Felino, qui dirigeait absolument tout dans les duchés, quoiqu'il y eût aussi un conseil d'État auquel l'Infant et l'Infante assistaient régulièremnt. « Il arrive quelquefois, dit le duc de Luynes, que dans un travail particulier avec l'Infant et l'Infante, il fait changer tout ce qui a été résolu dans ledit conseil. » Les dépenses étaient toujours excessives et les rapports avec l'Espagne se tendaient de plus en plus par suite de la résistance du prince à réduire ces prodigalités, bien que son frère lui offrît à ce prix de payer ses dettes. Les impôts furent augmentés et on introduisit le système des fermes. L'Infante voulut avoir un théâtre français « qui coûte prodigieusement cher » :

ni elle, ni son époux « ne s'en amusaient », mais ce luxe leur plaisait. L'Infant recherchait volontiers les distractions et en tout il se confiait entièrement à sa femme : il faisait élever avec un grand soin son fils (1), auquel il donna pour gouverneur un officier français très-intelligent, qui venait d'accompagner le comte de Gisors dans tous ses voyages, le chevalier de Kéralio (2).

Mais Parme ne suffisait point aux aspirations de l'Infante, qui avait successivement rêvé Milan, les Pays-Bas, la Pologne, les Deux-Siciles et n'avait en résumé qu'une petite principauté, comptant quelques milliers d'habitants. La mort de la reine d'Espagne sans laisser de postérité et l'état

---

(1) Ferdinand succéda à son père le 18 juillet 1765 et échangea ses États en 1800 et 1801, contre la Toscane érigée en royaume d'Etrurie pour son fils Louis, qui ne vécut qu'un an. Son fils, Charles Louis, fut dépossédé, en 1808, de sa couronne et redevint souverain le 13 mars 1824, comme duc de Lucques, après sa mère, l'Infante Marie-Louise ; il échangea Lucques contre Parme, le 17 décembre 1847, après la mort de l'Impératrice Marie-Louise et abdiqua le 14 mars 1849, en faveur de son fils Charles III, gendre du duc de Berry. Le duc Robert, son fils, a été expulsé de ses États par les événements de 1859.

(2) C'est pendant cette période que le chevalier de Crussol, notre ministre à Parme, devint amoureux de l'Infante et en perdit la raison ; d'Argenson ajoute que son cousin le duc d'Aiguillon alla le chercher et qu'il fallut l'enfermer.

désespéré du roi Ferdinand décidèrent l'Infante à concevoir un grand dessein. Elle ne rêvait rien moins qu'à décider ce prince mourant à adopter son frère Philippe au lieu de son frère Charles, qu'il n'aimait pas et que les Jésuites détestaient, à cause de son attitude envers eux à Naples. Charles était bien l'héritier légitime du trône d'Espagne, mais l'Infante comptait sur l'influence de la cour de France et sur ses intrigues qui devaient faire déclarer la naissance de Charles comme causée par une criminelle violence d'Albéroni(1). La tentative était hasardeuse et il aurait fallu à l'Infante le concours complétement actif de son père.

Madame Infante était à Versailles, quand elle imagina ces beaux projets : elle arriva à Choisy le 2 septembre 1757 et vit le roi Stanislas qui n'attendait qu'elle pour repartir pour la Lorraine : « On l'a trouvée en bonne santé, dit le duc de Luynes, et même engraissée ». Cette fois elle amenait une suite brillante : la princesse Trivulce,

---

(1) M. Michelet adopte complétement ce système et admet une lettre de Ricci, général de la compagnie, à Choiseul en ce sens, en invoquant le témoignage de M. de Saint-Priest : mais l'honorable auteur de la *Chute des Jésuites*, en relatant ce fait, le révoque complétement en doute, contrairement à ce qu'avance M. Michelet. *Voyez* Saint-Priest, page 58.

sa dame d'honneur, mesdames de Narbonne et de Malespina et M. de Saint-Vital ; son séjour se prolongea indéfiniment, l'Infante étant entrée très-ardemment dans le parti de ses sœurs en faveur des Jésuites. Elle avait pris pour conseil l'abbé de Bernis, alors à la tête des affaires, mais celui-ci succomba sous le poids du traité d'alliance qu'il fit conclure avec l'Autriche et il se retira, laissant la première place à Choiseul (14 novembre 1758) et se réservant seulement de continuer ses services à l'Infante dans la question espagnole. Mais devenu chef du cabinet, le duc de Choiseul ne pouvait laisser auprès de lui Bernis, qui, au fond, voulait rester mêlé aux affaires pour obtenir dans sa chute ce qu'il appelait plaisamment « un excellent parachute », c'est-à-dire le chapeau de cardinal. Il paraît que pour précipiter son renvoi définitif on ourdit une intrigue odieusement habile. L'abbé voyait quotidiennement l'Infante, qui avait une confiance entière en lui : on parvint à incriminer ces assiduités, on interpréta méchamment un mot insignifiant de la princesse. On prétendit qu'étant couchée, après souper, et voyant Bernis entrer, elle lui aurait dit : « Mettez-vous là »(1), ce qui n'avait évidemment aucun sens répréhensible, si l'on songe que toutes les

---

(1) Barbier, VII, 110.

portes étaient ouvertes; mais cela suffit, adroitement présenté, pour contrarier le roi qui avait depuis quelque temps entendu plus d'un bruit fâcheux courir sur ses filles. Louis XV donna le chapeau à Bernis (30 novembre) parce qu'il l'avait promis, mais, raconte madame du Hausset, « comme on jette un os à un chien » et sans le retenir dans sa résolution de se retirer à son abbaye de Vic-sur-Aisne (13 décembre). Puis il écrivit à sa fille qu'elle devait être contente de « la satisfaction » qu'il lui donnait en exilant Bernis, laissant ainsi au public à comprendre s'il voulait se moquer de l'Infante, ou lui infliger un blâme cruellement dissimulé. Je pencherai plus volontiers pour cette dernière version à cause de l'abandon dans lequel fut désormais délaissée la duchesse de Parme. Personne ne pensa plus à elle; l'Autriche profita de tout dans le traité : ni le roi, ni Choiseul ne songèrent aux promesses qui lui avaient été faites, encore moins à ses intrigues contre l'Infant Charles, qui devint tranquillement roi d'Espagne et se vengea seulement en expulsant plus tard les Jésuites.

L'Infante était malade quand ces complications éclatèrent, nous avons dit qu'elle était atteinte d'une tumeur galeuse, comme sa sœur Henriette. Le chagrin, l'humiliation bouleversèrent sa santé, et quand la petite vérole l'atteignit, le mal la trouva sans force pour résister : elle fut emportée en huit jours (6 décembre 1759). Comme cela devait arriver pour son père, la décomposition précéda la mort ; la cour fut terrifiée par la crainte de ces émanations pestilentielles ; à peine la princesse eut-elle rendu le dernier soupir, que le roi partit au galop de ses chevaux, pour Marly. « Ce fut une déroute », comme l'affirme l'avocat Barbier : il paraît que les capucins qui s'étaient offerts pour rester auprès de la morte ne purent résister, et le pauvre corps dut être enlevé le soir, sans pompe, et emmené à Saint-Denis. On remarquera que dans tous ces événements l'Infant ne parut point. Il vivait tranquillement à Parme, ne s'occupant plus des affaires politiques et cherchant seulement à tirer le plus agréable parti de la petite souveraineté dont il lui fallait se contenter définitivement. Il mourut de la même maladie que sa femme, le 17 juillet 1765 (1), à Alexandrie, en Piémont. Il laissa un fils qui

---

(1) Louis XV demeura en bons termes avec son gendre, comme on en jugera par cette lettre qui a passé, en 1868, dans l'une des ventes faites par M. Charavay :

« Mon frère, cousin et gendre, je suis très-sensible aux sentiments que vous me faites passer du Duc et de la Duchesse de Savoie.... Après tous les vents que nous avons eus, nous sommes en plein été; avant-hier il faisoit à la chasse un soleil brûlant, cela ne m'empêcha pas de faire une très-belle chasse, mais dans très-vilain païs; aujourd'hui il fait une petite pluie douce qui me fera faire une assez belle chasse, j'espère dans le mesme lieu, parce qu'il

lui succéda et deux filles : Isabelle, mariée à l'empereur Joseph II, et Marie-Thérèse, femme de Charles IV, roi d'Espagne.

y a de très-gros cerfs, ce qui est nécessaire dans cette saison, et fort peu de biches. Celui-ci est charmant dans le printemps, mais je ne puis y venir aussi souvent que je le voudrois. Ma première lettre sera de Marly où il y aura bien des batailles de jeu...

« Louis.

« Bellevue, 19 avril 1765. »

CHAPITRE VIII

FIN DU RÈGNE DE LOUIS XV

1764-1774

Mort de madame de Pompadour. — Maladresse de Mesdames qui ne savent pas ramener le roi. — Portraits des quatre princesses à cette époque. — La dépravation du roi l'emporte. — La coterie de la cour cherche une maîtresse pour contrebalancer l'influence de Mesdames. — Mort de la reine. — Madame du Barry. — Sa présentation. — Madame Campan, lectrice de Mesdames. — Surnoms donnés par le roi à ses filles. — Beaumarchais et Mesdames. — Sa faveur, sa disgrâce. — Madame Louise depuis sa rentrée à la cour. — Sa dévotion. — Détails. — Elle entre au Carmel. — Madame Adélaïde et le contrôleur-général de Laverdy. — La *Partie de Chasse* de Collé. — Une journée à Chilly-Mazarin. — Mariage du Dauphin. — Arrivée de Marie-Antoinette. — Aversion de Madame Adélaïde contre l'Autriche. — Mauvais accueil. — Madame Victoire traite bien le dauphin. — Puis elle cède aux instances de sa sœur. — Lettres de Marie-Antoinette. — Madame Élisabeth. — Madame de Marsan. — Intérieur de la cour. — Maladie du roi. — Dévouement de ses filles. — Sa mort.

Après la mort de madame de Pompadour, arrivée le 15 avril 1764, Mesdames auraient dû essayer de ramener le roi à une conduite régulière en sachant l'entourer et lui créer un intérieur. Madame Henriette seule serait peut-être parvenue à ce but; douée d'un grand tact, exerçant une véritable influence sur son père, elle aurait trouvé moyen de lui procurer des amusements, elle lui aurait fait aimer la vie de famille, l'aurait suivi dans ses voyages et aurait fait les honneurs des petits soupers qu'il aimait à donner dans ses cabinets. Ses sœurs au contraire vivaient entièrement séparées du roi, aimant peu le mouvement, ne recherchant nullement les distractions et se contentant d'une existence dont la monotonie était comparable à celle d'un couvent. A cette époque Madame avait déjà des allures trop brusques, trop masculines pour plaire au roi; énergique et volontaire, s'occupant beaucoup de politique, elle effrayait Louis XV, qui ne redoutait rien davantage que l'intimité des personnes avec lesquelles contrastaient trop sa faiblesse et son indécision. Elle avait de l'esprit, mais aucune aménité, et à mesure qu'elle avançait en âge, elle devenait plus vaine et plus impérieuse. Madame Campan raconte à ce propos qu'un jour un des chapelains de la princesse ayant prononcé le *Dominus vobiscum* d'un ton qu'elle trouva trop cavalier, elle l'apostropha rudement après la messe en lui disant de se souvenir qu'il n'était pas évêque et de penser à ne plus officier en prélat. Elle passait ses soirées chez la comtesse de Narbonne, qui, depuis la mort de Madame Infante à laquelle elle était attachée, avait remplacé la duchesse de Beauvilliers, comme dame d'honneur de Madame.

Madame Louise était déjà toute à la dévotion ; elle vivait très-retirée, se faisant faire la lecture pendant cinq heures par jour, et s'excusant sur la nécessité d'achever un cours d'histoire et de littérature qu'elle s'était prescrit.

Madame Victoire, belle et gracieuse, « dont l'accueil, le sourire et le regard étaient parfaitement d'accord avec la bonté de son âme, » était trop timide pour former autour d'elle un cercle capable d'amuser le roi ; elle aimait extrêmement la marquise de Durfort (1), sa dame d'honneur ; elle

---

(1) Nous donnerons ici une lettre de la princesse à madame de Civrac, datée du 31 juillet 1770 : cette lettre a passé dans une vente de M. Charavay, en 1867.

« Je suis très-fachée, madame, d'avoir été si longtemps depuis votre départ sans vous écrire, mais j'ay esté malade : la fièvre tierce qui m'avoit quittée m'a reprise et m'a fort tourmentée. Vous me feriez la plus grande injustice de croire que mon amitié fût diminuée ; j'espère que vous ne le pensez pas et que vous me rendez plus de justice. Je me suis souvent informée de vos nouvelles à madame de Durfort ; elle m'a assurée que votre santé estoit bonne ; ce qui m'a fait grand plaisir. Elle a eu de l'inquiétude de M. de Durfort, mais il est aussi bien qu'il peut estre de son opération. Vous voyez sûrement plus de monde à Plombières

passait chez elle toutes ses soirées avec quelques intimes, et « avait fini par s'y croire en famille, » dit madame Campan. Elle était aimée de tous ceux qui l'approchaient. Devenue très-pieuse par l'influence de Madame Louise, elle se soumettait à de sévères privations sans jamais le laisser paraître ; son seul faible était, nous l'avons vu, sa table, qui pour le maigre avait acquis de la réputation. La princesse observait rigoureusement le carême et le jeûne, malgré les souffrances que lui causait cette régularité ; aussi on raconte encore qu'elle attendait avec impatience le premier coup de minuit, le samedi saint, pour se faire servir une bonne volaille au riz. Elle reconnaissait cette petite faiblesse avec une aimable franchise qui désarmait les plus sévères. Madame Campan raconte à ce sujet une assez plaisante anecdote. Sensible, comme nous le voyons, à la bonne chère, Madame Victoire avait aussi de violents scrupules. « Je la vis un jour très-tourmentée de ses doutes sur un oiseau d'eau qu'on lui servait souvent pendant le carême. Il s'agissait de décider irrévocablement si cet oiseau était gras ou maigre. Elle consulta un évêque qui se trouva à son dîner ; le prélat prit

---

que nous ici ; nous sommes dans la plus parfaite solitude, ce qui est fort ennuyeux. Adieu, madame, je vous embrasse de tout mon cœur et je vous attends avec bien de l'impatience. »

aussitôt le son de voix positif, l'attitude grave d'un juge en dernier ressort. Il répondit à la princesse qu'il avait été décidé qu'en un doute semblable, après avoir fait cuire l'oiseau, il fallait le piquer sur un plat d'argent très-froid; que si le jus de l'animal se figeait dans l'espace d'un quart d'heure, l'animal était réputé gras, que si le jus restait en huile, on pouvait le manger en tout temps sans inquiétude. Madame Victoire en fit faire aussitôt l'épreuve, le jus ne figea point, ce fut une joie pour la princesse qui aimait beaucoup ce genre de gibier. »

Quant à Madame Sophie, il est à peu près inutile d'en parler. Nous avons vu qu'elle ne comptait pas à la cour: timide et sauvage, elle subissait les devoirs de sa situation, mais elle n'y prenait aucun plaisir, n'en procurait aucun et vivait complétement passive à côté de ses sœurs (1).

On comprend facilement, après ce rapide exposé, que Louis XV n'ait pas songé un moment à trouver auprès de ses filles une société qu'il aurait vainement aussi demandée à la reine. Habitué depuis plusieurs années, par l'ingénieuse

---

(1) Le Dauphin mourut vers cette époque, le 20 décembre 1765, puis la Dauphine, alors très-avant dans l'intimité du roi et de Madame Adélaïde, le 12 mars 1766. Le Dauphin mourut de la même maladie que sa sœur Henriette.

dépravation de madame de-Pompadour, aux plus faciles amours, il continua, après la mort de la marquise, cette vie indigne d'un homme, plus indigne encore d'un grand roi, et il n'eût certainement pas cherché de changement si d'ambitieux courtisans ne l'avaient voulu pour lui. Les ennemis du duc de Choiseul désiraient trouver un moyen de préparer la chute de ce ministre : ils avaient besoin d'une maîtresse pour pouvoir travailler dans son salon, par mille insinuations quotidiennement répétées, à détacher le roi du ministre qu'il aimait. Le duc de Richelieu choisit la comtesse du Barry, et le terrain se trouva d'autant plus facile pour édifier cette nouvelle infamie que la reine venait de succomber (24 juin 1768) (1). Marie Leckzinska languit assez longtemps sans espoir de guérison, mais sans éprouver de ces crises faisant présager une fin prochaine. Averti qu'elle allait rendre le dernier soupir, le roi vint avec ses filles s'agenouiller au pied du lit de la

---

(1) Voici comment Madame Louise parle de ce triste événement au comte de Provence :

« Je suis infiniment touchée, mon cher Xavier, des compliments que vous me faites sur la perte irréparable que nous avons faite, d'autant plus que j'en connois toute la sincérité. Je me flatte que vous connoissez aussi celle de mon amitié pour vous. Adieu, mon cher Xavier, je vous embrasse de tout mon cœur. — 5 août 1768. » (Communiqué par M. Rathery.)

reine en lui disant : « Voici Mesdames que je vous présente. » Marie Leckzinska comprit ce que ces mots signifiaient : elle bénit ses filles et expira presque immédiatement, comme elle essayait encore de réciter son chapelet (1).

On assure que Louis XV pleura réellement au chevet de sa femme, et on peut le croire en songeant que le roi perdit en trois ans son fils, sa belle-fille et la reine ; mais ce chagrin dura peu de temps, et sans doute, dès ce jour même, il songea à la possibilité de réaliser le vœu ardent de madame du Barry, d'être présentée à la cour. Ce grand scandale eut lieu le 22 avril 1769, dix mois après la mort de la reine, et il est douloureux d'ajouter que l'on trouva une femme bien née, la comtesse de Béarn, pour servir de marraine à la nouvelle maîtresse. Mesda-

(1) Au moment où elle mourut, la reine s'occupait d'installer des Ursulines de saint Augustin dans le château de Clagny, construit pour madame de Montespan, œuvre pour laquelle elle était vivement sollicitée par l'abbé Clément, alors confesseur de Madame. Les princesses veillèrent à l'achèvement de l'entreprise que leur mère leur avait recommandée et elles y consacrèrent, en trois ans, 45,000 livres prises sur leurs pensions. La maison terminée en 1772, le roi vint la visiter et il y fut reçu le 29 septembre par ses filles. Les religieuses s'y installèrent le lendemain. (*Hist. de Versailles*, par M. Le Roy, p. 338-339.)

mes durent la recevoir. Madame voyait souvent alors son père, et on ne saurait trop regretter que, fille aînée du roi, investie alors de sa confiance et de son affection, elle n'ait pas eu le courage de résister à un affront aussi honteux, et d'essayer au moins d'ouvrir les yeux de son père en refusant de s'associer à ses déplorables faiblesses.

En 1767, le roi avait attaché comme lectrice au service de Mesdames, Henriette-Louise Genest, fille d'un premier commis aux affaires étrangères ; elles la marièrent peu de temps après à M. Campan, fils du secrétaire du cabinet de la reine, en lui procurant une dot de 5,000 livres de rente. Nous devons à Mme Campan de précieux renseignements sur l'intérieur de Mesdames, et le passage suivant n'est certainement pas une des révélations les moins piquantes de ses mémoires : « Pendant l'été le roi venait quelquefois chez les princesses avant l'heure du débotter. Un jour il me trouva seule dans le cabinet de Madame Victoire, et me demanda où était *Coche*, et comme j'ouvrais de grands yeux, il renouvela sa question, mais sans que je le comprisse davantage. Quand le roi fut sorti, je demandai à Madame de qui il avait voulu parler. Elle me dit que c'était d'elle et m'expliqua d'un grand sang-froid qu'étant la plus grasse des filles du roi, il lui avait donné le nom d'amitié de Coche, qu'il appelait Madame Adélaïde *Loque*,

Madame Sophie *Graille* et Madame Louise *Chiffe*. »

C'est à cette période qu'appartiennent les relations du célèbre auteur du *Mariage de Figaro* avec Mesdames de France; elles durèrent assez longtemps et offrent assez d'intérêt pour que nous nous y arrêtions un moment.

Beaumarchais, alors qu'il ne se nommait encore que Caron, avait suivi la carrière paternelle et il excellait dans l'art de l'horlogerie. Une montre bien exécutée et montée en bague qu'il offrit à madame de Pompadour, lui procura le titre d'horloger du roi et ses entrées à Versailles. Louis XV l'accueillit avec faveur et lui fit plusieurs commandes, notamment « une petite pendule curieuse dans le goût de mes montres : elle a deux cadrans, et de quelque côté que l'on se tourne, on voit l'heure qu'il est. » Louis XV en fit cadeau à Madame Victoire (juillet 1754). Mais cela ne suffisait pas pour satisfaire l'ardent jeune homme qui désirait avoir une position qui lui permît de traiter en égaux les hommes qui l'entouraient. Il acheta, en 1756, une charge de contrôleur-clerc d'office de la maison du roi et prit alors le nom d'un petit fief appartenant à sa femme. Beaumarchais cependant ne possédait pas encore la noblesse qu'il désirait si fort. Il y parvint enfin en achetant, en 1761, l'office purement honorifique de conseiller-secrétaire du roi, maison et couronne de France. A cette époque, Beaumarchais était un cavalier élégant, instruit, beau parleur, bon musicien; il jouait de la harpe avec un rare talent. Le bruit en parvint à Mesdames, fort admiratrices, nous le savons, de la musique, et qui, au milieu de leur existence monotone, saisissaient avec empressement la moindre occasion de se distraire. Elles firent appeler Beaumarchais : il sut se rendre agréable et utile. Mesdames voulurent prendre des leçons de lui, et bientôt il devint l'organisateur et le principal acteur d'un concert de famille que les princesses se mirent à donner chaque semaine (1762) et auquel assistaient ordinairement le roi, la reine et le Dauphin (1).

On se doute bien que dans ce cercle imposant le jeune artiste laissait de côté ses airs évaporés et suffisants. Très-habile et très-intelligent, il savait se plier aux circonstances et se faire à l'entourage du moment. Là, il n'était ni maître de musique, ni domestique, ni grand seigneur : il donnait sans appointements des leçons aux filles du roi, il composait et achetait pour elles de la musique; il était familièrement admis dans les réunions

---

(1) *Beaumarchais, sa vie et son temps*, par M. de Loménie, tome Ier.

intimes de la famille royale où l'on cherchait à secouer un peu l'ennui profond de l'étiquette. Un jour, Louis XV, pressé de l'entendre jouer de la harpe et ne voulant déranger personne, lui avait passé son propre fauteuil en le forçant de s'y asseoir.

Le Dauphin affirmait que Beaumarchais était le seul homme qui lui parlât avec vérité; et Mesdames lui témoignaient une grande reconnaissance pour ses complaisances (1). Quelques courtisans seuls souffraient de voir la faveur de ce jeune roturier, et c'est l'un d'eux qui, l'arrêtant comme il sortait du salon de Mesdames, lui présente devant une assemblée nombreuse sa montre en le priant de l'examiner, parce qu'elle était dérangée. « — Messieurs, répondit tranquillement Beaumarchais, depuis que j'ai cessé de m'occuper d'horlogerie, je suis devenu très-maladroit. — Ah! monsieur, ne me refusez point cette faveur! —Soit, mais je vous avertis que je suis fort mala-

(1) C'est à cette période que se rapporte ce billet de Madame Sophie, que nous a communiqué M. Rathery : « Je vous remercie, Madame, des petits avis que vous m'avez envoyés par M. de la Luzerne : depuis ce temps, j'ai trèsbien dormi. L'accompagnement du *De Profundis* sur la harpe sera sûrement très-beau, mais un peu triste : il ne faudrait pas le jouer le soir. Je vous prie, Madame, d'être persuadée de mon amitié et que votre lettre m'a fait beaucoup de plaisir. » — 5 juillet 1762.

droit. — Alors, prenant la montre, il l'ouvre, l'élève en l'air, et, feignant de l'examiner, il la laisse tomber ; puis, faisant à son interlocuteur une profonde révérence, il lui dit : — Je vous avais prévenu, monsieur, de mon extrême maladresse. — Et il le quitte, le laissant ramasser les débris de sa montre (1). »

Une autre fois, les ennemis de Beaumarchais cherchèrent à indisposer les princesses contre lui en leur faisant croire qu'il était brouillé avec son père. Il le sut, courut à Paris, en ramena son père, le promena dans tout le château, où il rencontra plusieurs fois Mesdames ; puis, le soir, il se présenta chez elles en laissant son père dans l'antichambre. « On le reçoit très-froidement; cependant une des princesses lui demanda avec qui il s'était promené toute la journée. — Avec mon père, répond Beaumarchais. Étonnement des princesses. L'explication se produit naturellement. Beaumarchais sollicite pour son père l'honneur d'être admis devant Mesdames, et c'est le vieil horloger qui se charge de faire lui-même l'éloge de son fils. » Une autre fois encore, on raconte que Beaumarchais avait gravement manqué à Madame Adélaïde, en lui disant, comme elle lui montrait son portrait où elle était peinte en pied,

---

(1) **Loménie**, *loc. cit.*

jouant de la harpe : — « Il ne manque à ce portrait que la chose essentielle, le portrait du maître. » La vérité est qu'on avait offert à Mesdames un éventail sur lequel était représenté leur petit concert hebdomadaire avec tous les assistants, moins celui qui en était l'organisateur. Mesdames le montrèrent à Beaumarchais, en signalant elles-mêmes cet oubli prémédité, et en déclarant qu'elles ne voulaient pas d'une peinture où l'on avait dédaigné de faire figurer leur maître. Ces malveillantes menées se renouvelaient sans cesse et parfois avec un caractère insultant, qui ne permettait pas à Beaumarchais de feindre de les ignorer : il fut amené de la sorte à provoquer en duel un homme de la cour, et il eut le malheur de le tuer : l'affaire fut arrangée, grâce à l'intervention de Mesdames auprès de leur père (mars 1763).

Beaumarchais ne retira cependant aucun profit de la faveur si apparente de Mesdames, et il y perdit même assez d'argent. N'ayant que de faibles ressources, il donnait aux princesses sans aucune rétribution le plus clair de son temps, et il était entraîné à de fortes dépenses, pour faire honorable figure au milieu de la cour ; souvent même il fit pour elles des avances relativement considérables et qu'on ne se pressa jamais de lui rendre. Or, Mesdames avaient des fantaisies fréquentes et variées qu'il fallait toujours satisfaire sans retard. Un jour par exemple, la première femme de chambre de Madame Victoire écrit à Beaumarchais :

« Madame Victoire a pris goût, monsieur, de jouer aujourd'hui du tambourin, et me charge de vous écrire dans l'instant de lui en avoir un le plus tôt qu'il vous sera possible. Je souhaite que votre rhume soit dissipé et que vous puissiez faire promptement la commission de Madame. »

Et il fallut acheter sur l'heure un tambourin : le lendemain c'était une harpe, puis une flûte. La bourse de Beaumarchais cependant s'épuisait et alors il envoyait humblement un mémoire à l'intendante des princesses. Une fois il lui écrit en outre :

« Je vous prie, Madame, de vouloir bien faire attention que je suis engagé pour le paiement des 884 livres restantes, n'ayant pu les avancer, parce que j'ai donné tout l'argent que j'avois, et je vous prie de ne pas oublier que je suis par conséquent sans le sol. — Outre les 1852 livres, Madame Victoire me redoit :

d'un reste. . .	15 livres 10 sols ;
plus.	36 livres, d'un livre de maroquin à ses armes et doré ;
et.	36 livres, pour le copiste de musique dudit livre.

Total général 1939 livres 10 sols.

« Ce qui fait en somme 80 louis et 19 livres 10 sols. Je ne compte point toutes les voitures qu'il m'en a coûté pour courir chez les différents ouvriers, qui demeurent presque tous dans les faubourgs, non plus que les messages que cela a occasionnés, parce que je ne l'ai point écrit et que je ne suis point dans l'usage de le compter à Mesdames. N'oubliez pas aussi que Madame Sophie me doit cinq louis : dans un temps de misère on ramasse les plus petites parties. Vous connaissez mes sentiments, etc. »

Beaumarchais venait d'être mêlé à une affaire d'assez grande importance, fournissant ainsi la preuve de l'influence que peuvent exercer les acteurs les plus secondaires. On sait que madame de Pompadour et Paris-Duverney s'étaient entendus pour une très-utile création qui avait nom l'École militaire; l'institution fonctionnait très-bien, mais on ne pouvait décider le roi à y faire une visite qui était attendue comme une consécration officielle. Froidement reçu par les divers membres de la famille royale, en qualité d'ami de la favorite, Duverney ne savait plus à quel moyen recourir, quand il pensa à s'adresser, en désespoir de cause, au harpiste favori des filles du roi. Celui-ci comprit le parti qu'il pourrait tirer d'un service éclatant rendu à l'opulent traitant. Beaumarchais, dit son historien, M. de Loménie, s'y prit en homme qui a la vocation du théâtre et qui connaît le cœur humain. « Il imagina donc que Mesdames visitassent l'École Militaire, persuadé que la curiosité du roi étant excitée par leur récit, celui-ci consentirait plus volontiers à imiter leur exemple. Il fit valoir auprès d'elles, non-seulement la question d'équité mais l'immense intérêt qu'il avait personnellement à obliger un homme qui pouvait lui être si utile. Mesdames consentirent à visiter l'École Militaire, et Beaumarchais eut l'honneur de les accompagner. Quelques jours après, ce que Beaumarchais avait prévu se réalisa : le roi, stimulé par ses filles, vint enfin combler les vœux du vieux Duverney. »

L'année suivante, l'intervention de Mesdames ne put parvenir à procurer à Beaumarchais la charge de grand maître des eaux et forêts, achetée par lui 500,000 livres sur la promesse que le contrôleur général lui en avait faite. Les grands maîtres en exercice s'indignèrent à la pensée de compter comme collègue le fils d'un horloger et ils adressèrent une réclamation collective au ministre. Mesdames remirent elles-mêmes une enot au roi : elles en firent écrire vivement à Duverney qui leur répondit qu'il fallait une demande d'elles auprès du contrôleur général. Mais leurs instances furent vaines et on eut beau prouver que plus d'un des opposants était fils de brocanteur, de perruquier ou de garçon boutonnier, le roi donna raison à la réclamation des grands maîtres, appuyée par les ministres, ce qui, soit dit en passant, donne une faible idée de l'influence de Mesdames dans le gouvernement (janvier 1762). En revanche elles s'employèrent pour procurer à Beaumarchais, comme dédommagement, la charge de lieutenant général de chasse aux bailliage et capitainerie de la Varenne du Louvre.

Nous n'avons donc rien exagéré en constatant que cette intimité de Beaumarchais avec les filles de Louis XV ne lui valut pas de grands profits, et il pouvait bien légitimement plus tard écrire : « J'ai passé quatre ans de ma vie à mériter la bienveillance de Mesdames par les soins les plus assidus et les plus désintéressés sur divers objets de leur amusement. » Quand, en 1767, il composa ses premiers drames, elles consentirent, sur sa demande, à entendre une lecture d'*Eugénie* avant sa représentation à la Comédie-Française. Peu d'années après, elles mirent bien cruellement, mais non sans motif, ce semble, fin à leurs relations avec lui. Ayant eu à soutenir un procès au sujet du testament de Duverney contre son légataire, qui lui reprochait très-injustement des faits indélicats, Beaumarchais entama l'affaire avec l'ardeur qu'il apportait à tout ce qu'il entreprenait. Accusé déjà par son adversaire de faits odieux, il eut encore à dissiper le bruit que Mesdames avaient dû le chasser de chez elles : il s'en plaignit à madame de Périgord, dame d'honneur de Madame Victoire, qui répondit ce billet par ordre de la princesse :

« Versailles, ce 22 février 1772. — J'ai fait part, monsieur, de votre lettre à Madame Victoire, qui m'a assuré qu'elle n'avoit jamais dit mot à personne qui pût nuire à votre réputation, ne sachant rien de vous qui pût la mettre dans ce cas-là. Elle m'a autorisé à vous le mander. La princesse même a ajouté qu'elle savoit bien que vous aviez un procès, mais que ses discours sur votre compte ne pourroient jamais vous faire aucun tort dans aucun cas et particulièrement dans un procès, et que vous pouvez être tranquille à cet égard. »

Beaumarchais fut imprudent : excité par ce témoignage flatteur, il inséra cette lettre dans le mémoire qu'il faisait imprimer contre son adversaire, en ajoutant qu'il y était autorisé. Aussitôt que le comte de la Blache, — son adversaire — eut connaissance de cette pièce, il courut à Versailles et déposa aux pieds de Mesdames l'expression de la douleur que lui causait une pareille intervention de leur part dans son procès. Les princesses lurent le mémoire, et cédant à un mouvement de colère habilement exploité par M. de la Blache, elles signèrent cette déclaration :

« Nous déclarons ne prendre aucun intérêt à M. Caron de Beaumarchais et à son affaire, et ne lui avoir pas permis d'insérer dans un mémoire imprimé et publié des assurances de notre protection. — Marie-Adélaïde, Victoire-Louise, Sophie-Philippine. »

Beaumarchais sentit sa faute, mais il ne tenta jamais de se faire excuser auprès de Mesdames, ce qui doit étonner de la part d'un esprit aussi délié et aussi prévoyant.

Nous arrivons cependant au jour où Madame Louise quitta la cour pour s'enfermer dans un couvent de Carmélites. Elle avait eu une enfance des plus délicates : une chute grave qu'elle fit dans son bas âge, et qui fut mal soignée, amena par la suite une forte déviation de l'épaule gauche. Son caractère avait d'abord annoncé une vivacité extrême, elle avait l'esprit pénétrant, du discernement et une ardente piété, le trait mordant, ce dont elle s'accusait toute la première et cherchait à se punir par quelques privations ; très-aumônière, portée à l'orgueil, à la colère, très-obstinée, elle aimait sérieusement ses amis, et détestait la banalité et le mensonge : le péché lui causait une frayeur extrême et l'une des plus grandes et des plus constantes préoccupations de sa vie fut de se bien confesser :
« Il faut bien, disait-elle, que je tâche de connoî-

tre ma conscience, telle que Dieu la connoît. (1)

Madame Louise prit dès les premiers jours de son retour à la cour une attitude qui fut très-remarquée ; elle s'observa constamment pour réprimer les mouvements de vivacité et d'orgueil qui étaient dans sa nature, pour éviter de céder aux entraînements du monde. Multipliant les pratiques pieuses, elle faisait donner aux pauvres tout l'argent qu'elle recevait et il paraît que la maréchale de Duras en avait tellement l'habitude qu'elle versait chaque mois la pension de la princesse dans la caisse des aumônes sans la consulter. Cela donna lieu à un plaisant incident. Madame Louise ayant acheté une fantaisie ne trouva point le louis nécessaire pour la payer et n'osa avouer à la maréchale sa petite faiblesse : elle imagina alors de faire présenter un placet à sa dame d'honneur pour un pauvre quelconque et d'obtenir ainsi les vingt-quatre livres en question. Mais elle a avoué depuis que cette supercherie la tourmenta beaucoup et lui inspira un sérieux remords. Du reste elle se pliait à toutes les exigences de sa situation de Fille de France : elle suivait les chasses,

---

(1) Madame Louise avait eu une nourrice allemande, une religieuse irlandaise, puis une écossaise à Fontevrault, et à la cour une demoiselle d'honneur hollandaise.

une fois elle y fit une chute, ce qui ne l'empêcha pas de remonter immédiatement sur le cheval qui l'avait renversée. Elle accompagnait le roi partout où il le désirait. « Je sentois, a-t-elle dit elle-même, le besoin que j'avois de repos, mais l'heure du jeu étoit venue, j'allois au jeu par complaisance. Suivoit ensuite l'heure du spectacle, où je m'endormois de lassitude. Ce train de vie si opposé à celui que je menois au couvent; les veilles surtout m'échauffoient le sang et me fatiguoient extrêmement, mais j'étois à la cour, il falloit faire comme on fait à la cour et je le faisois sans me plaindre, contre mon inclination et au préjudice de ma santé. ».

La religion tenait déjà la place principale dans sa vie et elle subissait comme autant d'épreuves les obligations que lui inspirait le monde. Elle-même a raconté comment elle fut amenée à se résoudre à embrasser la vie religieuse.

La princesse avait, dès les premiers jours de son retour à la cour, confié à madame de Soulanges son projet de se faire religieuse et à ce moment elle penchait pour l'ordre de la Visitation. La prise de voile de madame de Ruppelmonde l'ayant mise à même de connaître l'Institut des Carmélites, elle se ménagea, le jour même, un long entretien avec la sous-prieure, madame d'Havré, et elle multiplia tellement ses questions, que celle-ci lui dit en riant : « On croirait que votre Altesse Royale voudrait se faire Carmélite? — Hé! Pourquoi pas, puisque les Carmélites sont si heureuses? » On peut croire que dès ce jour la princesse prit la résolution de suivre l'exemple de madame de Ruppelmonde; elle redoubla de piété et de ferveur, tout en dissimulant ses projets pour ne pas attrister sa mère, qui ne se trompait pas sur la vocation de sa fille, et dit un jour au P. Biéganski, son confesseur : « Vous verrez que ma Louise finira par vouloir se faire Carmélite; mais avec sa santé, la pauvre enfant n'y tiendra pas. » Elle passait de longues heures à méditer en cachette les œuvres et la règle de sainte Thérèse. Elle avait, en effet, besoin de lutter, car si son cœur était tout au Carmel, si sa résolution était irrévocable, elle avait encore assez d'attache aux douceurs de la vie pour hésiter malgré elle à prendre sa détermination. Ses efforts furent couronnés de succès, et bien longtemps avant de quitter Versailles, on peut dire qu'elle suivait la règle de sainte Thérèse, s'exposant volontairement aux intempéries des saisons, supportant la plus excessive chaleur, se privant de feu, se servant, au lieu de linge fin pour ses vêtements et ses draps, de la serge employée par les Carmélites. Le soir, quand elle était seule dans son appartement, elle éteignait ses bougies et allumait des chandelles pour s'habituer à l'odeur du suif qui lui avait d'abord causé une insupportable répulsion. La princesse s'imposait de perpétuelles privations à table; elle vendit ses bijoux au profit des pauvres, multiplia ses communions, passant une partie des nuits en prières; il semblait qu'elle voulait redoubler d'efforts auprès de Dieu à mesure qu'elle comprenait mieux les fautes de son père et qu'elle ressentait plus vivement la douleur de ces scandales. Elle adressait chaque jour à sainte Thérèse une longue prière qu'elle avait composée.

La mort de la reine — au sujet de laquelle Madame Louise disait plus tard : « Ce que j'ai vu des vertus de ma mère n'approche pas de ce que j'en ai appris, et j'en ai plus appris encore après sa mort que pendant sa vie, » — fit cesser toutes les hésitations de la princesse et elle chargea monseigneur de Beaumont, archevêque de Paris, d'en parler au roi. La commission était assez délicate; Louis XV laissa voir un profond et douloureux étonnement. Il s'appuya sur son fauteuil et réfléchit pendant quelques moments en répétant machinalement: « Que cela est cruel! que cela est cruel! », puis il ajourna sa réponse à quinzaine. Durant ce laps de temps, le roi ne fit aucune allusion à sa fille sur la communication qu'elle lui avait fait soumettre. Au jour fixé, il lui fit porter par l'abbé du Terney, confesseur de Madame Louise, cette lettre : « Monseigneur l'archevêque, ma chère fille, m'ayant rendu compte de tout ce que vous lui avez dit et mandé, vous aura sûrement rapporté exactement tout ce que je lui ai répondu. Si c'est pour Dieu seul, je ne puis m'opposer à sa volonté ni à votre détermination. Depuis dix-huit ans vous devez avoir fait vos réflexions; ainsi, je n'ai plus à vous en demander. Il paroît même que vos arrangements sont faits. Vous pouvez en parler à vos sœurs quand vous le jugerez à propos. Compiègne n'est pas possible : partout ailleurs, c'est à vous à décider, et je serois bien fâché de vous rien prescrire là-dessus. J'ai fait des sacrifices forcés, celui-là sera volontaire de votre part. Dieu vous donnera la force de soutenir votre nouvel état, car, les démarches faites, il n'y a plus à en revenir. Je vous embrasse de tout mon cœur, ma chère fille, et vous donne ma bénédiction. » (Versailles, 20 février 1770.)

La lettre ne dut pas causer une bien vive émotion à la princesse, on en conviendra, et le roi ne paraît pas avoir eu à se faire de grandes violences. Sûre désormais de sa liberté, Madame Louise se décida à entrer au couvent des Carmélites de Saint-Denis où elle ne connaissait personne et dont la pauvreté était telle que les religieuses avaient à peine de quoi vivre dans la plus stricte acception du mot. Gardant toujours un secret absolu, surtout avec ses sœurs dont elle aurait redouté les observations, Madame Louise hâta les préparatifs de son entrée en religion. Elle manda l'abbé Bertin, aumônier de la communauté, lui annonça sa résolution et eut à écouter de sa part toutes les remontrances propres à ébranler sa détermination. Quand l'abbé Bertin se fut cependant assuré de la véritable vocation de la princesse, il cessa de la combattre et demanda seulement un ordre formel de Louis XV, que ce prince envoya à sa fille, avec le billet suivant, daté de Choisy, le 5 avril : « Je vous embrasse de tout mon cœur, chère fille ; je vous envoye l'ordre dont vous me parlez pour votre départ, et j'exécuterai, pour vos domestiques, ce que vous désirez et tous vos autres arrangements. Vous n'aurez qu'un mot de moi ce soir, mon petit cœur, car il est tard. » L'abbé Bertin fut immédiatement rappelé à Versailles et la princesse fixa son entrée à Saint-Denis au mercredi 11 avril ; les religieuses ne devaient être prévenues que le matin même. Madame Louise devait se présenter à la porte du couvent vers huit heures, et les Carmélites seraient informées de la résolution de la princesse pendant que, la messe finie, elle serait en adoration devant le Saint-Sacrement. Elle recommanda ensuite à l'abbé qu'on ne lui préparât qu'une cellule en tout semblable à celles des autres religieuses. « Mais comme je suis accoutumée à ne monter et descendre que des escaliers faciles, ayant toujours un écuyer à mes côtés, s'il n'y avoit pas de rampes à ceux qui seront à mon usage, à Saint-Denis, je vous prie d'y faire mettre des cordes, de peur que je ne me casse le cou, car mon étourderie ne vieillit pas. »

« Un soir, dit madame Campan, pendant que je lisais, on vint dire à Madame Louise que M. Bertin, ministre des parties casuelles, demandait à lui parler; elle sortit précipitamment, revint, reprit ses soies, sa broderie, me fit reprendre mon livre, et quand je me retirai, elle m'ordonna d'être le lendemain à onze heures dans son cabinet. Quand j'arrivai, la princesse était partie; j'appris que le lendemain, à sept heures, elle s'était rendue au couvent des Carmélites de Saint-Denis, où elle voulait prendre le voile. Je me rendis chez Madame Victoire; là, j'appris que le roi seul avait connu le projet de Madame Louise, qu'il en avait fidèlement gardé le secret; qu'elle était entrée seule dans le couvent, où elle était attendue; que quelques instants après, elle avait reparu à la grille, pour montrer à la princesse de Ghistelles, qui l'avait accompagnée, et à son écuyer, l'ordre du roi de la laisser dans le monastère. »

La princesse arriva un peu avant la messe, et

fut reçue avec tout le cérémonial possible en présence d'une visite aussi imprévue ; elle s'entretint avec les religieuses comme si de rien n'était, assista à l'office, puis, pendant qu'elle adorait le Saint-Sacrement, l'abbé Bertin réunit les religieuses en sa présence, comme c'était convenu, et leur fit part de la résolution de la princesse. Les saintes filles du Carmel, après un moment indescriptible de surprise, revinrent à l'église : Madame Louise se jeta aux pieds de la prieure, tandis que toute la communauté s'agenouillait aussi et que l'émotion de toutes les sœurs était si forte que l'auguste novice pouvait seule parler. Elle prit immédiatement, suivant l'usage, un nom — et elle adopta celui de sœur Thérèse de saint Augustin.

Cependant la princesse de Ghistelles était revenue à la cour. « A la nouvelle du départ de sa sœur, Madame Adélaïde eut de violents emportements, dit madame Campan ; elle adressa au roi des reproches fort durs sur le secret qu'il avait cru devoir en garder. » Madame Victoire pleura abondamment, et quand madame Campan lui demanda si elle imiterait sa sœur, elle répondit naïvement : « Rassurez-vous, je n'aurai jamais le courage qu'a eu Louise : j'aime trop les commodités de la vie ; voilà un fauteuil qui me perd ! »

Mesdames se hâtèrent le jour même d'écrire à

leur sœur. Madame Adélaïde, le premier moment passé, lui mandait :

« Tu peux mieux te figurer que je ne puis t'exprimer ce qui s'est passé et ce qui se passe encore dans mon cœur. Ma douleur égale mon étonnement ; mais tu es heureuse, cela me suffit. Prie Dieu pour moi, mon cher cœur ; tu connois mes besoins : ils sont plus pressants aujourd'hui que jamais. J'irai certainement te voir dès que je le pourrai, que j'en aurai la force et que tu voudras me recevoir sans te déranger. Adieu, mon cher cœur, je m'en vais à Ténèbres, où j'ai peur d'être un peu distraite. Aime-moi toujours, et crois que je te le rends bien. »

Madame Sophie sortit elle-même de son extrême timidité pour envoyer ce mot à sa sœur :

« Si je ne t'avois pas reparlé, mon cher cœur, de l'envie que je te soupçonnois de te faire religieuse, c'est que je croyois que tu ne l'effectuerois jamais. Je te pardonne de tout mon cœur de ne m'en avoir rien dit. Ton sacrifice est beau parce qu'il est volontaire. Mais crois-tu que celui que tu me fais faire en nous quittant, et qui n'est pas volontaire, soit moins fort à soutenir ? Sois bien sûre, mon cher cœur, que je t'aime, que je t'aimerai toute ma vie, et que je t'irai voir, quand tu me le permettras, avec bien de l'empressement. Je t'embrasse de tout mon cœur. »

Madame Victoire adressa pareillement de touchants adieux à sa sœur ; en outre, elle écrivit une lettre de recommandation à la prieure de Saint-Denis, pour lui exprimer le désir qu'elle avait de la connaître et de pouvoir l'entretenir de la santé délicate de la princesse. Six jours après, elle écrivait à madame des Rochers, maîtresse du noviciat, pour la prier de la tenir au courant de la manière dont la princesse supporterait son nouvel état. Le Dauphin joignit ses regrets à ceux de sa tante, comme du reste tous les membres de la famille, également surpris de cette détermination.

Le roi, le lendemain, fit savoir à la nouvelle religieuse qu'il avait conféré longuement avec l'abbé Bertin, et qu'il n'avait plus d'ordres à lui transmettre, sa supérieure étant dorénavant la seule personne dont elle pût en recevoir. « Ma nuit précédente avoit été un peu agitée, ajoutait-il en l'assurant du bon état de sa santé, et ma visite du matin à vos sœurs n'avoit pas été aussi agréable que de coutume. »

La décision de Madame Louise fut officiellement annoncée par le ministre des affaires étrangères à nos divers ambassadeurs et représentants diplomatiques : « La piété respectable de Madame Louise, fille du roi, monsieur, lui a inspiré, depuis plusieurs années, le projet de se retirer aux

Carmélites. Elle a éprouvé au sein de la cour sa vocation, et, après avoir obtenu l'agrément du roi, elle s'est renfermée dans un monastère de cet ordre à Saint-Denis, où elle compte faire profession comme simple religieuse, s'étant séparée absolument de tout ce qui pouvait tenir au monde et à sa dignité : le roi m'a chargé de vous mander cet événement exemplaire et attendrissant. »

Le départ de Madame Louise ne modifia pas l'intérieur royal. Les princesses reprirent promptement leurs habitudes monotones. Louis XV continua à montrer sa prédilection pour sa fille aînée qu'il se plaisait à consulter sur les questions politiques. C'est dans une de ces circonstances que les chroniqueurs ont eu l'occasion de recueillir une anecdote qui peint le caractère brusque de la princesse.

Au mois de septembre 1768, quand le garde des sceaux Maupeou se retira en faveur de son fils, le contrôleur général de Laverdy, seul à ignorer sa disgrâce, sollicitait avec une assurance parfaite cette dignité. Le roi en parla à sa fille en lui disant de deviner qui pouvait solliciter les sceaux. « Après que Madame Adélaïde eut nommé bien des gens, le roi lui dit : — Non, non, c'est Laverdy ! — Quoi, reprit Madame Adélaïde, ce polisson ? »

Depuis ce temps, on ne l'appelle plus que le polisson (1). »

Collé avait composé une pièce qui fut presque un événement, c'est la *Partie de chasse*, dans laquelle il mettait en scène Henri IV sous les traits les plus sympathiques et les plus populaires; elle déplut cependant à madame de Pompadour, et elle communiqua sa prévention à Louis XV, qui défendit de la représenter à Paris. Il en fut de la *Partie de chasse* comme du *Mariage de Figaro* : cette prohibition excita la curiosité et la pièce fut jouée avec succès dans plusieurs villes de province, chez beaucoup de particuliers et chez tous les princes du sang qui avaient, comme le duc d'Orléans et le comte de Clermont, des théâtres. Collé souffrait vivement de cette défense et essaya plusieurs fois de la faire lever, sans jamais y parvenir.

Mesdames ayant fait savoir à la duchesse de Mazarin leur désir d'être reçues par elle dans son magnifique château de Chilly, celle-ci crut l'occasion favorable pour tenter une nouvelle démarche en faveur de Collé, en préparant une représentation de la *Partie de chasse*. Je laisse la parole à Bachaumont :

« Le mercredi 13 septembre (1769), Mesdames

---

(1) *Mémoires de Collé*, t. III, p. 207.

arrivèrent à quatre heures et demie. Elles furent reçues dans un salon admirable par son étendue, sa proportion et les ornements dont il a été décoré. Elles montèrent dans la calèche qu'on leur avait préparée pour se promener dans les jardins. Cette promenade dura jusqu'à sept heures. On les mena alors à la salle de spectacle, qui est une galerie très-vaste, où l'on a construit un fort beau théâtre. On y représenta la *Partie de chasse d'Henri IV*. L'exécution fut parfaite, et comme Mesdames avaient donné la permission d'applaudir, les spectateurs, qui étaient nombreux, marquèrent leurs transports de la manière la plus éclatante. Mesdames, non-seulement parurent très-contentes, mais elles furent attendries jusqu'aux larmes dans tous les endroits qui donnent une idée si belle et si vraie de la bonté de Henri IV, et qui a tant de rapports avec la bonté du prince qui les touche encore de plus près. Elles n'ont pu s'empêcher de marquer leur surprise de ce qu'on n'avait pas permis de représenter ce drame à Paris, où il aurait fait encore plus d'effet que dans la province, où il est joué avec le plus grand succès. Elles se promettent d'obtenir la permission qui a été refusée jusqu'à présent.

«Si elles réussissent, comme il y a lieu d'espérer, ce sera une fortune pour les comédiens et une satisfaction pour le public, qui supporte avec peine la privation de ce spectacle. La *Partie de chasse* fut suivie de *Lucile*, opéra-comique qui plut beaucoup aussi. La comédie fut terminée par un ballet très-ingénieusement composé et très-bien exécuté. »

Un splendide feu d'artifice suivit cette représentation : il y eut un combat de cavaliers, un portique, et comme bouquet une pluie de trois mille fusées. Mesdames soupèrent immédiatement après et jouèrent au whist jusqu'à deux heures du matin. Madame Adélaïde dit ce soir-là un mot qui plut beaucoup. Comme l'acteur Préville, suivant l'usage, reconduisait la princesse de la salle de spectacle au salon, un flambeau à la main, Madame lui dit : « Il était juste qu'après avoir reçu aussi bien le grand-père, vous éclairassiez la petite-fille. » Dans la pièce, Préville jouait le rôle du paysan chez lequel Henri IV arrive incognito et est si cordialement accueilli. Mesdames plaidèrent vainement la cause de Collé : rien ne put vaincre la résistance du roi, et la pièce ne fut jouée qu'en 1774, après sa mort et celle de l'auteur.

Le mariage du Dauphin avec l'archiduchesse Marie-Antoinette déplut vivement à Mesdames elles comprirent que leur neveu allait échapper à leur influence, et elles redoutèrent que la nouvelle Dauphine ne prît de l'empire sur le roi ; de plus, on sait comme elles haïssaient la maison d'Autriche. Elles firent cependant un bon accueil à la Dauphine et lui offrirent de magnifiques présents. Il semble même qu'après le premier moment d'appréhension elles aient pensé à entourer Marie-Antoinette. Madame Adélaïde lui remit une clef de son appartement pour qu'elle pût y venir quand il lui plairait et sans étiquette. La Dauphine répondit à cette avance avec une grâce exquise « qu'il n'auroit pas fallu lui offrir avec ces cadeaux un objet inestimable, puisque cette clef lui assuroit l'amitié et les conseils de Madame. » La tante et la nièce se virent assez souvent dans les commencements, mais la roideur du caractère de Madame Adélaïde, son aversion trop mal dissimulée pour la maison d'Autriche, sa jalousie vainement combattue empêchèrent toute intimité. Un détail acheva de mettre en elle une froideur insurmontable. Depuis la mort de la reine, le jeu du roi se tenait chez sa fille aînée ; quand la Dauphine fut installée à Versailles, ce fut naturellement chez elle. Madame Adélaïde souffrit de ce changement, conforme cependant à l'étiquette pour laquelle elle avait une si grande estime. Elle ne voulut jamais y paraître et établit un jeu particulier chez elle.

Madame Victoire n'imita point d'abord sa sœur;

elle sembla avoir compris le besoin pour sa nièce d'être accueillie et guidée au milieu d'une cour toute nouvelle pour elle ; elle avait songé à remplir auprès d'elle le rôle de sa sœur Henriette auprès de la dauphine Marie-Josèphe. Marie-Antoinette allait jusqu'à trois fois par jour chez Madame Victoire, qui l'attirait en lui témoignant une véritable sympathie, en lui faisant faire les plus pressantes instances par madame de Durfort et en cherchant à l'amuser par des fêtes variées (1). Mais ces bons rapports ne pouvaient durer. Madame Victoire n'était pas assez forte pour résister à sa sœur, même en se rendant compte de la nécessité de prémunir la nouvelle arrivée contre les périls de la cour. D'un autre côté, mal renseignée, l'Impératrice conseillait à sa fille de s'éloigner des tantes de son mari et de se rapprocher plutôt de madame du Barry dont elle croyait avoir besoin.

La Dauphine n'avait cependant rien négligé pour répondre aux premières avances de Mesdames et les engager à persévérer dans une voie qui aurait pu avoir pour elle de si précieuses conséquences, en lui procurant un point d'appui sûr dans un milieu où elle était complétement isolée.

(1) Correspondance de Marie-Antoinette et de sa mère par M. de Arneth.

Mais tout en se montrant heureuse des prévenances de Madame Victoire, elle ne se pouvait défendre d'une grande défiance à l'égard de Madame Adélaïde, qui l'intimidait, et ne devait rien attendre de Madame Sophie qui, nous le savons, avait toujou~~rs l'air de tomber des nues~~. En réalité, elle fut bientôt découragée de ce côté, et dès la fin de la première année de son séjour en France, elle ne pouvait se faire aucune illusion au sujet de ses tantes. Elle montra cependant encore un véritable dévouement lors de la rougeole dont Madame Victoire fut atteinte au mois de mars 1771. Mais il est certain qu'à partir de l'année suivante Mesdames n'eurent que des rapports excessivement froids avec la jeune Dauphine. C'est alors que Marie-Antoinette essaya de se rapprocher de quelques autres membres de la famille royale : elle trouva un gracieux accueil auprès des deux frères du Dauphin ; quant à ses belles-sœurs Clotilde et Élisabeth, l'une, singulièrement disgraciée de la nature, avait à peine douze ans, et l'autre était encore au berceau. Clotilde procurait bien quelque ressource à Marie-Antoinette ; mais comme cette dernière laissait voir une prédilection marquée pour Élisabeth, leur gouvernante en fut froissée et s'attacha à refroidir les sentiments de Clotilde. Puis, ayant su que le système d'éducation suivi par elle était blâmé de la Dauphine et que quelques personnes de son entourage en faisaient un sujet de raillerie, madame de Marsan se formalisa tout à fait et fit de son salon un centre d'opposition où l'on se mit à critiquer toutes les actions de la Dauphine. Le prince Louis de Rohan, appelé à l'ambassade de Vienne par l'influence de cette coterie qui trouva un puissant appui auprès des filles de Louis XV, se fit l'écho de ces bruits défavorables et provoqua les incessants reproches que Marie-Antoinette reçut de sa mère avec une admirable patience.

Les mariages des comtes de Provence (mai 1771) et d'Artois (novembre 1773) amenèrent à Versailles deux jeunes femmes auprès desquelles la Dauphine chercha l'intimité qu'elle désirait si ardemment trouver. Toutes deux étaient des princesses de Savoie. Madame — ce fut le titre de la comtesse de Provence — avait de beaux yeux « qui lui attirèrent, écrit madame Campan, les seules louanges qu'il était raisonnablement permis de lui accorder. » La comtesse d'Artois, petite et jolie, était bonne, généreuse et très-sympathique. En peu de temps une étroite liaison s'établit entre les trois jeunes ménages et se prolongea bien après la mort de Louis XV. « Ils prirent leurs repas ensemble, dit encore madame Campan, et ne mangèrent séparément que les jours où leurs dîners étaient publics. Cette manière de vivre en famille exista jusqu'au moment où Marie-Antoinette se permit d'aller dîner quelque fois chez la duchesse de Polignac, lorsque celle-ci fut gouvernante ; mais la réunion du soir pour le souper ne fut jamais interrompue et avait lieu chez la comtesse de Provence ; Madame Élisabeth y prit place dès qu'elle eut fini son éducation ; et quelquefois Mesdames y étaient invitées. Cet usage, qui n'avait point eu d'exemple à la cour, fut l'ouvrage de Marie-Antoinette, et elle l'entretint avec une rare persévérance. »

Les jeunes princesses chassaient ensemble ; elles montèrent une troupe de comédie dont les acteurs étaient les deux frères du Dauphin, MM. Campan père et fils, et dont le Dauphin seul était spectateur. On mit la plus grande importance à cacher cet innocent amusement, afin de ne pas scandaliser Mesdames. Un malencontreux incident éventa le secret, et, comme on l'avait prévu, ces représentations furent formellement interdites.

Cependant nous arrivons au mois de mai 1774. Le roi fut atteint d'une petite vérole confluente des plus graves. Mesdames, en cette circonstance, donnèrent les preuves d'un admirable dévouement à leur père. Tandis que tout le monde fuyait et que l'air du palais était tellement empesté que plus de cinquante personnes furent atteintes par la même maladie et que les médecins eux-mêmes prenaient les plus minutieuses précautions, Mesdames, « qui n'avaient jamais eu la petite vérole, lit-on dans les *Souvenirs de Félicie*, qui ne sont plus jeunes et dont la santé est naturellement mauvaise, sont toutes trois dans la chambre, assises près de son lit et sous ses rideaux; elles passent là le jour et la nuit. Tout le monde leur a fait les plus fortes représentations; on leur a dit que c'était plus que d'exposer leur vie, que c'était la sacrifier. Rien n'a pu les empêcher de remplir ce pieux devoir. » Et madame Campan ajoute que cette conduite inspira à Marie-Antoinette des sentiments d'admiration pour ses tantes qu'elle ne put jamais oublier. Dès que Louis XV eut rendu le dernier soupir, ses filles partirent pour Choisy.

CHAPITRE IX

MESDAMES ET LA POLITIQUE

(1743-1774).

Situation de Mesdames à la cour en 1745. — Leurs portraits. — Projets de mariage de Madame Henriette avec le duc de Chartres. — Opposition du duc de Bourbon. — Intrigues.—Affection des deux jeunes gens. — Louis XV semble la favoriser.— Le cardinal de Fleury ne s'en soucie pas. — Les gouvernements étrangers approuvent ce projet. — Le cardinal l'emporte. — Scène touchante entre le roi et le duc de Chartres. — On avait pensé au duc de Savoie. — A l'empereur en cas de veuvage. — La passion des deux jeunes gens augmente. — La reine en parle. — L'affaire paraît reprendre. — Conversation du duc de Chartres et du cardinal de Fleury. — Le duc épouse mademoiselle de Conti. — Opposition de Madame contre la maîtresse du roi. — On cherche une maîtresse assez influente pour balancer leur influence. — Madame de Pompadour. — Effacement de Mesdames. — Leur opposition constante. — Madame Henriette semble un moment devoir l'emporter. — Madame de Pompadour effrayée, fait revenir Madame Victoire. — Celle-ci fait cause commune avec ses sœurs. — Maurepas est avec elles. — Projet de mariage de Madame Adélaïde et du prince de Conti. — Le Dauphin soutient ses sœurs. — Leur guerre constante à la maîtresse. — Suppression de l'*Encyclopédie* obtenue par Madame Henriette mourante. — Sa mort. — Querelles de l'archevêque et du parlement. — Question d'appartement. — Intrigues. — Triomphe de Madame Adélaïde. — Résistance du roi. — Intérieur de la cour.

Après avoir raconté l'existence intime des filles de Louis XV, nous voudrions insister sur le rôle politique qu'elles ont pu jouer auprès de leur père, jusqu'au jour où le mariage du Dauphin avec une archiduchesse d'Autriche, conclu contre l'assentiment de celle de ces princesses qui dominait les autres, les eut jetées dans une opposition et dans une voie à jamais regrettable : elles contribuèrent puissamment, en effet, à nuire à Marie-Antoinette et à augmenter ainsi les difficultés du règne de leur neveu.

Rappelons que c'est vers 1743 que les filles aînées du roi commencèrent à exercer de l'influence à la cour. Madame Élisabeth, mariée depuis quatre ans à l'Infant don Philippe, et sa sœur jumelle Henriette avaient seize ans : la première, grande et belle, intelligente, aspirant à une souveraineté quelconque, très-aimée par son père, formée par sa belle-mère la reine d'Espagne ; la seconde, maladive, sous le joug de sa sœur, ne songeant qu'à la servir en son absence et à favoriser ses visées ambitieuses : menée d'ailleurs par Marie Leckzinska et par la Dauphine qui s'en servaient auprès de Louis XV, Madame Henriette touchait facilement le cœur de celui-ci et souvent réussissait auprès de lui dans des demandes qu'elle n'aurait jamais osé faire pour elle-même. Quant à Madame Adélaïde, vive, précoce, spirituelle, ce n'était encore qu'une enfant de dix ans qui amusait le roi et qui dut à ce privilège d'obtenir de ne point aller à Fontevrault, avec ses jeunes sœurs.

Avant l'époque dont nous parlons, il avait souvent été question de mariage pour Madame Henriette : le duc d'Orléans avait songé à s'agrandir en s'alliant directement à la souche royale par le mariage de son fils, le duc de Chartres, avec cette princesse, et il avait jusqu'à un certain point l'appui du cardinal de Fleury. D'Argenson recueille ce bruit dès le mois d'avril 1737, en ajoutant que le duc d'Orléans en faisait encore grand mystère et qu'autour de lui, dans son entourage intime, les amis du duc de Bourbon cherchaient à l'en détourner, en feignant de croire son fils peu capable de se mêler utilement aux affaires. Comme la princesse avait alors dix ans seulement, les choses ne pouvaient pas encore prendre une tournure décisive. Il paraît cependant que le duc d'Orléans suivit son idée, car, deux ans après, quand le bruit se répandit que Madame Henriette allait épouser le duc de Savoie, d'Argenson mentionne le mécontentement du duc d'Orléans, en relevant comme preuve à l'appui de ce projet d'hymen, que la princesse apprenait l'italien (février 1739). Dans cette hypothèse, le duc de Chartres devait épouser plus tard Madame Adélaïde, mais de son côté le duc de Bourbon, inquiet à la pensée de voir la maison d'Orléans s'accroître, insistait habilement sur le temps qu'il fallait attendre pour que cette union pût être possible et sur le danger de laisser ainsi cet unique héritier sans postérité. « Des conseils bien sensés demandoient, dit d'Argenson, que l'on préférât M. le duc de Chartres au duc de Savoie, pour Madame deuxième, et certainement elle le préféroit bien elle-même pour son propre bonheur, et elle en seroit plus grande dame quoiqu'elle n'eût pas la tête couronnée. La politique prise en grand peut encore décider pour M. le duc de Chartres, car il est mauvais de paroître si fort éloigner la succession de France de la maison d'Orléans, malgré les traités qui sont la sûreté et le calme de l'Europe. Et de l'autre côté, quel mince degré de liaison ajoutera ce mariage à celle que nous avons à jamais avec le roi de Sardaigne ? Quand il sera lié au nom, c'est qu'il y trouvera son avantage pour s'agrandir ; il ne peut l'être à nos dépens, ni présentement à ceux de l'Espagne, il ne le peut qu'à ceux de l'Empereur. Voilà la source inaltérable de nos liaisions, un mariage n'y ajoutera guère ; mais la vieille rubrique de politique conduira à corroborer ces liaisons par un mariage, préférablement à des intérêts intrinsèques où la brigue de cour offusque le juste point de vue. »

Mais les choses changèrent et il faut dire aussi que l'affection véritable du duc de Chartres pour Madame Henriette compromit, autant que la politique, les chances du duc de Savoie. Au mois de mai 1740, d'Argenson, précieux et sûr témoin pour cette période, mentionne comme très-certain le mariage de « Madame seconde avec le duc de Chartres. » Louis XV « se tourne de lui-même vers M. le duc de Chartres qu'il regarde maintenant comme un second fils qu'il auroit, en dépit de M. le cardinal... C'est le roi qui prend soin lui-même d'avancer les choses qui regardent ce prince. » Il le « nomme » pour un voyage à Marly, bien avant l'âge où les princes y étaient habituellement conviés : à la chasse, il veille à ce que « des jeunes gens libertins, comme le duc d'Ayen, ne causent pas avec lui. » Le duc de Chartres, —père de celui qui fut Philippe-Egalité—était un prince des plus accomplis : brave à la guerre, où il eût gagné ses grades sans être membre de la famille royale, ami des lettres et des arts, honnête, droit et véritablement aimable. Mais le cardinal de Fleury, nous l'avons dit, désapprouvait hautement cette alliance, tandis que tous les gouvernements étrangers y applaudissaient : ils y voyaient un témoignage de sécurité donné à l'Europe à l'appui des renonciations de Philippe V et de ses successeurs à la couronne de France qu'on trouvait très-exposées, reposant sur un seul héritier mâle sans postérité. Fleury ne voulait pas décourager aussi radicalement l'Espagne et surtout il voulait empêcher l'élévation de la branche d'Orléans : il lui fallait trouver un autre prétendant à la main de la princesse et ce n'était pas aisé, le roi évitait le prélat autant qu'il le pouvait : « Sa Majesté, écrit d'Argenson, au mois d'août 1740, recommence à errer et à courir pour fuir l'Eminence. »

Le duc d'Orléans entama ouvertement la lutte : la mort du duc de Bourbon lui laissait la première place à la cour et il comprenait la situation que lui ferait cet hymen : son fils devenait en effet comme le frère cadet du Dauphin, suivant la remarque de d'Argenson. Il se mit à contrecarrer le cardinal dans tous ses plans au conseil et à l'attaquer dans tous ses retranchements, notamment en poussant à la guerre contre l'Angleterre, et il se sentait soutenu moralement par le roi. Enfin il crut toucher au but et en parla à Louis XV ; ce prince regagné à ce moment par le cardinal refusa. Mais je laisse d'Argenson raconter toute cette scène vraiment romanesque : « On m'a confié hier un grand secret de la maison d'Orléans. Il s'agit de marier M. le duc de Chartres, M. le duc d'Orléans y est absolument résolu ; deux ressorts l'y poussent, le dessein sans doute de se retirer, et la dévotion qui fait craindre à ce prince que son fils ne prenne une maîtresse. Le grand objet était d'épouser Madame Henriette. On a toujours bien vu que le cardinal y étoit opposé ; cependant M. le duc d'Orléans, conduit par de bons conseils, a traité l'affaire avec le roi directement. Sa Majesté l'a d'abord mis plutôt dedans que dehors, puis cela s'est ralenti, enfin Sa Majesté y avoit opposé une sorte de négative, et M. le duc d'Orléans n'a plus su que dire. M. le duc de Chartres en a parlé au roi même à la chasse, et fit fort bien sa petite harangue : — Sire, dit-il bien bas, de cheval à cheval, j'avois eu une grande espérance. Votre Majesté ne l'avoit pas ôtée à mon père ; c'étoit de trouver en Votre Majesté un père aussi bien qu'un maître. Je contribuois au bonheur de Madame Henriette qui seroit restée en France avec Sa Majesté. M'est-il permis encore d'espérer ? — Sur cela le roi se pencha sur ce jeune prince et lui serra tristement la main par deux fois, ce qui veut dire un refus net. » (24 septembre 1740). Le fait était que le cardinal avait effrayé le roi en lui montrant un grand péril pour son fils dans l'élévation de la maison d'Orléans. Il avait dû renoncer au duc de Savoie que son père avait poliment refusé, en s'excusant sur son âge, et en réalité dans la crainte de déplaire à l'Espagne dont il préférait l'alliance à celle de la France. Il imagina alors de marier Madame Henriette à l'Empereur aussitôt après la mort de l'Impératrice déjà très-gravement malade.

Le duc d'Orléans aurait pu attendre aussi la mort du cardinal, mais il voulait absolument marier son fils, et Fleury ne le souhaitait pas moins pour être sûr que l'alliance qu'il avait combattue ne pourrait se renouer. Il se prêta donc volontiers au projet d'une union avec la seconde fille de l'électeur de Bavière : ses ouvertures n'ayant pas abouti, le duc d'Orléans se reprit à espérer de nouveau le mariage de Madame Henriette, et dès le 27 septembre il disait à ses intimes, après l'échec de Munich : « Eh! bien, je donne sept mois à l'impératrice pour mourir ou pour en échapper. » D'Argenson nous fournit pour ce curieux épisode tous les détails, en insistant sur la ténacité du duc d'Orléans à faire réussir son projet favori, même en prolongeant le célibat qu'il redoutait tant pour son fils. Et il ajoute aussitôt : « On m'a confié que Madame Henriette et M. le duc de Chartres s'aiment passionnément. On les a laissé s'aimer de jeunesse, et on les y a même exhortés ; la poudre a aisément pris, et il ne s'agit plus que de la retenir de peur d'éclat. Cependant, ils savent quelle obéissance ils doivent aux volontés d'un père et d'un roi. En croissant, la raison croissant aussi, l'amour ne fait que croître entre deux personnes de même âge et élevées ainsi pour être destinées l'une à l'autre. Le roi les rendra infiniment malheureux s'il marie Madame ailleurs, comme ce vilain cardinal l'y pousse incessamment. Voilà donc comment commencent les romans. Quand le roi répondit si tristement à M. le duc de Chartres, à la chasse, ce pauvre prince, retournant à son gouverneur, étouffoit et crevoit. M. le duc d'Orléans s'est donc retourné au mariage de Bavière, mais la réponse en étant mauvaise, comme je l'ai dit, M. le duc de Chartres est tout allégé et tout allègre depuis dimanche, qu'il le sait (28 septembre). » Et il ajoute encore, après avoir dit que l'idée de marier Madame Henriette à l'empereur, en cas de veuvage, était complétement chimérique : « En vérité, ce sont des finesses que tout cela ; le roi veut plus que jamais faire ce mariage de Madame et de M. le duc de

Chartres, mais il veut qu'on n'en ait obligation qu'à lui seul. Il voit que cela contrarie le cardinal, et il remet l'affaire à des temps qui dépendront de lui. « En résumé, l'affaire manqua par la plus bizarre cause du monde, et, ce qui est le plus curieux, au grand mécontentement du roi. Ce mariage fut uniquement arrêté parce que l'affaire fut traitée directement entre Louis XV et le duc d'Orléans sans l'intermédiaire du cardinal, et cela par la volonté précise du roi. Or, le cardinal ne voulait point admettre qu'un pareil événement pût se passer sans son intervention, et se mit pour ce seul motif à l'encontre : il prétexta alors tantôt le mariage de l'Empereur tout en le sachant impossible, tantôt les précautions à observer envers l'Espagne : « Quand cette raison manqueroit, écrit d'Argenson, le cardinal en trouveroit bien d'autres. La reine demanda l'autre jour à M. le duc d'Orléans des nouvelles du mariage de son fils avec Madame, et, ayant fait la question, elle se trouva savoir elle-même comme la chose s'étoit passée, et que le cardinal avoit fait cette grossière épreuve de son pernicieux pouvoir (13 décembre 1740). »

Mais il était dit que ce mariage occuperait longtemps la cour. L'affaire de Bavière reprit quelque consistance, puis subit un arrêt au mois de janvier suivant, et le duc d'Orléans songeait faire voyager son fils en Allemagne. En même temps d'Argenson assure qu'on « ne sait quel secret a dit sur cela à M. le duc d'Orléans le cardinal, mais il paroît que l'affaire du mariage de M. le duc de Chartres avec Madame Henriette est remis sur le tapis et devient possible, soit que nous laissions la Bavière à une négociation avec la cour de Vienne, soit que nous nous refroidissions avec l'Espagne, en lui refusant le passage de ses troupes par le Roussillon et le Languedoc. » (29 janvier 1741.)

Le duc de Chartres tenait de plus en plus à la main de Madame Henriette, et il eut à ce sujet une scène vraiment piquante avec le cardinal. Voici en quels termes d'Argenson la raconte : « Ce jeune prince lui a dit en partant de Marly pour la Flandre : — Monsieur, j'ai à vous remercier des soins que vous vous êtes donnés depuis peu pour me marier. — Le cardinal d'abord a rougi, a été étonné de ce que le prince entroit en telle matière et il lui a dit : — Oui, monseigneur, j'ai pensé que dans la circonstance présente des affaires, il y avoit de la difficulté à s'allier si ouvertement avec la maison de Bavière. Mais, dit-il, il y a une autre princesse en Allemagne, il y a trois princesses de Sulzbach dont la seconde est assez bien, est bonne et est fort vive. — M. le duc de Chartres : — Monsieur, il y a un autre établissement ici qui feroit tous mes vœux et tous mes désirs. — Le cardinal a rougi, a été embarrassé, a balbutié et a été six minutes sans répondre, enfin il a dit : Monseigneur, de quoi voulez-vous parler? — M. le duc de Chartres lui a répondu spirituellement et avec hauteur : — Monsieur ne me pas répondre, c'est m'entendre. — Le cardinal a cru devoir répliquer : Mais, monseigneur, j'en ai parlé à M. le duc d'Orléans et le roi lui a parlé. — Sur cela, M. le duc de Chartres lui a dit : Monsieur, je pars jeudi pour Flandre. » (22 mai.)

Ce roman n'eut pas de suite, et nous ne trouvons aucun détail, même dissimulé, dans les minutieux mémoires du duc de Luynes. Au mois de mai 1743, le duc de Chartres épousa la fille du prince de Conti, qui le rendit très-malheureux.

Madame Henriette se prononça très-vivement avec la reine, avec le Dauphin, avec sa sœur l'Infante, quand on organisa le parti austro-espagnol à la cour en opposition avec la marquise de Nesle et sa faction : nous avons vu, en nous occupant de l'Infante, que le parti de la famille royale l'emporta. Du reste, à cette époque, les filles du roi prirent une attitude qu'elles gardèrent invariablement celle d'une opposition systématique aux maîtresses de leur père. Il est certain que le désir de contrecarrer madame de Nesle fut pour beau-

coup dans la part prise par Madame Henriette
aux intrigues politiques qui aboutirent à l'alliance
autrichienne, fortement patronnée par le cardinal
de Fleury, circonstance qui n'était point de nature
à entraîner la princesse. Ceux qui voulaient dominer le roi et voyaient le danger « du parti de ses
filles » s'ingénièrent à lui découvrir une maîtresse
influente, et ils firent une trouvaille inappré-
ciable en élevant à cette position, déplorablement
enviée, celle qui devait être madame de Pompadour, pendant quelques années. Alors Mesdames
vécurent très-effacées auprès de leur père : Madame
Henriette était trop passive pour fournir un point
d'appui suffisant à un parti ; Madame Adélaïde était
encore trop jeune, mais l'on pressentait déjà en elle
un esprit qui devait s'imposer à ses sœurs et les
diriger ; toutes les autres Filles de France étaient,
on le sait, à Fontevrault. Cependant en 1746, il se
produisit un changement qui causa une émotion
profonde dans la cour. Mesdames parurent l'emporter sur la marquise de Pompadour ; ni elles ni le
Dauphin ne pouvaient se résigner à subir la domination de la marquise. Pleins d'une fougueuse in-
tolérance, ils blâmaient hautement la conduite de
leur père, traitaient publiquement la marquise de
maman p... (1) et cherchaient, d'accord avec M. de

(1) D'Argenson, v. 455 ; VII, 403.

Maurepas, toutes les occasions de la mortifier, comme par exemple de suivre toute une chasse dans la même voiture qu'elle, sans lui adresser une seule fois la parole (1). En 1747, d'Argenson écrit : « La Pompadour va être renvoyée. Le roi vivra dans sa famille. » La famille royale avait en effet entamé une campagne en règle contre madame de Pompadour. « Ainsi voici l'orage qui commence à grossir, écrit encore d'Argenson le 26 février 1747 ; on prendra le roi par les incommodités qu'il y a à posséder une maîtresse de si bas lieu, et pas à pas on le conduira au dégoût par la honte : ainsi M. le Dauphin a-t-il voulu que madame la Dauphine n'allât pas à la comédie des Cabinets et l'a-t-il obligée à contrefaire la malade. La reine conduit sa famille avec quelques conseils qu'elle a pris ; M. de Maurepas lui a soufflé ce projet, et, par là, elle prend consistance à la cour, au lieu que le roi n'a aucun conseil, confiance en personne. » Les choses prenaient une fâcheuse tournure pour la marquise : « Ce sera la famille royale qui sera l'instrument de l'expulsion de la marquise », écrit notre chroniqueur deux jours après ; déjà le

---

(1) *Ibid.*, V. 73. « A la dernière chasse, écrit-il le 26 février 1747, madame de Pompadour étoit dans la calèche de Monsieur et de Madame la Dauphine (*sic*) et Mesdames ; il étoit convenu entre eux de ne rien lui dire, quelque chose qu'elle dit. Elle enrageoit, elle rugissoit. »

Dauphin et Mesdames, sous les ordres de la reine, commencent à l'attaquer en lui marquant du mépris et ne lui parlant presque plus ; on propose au roi un arrangement d'amusement : il vivra dans sa famille qu'il aime fort et où il se plait, il y jouera, il y soupera. Il aime fort la nouvelle Dauphine qui l'égaye. » Le roi à cette époque était beaucoup plus calme, et on comptait sur la fatigue de ses sens pour lui faire aimer la vie de famille, — ce qui, soit dit en passant, contrarie passablement le repoussant tableau qu'un récent écrivain a fait de ce royal intérieur, sans autre preuve à l'appui, ajoutons-le bien vite, que sa fiévreuse imagination. — Mais ce nuage se dissipa promptement et la faveur de madame de Pompadour fut plus grande que jamais. Il est certain toutefois qu'à cette époque le roi montra un penchant soudain pour sa fille aînée, la bonne et douce Henriette, comme s'il eût voulu lui faire oublier le chagrin qu'il lui avait causé en l'empêchant d'épouser le prince qu'elle aimait. Elle était très-entourée par le parti dévot de la cour, par les jésuites ; on la décida à vaincre sa timidité et elle sut devenir aimable ; elle plut au roi en lui offrant des soupers chez elle, et parvint à y faire bonne figure, malgré ses perpétuelles indispositions. Son frère la soutenait activement dans ce rôle. Louis XV la combla alors; il lui forma une maison presque égale à celle de la reine, et lui donna d'énormes sommes que la princesse dépensait en bonnes œuvres. Cette influence fut très-salutaire. Madame Henriette fit revenir le roi chez sa mère : le duc de Luynes nous apprend qu'à ce moment Marie Leckzinska eut des étrennes, tandis qu'on les supprima à madame de Pompadour ; le roi vint à son jeu, attention à laquelle la pauvre reine délaissée tenait tant. Enfin, sous cette influence, Louis XV renvoya d'Argenson, et renoua avec l'alliance austro-espagnole. Cette faveur devint si éclatante que madame de Pompadour s'en effraya et commença à redouter une disgrâce définitive. Elle imagina alors de ruiner l'influence de Madame Henriette, en faisant revenir de Fontevrault Madame Victoire, de manière à partager l'affection du roi, toujours enclin à préférer les nouveaux visages. Il paraît même que l'Infante s'alarma des progrès constants de la faveur de sa sœur et ne fut pas moins disposée à l'entraver : c'est alors, comme nous l'avons dit, mais sans attacher plus d'importance qu'on ne doit le faire pour un bruit de pareille nature, que Madame Infante aurait prié Voltaire d'écrire sa *Sémiramis* (décembre 1747). Voltaire lui-même nous fait cette confidence : il composa sa tragédie à Sceaux, chez la duchesse du Maine. Puis, quand il apprit la faveur de Madame Henriette, quand il sut qu'elle était véritablement alors, d'après l'expression de d'Argenson, « le chef du Conseil » de famille, suivant sa louable habitude, il prit peur, et fit ajourner la représentation (février 1748).

Le roi, nous l'avons dit, revit avec bonheur sa quatrième fille, qui fut très-démonstrative envers lui, et, soit mouvement naturel, soit sous l'influence de conseillers habiles, eut l'art de s'adresser pour tout directement à lui et en obtint promptement tout ce qu'elle voulut : argent, honneurs, maison, quoiqu'elle eût à peine quatorze ans. Madame Henriette subit cette nouvelle épreuve, comme à son ordinaire, sans se plaindre et peut-être sans regret, car la vie bruyante l'amusait peu. Mais Madame Adélaïde se gendarma : sous prétexte de réclamer en faveur de l'aînée de la famille elle plaida réellement sa cause, car elle sentait bien que c'était elle qui allait, Madame Henriette présente, jouer le rôle d'aînée. Tandis que Madame Henriette occupait un appartement entre ceux du roi et du Dauphin, Madame Victoire fut logée au second et elle y demeura, quand plus tard les deux dernières Filles de France revinrent à la cour. Cette nouvelle venue ne remplit donc pas les vœux de madame de Pompadour, qui se résolut alors à faire bon visage à l'Infante, quand celle-ci vint en France et prit dans l'affection du roi la place de sa sœur Henriette, au point d'obtenir le fameux appartement qui, à Versailles, communiquait par un escalier intérieur avec celui de Louis XV. Par son intelligence, son habitude des affaires, son entrain, elle n'eut pas de peine à effacer ses sœurs, qu'elle traitait tout haut « d'enfants ». Nous sommes loin cependant d'adopter les opinions de plusieurs historiens de Louis XV, qui établissent entre les trois filles aînées de ce prince une lutte odieuse qui n'a jamais existé. L'Infante a pu craindre que Louis XV faible et capricieux se laissât dominer par le caractère doux et sympathique de Madame Henriette; elle put dès lors avoir envie de venir à Versailles et de défendre elle-même ses intérêts, mais elle aima beaucoup et constamment sa sœur jumelle. Elle n'eut jamais de meilleur soutien, de plus vaillant avocat, et pendant son long séjour on la vit vivre avec ses sœurs dans la plus grande intimité, soutenant en somme la même politique, attaquant ensemble la maîtresse, se ralliant autour de la reine et du Dauphin et déplorant ensemble la chute de Maurepas, laborieusement obtenue par madame de Pompadour (1). Elles étaient toujours

(1) M. de Maurepas faisait cause commune avec Mesdames, mais ce ne fut pas ce qui détermina sa chute. Nous avons dit que madame de Pompadour désirait avoir pour madame d'Estrades la place de madame de la Lande auprès des princesses et elle chargea Maurepas d'arranger cette affaire. Maurepas vint lui dire que madame de la Lande ne

ensemble aux chasses de Fontainebleau ou aux petits soupers servis au retour au roi.

Les deux princesses figurèrent même seules assez souvent à l'exclusion de toutes autres femmes dans les petits Cabinets. Ces repas, il faut le dire, étaient déplorables pour Madame, dont la santé continuellement ébranlée s'accommodait très-mal de la « cuisine nouvelle » dont parle d'Argenson, et des veilles qu'elle devait affronter.

C'est à ce moment qu'il fut question d'un mariage pour Madame Adélaïde. Le prince de Conti était très-ambitieux et il espérait, en devenant gendre du roi, être un jour ministre dirigeant, sinon premier ministre : sa mère le soutenait vivement dans ses efforts et il montra résolument son intention en s'enfermant avec Madame Adélaïde pendant la petite vérole qu'elle eut au

voulait quitter à aucun prix : le lendemain madame de la Lande vint chez la favorite lui affirmer tout le contraire et offrit de se retirer quand on voudrait, pourvu que sa petite belle-fille eût une place de dame chez les filles du roi. « Madame de Pompadour, raconte le duc de Luynes, furieuse, comme on peut le croire, alla chez M. de Maurepas, et lui dit en propres termes qu'il étoit un menteur et un fripon. De là vint une inimitié si grande qu'elle disoit presque hautement qu'il vouloit l'empoisonner. En conséquence, dans les cabinets elle ne mangeoit de rien la première, et les jours maigres qu'on lui servoit du gras, elle aimoit mieux du maigre que des mets destinés pour elle. »

mois de février 1748, mais ce projet n'eut pas de suite et par contre le prince de Conti se rallia au parti de madame de Pompadour, où nous le verrons figurer activement contre toutes les tentatives des filles du roi.

Mesdames étaient toujours hostiles à madame de Pompadour qu'elles poursuivaient avec plus ou moins de succès. L'irritation qu'elles témoignèrent à l'occasion de la chute de Maurepas, les propos amers qu'elles formulèrent hautement, et que le public recueillit avec empressement, amenèrent un certain refroidissement entre elles et leur père. Voltaire à cette époque se roulait aux pieds de la favorite, et c'est alors que pour la remercier d'avoir fait représenter sur le théâtre des petitsCabinets son *Enfant prodigue* et *Alzire*, il lui adressa une pièce de vers dans laquelle, établissant un parallèle entre elle et son royal amant, il s'écriait en finissant :

> Soyez tous deux sans ennemis,
> Et gardez tous deux vos conquêtes.

Mesdames et leur frère furent indignés de cette comparaison, en effet de très-mauvais goût, entre les victoires glorieuses de leur père et la conquête de son cœur par la marquise ; elles chargèrent le poëte Roy de répondre à Voltaire et elles parvinrent à indisposer Louis XV contre celui qui recherchait si maladroitement sa faveur (mars 1750).

Mesdames avaient alors repris leur influence et l'on s'en aperçut quand on vit le Dauphin entrer au Conseil et ses idées favorables au clergé triompher. Seulement le revirement fut si brusquement, si complétement opéré que la cour s'étonna et chercha d'où ce changement pouvait venir, car Madame Henriette n'était pas capable d'exercer une influence aussi promptement décisive. Mais à cette époque la princesse était souffrante, affaiblie et la place était tout naturellement ouverte à Madame Adélaïde qui s'empressa de se mettre en avant (octobre 1750). La situation d'aînée allait bien en effet à son caractère viril, violent et résolu. Le roi commença par écouter le conseil de cette jeune fille de dix-sept ans et sentit son influence ; mais elle voulut pus de netteté, elle voulut que son père affirmât sa situation, et le 17 février 1751, comme toute la cour était sur la glace où l'on patinait, Madame Adélaïde monta dans le traîneau royal, occupant la place jusque-là réservée à l'aînée, tandis que Madame Henriette montait dans le second traîneau.

Mesdames, après avoir attaqué de front madame de Pompadour et tenté d'en dégoûter leur père par des motifs que d'Argenson déduit très-crûment, recommencèrent leur campagne en 1750, à l'occasion du jubilé centenaire, et essayèrent d'amener le roi à le faire avec elles. Madame Adélaïde poussa aussi loin que possible ses efforts ; elle s'emporta même et parla de se retirer dans un couvent de Carmélites pour pouvoir librement prier en faveur du pécheur récalcitrant. Louis XV prit mal les choses et lui répliqua vivement, dit-on : « Pas avant vingt-cinq ans, ou quand vous serez veuve ! » (Août.)

En mourant, du moins, Madame Henriette obtint la suppression de l'*Encyclopédie* : son confesseur, le père Perusseau, vint la demander au roi, pendant que la princesse agonisait, comme un moyen d'obtenir la grâce divine, et le 19 février 1752, un arrêt du conseil promulgua cette prohibition. «Le roi est d'une tristesse affreuse, écrit d'Argenson le 18 février, et d'un sérieux dont on ne l'a pas encore vu. Il est resté jusqu'ici inaccessible à toutes affaires, et ne veut encore parler d'aucunes... Cependant ses sentiments ni ses réflexions ne le tournent point à la dévotion ; ceux qui l'observent bien n'y ont rien remarqué dans les spectacles religieux de la mort de Madame Henriette. Mais toute cette componction va à un redoublement de tendresse pour sa famille ; il aime sur cela par préférence qui il doit aimer. Madame Adélaïde hérite de toute la tendresse qu'il avait pour Madame Henriette. Il vient de lui donner l'appartement de M.

et madame de Penthièvre, avec un escalier dérobé pour descendre à tous moments de son cabinet chez sa fille aînée (1). Il paroît ne vouloir plus faire sa société que de sa famille, en patriarche et en bonhomme. Aussi le grand crédit paroît se tourner de ce côté-là. »

Madame Adélaïde pleura sa sœur, et elle fut si profondément impressionnée qu'elle ne put assister à aucune des tristes cérémonies qui eurent lieu alors. Mais dès lors seule à diriger les affaires auprès du roi, elle eut bientôt à manifester son influence.

Il y avait une grave querelle, à Paris, entre l'archevêché et le Parlement, qui accusait le prélat d'avoir chez lui une presse clandestine. Le roi, désireux de ménager le Parlement, à cause des nombreux impôts dont il avait besoin, se laissait aller à écouter ses plaintes et était disposé à agir sévèrement (mai 1752). Madame Adélaïde, mise en avant par la famille royale et par le parti religieux, pria, pressa, supplia, puis elle rompit avec son père. Elle savait la puissance de l'habitude sur ce prince : elle quitta l'appartement qu'elle occupait à Versailles et où, par l'escalier intérieur, le roi descendait si volontiers et si souvent chez

---

(1) « On accommode cet appartement, ajoute-t-il le 23; des ouvriers y sont; le roi les conduit et les pique : il y va continuel'ement. »

elle, et elle vint se loger dans l'appartement, beaucoup plus éloigné (1), de la duchesse du Maine. Le roi résista cependant, bien qu'au fond on devinât facilement qu'il ne demandait qu'à céder et qu'il était désormais acquis au clergé. Pendant le séjour de la cour à Fontainebleau, à la suite de ces scènes, Madame Adélaïde reprit peu à peu son ascendant, et on l'entendait, rapporte d'Argenson, dire à tout venant : « Nous ferons ceci ou cela, » — et en effet, elle parvint à faire triom-

(1) L'appartement de la comtesse de Toulouse étant vacant à la fin de 1749, nous avons dit que ce fut une grande affaire de savoir qui l'aurait de Madame Adélaïde ou de madame de Pompadour, parce que, placé immédiatement au-dessus de celui du roi, il y communiquait par un escalier intérieur. « La grande affaire n'est pas encore finie, écrit d'Argenson le 16 janvier 1750, et rien n'est déclaré; on hésite sur le trouble que cela apportera dans la famille royale. Madame dit : « — Que la marquise soit logée en haut ou en bas, le roi mon père n'y vient pas moins ; il faut autant qu'il monte pour redescendre que de descendre pour remonter ; au lieu que moi, dame de France, je ne puis loger en haut dans des cabinets. — Sur cela, le roi prudemment hésite, et aucun ordre n'est donné. » Les choses restèrent longtemps ainsi. Madame de Pompadour, qui craignit que dans le premier moment de douleur, après la mort de Madame Henriette, le roi ne fît loger sa fille préférée dans son appartement, intervint elle-même, pour lui faire assigner ce fameux entresol, espérant ainsi conjurer un plus grand mal (mars 1752). Ce ne fut qu'au bout de deux ans que les craintes de la marquise se réalisèrent.

pher l'intrigue dont elle était l'instrument, et Paris apprit un matin l'exil du Parlement (9 mai 1753). Mais il faut ajouter que les parlementaires se vengèrent cruellement et provoquèrent au sujet de Madame Adélaïde ces bruits odieux qui furent remis en circulation lors de la naissance du comte de Narbonne, nous ne nous donnerons pas la peine de les réfuter : parce qu'il y a des ordures qu'on doit laisser dans la boue

Les ennemis de Madame et du clergé, — Machault, madame de Pompadour, le prince de Conti, — étaient vaincus, mais ils ne se tenaient pas pour battus et étaient tout prêts au contraire à revenir à la charge contre le Dauphin, sa sœur et d'Argenson. Madame Adélaïde cependant affirma encore plus sa faveur, quand aux fêtes de Noël elle alla s'installer dans le petit logis qu'on lui avait préparé dans l'appartement même du roi (1). Les travaux avaient duré deux ans, grâce aux efforts de madame de Pompadour pour empêcher la réalisation

---

(1) « Le roi a pris goût à causer avec ses enfants, écrit d'Argenson, le 20 septembre 1752, et à se décider par eux sur bien des choses Madame Adélaïde augmente de plus en plus en crédit ; elle prononce en demandant l'ordre du roi, et elle dit : « *Nous ferons ceci ou cela,* » et non : « *Vous plaît-il que cela soit, Sire ?* »

d'un établissement qui l'inquiétait au plus haut degré.

La chambre de la princesse donnait dans le cabinet secret de Louis XV : trois pièces, dont une antichambre et une salle à manger, où elle prenait ses repas avec sa sœur, complétaient l'appartement. On comprend qu'ainsi elle tenait son père désormais sous sa domination, ou plutôt, il faut le reconnaître, sous celle de la coterie dont le Dauphin était le chef, au moins nominal, et chez lequel le duc de Luynes nous dit qu'elle allait alors tous les soirs prendre le mot d'ordre. La lutte était désormais nettement engagée entre Mesdames de France et madame de Pompadour. A ce propos, d'Argenson trace, le 6 mars 1753, ce curieux croquis de l'intérieur royal :

« Un courtisan m'a dit qu'il étoit certain que la marquise de Pompadour seroit congédiée avant Pâques, et qu'on n'en pouvoit douter; le roi en étoit dégoûté et la voyoit très-peu en particulier; que cela se remplaceroit ainsi : quelque petite beauté de Paris, que son valet de chambre Le Bel lui procureroit de temps en temps dans son appartement; la famille royale, Mesdames et la Dauphine pour les voyages, fêtes et amusements, et la comtesse de Toulouse, sa vieille tante, pour la confidence de ses soucis et le besoin qu'il a de débander sa mémoire et son cœur, car il faut à notre maître des roseaux comme à Midas pour aller dire ce qu'il ne peut taire, et cette confidence doit être faite à une femme et non à un homme. En trois jours de ce carnaval, où le roi a pris des eaux de Vichy, Mesdames ont si bien fait en se relayant l'une l'autre, qu'il n'a pas été possible à madame de Pompadour de le voir un moment en particulier. »

La vie de la cour se concentra dès lors entre les victoires de Madame Adélaïde, qui représentait et dirigeait le parti de la famille royale, et celles de madame de Pompadour, qui, à bout de ressources, exploita le libertinage de Louis XV, et se fit elle-même la pourvoyeuse de ses honteuses bonnes fortunes.

Madame Adélaïde, cependant, conservait le pouvoir : elle serrait le roi de trop près pour qu'il en pût être autrement. Elle connaissait son influence sur son père, la force de l'habitude, et elle faisait jouer ces ressorts avec une habileté consommée. « Madame Adélaïde gouverne tout, dit encore d'Argenson, le 26 juillet 1753, prononce absolument et décide de tout ce que doit faire M. le Dauphin dans la journée. Elle affecte de contrarier le peu d'ordres qu'a donnés la Dauphine pour marquer son autorité. Celle-ci est assez malheureuse ; elle n'a pas le moindre crédit : la sœur détourne le mari de s'attacher à elle » Il y avait longtemps que Madame Adélaïde témoignait son peu de sympathie à la Dauphine, non parce qu'elle lui en voulait personnellement, mais parce qu'elle était la femme de son frère et qu'elle inspirait au roi de l'intérêt et de l'affection. Le maréchal de Saxe, dans sa correspondance avec le roi de Pologne, mentionne souvent cette situation, dans laquelle Marie-Josèphe jouait un rôle tout passif. La Dauphine plaisait à Louis XV, qui venait assez souvent après souper chez elle : il voyait en elle la mère de l'héritier de sa couronne; il goûtait sa douceur, sa grâce, sa bonne humeur; il lui était d'ailleurs reconnaissant de la tranquillité où elle le laissait, ne lui demandant presque jamais rien, ne s'occupant nullement de politique.

Madame Adélaïde comprenait ces dangers et ne pouvait s'empêcher d'en vouloir à l'innocente princesse qui en était la cause. Bref, elle traita la Dauphine Marie-Josèphe comme plus tard elle devait traiter la Dauphine Marie-Antoinette.

Madame Adélaïde demeura ainsi chez son père jusqu'en 1761; elle se trouva mêlée par conséquent à tous les événements de cette partie du règne de Louis XV. Nous nous contentons d'indiquer son rôle sans nous y appesantir davantage. Parfois, le roi souffrait impatiemment cette influence quotidienne : il ne pouvait presque rien faire sans que l'œil avide de la princesse ne lût ce qu'il écrivait alors, et le Dauphin et tout son parti le savaient. Dans un accès d'indépendance, Louis XV s'en allait à Trianon, où il avait ses papiers véritablement secrets. D'Argenson raconte que, quand frappé par Damiens il se crut au moment de mourir, il remit à d'Argenson cadet la clef de son secrétaire de Trianon, avec l'ordre d'en rapporter tous ses papiers pour les remettre au Dauphin et à sa sœur.

C'est une chose vraiment triste, de voir l'existence de Louis XV durant cette longue période : il reste sous le joug de madame de Pompadour, en multipliant ses honteuses passades amoureuses ; il vit dans l'intimité la plus complète avec sa fille Adélaïde, voyant par conséquent beaucoup ses autres filles, complétement asservies à leur sœur aînée ; il semble avoir oublié absolument la reine, et conduit sa politique à travers une succession de phases diverses, suivant que la fille ou la favorite l'emportait dans son esprit.

Le roi, tout en laissant voir une préférence marquée pour Madame Adélaïde, tenait cependant à maintenir l'égalité entre ses filles dans le partage de ses générosités et de ses prévenances officielles. Le 6 janvier 1766, il écrivit, de sa main, ce billet :

« Je veux que mes filles aient chacune deux cent mille livres de pension, leurs maisons et tables payées; celle qui survivra aux autres en jouira de trois cent mille (1). »

(1) Communiqué par M. Rathery.

CHAPITRE X

MADAME LOUISE

Madame Louise au couvent. — Sa biographie par l'abbé Proyart. — Comment elle explique sa résolution. — Cérémonie du noviciat. — Ardeur de la princesse. — Efforts des religieuses pour la modérer. — Conseil du roi. — Bref du pape lui accordant des dispenses malgré elle. — Visites du roi et de Mesdames. — Joie de la princesse de sa vie au couvent. — Elle coule la lessive. — Effet de cette détermination dans le public. — Commentaires. — Opinion de madame Campan. — La chemise de la novice de Compiègne. — La vêture. — Avantages que la princesse procure au prieuré. — Vœux. — Remise du voile. — Madame Louise prieure. — Elle s'occupe de la maison et de l'Ordre. — L'abbé Bertin. — Ses prières pour son père. — Visites du roi. — Elle lui envoie son crucifix quand il meurt. — Lettre de Louis XVI. — Déférence du prince pour sa tante. — Elle se mêle aux affaires du dehors. — Elle reçoit les rois et les princes étrangers. — Sa maladie. — Sa satisfaction de mourir. — Sa mort.

Nous allons suivre maintenant Madame Louise dans sa vie religieuse au couvent du Carmel de Saint-Denis, laissant à l'écart pour le moment tout le côté politique d'une existence qui aurait dû être toute consacrée à la prière. Nous verrons plus loin que malheureusement il n'en a pas été ainsi, et qu'on a pu avec vraisemblance placer la sœur Thérèse de Saint-Augustin au premier rang des ennemies de Marie-Antoinette. Nous ne parlons ici que de la pieuse religieuse, de la femme à laquelle l'abbé Proyart a consacré une longue biographie, publiée à Bruxelles en 1793 et dédiée à Madame Elisabeth (1). Nous emprunterons à cette sorte de panégyrique le récit fait par la princesse elle-même des motifs qui l'amenèrent à embrasser la profession religieuse :

« Il me venoit souvent en pensée, surtout lorsque j'avois le bonheur de communier, que je faisois, pour complaire au monde, bien des sacrifices pénibles dont Dieu ne me tiendroit aucun compte. J'admirois souvent comment la reine, qui avoit de grands devoirs à remplir, et auxquels elle étoit très-fidelle, avoit su se mettre en liberté et vivre comme une sainte au milieu de la cour. J'aurois souvent désiré d'être plus long-

---

(1) 1 vol. petit in-8° de 490 pages. Cette biographie est excessivement détaillée et naturellement très-louangeuse. Elle nous fournit toutes les lettres contenues dans ce chapitre.

temps et plus particulièrement avec elle ; mais il y a des usages à la cour auxquels il faut faire plier jusqu'aux sentiments de la nature. J'aurois voulu lui ressembler ; mais ma volonté n'étoit point assez courageuse, et je n'étois pas contente de moi-même, en sorte que j'entendois toujours au fond de mon cœur une voix qui me disoit que je ne faisois pas pour Dieu ce que Dieu demandoit de moi. Mais, alors même, il me sembloit que je craignisse, comme Augustin, que Dieu me parlât trop clairement, et que je fusse obligée de m'engager trop avant à son service.

« J'avois encore un beau modèle sous les yeux : Henriette vivoit comme la reine. Tout le monde disoit que c'étoit une sainte, et ce que nous en voyions nous le disoit aussi. Quand elle étoit forcée d'aller à la comédie, elle y prioit Dieu. Sa mort me fit la plus grande impression. Je sentois combien il étoit doux de mourir aussi saintement qu'elle ; mais ma vie étoit bien différente de la sienne, et j'avois grande peur de mourir avant d'avoir commencé à mieux vivre. J'avois même, dès lors, des velléités pour la vie religieuse.

« Ce fut à peu près vers ce même temps que la comtesse de Rupelmonde quitta la cour pour entrer dans notre couvent de la rue Grenelle. Cette première démarche ne fit sur moi qu'une légère impression, parce que tout le monde nous assuroit qu'elle n'auroit pas de suite; mais tout le monde se trompa. Après le temps d'épreuve ordinaire, la comtesse prit l'habit. La reine, qui ne laissoit échapper aucune occasion de s'édifier, voulut aller à la vêture et nous y conduisit. Elle aimoit beaucoup la comtesse, qui le méritoit et qui avoit été une de ses dames du palais. Devenue veuve fort jeune encore, elle se trouvoit libre et possédoit tout ce qu'il faut pour plaire dans la société et se procurer les agréments de la vie présente. Son dévouement généreux, vu de près, me fit faire de profondes réflexions sur la nécessité du salut et sur le néant de tout ce qui flatte nos sens. Voilà du courage, me disois-je à moi-même : voilà comme on ravit le ciel. J'étois alors dans ma seizième année. Pendant la cérémonie, et avant de sortir de l'église, je pris la résolution de demander tous les jours à Dieu qu'il me donnât les moyens de briser les liens qui me retenoient dans le monde, et de pouvoir être un jour, sinon carmélite, car je n'osois me flatter d'en avoir la force, du moins religieuse, dans une maison bien régulière; car j'ai toujours tremblé pendant la trop longue épreuve de ma vocation, de rencontrer une maison relâchée, me disant à moi-même que ce ne seroit pas la peine de faire tant de frais pour n'aboutir qu'à se damner en religion.

«A peine fûmes=nous de retour à la cour que j'entendis répéter de nouveau tous les propos antichrétiens qu'on s'étoit permis lors de l'entrée de la comtesse chez les Carmélites. Quelle indiscrétion, disoient les plus modérés! ne pouvoit-elle pas se sanctifier dans le monde? Elle y auroit eu le mérite de plus d'édifier les autres. Pourquoi tant d'éclat, disoit-on encore, qui va se dissiper en fumée? Quelques mois encore de la vie triste et austère des Carmélites auront bientôt épuisé son zèle. Et quand même son zèle persévéreroit, sa santé pourroit-elle le seconder? Est-ce à une femme qui n'a vécu qu'à la cour à vouloir être Carmélite? On peut bien parier à coup sûr qu'on ne lui verra pas faire sa profession. Le ton de confiance avec lequel on nous débitoit ces propos m'ébranloit encore un peu, je l'avoue, et je mourois de peur qu'on ne vînt m'annoncer un beau jour que la sœur Thaïs avoit laissé la bure du Carmel pour reprendre les habits de cour de la comtesse de Rupelmonde. Le roi, la reine et mon frère étoient presque les seuls qui ne désapprouvassent en rien sa démarche. Ils soutenoient, au contraire, qu'elle avoit pris le bon parti et qu'on avoit grand tort de blâmer celle qui cherchoit à mettre son salut en assurance, ce qui me donnoit dès lors quelque confiance qu'un jour aussi ils pourroient consentir à ce que je suivisse ma vocation, si j'avois le bonheur d'y être fidèle. Arriva enfin le jour fixé pour cette profession, sujet de tant de propos, et ma sœur Thaïs donna le démenti à tous les prophètes de la cour. Elle fit son sacrifice avec un courage et une joie inexprimables. Elle nous assura toujours, depuis, qu'elle étoit vraiment heureuse de l'avoir fait; et il étoit aisé de voir qu'elle parloit le langage de son cœur.

« J'avois pris dès lors quelques renseignements sur la vie que mènent les Carmélites; et, sans avoir encore de volonté exclusive pour l'Ordre dans lequel je me consacrerois au Seigneur, j'étois néanmoins assez décidée pour le leur, à moins que des difficultés insurmontables ne m'en fermassent l'entrée. Cependant les obstacles que je prévoyois à l'accomplissement de mon dessein ne me permettant pas de le découvrir aux personnes même en qui j'avois le plus de confiance pour tout le reste, je tâchois de m'en distraire, ou du moins de m'en occuper sans trop d'empressement jusqu'à ce que je visse le moment favorable de le mettre au jour. Mais toutes les occasions réveilloient mon désir; et la reine, sans s'en douter, contribuoit plus que personne à le nourrir. Elle aimoit tout particulièrement les Carmélites, surtout celles de Compiègne, qu'elle alloit voir très-souvent pendant les voyages. Elle avoit même un petit appartement dans leur maison, où elle passoit les journées entières, suivant tous leurs exercices de piété. Par respect pour leur solitude, elle nous permettoit rarement de l'accompagner, mais elle nous parloit de leur joie et de leur contentement en des termes qui me faisoient soupirer après le moment où je pourrois en essayer moi-même. Quelque confiance néanmoins que j'eusse dans la piété de la reine et sa résignation aux volontés de la Providence, je n'osai jamais lui ouvrir mon cœur, bien persuadée qu'elle m'objecteroit mon peu de santé, car elle n'ignoroit pas qu'habituellement je crachois le sang. D'un autre côté, M. l'Archevêque, qui avoit le secret de mon projet, parce que je m'étois fait un devoir de le consulter avant de l'arrêter, craignoit toujours qu'il n'échouât, si je le déclarois avant le temps; et il m'exhortoit à prier et à prendre patience. Survint ensuite la maladie de mon pauvre frère, puis sa mort, qui conduisit au tombeau la Dauphine et la reine. Tout cela nécessita de nouveaux délais de ma part, au bout desquels M. l'Archevêque me demandoit encore de nouvelles réflexions, dans la crainte que je ne me compromisse par une démarche que je n'aurois pas la force de soutenir. Je les vis enfin arriver ces heureux moments de la Providence, après lesquels je soupirois depuis tant d'années, priant tous les jours sainte Thérèse de les faire accélérer. Le

Seigneur, malgré mon indignité, daigna m'exaucer et briser mes liens. C'est une grâce dont je sens tout le prix. Heureuse, hélas! si j'étois aussi fidelle que je dois l'être à en bénir la divine miséricorde. »

La cérémonie eut lieu avec une grande pompe.

« Le 10 de septembre 1770, écrit l'abbé Proyart, dès le matin, des détachements de gardes françoises et suisses furent postés au dehors du monastère, pour le maintien du bon ordre. Les gardes du corps furent chargés de la police intérieure de l'église. Le nonce du pape, archevêque de Damas, s'étoit rendu le matin chez les Carmélites. Il y dit la messe, à laquelle Madame Louise communia : elle étoit revêtue du manteau de Sainte Thérèse, qu'elle avoit eu la dévotion de faire venir de chez les Carmélites de Paris, qui sont en possession de cette précieuse dépouille de leur fondatrice. Ainsi Antoine se revêtoit-il de la tunique de Paul aux plus grands jours de fête.

« Vers les trois heures du soir, la Dauphine arriva de Versailles avec toute sa maison, Madame Louise accompagnée de la sienne, qui s'étoit rendue auprès d'elle, et conduite par le supérieur de la communauté, s'avança à la rencontre de la Dauphine jusqu'au milieu de la cour extérieure du monastère. De là les deux princesses, après s'être donné des gages réciproques de lc plus tendre amitié, s'avancèrent vers l'église. Le nonce du pape en habits pontificaux, précédé du grand maître des cérémonies, accompagné des évêques de l'Assemblée du clergé, les reçut à la porte, en leur présentant l'eau bénite, et les conduisit jusqu'au prie-Dieu qu'on leur avoit préparés.

« L'église étoit garnie d'une double haie de gardes du corps. Les évêques et le clergé séculier et régulier occupoient le chœur. Un nombre infini de personnes de marque, tant de la cour que de la capitale, remplissoient la nef. Mais au milieu de cette assemblée, que le Sacerdoce et l'Empire s'efforçoient de rendre auguste et vénérable, on distinguoit par-dessus tout la princesse qui en étoit le sujet, et l'on reconnoissoit la fille d'un grand roi, à son maintien noble et modeste autant qu'à l'appareil qui l'environnoit. Elle étoit parée de tous les ornements de la grandeur. Ses habits étinceloient d'or et de pierreries, et l'on voyoit réfléchi sur sa personne tout l'éclat du diadême, au moment où elle alloit s'enfoncer dans l'obscurité du cloître et s'immoler à toutes les rigueurs d'une vie pauvre et crucifiée.

« Un profond silence régnoit dans l'assemblée, et la gravité du spectacle tenoit tous les esprits dans une attente religieuse, lorsque l'évêque de Troyes monta en chaire. Tout entier dans son sujet, l'éloquent orateur n'eut pas plutôt commencé à le traiter, que le son de sa voix manifesta les sentiments qui pénétroient son cœur. En un instant l'impression se communiqua, son auditoire s'attendrit avec lui, et bientôt tout le monde essuya ses larmes, excepté la courageuse princesse qui les faisoit couler.

« Le discours fini, Madame Louise répondit avec fermeté aux diverses demandes qui sont d'usage en pareilles cérémonies, s'absenta un instant, et reparaissant aussitôt dépouillée de ses habits pompeux, s'avança vers la Dauphine pour recevoir le voile et le manteau religieux. La jeune princesse en les lui présentant, les arrosa des larmes de sa tendresse, et ces larmes étoient intarissables.

« Mais le moment qui frappa le plus l'assemblée, ce fut celui où la princesse, qui, quelques minutes auparavant, s'élevoit jusqu'à la hauteur du trône et brilloit de toute sa splendeur, parut comme anéantie, prosternée par terre sous la bure grossière de sainte Thérèse. Ce contraste, plus éloquent encore que le discours qui venoit de le peindre, remua les cœurs les moins sensibles. La maison surtout de Madame Louise, placée autour d'elle en ce moment, offroit le spectacle d'une famille désolée assistant aux funérailles d'une mère chérie. Ce n'étoient plus des larmes qu'on essuyoit en silence, c'étoient des soupirs et des sanglots qui éclatoient de toutes parts. On voyoit des hommes de cour et des militaires, des étrangers et des curieux attirés par l'attrait de la nouveauté, qui cherchoient à se soustraire à la foule pour se livrer sans contrainte à l'impression de ces mouvements involontaires.

« Témoin de cet attendrissement général dont elle étoit le sujet, Madame Louise le voyoit avec des sentiments qu'on eût pu comparer à ceux du sauveur du monde, lorsque les filles de Sion pleuroient sur son sort; et la douce paix, le calme inaltérable dont jouissoit en ce moment la sainte princesse, sembloit dire à toutes ces âmes mondaines, désolées autour d'elles : « Vous vous méprenez, et votre pitié se trompe d'objet. Ce n'est pas sur moi, qui trouve mon bonheur à renoncer au monde, que vous devez pleurer, mais sur vous-mêmes que le monde perd et qui l'idolâtrez encore. » Au sortir de la cérémonie, les compagnes de la princesse lui demandèrent ce que son cœur éprouvoit au milieu d'un spectacle si propre à l'attendrir. « Une impression de force, répondit-elle, qui m'élevoit au-dessus de moi-même et de tout ce que je voyois. »

L'intérêt si marqué que prenoit le Souverain-Pontife au sacrifice de Madame Louise, engagea la princesse à lui écrire aussitôt après sa prise d'habit:

« Très-saint Père, Votre Sainteté m'a comblée de joie, en chargeant M. l'archevêque de Damas, son nonce en France, de faire pour elle et au nom de Votre Sainteté, la cérémonie de ma prise d'habit dans le monastère des Carmélites de Saint-Denis ; et je lui en rends de très-humbles actions de grâce. Ce saint habit est un nouveau lien qui m'attache de plus en plus à l'Église, au Saint-Siége et à la personne de Votre Sainteté. Les religieuses de l'ordre dans lequel j'ai eu le bonheur d'entrer partagent ma vive reconnoissance pour les Indulgences qu'il a plu à Votre Sainteté de nous accorder à cette occasion. »

Madame Louise voulut accomplir immédiatement sa résolution de se conformer de tous points à l'austère règle du Carmel. Elle avait à résister aux efforts que la prieure faisait afin d'adoucir pour elle ces commencements pénibles ; la princesse s'en plaignait à son père près duquel intervenait pareillement la religieuse, et le Roi lui répondit quelques jours après son départ pour Saint-Denis : « Prenez garde qu'en faisant trop, vous ne vous mettiez hors d'état de remplir votre vocation. » Ce fut dans le début une plaisante lutte entre la princesse ardente à se plier aux travaux les plus révoltants, et les Carmélites, attentives à les lui épargner ; elles recouraient pour cela à tous les moyens. Ainsi la sœur sacristine, pour lui faire quitter un travail pénible, lui disait qu'elle n'y entendait rien et qu'il faudrait refaire la besogne. De même pour les soins de sa personne, pour sa nourriture, on devait recourir à de pieux subterfuges, afin de modérer l'ardeur de la royale novice, et même faire intervenir le pape, qui, par un bref spécial, autorisa la sœur Thérèse de Saint-Augustin à mitiger la règle du Carmel suivant les exigences de sa santé.

Avant la fin du premier mois, Madame Louise avait revu ses sœurs, puis le Dauphin ainsi que les autres membres de la famille, et enfin le roi, qui passant par Saint-Denis, huit jours après, en allant au-devant de la Dauphine, s'arrêta de nouveau et dîna au couvent, qu'il visita dans tous ses détails. Madame Campan fut également reçue en ces premiers moments à Saint-Denis et elle trouva la princesse calme et heureuse, lui disant qu'il n'y avait pas d'autre bonheur à trouver sur terre, que celui qu'elle était venue chercher chez les Carmélites : ce jour-là elle avait passé sa matinée à couler la lessive de la maison.

On comprend qu'une pareille détermination causa dans le public une vive émotion ; les bruits les plus contradictoires circulèrent : on voulut y voir une preuve du déplaisir de la princesse de se sentir la dernière des filles du roi, ou bien un dépit particulier; on supposa encore un ordre du souverain; d'autres allèrent même jusqu'à lancer des libelles odieusement injurieux. Madame Campan donne de ce fait une explication toute naturelle : « Son âme était élevée, elle aimait les grandes actions : il lui était arrivé souvent d'interrompre une lecture pour s'écrier: Voilà qui est beau! voilà qui est noble! Elle ne pouvait faire qu'un seul acte d'éclat : quitter un palais pour une cellule, de riches vêtements pour une robe de bure, elle l'a fait. » Mais ce que madame Campan n'ajoute pas, c'est, comme nous le disions plus haut, que la princesse fut surtout décidée par le désir de pouvoir offrir à Dieu une vie qui rachetât les déplorables désordres de son père. C'est là certainement qu'il faut chercher la cause véritable de la résolution de Madame Louise : il faut espérer que tant de pieux sacrifices n'auront pas été inutiles.

Madame Louise d'ailleurs était parfaitement heureuse : « Je ne suis pas encore revenue de la joie qui s'est emparée de mon cœur depuis que je suis dans ce monastère, écrivait-elle à la prieure des Carmélites de Compiègne. Je n'ai pas douté un seul instant de la part que vous prendriez à mon contentement. J'ai bien des pardons à vous demander de toutes les tricheries que je vous ai faites pour savoir toutes les particularités de vos saintes pratiques. A présent vous savez d'où venoient mes questions et sûrement vous m'avez tout pardonné, sans oublier la chemise que je vous ai volée (1). Adieu, ma révérende mère, ne m'oubliez pas dans vos prières pour que mon sacrifice se consomme selon mon désir. » Elle se plia cependant immédiatement à toutes les exigences de la règle : elle prit la dure couche de sa compagne, faisant même enlever les matelas que la prieure voulait la forcer à conserver : elle se chaussa de sandales plates; elle quitta sa montre, ce qui lui fut une singulière privation et la remplaça par un chapelet, en un mot sa vie se passa à résister aux adoucissements qu'on cherchait à lui imposer. La princesse fit régulièrement son noviciat, ayant auprès d'elle, suivant l'usage, une religieuse, la sœur de Mac-Mahon, chargée de la surveiller constamment et de la guider au besoin. Après un mois de noviciat, Madame Louise était apte à prendre l'habit, mais le roi exigea un nouveau trimestre de délai. La cérémonie n'eut donc lieu que le 10 septembre 1770. Le pape réclama le droit de présider la cérémonie et il chargea le nonce de le représenter, en accordant à cette occasion une indulgence

---

(1) Pour pouvoir se vêtir à la cour de linge aussi grossier que celui des Carmélites, elle s'en était procuré en usant d'un pieux stratagème près de la prieure. Elle avait feint de vouloir avoir comme relique la chemise d'une novice qui venait de prononcer ses vœux.

spéciale à tout l'ordre du Carmel à la seule condition de s'unir d'intention au sacrifice de Madame Louise. Le roi prescrivit une grande pompe malgré les prières de sa fille.

Nous avons dit que nous voulions seulement retracer brièvement les principaux traits de cette existence si surprenante pour une princesse de la cour au dix-huitième siècle, afin de compléter cette étude historique sur les filles de Louis XV. Notre objet n'est donc point de nous arrêter aux menus détails de cette vie entièrement consacrée à la religion et à la prière; nous pensons d'ailleurs avoir assez montré, par ce qui précède, le degré de piété et de vertu auquel la princesse était parvenue.

Elle obtint de son père de faire pensionner ses domestiques comme si elle n'eût plus existé; puis le roi lui régla sa dotation à la somme de 24,000 livres, ce qu'elle annonça gaiement à la prieure en lui disant qu'elle la donnait au couvent « moitié pour elle et moitié pour sa bosse »; en même temps elle obtenait une forte rente en grains pour le prieuré, de manière à lui fournir le moyen d'exécuter des réparations considérables, d'augmenter son personnel et d'assurer son avenir.

Le jour de la prononciation des vœux approchait, cependant. La princesse s'y prépara avec un redoublement de piété : cette fois, la cérémonie eut lieu sans pompe. L'archevêque de Paris vint recevoir l'engagement de la nouvelle carmélite (22 septembre 1771); huit jours après, elle reçut le voile des mains de madame la comtesse de Provence, en présence du nonce et avec un cérémonial aussi brillant que cela avait eu lieu à la prise d'habit. L'évêque de Senlis prononça le discours d'usage (1).

Le lendemain de sa profession, Madame Louise fut élue maîtresse du noviciat et elle y montra tout de suite la valeur de son esprit et la sûreté de son jugement. Elle s'appliqua à bien apprécier la vocation de ses élèves et à les mettre en état de bien la discerner elles-mêmes, ne leur cachant aucune des sévérités de la règle, aucun des dangers de ces liens irrévocables : elle multipliait auprès de ces jeunes filles les attentions de la mère la plus tendre, provoquant leur confiance, les accoutumant à la consulter sur tout, ne s'épargnant aucune peine, mais obtenant du moins d'excellents résultats.

« J'ai fait le voyage de Saint-Denis, et j'ai admiré la conduite de Madame Louise, à présent sœur Thérèse de Saint-Augustin. On la voit toujours la

(1) Le sermon fut prononcé par Monseigneur de Roquelaure, évêque de Senlis, premier aumônier du roi, et l'un des quarante de l'Académie française.

première à tous les exercices : ce qu'il y a de plus frappant, c'est son obéissance et son amour pour la pauvreté, elle est contente de tout. La voir est un sermon touchant. Il n'y a dans sa chambre, qui est comme les autres, que sa chaise de paille et le fauteuil du roi. Le roi, quelquefois, s'assied sur son lit, qui est une paillasse piquée, et le trouve dur ; mais tout se tourne en plaisanterie. Ce qu'il y a de plus admirable en elle, c'est son humilité qui la rend égale à toutes. Elle demande les moindres permissions avec la simplicité d'un enfant. On ne peut exprimer la joie, l'égalité et le courage de cette sainte princesse, aimant son état et se regardant comme bien plus heureuse d'y être que de porter la couronne : c'est un miracle de la voir dans les pratiques les plus austères, jouir de la force que n'ont pas celles qui, dans le monde, s'épargnent davantage ; de la voir mener la vie des Carmélites sans adoucissement, avec une gaieté admirable et se portant à merveille — Je suis revenu de Saint-Denis, mécontent de moi-même, avec la résolution de servir Dieu moins lâchement que par le passé. Je le dis, parce qu'en effet on ne peut voir cet exemple, sans être animé à un service qui fait le bonheur de quelqu'un qui a tant sacrifié pour lui (1). »

(1) Abbé Proyart.

En 1774, madame Louise fut élue prieure, et voici en quels termes les Mémoires du monastère apprécient son administration : « Elle était toujours pour nous une règle vivante. Toujours à la tête de la communauté, la première à toutes les observances, elle était si éloignée de s'écouter pour quelques incommodités, qu'à peine on pouvait obtenir d'elle qu'elle se tranquillisât dans la maladie. Dure et austère pour elle-même, elle réservait pour ses sœurs toute sa douceur et tous ses ménagements. Elle les portait aussi loin que le pouvait permettre la charité sans nuire au devoir et à la régularité : elle voulait sérieusement l'un et l'autre, et par le principe constant de sa conscience, on lui entendit souvent dire qu'une de ses grandes craintes était que Dieu eût à lui reprocher un jour que la maison, sous sa conduite, fût déchue de sa ferveur et de sa régularité. » Au bout de trois ans de charge, elle refusa une réélection; mais la religieuse qui lui succéda étant venue presque immédiatement à mourir, il lui fallut reprendre sa charge comme prieure ancienne. Elle la quitta de nouveau en 1781, et fut nommée dépositaire, c'est-à-dire directrice du temporel de la maison, tout en conservant, on le comprend, la véritable autorité dans le couvent. Elle avait alors une vaste correspondance, surveillant tout elle-même dans les plus minutieux détails, écrivant de sa main à tous les fournisseurs, s'occupant des intérêts généraux de l'ordre, ne négligeant rien enfin pour faire le plus de bien possible.

Ses lettres sont très-nombreuses, et à chaque page on peut y constater le vrai bonheur de la princesse, sa bonne humeur. Elle est surtout fort plaisante dans les luttes qu'elle soutient pour obtenir de ses compagnes d'être traitée en simple carmélite et non pas en Fille de France. Disons les efforts qu'elle fit à ce sujet pour triompher de l'habitude de l'abbé Bertin : « Avec tout le respect que je vous dois, mon père, vous êtes un drôle d'homme de croire que je fais un acte d'humilité en vous priant de m'écrire sans cérémonie, ni courtes pages. Hé bien, apprenez, monsieur et très-honoré Père, que, bien loin de vous montrer en cela de l'humilité, c'est un reste de mes anciens usages du monde, car si j'avais pensé en sœur Thérèse de Saint-Augustin, je me serais laissée traiter par mon Révérend Père Supérieur comme il aurait voulu. Mais par ma souvenance d'avoir été jadis dame Louise, je vous ai écrit ce qui est d'usage parmi les Filles de France. Lorsqu'elles sont en commerce de lettres avec quelqu'un, au bout de quelque temps, elles veulent bien faire taire le respect, et on leur obéit. Ainsi donc, M. l'abbé Bertin ne mettra plus Madame au haut de ses lettres. Il les commencera au plus à moitié de la page ; il retranchera de la fin le RESPECT et le SERVITEUR, et les tierces personnes dans le corps de la lettre. Telles sont les volontés de Madame Louise et les désirs de sœur Thérèse de Saint-Augustin. »

Les lettres de Madame Louise prouvent nettement que sa pensée dominante était bien d'intercéder auprès de Dieu pour son père : tous les jours, on priait à Saint-Denis pour lui. « Je vous puis assurer, écrivait-elle à l'abbé Bertin, et vous le savez aussi bien que moi, il ne se fait ici ni prières, ni bonnes œuvres auxquelles le roi n'ait part. »

Louis XV venait très-fréquemment au monastère, mais sans aucun cérémonial, à ce point même que plus d'une fois les religieuses ignorèrent sa présence. On lui avait disposé un appartement où il dîna souvent, apportant avec lui, surtout en carême, quelque beau poisson, et forçant sa fille à le partager avec lui. Madame Louise cherchait à attirer l'attention du roi sur les choses sérieuses qui étaient pour elle des sujets de si vives préoccupations, sur son salut, sur l'amendement de sa vie, et Louis XV écoutait d'elle toutes ces observations, que nulle autre n'aurait osé lui adresser. Quand elle apprit sa maladie, qui devait le mener au tombeau, sa douleur fut profonde, et on la vit passer les nuits au pied des autels, priant certainement encore plus pour la santé de l'âme que pour celle du corps de son père. Elle lui fit remettre le crucifix que le pape lui avait envoyé au moment de sa profession, en y attachant de précieuses indulgences *in articulo mortis*, et elle eut du moins la consolation d'apprendre de Louis XVI lui-même que son père avait tenu ce crucifix dans les mains jusqu'à son dernier moment.

Le nouveau roi témoigna dès les premiers jours à sa tante la plus respectueuse déférence. L'un de ses premiers actes fut de s'occuper de la reconstruction de l'église des Carmélites de Saint-Denis, au sujet de laquelle Madame Louise écrivit cette lettre singulièrement ferme, ce me semble, et qui indique que, malgré la bonne disposition du roi, il y eut de grosses difficultés à vaincre. Ces difficultés n'effrayèrent cependant pas la princesse, forte de sa conviction qu'entrée en religion depuis six ans, elle avait économisé à l'État les deux cent mille livres de pension annuelle que le roi faisait à chacune de ses filles depuis 1768 :

« Je me trouve dans un cas très-singulier, mon cher neveu, et j'en appelle tout simplement à votre justice. Premièrement, on répand dans le public, les uns, point instruits, à ma louange, les autres à ma condamnation, que j'avois renoncé aux rentes que le feu Roi m'a laissées par son testament. Jamais je ne m'en suis occupée, pensant que si je n'y avois pas de droits, j'avois renoncé à bien autres choses ; que si j'y avois droit, vous y pourvoiriez et que je ne devois pas en parler. Mais voici le cas où je me trouve : lorsque vous vîntes la première fois, vous me parlâtes qu'il devoit y avoir un testament. Je vous dis que vous alliez faire un héritage, et cela je vous le dis dans la meilleure foi du monde. Dans ces malheureux moments, l'âme ne va pas chercher de tournure, et Dieu merci, dans aucun moment de ma vie, ce n'a été la marche de la mienne. Vous me répondîtes : « Quel héritage ? » Et je vous répliquai, pensant que le Roi nous laissoit des biens-fonds : « S'il y a un testament, sûrement c'est pour ses enfants. Ainsi vous héritez de ma part, s'il est antérieur à ma sortie du monde. » Tout bonnement, vous me répondîtes : « Ah ! oui, » et je vous assurai que je n'y avois pas de regret. Il se trouve que toujours les religieuses acquièrent les pensions viagères que leur laissent leurs pères et mères en mourant. Dernièrement, nous avons eu l'exemple d'une femme qui a laissé une pension de 1500 livres à sa fille carmélite ; ici même nous en avons une qui a eu 400 livres à la mort de sa mère. Il y a eu des procès portés à divers Parlements, parce que des maisons religieuses réclamoient ces rentes, et ils ont toujours été jugés en faveur des maisons religieuses, soit qu'on leur adjugeât la pension entière, soit qu'on n'en adjugeât qu'une partie, trouvant que la tendresse paternelle des pères et mères avoit poussé leurs libéralités trop loin et que cela pouvoit léser les familles. C'est ordinairement les maisons religieuses qui réclament et non la religieuse, parce que, par le vœu de pauvreté, la rente viagère est à la maison et non à elle; mais je me trouve dans le cas, mon cher neveu, de réclamer moi-même nonobstant mon vœu de pauvreté, premièrement parce que, par ce vœu même, si vous avez pris ce que je vous dis pour une renonciation, je n'étois pas plus libre de renoncer que d'acquérir des biens-fonds ; secondement, vous sentez bien que la maison vis-à-vis de vous n'ose pas réclamer; d'ailleurs, en étant prieure depuis avant la mort du Roi, d'autre que moi ne le peut réclamer, et les rentes que le feu Roi a eu la bonté d'accorder à la maison sur l'abbaye de Saint-Germain-des-Prés, et la pension de 24,000 livres qu'il a eu la bonté de lui donner pour les dépenses que ma famille pouvoit occasionner ici lorsqu'elle y viendroit, feroient penser à bien du monde que je suis insatiable. Mais c'est au nom de l'ordre tout entier que je réclame, et voici mes raisons : nous avons beaucoup de maisons de notre ordre ; lorsque je me fis carmélite, il y en avoit plusieurs qui étoient destinées pour leur pauvreté à être détruites : le feu Roi me promit qu'on n'en détruiroit aucune et qu'il pourvoiroit à leur donner de quoi vivre ; en conséquence, il donna ordre à M. le cardinal de Luynes de donner une somme de 36,000 livres sur les communautés religieuses, payable en six années, pour commencer. Vous m'avez réitéré la même promesse. Depuis quelque temps, on répand que ce ne sera que ma vie durant : la grâce seroit petite, je ne suis pas éternelle, et il n'y avoit pas d'apparence en ce temps-là que je pusse résister longtemps à la rigueur de notre règle ; mais la grâce fut entière. Il (Louis XV) me promit aussi de faire accommoder notre église et donna ordre à M. Bertin, ministre, pour ce que cela coûteroit : vous m'avez réitéré la même promesse et donné les mêmes ordres à M. Bertin ; mais je vous avoue que je n'ai fait encore aucune démarche sur l'article, parce qu'ayant fait dresser des plans, quoiqu'il n'y ait rien que d'absolument nécessaire pour la sûreté de l'église dont le portail menace ruine et pour y adapter des chandeliers que le feu pape m'a envoyés pour notre église, la somme m'a paru trop forte pour en faire la demande sur les lots de loterie non réclamés, votre trésor royal trop chargé pour vous demander un pareil présent, et j'ai gardé mes plans en me confiant en la Providence qui a toujours si bien servi cette maison, en vos bontés pour elle et en votre amitié pour moi. Mais aujourd'hui que la justice est pour moi, je viens vous réclamer la rente que le Roi m'a laissée : s'il avoit voulu m'en frustrer, il m'auroit désignée dans son testament : il était fait avant, et on ne fait pas sa fille religieuse sans penser de quelle façon elle est comprise dans le testament ; si c'eût été des biens-fonds, tout étoit dit. Donnez-moi la rente en totalité ou en partie, je n'ai rien à vous prescrire là-dessus ; quelques droits que puisse avoir la maison ou l'ordre, elle recevra toujours comme bienfait de votre part, ainsi que moi, ce que vous lui adjugerez ; je ne crains plus de charger votre trésor royal, parce que ce sera une dette, et ma retraite lui a assez épargné, puisque de plusieurs millions que je dépensois, tout est réduit à 24,000 livres, les rentes de la maison étant sur les biens ecclésiastiques, et notre église sera rebâtie, nos cloîtres réparés, qu'il faut presque reprendre sous œuvre à cause de l'humidité de plusieurs conduits de la citerne, qui ont été plusieurs années rompus sans pouvoir être réparés, parce que la maison étoit trop pauvre, mais qui le sont à présent, et l'ordre entier sera rétabli : je ne serai plus dans le cas de vous importuner, tantôt pour une maison, tantôt pour une autre. J'ose vous dire que cet ordre le mérite par lui-même : c'est le plus florissant de votre royaume par sa régularité, sa ferveur et sa catholicité. Lorsque sainte Thérèse le réforma, ce fut dans la vue d'obtenir l'extirpation de l'hérésie de Calvin dans le royaume de France ; ses *Œuvres* en font foi : elle en parle dans son livre du *Chemin de la perfection;* et ce fut après cette réforme que Henri IV devint victorieux de la Ligue et catholique. C'est un assez grand service qu'elle vous a rendu. En mettant cette rente entre les mains de nos supérieures, en spécifiant que c'est pour raccommoder l'église et le cloître de la maison des Carmélites de Saint-Denis, dont votre tante est religieuse, et relever les pauvres maisons des Carmélites de la Réforme de sainte Thérèse de France, et ce ma vie durant, il n'y aura pas à craindre de rendre celle de Saint-Denis trop riche, ni que j'aie aucune propriété : ce sera après cela à Dieu à voir combien d'années il jugera à propos de faire jouir l'ordre de ce bienfait. Je vais sur quarante ans; il n'y a pas à parier pour beaucoup, ayant été élevée d'une manière si opposée au genre de vie que je mène, et si jusqu'à présent ma santé s'est fortifiée plutôt qu'affoiblie, je regarde cela plutôt comme une preuve de la religion et de la puissance de Dieu que comme un bail de longue vie. Mais quelle qu'elle soit, mon cher neveu, longue ou courte, elle sera toute employée à vous témoigner, au pied des autels, une vive reconnoissance de vos bienfaits, et ces vœux, j'espère, par la miséricorde de Dieu, ne se borneront pas à mon tombeau; et ils seront appuyés de ceux d'une multitude de servantes carmélites qui ne cesseront ni dans le temps, tant que l'ordre subsistera, et à jamais dans le ciel, d'obtenir toutes les grâces que vous méritez et dont le royaume aura besoin.

« LOUISE. »

La princesse avait toujours la plume à la main pour arriver au succès, dans ses pieuses entreprises : elle écrit le 13 octobre 1776 au garde des sceaux : « ...J'ose vous dire, monsieur, que ma retraite a déjà plus épargné à l'État, que le fonds de la rente qui m'est laissée (par le testament de Louis XV). Si vous en êtes curieux je vous le compterai aisément... Recevez mes remerciements pour le poisson. Nous en avons déjà reçu un envoi, mais j'aimerois mieux ne manger que du poisson pourri et tirer notre ordre de la pauvreté où il est. » Et le 19 décembre à M. Joly de

(1) Le 1er mai 1781, Madame Louise écrivit au garde des sceaux pour obtenir le choix de l'abbé Asseline, comme censeur de la nouvelle édition des œuvres de Fénelon, pour laquelle elle avait fourni des notes nombreuses.

Fleury : « Je vous dirois qu'il n'y a peut-être pas de roi qui ait fait sa fille religieuse à si bon marché. » Dans cette lettre, Madame Louise reconnaît que son père avait constitué au couvent une rente de 1,450 septiers de blé sur l'abbaye de Saint-Germain-des-Prés et une rente en argent de 24,000 livres; mais elle ajoute, au sujet de cette dernière : « C'étoit pour payer les frais que pouvoit causer ma famille, parce qu'on ne pouvoit prévoir que ce qui est arrivé arrivât sitôt, et que toutes les fois qu'il (le Roi) alloit à Compiègne et en revenoit, nous lui donnions à dîner et à toute sa suite; et quelqu'autre fois dans l'année, et qu'il n'y avoit pas de repas qui ne dépassât 2 et 3000 livres. » (1)

Louis XVI ne cachait point la grande confiance que lui inspirait sa tante, et il lui écrivit alors :

« Je vous prie, ma chère tante, de toujours compter sur moi, et, quand vous pourrez m'écrire, de le faire, afin que je vous prouve par moi-même l'amitié et la tendresse que j'ai pour vous. (2) » La reine, de son côté, vint assez souvent à Saint-Denis, but, du reste, de fréquentes visites des divers membres de la famille royale. (3) Madame Louise

(1) Lettre communiquée par M. Rathery.
(2) Lettre communiquée par M. Rathery.
(3) C'est en accompagnant la duchesse de Chartres que madame de Genlis fut admise auprès de Madame Louise. « Je ne puis exprimer, dit-elle, la surprise que j'ai

avait conservé les plus intimes relations avec ses sœurs, surtout avec Madame Adélaïde qui lui servait de grande aumônière. La mort de Madame Sophie lui causa une véritable peine, mais on reconnaît cependant, dans l'expression de ses regrets, la carmélite qui voit avant tout que sa sœur est arrivée au port du salut : « La mort de Sophie en me perçant le cœur le remplit de consolation par la manière dont elle a fait le sacrifice de sa vie. On a bien raison de dire : telle vie, telle mort. Il m'eût été difficile de vous donner des détails sur sa vie, sa grande vertu ayant été la simplicité, et sa principale étude de cacher ce qu'elle valoit. Tout ce que je puis vous en dire, c'est que je voudrais bien n'avoir pas plus de reproche à me faire qu'elle : je n'ai jamais vu d'âme plus pure. »

Depuis l'avénement de Louis XVI, entraînée évidemment par l'exemple de l'influence dont Madame Adélaïde avait joui si longtemps, Madame Louise se mêla plus activement des affaires du dehors. Nous l'avons déjà vue essayer son pouvoir en obtenant l'exécution immédiate des travaux de son église : un peu plus tard, elle écrit une lettre fort remarquable à l'évêque de

éprouvée en jetant les yeux sur elle. Madame Louise, qui était si pâle et si maigre, est extrêmement engraissée : elle a le teint le plus frais et les couleurs très-vives. » Sa santé s'était en effet complètement consolidée à Saint-Denis, malgré les incessantes privations qu'elle s'imposait.

Clermont, pour le presser de refuser d'exaucer les instances de ceux qui lui demandaient d'adoucir les rigueurs du carême : « J'ai vécu, dit-elle en finissant, trente-deux ans sans pouvoir soutenir un très-bon maigre : voilà treize ans que je le soutiens ici un peu moins bon que le plus petit bourgeois ; et, grâce à Dieu, je vais commencer mon treizième carême sans œufs, ni beurre, ni laitage ; et je vous assure, mon père, que je consentirois au pain et à l'eau, que je consentirois à bien d'autres choses encore, pour que vous, saint évêque que vous êtes, vous ne mollissiez pas sur la loi de l'abstinence. » Elle écrit aussi au pape pour le prier de hâter le procès de canonisation de deux carmélites depuis longtemps commencé. Elle obtient du roi pour les carmélites sécularisées des Pays-Bas la permission de se retirer en France, et notamment pour celles de Bruxelles, de venir s'installer dans le couvent de Saint-Denis, ce qui lui valut un bref de remerciement de Pie VI ; elle obtint encore, pour un certain nombre de carmes déchaussés, la faveur de suivre à Charenton l'exacte observance de leur règle sans aucun adoucissement. Elle faisait établir une maison de son ordre à Alençon et obtenait que le comte de Provence s'en déclarât le protecteur. Nous avons dit que Madame Louise, du reste, recevait tous les augustes voyageurs qui visitèrent à cette époque la France. Le roi de Suède vint à Saint-Denis : il fut émerveillé de l'existence de la fille de Louis XV, quand il pénétra dans une cellule strictement meublée avec une chaise de paille, une petite table de bois blanc, une paillasse piquée, une cruche de terre, un crucifix, et trois images en papier accrochées au mur (1). L'empereur Joseph II visita aussi Madame Louise ainsi que l'archiduc son frère et le prince Henry de Prusse, et à ce propos elle eut à expliquer, dans une lettre à sa sœur Adélaïde, que les fils et petits-fils de France avaient seuls le droit d'entrer dans l'intérieur des maisons du Carmel, mais non les princes des maisons souveraines. « Le cas au reste, ajoute-t-elle, n'est jamais arrivé, parce qu'il est rare que les princes eussent des connaissances aux carmélites ; nos maisons n'ont rien de curieux qui puisse les attirer, et il faut pour cela une créa-

---

(1) « En vérité, lui dit-il, Madame, j'aimerois mieux être pendu que de vivre ici comme vous vivez ! —Monsieur le comte, en considération de ce que Notre Seigneur a souffert pour nous, la vie d'une carmélite paraît bien douce. Il est vrai que notre bonheur est de la classe de ceux qu'il faut goûter pour y croire ; mais, comme j'ai la double expérience, je suis en droit de prononcer que la carmélite dans sa cellule est plus heureuse que la princesse dans son palais. »

ture telle que moi, que tout le monde a envie de voir, comme le bœuf gras. »

Madame Louise partagea les alternatives de faveur et de disgrâce de ses sœurs, avec lesquelles elle fit constamment cause commune. Nous verrons dans le chapitre suivant quelle part elle prit aux agitations intérieures de cette période et comme elle s'associa d'une façon regrettable aux intrigues dirigées contre Marie-Antoinette. Elle dut se taire quand le roi ordonna à ses autres tantes de se retirer à Bellevue.

Depuis ce moment, Madame Louise se renferma plus étroitement à Saint-Denis, pour ne plus s'occuper que des intérêts de la maison et des besoins de l'Ordre. Mais il est permis de croire que ce coup lui fut singulièrement cruel, et à quelques années de là, c'est encore à un échec que ses biographes, sans s'expliquer clairement, attribuent sa mort.

« Elle se portoit parfaitement bien, dit l'abbé Proyart, quoique flottant depuis quelque temps entre la crainte et l'espérance sur le succès d'une affaire qui s'agitoit dans le cabinet de Versailles et qui l'inquiétoit beaucoup, parce qu'elle intéressoit beaucoup la religion. » A la nouvelle de la non-réussite de ses espérances, — il s'agissait, comme nous le verrons, d'une démarche faite par Madame Louise auprès du roi contre les libertés accordées aux protestants, — Madame Louise se serait sentie soudainement indisposée (1). En réalité, la princesse avait une grave inflammation d'estomac, dont elle augmenta la violence en se refusant obstinément à se laisser examiner par un médecin. Elle traîna ainsi languissante, mais courageuse, jusqu'au 10 décembre : on la soigna, mais elle voulut absolument continuer sa vie d'austerités sans s'accorder aucun relâchement, malgré une faiblesse croissante et de grandes douleurs de tête. Le 19, elle écrivit à sa sœur Victoire pour la prévenir qu'elle se trouvait mieux : le lendemain elle se rendit encore à la messe et y communia, comme elle le faisait chaque jour ; le 21 elle mit au net une lettre au roi qui ne devait lui être remise qu'après sa mort : le 22, elle se leva le matin, mais cette fois ses forces la trahirent. Elle languit ainsi jusqu'au 25, toujours également dure à elle-même, s'occupant des affaires de la maison, refusant tout adoucissement malgré les prières des médecins, consolant ses religieuses, montrant enfin un calme, une tranquillité, qui faisaient voir assez la joie qu'elle éprouvait à quitter la terre pour aller recevoir la récompense de ses vertus. Un moment avant sa mort, elle s'écria :

(1) L'auteur fixe ce triste incident au 21 novembre 1787.

« Il est donc temps ! » Et quelques instants après :
« Allons, levons-nous, hâtons-nous d'aller en Paradis (1). » Ce furent les dernières paroles qu'elle prononça. Elle expira à quatre heures et demie du matin.

L'oraison funèbre de Madame Louise fut prononcée dans l'église des Carmélites de la rue de Grenelle, par l'abbé François (2).

(1) Madame Campan dit que, délirant, elle s'écria : « Au Paradis, vite, vite, au grand galop ! » comme si elle parlait à son écuyer.

(2) Madame Louise a laissé des *Méditations eucharistiques*, 1 v. in-12, Paris, 1789, et Lyon, 1810 ; une lettre à Mgr de Bonal, évêque de Clermont, ancien visiteur général des Carmélites de France, Paris, 1839. Sa vie a été publiée par une religieuse carmélite d'Autun, 1857, 2 vol. in-12 ; un abrégé en a paru en 1868, à Paris. L'auteur de « Tales of Kirkbeck » a publié *The life of Madame Louisa de France*, 1 vol. de 291 pages, Londres, Rivingston, 1869.

CHAPITRE XI

MESDAMES PENDANT LE RÈGNE DE LOUIS XVI

(1774-1790)

Influence de Madame Adélaïde sur son neveu.—Elle accour auprès de lui quoique malade. — Son antipathie pour la reine. — Mesdames ont toutes trois la petite vérole. — Soins du prince de Condé. — Madame Adélaïde, Maupeou et Terray. — Madame Louise s'en mêle. — Divisions à la cour. — Mesdames écartent Choiseul. — Elles poussent Maurepas au dernier moment. — Intrigues de Mesdames. — Le roi veut les envoyer en Lorraine. — Opinion du public. — Attitude de Madame Louise. — Madame Adélaïde de plus en plus prononcée contre la reine. Elle s'unit aux comtes de Provence et d'Artois.— Son salon devient le foyer des intrigues contre la reine — Madame de Marsan. — Madame Elisabeth fait partie de la coterie. — Tentative décisive de Madame Adélaïde. — Elle est renvoyée à Bellevue.—Couches de la reine.— Madame Adélaïde reparaît à la cour. — Elle est chargée de remplacer la reine près du Dauphin.— Mort de Madame Sophie.—Son testament.—Bellevue.— Ses splendeurs.— Maison de Mesdames.—M. de Narbonne.— Le roi donne Louvois à Mesdames.—Mesdames à Louvois. —Le curé de

Ville-en-Selve. — Mesdames à Reims — Voyage à Vichy.
— Disgrâce de Mesdames. — Influence de leurs dames sur elles.— Madame Adélaïde s'allie à la reine contre Calonne.
— Elle patronne Foulon. — Elle s'allie au duc d'Orléans.
— Mesdames reviennent à la Reine aux approches de la révolution.

Madame Adélaïde emportait avec elle le germe de la maladie à laquelle son père venait de succomber. Elle surmonta cependant son malaise pour venir auprès du nouveau roi. Il y avait entre eux de puissantes attaches : Louis XVI s'était trouvé isolé de bonne heure, et c'est Madame Adélaïde qui avait véritablement rempli auprès de lui le rôle de mère quand le malheureux enfant, sans parents, sans amis, pleurant au milieu de ceux qui cherchaient à l'amuser, s'écria : « Eh ! qui aimerais-je ici, où personne ne m'aime ? » La princesse tenait à conserver sa situation et à l'affirmer dès l'avénement de son neveu: accourue auprès de lui dès qu'il eut ceint la couronne, elle réveilla en lui les souvenirs de famille ; elle lui parla de son père toujours tenu éloigné des affaires par l'inimitié du duc de Choiseul ; elle lui peignit les vices de ce grand ministre, son autorité, ses richesses, son immense orgueil qui le rendait souvent imprudent, jusqu'à « oser se déclarer l'ennemi du fils de son souverain »; elle évoqua de lugubres souvenirs, la triste accusation d'empoisonnement dont elle devait plus tard reconnaître la fausseté, mais qui alors servait son aversion pour le duc de Choiseul. Elle marqua, faiblement sans doute alors, l'antipathie qu'elle avait, dès le début, témoignée pour Marie-Antoinette. Madame Campan, en effet, étant venue prendre ses ordres au moment de partir avec la maison de la Dauphine pour aller la recevoir à la frontière, Madame Adélaïde lui avait dit « qu'elle blâmait ce mariage, et que si elle avait des ordres à donner ce ne serait point pour aller chercher une Autrichienne. »

Madame Adélaïde employa utilement les quelques jours qui s'écoulèrent avant que la maladie se déclarât, parlant au nom du roi défunt, continuant à se considérer comme dépositaire de son testament politique. La petite vérole surprit la princesse à Choisy (1), mais elle eut soin de se faire tenir soigneusement au courant de tout ce qui se passait et de faire parvenir de minutieuses indications à MM. de Maupeou et d'Aiguillon. Le mal atteignit également Mesdames Sophie et Victoire en même temps ; la première surtout fut très-gravement attaquée, en danger même pendant un jour ; mais à en croire l'abbé Baudeau « on s'occupa assez peu de Mesdames et du bulletin que

---

(1) « On arrive dans ce moment pour me défendre d'aller chez ma tante Adélaïde qui a beaucoup de fièvre et de maux

l'on ne crut plus (1). » Le prince de Condé montra un rare dévouement et passa presque tout le temps de la maladie à Choisy, « tenant réellement compagnie à Madame Adélaïde, » ce qui fit courir le bruit qu'il allait l'épouser, projet poursuivi depuis longtemps par le duc d'Aiguillon, vivement servi à cet égard par mesdames de Narbonne et de Cassini (2). Le roi avait fait don de Choisy à ses tantes. Dès que sa santé le permit, Madame Adélaïde reparut à la cour et reprit le fil de ses intrigues.

Elle voulait faire maintenir aux affaires le chancelier de Maupeou et l'abbé Terray. « Ce sont les vieilles tantes qui s'agitent pour faire ce beau chef-d'œuvre. Madame Adélaïde est une espèce de ministre; les comités sont chez les Carmélites de Saint-Denis et chez l'archevêque de Paris: deux bonnes têtes (3) ! » La cour était alors profondément divisée : la reine, le duc de Chartres, la duchesse de Bourbon, soutenaient le parti Choiseul; Mesdames, le comte de la Marche, Maupeou,

---

de reins : on craint la petite vérole. Je frémis et n'ose pas penser aux suites. Il est déjà bien affreux pour elle de payer si vite le sacrifice qu'elle a fait. » Marie-Antoinette à sa mère, de Choisy, 14 mai, lettre publiée par M. d'Arneth.

(1) Chronique de l'abbé Baudeau, 17-27 mai 1774.

(2) Ibid., 29 mai.

3) Ibid., 12 juillet.

soutenaient les jésuites. Le public appelait de tous ses vœux la chute du triumvirat Maupeou, Terray et d'Aiguillon. Il n'était pas hostile au rappel du duc de Choiseul, et la reine, espérant l'obtenir, empêchait son mari de choisir un premier ministre et en même temps faisait venir le duc à la Muette. Mais Mesdames, redoutant l'influence que la reine allait prendre sur Louis XVI, se coalisèrent avec tous les ennemis de l'alliance autrichienne pour maintenir Choiseul dans sa disgrâce. Madame Adélaïde parla encore à son neveu de son père humilié et effacé par cet ancien ministre qu'elle lui représenta sous les traits les plus odieux en insistant sur son hostilité manifeste à l'égard de la famille royale. Elle parvint ainsi à détruire l'effet des instances de la reine, et Louis XVI déclara que Choiseul, coupable de torts graves envers le Dauphin, n'aurait jamais de portefeuille durant son règne.

Cette résolution ne suffisait pas. Après avoir écarté l'adversaire le plus dangereux, il fallait à Madame Adélaïde un premier ministre suivant son gré, un homme qui ne pût jamais inspirer au roi l'idée de gouverner par lui-même. Trois candidats, disgraciés sous Louis XV, avaient été recommandés à Louis XVI par le testament de son père : le cardinal de Bernis, MM. de Machault et de Maurepas. Le roi s'étant prononcé pour M. de Machault, lui écrivit une lettre de sa propre main.

Mais ce choix ne suffisait pas encore à Madame Adélaïde; elle souhaitait un nom plus hostile à la jeune reine. Instrument, sans le savoir, des projets du duc d'Aiguillon, elle avait jeté ses vues sur M. de Maurepas. Le duc d'Aiguillon, en effet, tremblant pour son portefeuille et détesté par la reine à cause des plaisanteries de madame du Barry, dont il s'était fait le complaisant écho contre l'impératrice Marie-Thérèse, avait gagné madame de Narbonne, dame d'honneur de Madame Adélaïde, et avait fait adopter, grâce à sa toute-puissante intervention, la candidature de son cousin le marquis de Maurepas. Il trouva encore un appui décisif pour le succès de sa combinaison dans l'abbé de Radonvilliers, sous-précepteur du nouveau roi quand il était Dauphin, aujourd'hui son secrétaire intime, jésuite insinuant, discret, habile, expert à diriger son maître sans le faire paraître, et désireux de soutenir un parent du défenseur de la compagnie. Madame Adélaïde fit si bien qu'elle décida son neveu à obtempérer, séance tenante, à ses désirs. Louis changea l'enveloppe, écrivit dessus le nom du comte de Maurepas et lui envoya la lettre destinée au comte de Machault (1).

(1) Soulavie, *Mémoires historiques et politiques*, tome II. — Marie-Antoinette, par MM. de Goncourt.

Maurepas affichait de vifs sentiments religieux et allait toujours communier ostensiblement chez les Carmélites de Saint-Denis.

Elle exerçait à ce moment une influence souveraine sur son neveu : il la consultait sur tout, l'admettait au Conseil et suivait aveuglément ses avis. Les contemporains disaient qu'elle avait un portefeuille (1) : disposant de nombreuses grâces, elle put se créer facilement un parti puissant, autour duquel se groupèrent de dangereux intrigants, qui crurent faire leur cour à la princesse en calomniant la reine. Mais elle voulait obtenir tout ce qu'elle désirait, et par conséquent la rentrée du chancelier de Maupeou. Elle y procéda avec une grande habileté et une extrême adresse. Le comte de la Marche, fils du prince de Conti, le seul des princes du sang qui fût demeuré fidèle à la cour dans l'affaire du parlement Maupeou, et qui vivait dans une grande intimité avec Mesdames de France, fut d'abord chargé de solliciter vivement le roi pour faire de nouveau triom-

---

(1) « J'entends jeter les hauts cris sur les gaspillages de la nouvelle cour, et principalement contre Madame Adélaïde, qui a, dit-on, un véritable portefeuille, et qui sollicite, sollicite sans cesse pour tout ce qui l'approche des grâces. » (Chronique secrète de l'abbé Baudeau, 29 juin 1774.) On sait que l'abbé Baudeau était un esprit sérieux, économiste distingué et nullement hostile à la royauté. Baudeau prétend même que quelques-uns de ces intrigants allèrent jusqu'à faire falsifier dans la *Gazette* la réponse de la reine aux cours souveraines.

pher l'impopulaire chancelier. Madame Adélaïde vint après, et enfin, « la Carmélite a écrit une lettre très-fanatique et très-injurieuse à la reine ainsi qu'à la maison d'Autriche (1). » En même temps ces princesses attaquaient en secret la reine et cherchaient à la perdre dans l'esprit de son mari. Elles représentaient à Louis XVI que la reine n'avait pas une tenue convenable, qu'elle négligeait trop l'étiquette, qu'elle cherchait trop à s'amuser comme une simple particulière. Le roi écoutait ces propos et s'en faisait l'écho maladroit auprès de Marie-Antoinette qui sentait bien d'où venait le coup. Parfois elle parvenait à démontrer au roi la fausseté de ces calomnies et à lui ouvrir les yeux sur ces déplorables menées. Alors Madame Adélaïde se dépitait, gémissait et menaçait de se retirer à Fontevrault (2). Un autre jour, après une nouvelle explication avec Marie-Antoinette, Louis XVI voulut se séparer de ses tantes. Il donna des ordres pour faire mettre en état le château de Commercy ; un architecte y fut même envoyé et Madame Adélaïde devait aller l'occuper

---

(1) Baudeau, 13 juillet 1774. — Ce chroniqueur ajoute à ce sujet : « Les vieilles tantes risquent de se faire honnir par le public et d'être chassées de la cour, d'autant mieux qu'elles n'ont point de caractère ni d'idées à elles. »

(2) « Je ne lui conseillerai pas d'y aller, car elle n'en reviendroit pas. » (Baudeau, 8 juillet.)

avec le titre de gouvernante de Lorraine. Ses deux sœurs l'auraient accompagnée : « Un beau présent à lui faire seroit de lui donner par dessus le marché la Carmélite, afin que nous restions tranquilles. (1) »

Il est regrettable, en effet, que Madame Louise, écoutant les conseils de sa sœur Adélaïde, ne se soit pas bornée à vivre saintement dans son couvent au lieu de se mêler aux intrigues de la politique et qu'elle ait figuré au premier rang parmi les personnes hostiles systématiquement à la reine : c'est au parloir de Saint-Denis que Mesdames Adélaïde et Victoire — Madame Sophie vivait en dehors de toutes ces menées, — tenaient leurs conciliabules, où l'on accueillait volontiers les bruits les moins favorables à la réputation de la reine. Madame Louise mérite des reproches sévères : elle oublia complétement le rôle qu'elle plus qu'une autre aurait dû garder envers sa nièce et l'on jugera de ses préventions quand on saura qu'elle reprocha amèrement à la reine ses coiffures élevées, surtout son goût pour les aigrettes. Elle communiqua son opinion à ses sœurs, qui en firent un grand grief à Marie-Antoinette (2).

(1) Baudeau, 15 juillet.

(2) « Trois tantes, a écrit M. Cuvillier-Fleury, trois filles, trois conseillers naturels, intolérants et actifs, l'aînée surtout, d'un roi débonnaire, trois champions des vieux us et coutumes de la royauté. »

Madame Louise avait conservé son crédit, son influence à la cour ; elle voyait son neveu une fois par semaine : elle recevait les visites des rois et des princes étrangers, et les ministres écoutaient ses recommandations. L'archevêque de Paris se rendait très-souvent à Saint-Denis : elle protégeait vivement M. de Sartines. Madame Campan constate clairement cette situation et ses causes dans une page que nous croyons bonne à reproduire : « La retraite de Madame Louise, l'éloignement de la cour n'avait fait que la livrer entièrement aux intrigues du clergé. Elle recevait sans cesse les visites des évêques, des archevêques, des prélats ambitieux, faisait accorder par le roi son père beaucoup de grâces ecclésiastiques et s'attendait probablement à jouer un grand rôle à l'époque où le roi, lassé de ses plaisirs et de sa vie licencieuse, chercherait à s'occuper de son salut ; ce qui serait peut-être arrivé si une mort prompte et inattendue ne fût venue terminer sa carrière. Le plan de Madame Louise échoua par cet événement. Elle resta dans son couvent d'où elle sollicitait encore beaucoup de grâces, ce que je pouvais juger par les plaintes de la reine, qui me disait souvent : « Voici encore une lettre de ma tante Louise. C'est bien la petite carmélite la plus intrigante qui existe dans mon royaume. » La cour allait la voir à peu près trois fois par an, or je me souviens que la reine lui menant sa fille, me chargea de lui faire habiller une poupée en carmélite, afin que la jeune princesse fût accoutumée, avant d'entrer dans le couvent, à l'accoutrement de sa tante la religieuse. »

Madame Adélaïde put se croire un moment ébranlée : Le 24 juillet 1774, Baudeau rapporte que « le grand murmure augmente contre les vieilles tantes : on parle toujours de les envoyer en Lorraine. » Mais cela dura peu et elle put continuer ses sourdes menées contre Marie-Antoinette. « On tire à boulets rouges sur la reine, écrit encore notre chroniqueur : il n'y a pas d'horreur qui ne se débite et les plus contradictoires sont admises par certaines gens. C'est la cabale du chancelier et des vieilles tantes qui fait courir tous ces bruits-là pour perdre, s'ils peuvent, cette pauvre princesse et pour être seuls maîtres de la cour... Ce sont les vieilles tantes qui s'agitent. C'est de là que partent les satires détestables qui courent contre la reine. » En effet les quatre tantes du roi — ou pour parler plus exactement, Mesdames Adélaïde et Louise, car, on le sait, les deux cadettes ne comptaient pas — poursuivaient la reine avec une haine chaque jour croissante. La crainte de perdre son influence avait produit chez Madame Adélaïde une excitation qui lui faisait oublier toute mesure.

Elle avait rallié autour d'elle les comtesses d'Artois et de Provence, envieuses du rôle brillant et généreux, de l'influence, de la popularité, de la beauté de leur belle-sœur : les Richelieu, les d'Aiguillon, les Rohan, tous les amis du règne précédent, la duchesse de Noailles, l'ancienne dame d'honneur de la Dauphine, madame l'Étiquette, comme on l'appelait, bien faite par conséquent pour plaire à Madame Adélaïde ; madame de Marsan, l'ancienne gouvernante des filles de Louis XV, que Marie-Antoinette s'était aliénée comme madame de Noailles par d'innocentes plaisanteries ; les grandes dames qui avaient jadis adulé la comtesse du Barry et qui cherchaient à faire oublier la légèreté de leurs mœurs en affichant une sévérité exagérée ; tous les ennemis du parti Choiseul, se groupaient autour de Madame Adélaïde, dont Maurepas était alors le très-humble ministre, entraînant avec lui ses collègues, trop dociles à suivre les conseils de la princesse et à laisser impunis les affronts et les outrages sans cesse prodigués à Marie-Antoinette (1).

Mais bientôt il ne suffit plus à Madame Adélaïde de poursuivre sa nièce, d'empoisonner son existence : elle voulut résolument la perdre. Sûre

(1) *Louis XVI, Marie-Antoinette et le comte de Provence*, par M. Todière, I, 490. Ce livre est des plus importants pour cette période de notre histoire.

de la complicité de ses sœurs, de plus en plus jalouse de son titre de fille aînée du feu roi, elle trouva dans son entourage un accord parfait. Maurepas, d'Aiguillon, Vergennes, semblaient lui reprocher trop de modération dans ses attaques. Le prince de Condé, celui-là même que nous avons vu si assidu auprès d'elle pendant sa petite vérole, poursuivait la reine de sa haine parce qu'elle avait refusé de recevoir la princesse de Monaco (1); le duc de Bourbon, trop pauvre d'esprit pour avoir une opinion personnelle, suivait son père, comme faisait le comte de la Marche, le moins estimable des membres de la famille royale; le comte de Provence renchérissait sur tous, ne dissimulant pas la crainte qu'il éprouvait à voir la reine donner enfin un héritier de la couronne (2). Tous ces mécontents affluaient à Choisy auprès de Mesdames, sûrs d'être bien accueillis, surtout s'ils apportaient un bon bagage de calomnies, de basses plaisanteries, d'ignobles libelles, d'autant plus hardis qu'ils étaient certains de la complaisante inaction des ministres. Nombre de beaux esprits comme M. de Champcenetz et le marquis de Louvois (3), crurent deviner l'avenir et préparer leur

(1) *Chronique* de Métra.
(2) Todière, tome I, p. 505.
(3) *Ibid.*, p. 493.

carrière en commettant de méchants couplets. Ces infamies faisaient les délices de certains salons de la haute société : on les applaudissait à Choisy, à Bellevue, au Palais-Royal, à Brunoy, chez le comte de Provence, à Versailles même : elles amusaient les réunions intimes de la cour et étaient colportées par tous ceux qui se plaisaient à humilier et à flétrir la reine. Madame Adélaïde trouva, nous venons de le dire, dans mesdames de Noailles et de Marsan de précieuses auxiliaires : ces deux arbitres de l'étiquette et des usages de la vieille cour épièrent les moindres actions de la reine et trouvèrent à incriminer ses conversations, ses gestes, ses sourires, ses jeux, ses courses, ses promenades et ses intimités. Chaque jour ces dames apportaient à Madame Adélaïde quelque nouveau grief qui devenait le sujet des conversations de la petite cour de Mesdames, et qui, suffisamment envenimé, faisait le tour de la France (1). Tout prêtait à critique pour Madame Adélaïde. La reine, suivant la coutume de la cour de Vienne, répondait à toutes les harangues qui lui étaient adressées, tandis qu'en pareil cas nos reines avaient l'habitude de faire entendre quelques mots à peu près inarticulés. « Madame Adélaïde, dit madame Campan, fit reprocher à la reine de n'avoir

(1) Todière, t. I, p. 491.

pas suivi cet usage, l'assurant qu'il suffisait de marmotter quelques mots en simulant des réponses, et que les harangueurs, très-occupés de ce qu'ils venaient de dire eux-mêmes, trouvaient toujours qu'on avait répondu d'une manière parfaite. »

Madame Élisabeth se plaisait infiniment dans la société de ses tantes, surtout de Madame Adélaïde, à laquelle elle montrait une grande reconnaissance pour le dévouement qu'elle semblait témoigner si vivement à Louis XVI. Elle voyait souvent aussi Madame Louise, et il est malheureusement trop évident qu'à cette époque la princesse se laissa entraîner dans le parti contre la reine, malgré tous les témoignages d'affection que Marie-Antoinette lui prodiguait. Le roi s'inquiéta bientôt de ses fréquentes visites à Saint-Denis : il craignit que sa sœur ne suivît l'exemple de sa tante et ne s'enfermât aussi dans un cloître. « Je ne demande pas mieux, lui dit-il un jour, que vous alliez voir votre tante, à la condition que vous ne l'imiterez pas : Élisabeth, j'ai besoin de vous (1). »

Madame de Marsan avait entraîné Madame

(1) *Madame Élisabeth*, par M. de Beauchesne, tome Ier, p. 212.—Nous saisissons avec empressement cette occasion de signaler ce remarquable et excellent ouvrage, mais M. de Beauchesne connaît mal les tantes de Louis XVI : il dit en parlant de l'attachement de la princesse pour elles: «Mesda-

Élisabeth en lui inspirant une confiance absolue en Madame Adélaïde, et ce ne fut qu'à l'époque de la tourmente révolutionnaire que cette princesse se dégagea complétement de ses préventions. Mais dans la prison du Temple, elle effaça noblement ses torts, elle reconnut l'injustice de ses soupçons, des complots de ses tantes, des mauvaises passions de la cour, et elle put et sut apprécier le grand caractère de la reine, en lui consacrant sa vie par le plus admirable dévouement.

Comme on le voit, le rôle de Madame Adélaïde, durant toute cette période, est profondément regrettable. Aveuglée par son ressentiment, elle laissait impunément ternir la réputation de sa nièce, et prenait plaisir à se venger sur elle de tout ce qu'elle reprochait au duc de Choiseul. « Ce fut elle, écrit M. Todière, en effet, qui excita et encouragea cette guerre de méchancetés si fatale à sa nièce, et qui, pour satisfaire sa haine envers l'Autriche et Choiseul, entraîna la famille royale dans une ligue contre la reine. Éclairer de ses conseils et de son expérience la jeune princesse de quinze ans envoyée pour réconcilier la France

---

mes étaient d'un commerce extrêmement agréable et prouvaient que les exercices de piété ne sont pas incompatibles avec les charmes de l'esprit. » Il semble ignorer complétement leur attitude, leur rôle et surtout leur caractère.

avec l'Autriche ; lui servir de guide au milieu des écueils d'une cour pleine de défiance et de ténébreuses intrigues ; la protéger contre le parti qui lui faisait un crime impardonnable d'être la fille de Marie-Thérèse : tel était le devoir sacré de Madame Adélaïde ; nous l'avouons avec douleur, ce devoir, elle le trahit en lui tendant des embûches. Disons plus ; elle s'efforça de jeter quelque doute dans l'esprit de Louis XVI sur l'honnêteté et la pureté de sa femme afin de lui ravir jusqu'à cette affection (1). »

La reine cependant conservait envers sa tante une attitude parfaite ; elle ne laissait jamais échapper un mot amer contre elle : apprenant que Mesdames désiraient le château de Bellevue, si délicieusement construit sur les coteaux de Sèvres, elle décida le roi à le leur donner. Elle employa de ses fonds particuliers pour compléter le mobilier et faire augmenter la pension des princesses de manière à leur permettre de faire face au surcroît de dépenses nécessité par cette résidence royale.

Mesdames affectaient de protéger les enfants naturels de Louis XV ; elles voyaient très-intimement l'abbé de Bourbon (2) et s'intéressaient vive-

(1) Tome I, p. 494.
(2) Le 8 juillet 1778, Bachaumont raconte que le roi chargea Madame Louise d'examiner si le jeune diacre avait une sincère vocation.

ment à cinq filles de leur père, qui reçurent chacune une somme de 400,000 livres, quoique Necker se plaignit « de n'avoir pas le sol ». Elles trouvaient encore là un moyen de faire de l'opposition (1).

Un tel état pourtant ne pouvait durer sous peine de voir prévaloir l'opinion, émise par MM. de Maurepas, d'Aiguillon et de Vergennes, soutenue par le comte de Provence, de renvoyer la reine dans sa famille (2). L'ardeur de Madame Adélaïde dépassa le but, ses exigences émurent enfin M. de Maurepas et l'inquiétèrent. Le 12 juillet 1778, Madame Adélaïde, se croyant toute-puissante, voulut en finir et frapper un grand coup auprès de Louis XVI. Accompagnée du prince de Conti (3), qui parla en termes amers de la reine, la princesse développa tous les griefs que depuis longues années elle avait accumulés. Le roi écouta silencieusement sa tante

(1) Bachaumont, 6 février 1777. — C'est vers cette époque qu'un chanoine de Luzarche parvint à obtenir une audience de Madame Adélaïde et lui fit une déclaration en règle, « ayant pris le parti de lui déclarer ses sentiments, mais étant dans des vues honnêtes et ayant le dessein de l'épouser si elle y consentoit. » Déjà, pendant l'hiver de 1774, un marchand de dentelles retiré, pourvu d'une minime charge à la cour, avait demandé la main de la princesse à Louis XV.

(2) Todière, t. I, p. 492.

(3) Connu sous le nom de comte de la Marche jusqu'à la mort de son père.

qui se retira sans avoir obtenu de réponse ; il se rendit chez Marie-Antoinette, qui venait de recevoir de sa tante Louise la lettre la plus blessante, et il lui répéta ce qu'il avait dû entendre. La reine se défendit sans peine ; le roi commençait à l'aimer et l'écoutait plus volontiers ; ce n'aurait pas été assez cependant pour secouer le joug, si Maurepas n'eût pas senti la nécessité d'ouvrir les yeux du roi afin de ne pas se laisser lui-même écraser par Madame Adélaïde ; il lui fallut peu de temps pour détruire la puissance de ses alliées de la veille (1). Louis XVI parla sévèrement à sa tante Adélaïde, ce fut comme un coup de théâtre à la cour, mais la reine s'opposa à toute mesure rigoureuse. Mesdames reçurent seulement l'ordre de ne plus quitter Bellevue. Il semble qu'elles aient songé un moment à s'éloigner de la France, car un contemporain nous apprend qu'au mois de juin 1778, le cardinal de Bernis leur écrivit pour leur vanter les charmes de la société romaine.

On se tromperait en croyant que l'ordre donné par le roi avait suffi pour faire taire Mesdames. Elles obéirent, profondément blessées d'une défaite aussi publique, mais elles n'en accueillirent

---

(1) Il paraît qu'il lui mit sous les yeux un recueil fait par lui de toutes les chansons et tous les pamphlets imaginés contre la reine et si vivement applaudis dans la coterie de Mesdames.

qu'avec plus d'empressement les commérages répandus et exploités contre la reine ; elles traitaient de faiblesse l'affection que le roi témoignait à Marie-Antoinette, et cherchaient encore à s'opposer au bonheur des royaux époux par mille petites manœuvres. Ces efforts heureusement échouèrent; Louis XVI intervint même une seconde fois pour intimer à Madame Louise l'ordre de ne plus se mêler en rien des affaires publiques (1). Mesdames n'en continuèrent pas moins leur guerre sourde; Soulavie raconte qu'elles reprochaient hautement à leur nièce de n'avoir que « des opinions contraires aux intérêts de la maison de France »; nous savons qu'elles appuyèrent avec ardeur le mémoire des négociants de Lyon qui attribuaient la ruine de leur industrie au goût de la reine pour les robes légères. Après avoir blâmé durement l'élégance de Marie-Antoinette, Madame Adélaïde en était réduite à lui reprocher sa simplicité (2).

Quand la reine accoucha d'un fils, au mois d'octobre 1781, Mesdames reparurent à la cour et Madame Adélaïde essaya même de ressaisir son influence. Maurepas étant mort le 21 novembre suivant, elle voulut obtenir sa succession pour le

---

(1) *Journal manuscrit de Hardy*, vol. V, cité par M. Todière.

(2) Todière, t. I, p. 499.

cardinal de Bernis. Mais Louis XVI choisit M. de Vergennes auquel il était déjà habitué, ce qui était pour lui une considération décisive. Les chroniqueurs du temps constatent que Louis XVI ne fut pas longtemps sans recommencer à écouter volontiers les conseils de sa tante qui avait un intelligent partisan dans le duc d'Aiguillon ; les uns mentionnent à cette date « sa grande faveur (1) ; » d'autres nous apprennent qu'au mois d'octobre 1782 (2), le roi décida que Madame Adélaïde, qui s'était offerte, remplacerait, en cas d'absence et de maladie, la reine auprès du Dauphin, et aurait le choix de la sous-gouvernante, mais Marie-Antoinette para le coup et fit, malgré sa tante, donner cette charge à madame de Polignac. Madame Adélaïde venait de se faire donner la maison de l'Ermitage, occupée jusqu'alors par M. de Maurepas et qui avait été construite sur un terrain détaché du parc de Versailles pour madame de Pompadour (3). Mais ce retour dura peu ; elle put s'en apercevoir en se voyant refuser le régiment qu'elle demandait avec les plus vives instances pour M. de Narbonne (mai 1783). Nous n'avons pu trouver les causes de la nouvelle disgrâce de Madame

---

(1) Bachaumont, 4 janvier 1782.
(2) Ibid., 26 novembre 1782.
(3) La donation était faite à Mesdames Adélaïde et Victoire.

Adélaïde, mais elle disparut encore de la cour et définitivement cette fois.

Le 2 mars 1782, Madame Sophie s'était éteinte « au moment où l'on s'y attendoit le moins, » écrit Bachaumont, et voici comment madame de Bombelles raconte à son mari ce triste événement : « Madame Sophie est morte à une heure et demie du matin ; elle a tourné à la mort le 2. Au matin on croyait que ses souffrances venaient de l'effet des remèdes, et on était si persuadé qu'elle ne mourrait pas encore, que le soir même il y avait eu spectacle à la cour. En en sortant on est allé prévenir le roi et la reine que Madame Sophie était très-mal. Ils y ont été ainsi que Monsieur, M. le comte d'Artois et Madame Élisabeth, et ils y sont restés jusqu'à son dernier moment. Cette pauvre princesse a eu toute sa connaissance jusqu'à une demi-heure avant sa mort. C'est son hydropisie qui a remonté dans sa poitrine et s'est jetée sur le cœur qui l'a tuée. Elle est morte étouffée à peu près de la même mort que l'Impératrice. Elle a demandé en mourant de n'être pas ouverte (1) et d'être enterrée sans cérémonies. Madame Élisabeth est extrêmement affligée et frappée de l'horrible spectacle de la mort de Madame sa tante.... Mesdames sont dans

---

(1) Elle exigea seulement qu'on lui « ouvrît les pieds » pour s'assurer de sa mort.

un état affreux : elles sont véritablement bien à plaindre. » On se conforma aux désirs de la princesse ; le 3, le corps gardé, selon son vœu, par des Filles de la charité, fut exposé, le visage découvert, dans son appartement ; le 4, des messes y furent dites dans la matinée et le cercueil fut emmené le soir sans aucune cérémonie à Saint-Denis (1).

Le testament de Madame Sophie est très-détaillé et montre qu'elle ne pensait qu'à faire du bien ; elle laissa tout ce qu'elle possédait à ses sœurs, et, à leur défaut, à la comtesse d'Artois, abandonnant seulement à Madame Adélaïde la toute propriété de moitié de la terre de Louvois. Elle léguait pour 13,200 livres de pensions viagères à ses femmes et à son valet de chambre ; sa bibliothèque à madame de Riants ; les portraits de Mesdames Adélaïde et Henriette à madame de Narbonne ; ses diamants et les portraits de ses père et mère à madame de Montmorin ; une bague de diamant à madame de Busançois ; une autre à madame de Castellane ; des boîtes à mesdames de Lastic, de Lostanges, de Guistelles, de Pracontal. Elle recommandait au roi toutes les personnes de sa maison et demandait la fondation d'un service perpétuel à Fontevrault. « Ne pouvant rien laisser à

(1) *Madame Élisabeth*, tome I, p. 247.

ma sœur Louise, étant carmélite, je la prie de ne pas m'oublier et de dire trois *Ave Maria* tous les jours à mon intention et trois *De profundis* pour le repos de mon âme. » A ce testament étaient jointes deux lettres, datées du 18 janvier 1781, comme le testament, adressées au roi et à Madame Victoire pour leur recommander la stricte observation de ses dernières volontés. Elle demandait au roi de répartir une somme de 48,000 livres de pensions entre mesdames de Montmorin, de Riants, de Boursonne et de Ganges, et au petit de Tanne pressant son neveu dans les termes les plus instants « en souvenir, dit-elle, de l'amitié que j'avois pour vous, qui étoit bien tendre. » Elle chargeait sa sœur de veiller au succès de ses demandes, en lui recommandant « d'en parler à la reine (1). »

La retraite de Mesdames à Bellevue n'avait rien de pénible. Le château était l'une des plus splendides habitations des environs de Paris. Madame de Pompadour avait acquis le terrain sur le côteau qui domine la Seine, entre Sèvres et Meudon; elle appela ce lieu Bellevue et fit commencer sans retard les travaux (30 juin 1748), sans qu'aucun obstacle fût capable de l'arrêter, ni la nature sablonneuse du sol, qui obligea à chercher jusqu'à cent-vingt pieds de

---

(1) *Madame Élisabeth*, t. 1, p. 523..

profondeur une assise solide pour les fondations;
ni l'écroulement subit d'une des façades de la bâtisse. Huit cents ouvriers exécutèrent ce tour de
force en deux ans et demi, de sorte que, le 25 novembre 1750, la marquise put entrer dans son château,
ayant payé 2,526,927 livres 10 sols et 11 deniers,
pris sur ses épargnes, à ce qu'assurait gravement
M. de Tournehem. L'intérieur était merveilleusement orné. Falconet et Adam avaient sculpté les
deux statues de la poésie et de la musique qui ornaient le vestibule, Oudry avait peint les six dessus de portes de la salle à manger dont Verbresc
avait décoré les panneaux d'attributs de chasse,
Pierre, le salon de musique; Vanloo avait consacré six toiles à la comédie, à la tragédie et aux
arts dans le grand salon, de plus il avait décoré
l'appartement du roi; Boucher, celui de la favorite; Boulogne et Vernet, ceux du Dauphin et de la
Dauphine. Il faut mentionner ensuite un escalier
de Brunetti, la statue du roi par Pigalle, une série
de tableaux de Boucher, placés dans une galerie
dessinée par madame de Pompadour; un mobilier
payé 208,000 livres; des jardins délicieux avec des
grottes, des cascades; d'autres statues de Pigalle et
de Coustou; un petit théâtre des plus coquets, ce
qui n'empêchait pas la marquise d'écrire simplement que « la maison, quoique pas très-grande
est commode, et charmante, quoique sans nulle

espèce de magnificence.» Le roi fit encore ajouter deux ailes séparées du corps central. Le château formait un bâtiment à deux étages dont un en combles, avec neuf fenêtres de façade d'où on découvrait tout Paris et le bassin de la Seine. Les ailes séparées étaient bâties de façon à former le carré et dans le même style ; elles contenaient les communs, écuries, remises, orangerie, etc. La partie de la cour située en face du château était fermée par un fossé avec pont de pierre et grille d'honneur. En bas de la côte, le long de laquelle on avait construit des terrasses étagées, au bord de la Seine, était Brimborion, petite maison carrée à deux étages dont un également en combles ; à la suite se prolongeait, parallèlement à la rivière, une terrasse plantée d'une charmille taillée en arcade (1). Plus loin se trouvait encore la petite maison de Babiole. En 1757, lasse de Bellevue, comme de toutes les habitations qu'elle se fit bâtir, la marquise vendit ce château au roi pour 325,000 livres.

C'est dans cette splendide habitation que Mesdames passèrent les dernières années qu'elles demeurèrent en France (2). Elles y tenaient une

(1) Rigaud a gravé ces différentes vues.

(2) Les archives départementales de Seine-et-Oise contiennent quelques documents concernant le séjour de Mesdames à Bellevue. — Pour 1785-1787, on lit dans le compte des travaux exécutés au château : 9,000 livres payées à Lé-

véritable cour, grâce au nombre considérable de personnes composant leurs maisons. Chacune des deux princesses avait un évêque pour premier aumônier, un aumônier ordinaire, un confesseur, quatre aumôniers par quartier; une dame d'honneur, une dame d'atours, treize dames pour accompagner; deux chevaliers d'honneur, dont un en survivance, deux écuyers, un secrétaire des commandements, un secrétaire ordinaire de cabinet (1), et un maître de la garde-robe (2).

pine pour la pendule du grand salon; 7,450 livres au peintre Nouet; 1,900 livres au serrurier Gamain; 558 livres au sculpteur Mique. — En 1785, achat d'un tableau à M. Pierre, pour 720 livres. Les comptes de leur maison établissent la largeur de leurs dépenses : la « maison bouché » coûta 21,948 l. 19 s. 8 d. pour le mois de juin 1786; en décembre 1788, 65,690 l. 7 s. 10 d.; en avril, 24,218 l. 18 s.

(1) M. Malouet pour Madame Adélaïde.
(2) M. Campan pour la même, depuis 1778. Au commencement de la Révolution, voici quel était l'état de la maison de Mesdames :

Madame Adélaïde.

Premier aumônier, l'évêque de Pergame.
Aumônier ordinaire, l'abbé de Béon.
Aumôniers par quartier, de Roquefeuil, de la Corbière, de Royères, de Castillon.
Confesseur, Bergier.
Chapelain, de Ganderas.
Quatre chapelains par quartier, un clerc de chapelle ordinaire, quatre clercs par quartier, un sommier.
Dame d'honneur, duchesse de Narbonne.

Depuis 1781, la duchesse de Narbonne-Lara avait succédé à la duchesse de Beauvilliers comme dame d'honneur de Madame Adélaïde, et la marquise de Laval à la duchesse de Civrac comme dame d'atours. La duchesse de Civrac avait rem-

Dame d'atours, duchesse de Laval.
Dames pour accompagner : duchesse de Beauvilliers, marquises de Lostanges, de la Roche-Lambert, d'Osmond, comtesses de Chabannes, de Sommyèvre, de Béon, de la Ferronnays, de Ganges, des Écotais, de Fésenzac, vicomtesses de Talaru, de Narbonne, d'Esclignac.
Chevalier d'honneur, comte Louis de Narbonne.
Premier écuyer, comte de Chabannes.
Écuyer ordinaire, comte de Riencourt.
Écuyers par quartier, d'Hamelin, comte de Montfaucon, Lemoine de Beaumarchais, chevalier de Beaumont.
Porte-manteau, de Sartho.
Chef du conseil, intendant, l'abbé de Ruallem.
Secrétaire des commandements, Benoist de Carisie.
Trésorier général, Alliot de Mussey.
Secrétaire du cabinet, de Chamfort.
Premières femmes de chambre, de Canecaude, Collet.
Quatorze femmes de chambre, dont une coiffeuse.
Un premier valet de chambre, Pomier.
Un valet de chambre ordinaire.
Six valets de chambre, dont un tapissier.
Deux huissiers du cabinet.
Un huissier ordinaire de la chambre, de la Brière.
Quatre huissiers de la chambre.
Quatre garçons de chambre.
Deux coiffeurs.
Deux porte-effets.
Deux feutiers.
Un porte-chaise d'affaires.

placé, en 1761, la maréchale de Duras comme dame d'honneur de Mesdames cadettes, et la marquise de Donnissan était devenue dame d'atours en 1771, après madame de Clermont. La comtesse de Narbonne avait été attachée comme

Un maître de la garde-robe, Campan.
Une femme de chambre de la garde-robe des atours.
Deux valets de chambre de ladite.
Un garçon de chambre.
Un médecin, de Lassone.
Un médecin ordinaire, Cornet.
Deux chirurgiens, Loustonau, Colon.
Une lectrice, madame de Crux.

Madame Victoire

Premier aumônier, l'évêque d'Évreux.
Aumônier ordinaire, de Lubersac.
Aumôniers par quartier, de Langle-Dardez, de Caqueray, de Langles, de Melignan.
Confesseur, Madier.
Chapelain, Laurent.
Quatre chapelains par quartier, un clerc de chapelle ordinaire, quatre clercs par quartier, un sommier.
Dame d'honneur, comtesse de Chastellux.
Dame d'atours, marquise de Donnissan.
Dames pour accompagner : princesses de Chimay, de Ghistelles, marquises de Castellane, de Mesmes, d'Estourmel, de Riantz, comtesses de Boisgelin, d'Albon, de Ségur, de Lastic, Louis de Narbonne, de Saisseval, de Saint-Sauveur, de Pracontal, vicomtesses de Beaumont, de la Luzerne.
Chevalier d'honneur, comte de Chastellux.
Premier écuyer, comte de Béarn-Brassac.
Écuyer ordinaire, Tabouret de Crespy.

dame d'honneur à Madame Infante; elle était restée auprès d'elle jusqu'à sa mort, et Madame Adélaïde lui avait confié, auprès de sa personne, les mêmes fonctions dès qu'elle put en disposer, en procurant le brevet de duc à son mari : en même temps elle faisait donner la survivance de la charge de son chevalier d'honneur au jeune comte de Narbonne, ce brillant gentilhomme, qui

Écuyers par quartier, de Brignac, de la Villeléon, de Lostiers, Villoutrey de Bignac.
Porte-manteau, Gentil.
Chef du conseil, intendant, l'abbé de Ruallem.
Secrétaire des commandements, de Carisie.
Trésorier général, Alliot de Mussey.
Secrétaires de cabinet, Mornard et Coquet.
Dix-sept femmes, dont deux coiffeuses : premières : Le Monnier, Sévin.
Un premier valet de chambre, Lemoine de Clermont.
Six valets de chambre, dont un tapissier.
Deux huissiers du cabinet.
Un huissier ordinaire de la chambre, Marco de Saint-Hilaire.
Quatre huissiers de la chambre.
Quatre garçons de chambre.
Un coiffeur.
Deux porte-effets.
Deux feutiers.
Un porte-chaise d'affaires.
Un maître de la garde-robe, Dumas de Boisgrammont.
Une femme de chambre des atours, Madame Delaigle.
Deux valets de chambre de ladite.
Un garçon de chambre.
Un médecin, Maloët.
Un médecin ordinaire, Cornet.

fut un ministre distingué, et sous l'Empire un
général de grande valeur. Né dans le duché de
Parme en 1755, le comte Louis de Narbonne fut
amené tout enfant en France, et il fut élevé à
Versailles sous la tutelle de Mesdames, qui lui
témoignèrent un si tendre et si constant intérêt,
que de misérables libellistes voulurent expliquer
cette faveur en y cherchant des preuves d'une
affection maternelle de la part de Madame Adélaïde (1). Le frère de Mesdames, le grand Dauphin, comme on l'appelait, lui avait témoigné une
extrême affection et se plaisait à lui apprendre lui-même le grec. A la mort de ce prince, Mesdames redoublèrent de soins pour ce charmant jeune hom-

Deux chirurgiens, de Lassus, Colon.
Un dentiste, Dauvers.
Quatre lectrices : mademoiselle de Beaumont, mesdames de Bonnard, Campan et Dufour de Villeneuve.

Mesdames avaient, en outre, en commun pour la bouche, sous la direction des maîtres d'hôtel du roi, un inspecteur de la maison, deux contrôleurs, un argentier, un secrétaire, un contrôleur chef de la cuisine, deux chefs, un officier porteur, deux pâtissiers, un hâteur, deux aides ; un contrôleur chef des gobelet, pain, vin et fourrière, un aide de gobelet, deux chefs et un aide.

(1) M. Michelet, comme je l'ai déjà dit, a recueilli ces bruits dans son *Histoire de Louis XV*, en les considérant comme fondés ; mais il n'en donne aucune preuve, bien entendu. Je crois inutile d'insister sur ce sujet, et de chercher à démontrer la fausseté de cette accusation.

me, qui débuta dans l'artillerie, à dix-neuf ans, et fut bientôt mis à la tête du régiment d'Angoulême. Sa mère jouissait de toute la faveur de Madame Adélaïde, et elle obtint de la princesse de nouvelles démarches pour faire nommer son fils, en 1784, à l'ambassade de Russie. Mais la reine, soutenue cette fois par M. de Vergennes, s'opposa encore aux démarches de sa tante, et fit choisir par le roi le comte de Ségur, fils du ministre de la guerre.

Mesdames firent exécuter de nombreux travaux à Bellevue pour occuper leurs loisirs forcés. On construisit alors la tour de Malborough, la Ferme, le Cerf, la Grange, la Sablonnerie, fabriques plus ou moins élégantes, qui existent encore. Elles se donnèrent, à l'instar de la reine, une bergerie et une laiterie qu'elles soignaient elles-mêmes. Elles faisaient sans cesse travailler au parc, où elles introduisirent les allées anglaises. Elles s'occupèrent aussi de leur bibliothèque dont nous avons retrouvé le catalogue à la bibliothèque de l'Arsenal.

Nous avons dit que Louis XVI avait donné à ses tantes Choisy, lors de la mort de son père, puis Bellevue, à la demande de Marie-Antoinette, puis l'Ermitage, à Versailles. Elles achetèrent, le 9 février 1776, le marquisat de Louvois au prix de 900,000 livres. L'acte d'acquisition, passé par M. Randon de Pommery, receveur général des finances et garde-meubles de la couronne, indique, comme propriétaires, Mesdames Adélaïde et Sophie. Le domaine était l'un des plus beaux de Champagne, situé auprès de Reims, au bas de la montagne boisée qui porte le nom de cette ville ; il comprenait les seigneuries de Louvois, Vertuel, Tauxières, la Neuville-en-Challois, Ville-en-Selve, Bulon, Mutry, et de nombreuses propriétés et droits dans les paroisses voisines (1). Louis XVI érigea le marquisat en duché-pairie, par lettres-patentes du mois de juin suivant. Le château construit par le célèbre ministre était magnifique, précédé de splendides avenues et entouré de jardins très-étendus (2). Madame Adélaïde y vint,

(1) On trouve aux archives de Seine-et-Oise quelques liasses concernant le domaine de Louvois : liasses A, 1499 ; actes par lesquels Mesdames se chargent des dettes du marquis de Louvois; savoir : 300 livres de pension à la demoiselle Richer; 500 livres au sieur Boissonnier ; 2,000 livres au sieur Menet.

A, 1500. Procédures contre divers pour terres sises à Mutry ; — contre Bitouzé, à cause de ses fermes de Louvois et de Vertuel.

A, 1504. Procédure contre le marquis de Genlis, pour le relief refusé par lui à cause du fief de Verzenay ; il est condamné à payer 3,855 l. 2 s. 6 d (en 1786).

A, 1502. Comptes des recettes du duché, montant à 40,111 l. 2 s. 9 d. pour l'année 1788.

(2) Le château a été démoli, depuis la Révolution, par des marchands de biens : il n'en restait dans ces derniers temps que le pavillon central, tout défiguré, avec l'ancien salon,

pour la première fois, le 17 septembre 1781, après avoir été reçue avec de grands honneurs à Reims. Elle y revint pendant l'été qui suivit la mort de sa sœur Sophie, et y passa un mois. Elle y fit un séjour plus considérable en 1786, y amenant alors avec elle sa sœur Victoire et toutes les personnes attachées à leurs maisons (1). Elle y reçut la reine et

les communs, l'orangerie, les grilles, les fossés revêtus de pierres et le jardin; le tout occupe une superficie de 35 hectares. Louis XVIII renonça à la succession de ses tantes, à cause des dettes qui la grevaient, et les 859 hectares de biens qui composaient encore le domaine furent vendus, le 21 décembre 1823, pour 1 million 115,200 francs, qui suffirent à acquitter les dettes des princesses : 200,000 livres aux héritiers du marquis de Louvois, 900,000 livres à la République de Venise, pour emprunts faits par Mesdames pendant la Révolution. Les autres biens avaient été vendus nationalement par affiches, n° 1350, du district de Reims, au nom d'Adélaïde et Victoire Capet, émigrées. Le château vient d'être restauré entièrement par son propriétaire, M. le baron Hémard de la Charmoye (1868-1869).

(1) Les princesses pensaient probablement venir souvent, car elles firent exécuter tout un service de cristaux portant les noms gravés des personnes de leurs maisons. Six verres à vins fins sont conservés au château de Brimont : ils sont extrêmement légers, sans ornements ; deux portent l'écusson de France, gravé en losanges. On a inscrit, au-dessus de la couronne fleurdelisée : CHATEAU DE LOUVOIS, et au-dessous, MADAME VICTOIRE DE FRANCE Quatre autres portent simplement gravés les noms de leurs propriétaires : la duchesse de Civrac ; le baron de Talleyrand. On voit au château de Saint-Thierry, également près de Reims, de belles statues et des vases de terre cuite provenant de Louvois.

Madame Elisabeth, accompagnée du comte de Provence; et cette visite a laissé un durable souvenir dans le pays (1). Mesdames ne négligèrent rien pour se faire aimer : elles parcoururent les environs en semant partout des bienfaits. Madame Adélaïde, seule propriétaire, depuis la mort de sa sœur Sophie, fit aligner et paver la Grande-Rue du village, en face de la grille du château, et commencer la route de Châlons; elle augmenta la dotation des religieuses qui étaient chargées du soin des malades et des enfants (2). Un jour, les princesses allèrent à Ville-en-Selve, chef-lieu de l'une de leurs seigneuries; elles y furent reçues en grande pompe. On y planta, en souvenir, un orme qui existe encore, près de l'é-

---

(1) Il paraît que le sieur Dehec, syndic de la communauté, fit faire des dépenses très-exagérées à l'occasion de la présence de la reine.

(2) Les archives de Seine-et-Oise conservent de nombreuses pièces établissant la générosité de Mesdames. Nous y apprenons que le roi, ayant maintenu à Mesdames Adélaïde et Victoire la pension de leur sœur Sophie, elles continuèrent les aumônes dont elle s'était chargée, notamment l'entretien de la bourse fondée par elle aux demoiselles nobles pauvres de Rennes. Les comptes établissent qu'en 1787 elles donnèrent 1,440 livres par semestre aux pauvres de Notre-Dame et de Saint-Louis de Versailles, plus 1,212 livres par an pour ceux de Mesdames Sophie et Louise; Madame Adélaïde servait une rente de 200 livres aux capucins de Versailles. Conformément aux termes du testament de leur mère, elles faisaient de larges pensions aux pauvres de

glise; et, en leur présentant un chevreuil vivant, un enfant récita aux illustres visiteuses le placet suivant, composé par l'abbé Gardebled, curé du lieu, et dont on répète encore les vers actuellement à la veillée.

Placet de Bicot à Mesdames de France :

Des bois, simple et jeune habitant,
Tiré, bien malgré lui, du lieu de sa naissance,
 Bicot représente humblement
  A Mesdames de France.
 Que, quoique en royale demeure,
 Il est dans une étrange peur.
Bicot n'est point fripon : il ne fait point de tort
  Qui puisse mériter la mort.
Bicot ronge, il est vrai, en allongeant l'échine,
 Feuilles de chêne ou bien d'épine ;
Bicot rongeant ainsi fait-il donc si grand mal ?
Bicot craint cependant le sort le plus fatal.
Des Bicots, Coupe-Gorge, ennemi formidable,
De lui fera bientôt l'ornement d'une table.
  Princesses, d'un semblable honneur
   Bicot n'est pas grand amateur ;
  De vous plaire, il a grande envie,
  Mais non pas en perdant la vie.

Pologne, par l'entremise du sieur Aubert, spécialement chargé de ce service à Varsovie ; de plus, elles donnaient 6,360 livres aux pauvres Polonais réfugiés en France (1786). On doit leur rendre pleine justice sur leur générosité. Les comptes constatent encore, à la date du 1er janvier 1790, « 25,000 livres pour une année échue, aux religieuses de la congrégation Notre-Dame de Versailles. » Nous donnerons à l'appendice la liste des pensions servies par Mesdames en 1791.

Il n'aime pas qu'on lui casse les os :
Pour l'éviter, il erre en des lieux de repos.
Ayez pitié de lui, débonnaires princesses ;
 Tirez Bicot de ses détresses ;
De Gâte-Sauce empêchez que la main
De l'innocent Bicot aux jours ne mette fin.
 Sauvez-le du traître chasseur,
  Du chien qui, toujours plein de rage,
  Se plaît avec beaucoup d'ardeur
A faire des Bicots un horrible carnage ;
 Et, pour qu'il vive en assurance,
Lâchez dans le public la suivante ordonnance :
 « Vu de Bicot la requête,
Sans vouloir faire aucune enquête,
 Si mandons à notre Gruyer
  Qu'il ait à bien notifier
  Que nous, par grâce spéciale
  Et par pure compassion,
Prenons ledit Bicot sous notre protection ;
Défense aux cuisiniers d'avoir aucune envie
 Dudit Bicot d'attenter à la vie ;
A tous chasseurs, piqueurs et gardes de nos bois,
 De le poursuivre et réduire aux abois :
Voulons, de plus, qu'on lui donne assistance
Contre limiers, bassets, levriers, chiens courants,
  Autres animaux malfaisants.
  La présente ordonnance
  Sera mise à exécution
Nonobstant tout refus, appel, opposition.
  Pour que personne n'en ignore,
  Comme nous l'ordonnons encore,
La faisant afficher où le besoin sera,
 Notre greffier au public le lira (1).

(1) Quand Mesdames allaient à Louvois elles n'emmenaient pas toute leur maison et Madame Victoire notamment laissait à Bellevue ses lectrices, se contentant pour

Mesdames eurent à recevoir, le 17 septembre, une députation de la municipalité rémoise. « M. le lieutenant s'est transporté à Louvois, où il a su de M. l'abbé Rualem, intendant de Mesdames, que le surlendemain de leur arrivée la ville seroit admise à leur présenter ses respects. MM. le lieutenant, le vice-lieutenant et le prévôt de l'échevinage avec M. le syndic, en manteau et rabat, dans une berline attelée de six chevaux, se sont rendus à Louvois, à trois heures. Ils sont descendus chez M. l'abbé, qui a fait annoncer la députation, et les députés ont été admis à cinq heures. Ils s'étoient fait précéder par deux valets de ville, qui avoient porté deux pièces de cinquante bouteilles de vin (1). » Quelques jours après, Mesdames se rendirent à l'abbaye de Saint-Thierry, aux portes de Reims, où demeurait l'archevêque, Mgr de Talleyrand. Elles traversèrent toute la ville en carrosse et s'arrêtèrent devant la maison de M. de Pouilly, lieutenant de la ville, où le

ce service de M. Croville, valet de chambre, beau-frère de sa femme d'atours et mari de l'une de ses femmes de chambre. Nous devons quelques détails à l'arrière-petite-fille de M. Croville, qui habite un petit manoir aux portes de Reims. Elle nous racontait que souvent la princesse s'endormant pendant les interminables lectures qu'elle se faisait faire, Croville s'arrêtait : ce silence réveillait Madame Victoire qui se redressait et disait : « Eh! bien, Croville!» ne voulant pas avouer son sommeil.

(1) Rég. du conseil de ville; septembre 1786.

conseil s'était réuni « en manteau et rabat ». M. de Pouilly harangua Mesdames et leur offrit deux corbeilles de poires de Rousselet sèches (1). Un enfant de huit ans leur récita ces vers :

> Vous voyez sur votre passage
> Tous les cœurs voler à la fois.
> Permettez, pour vous rendre hommage,
> Que l'enfance emprunte ma voix :
> Pour aimer le sang de nos rois,
> Le peuple français n'a point d'âge!

En 1783, Mesdames avaient souhaité d'aller à Vichy, mais elles ne réalisèrent ce projet qu'au printemps de l'année 1785. La reine chercha à le combattre, à cause des frais considérables causés par un déplacement opéré dans les conditions exigées par les princesses. Le roi répondit qu'on économiserait le voyage de Fontainebleau. Ses tantes partirent le 29 mai avec une suite très-nombreuse (2). Les princesses furent logées au couvent des capucins où le supérieur

(1) Rég. — Il y en avait pour 400 livres.
(2) On parle de deux cent soixante personnes et de cent soixante chevaux. Ce chiffre n'est peut-être pas exagéré, car nous apprenons, par une lettre de Calonne à l'intendant de Moulins, du 25 octobre 1785, qu'il fallut payer 82,748 l. 2. s. 1 d. pour les frais causés par le passage de Mesdames dans la généralité de Moulins, allant et revenant de Vichy. (Archives de l'Allier; pièces communiquées par l'archiviste, M. Chazaud).

fit rapidement exécuter des travaux assez considérables. Leur séjour fut signalé par de grandes améliorations dans cet établissement qui laissait singulièrement à désirer. Un long mémoire leur fut présenté auquel elles firent en partie donner satisfaction. Elles ont laissé leur nom à l'une des sources principales à cause de l'allée dite de Mesdames, qu'elles firent planter entre Vichy et Cusset, le long du Sichon (1).

A cette époque, cependant, Mesdames avaient perdu toute influence sur le roi, mais sans jamais se rebuter ni se l'avouer (2). Elles ne le voyaient cependant que très-rarement, et même il leur fallut venir un mardi gras, après le bal, pour pouvoir essayer de lui glisser quelques paroles inquiétantes

(1) *Vichy historique*, par Louis Nadeau, 1869.
(2) Mais elles intriguaient toujours, et le public ne s'y trompait pas, sachant aussi quelle part y avait madame de Narbonne, qui conduisait alors complétement les princesses. Aussi dans un pamphlet du mois de décembre 1783, intitulé : *Bibliothèque des dames de la cour*, nous lisons : « Traité de l'ambition, dédié à Madame Adélaïde, par madame la duchesse de Narbonne. » Une lettre de Marie-Antoinette à la duchesse de Fitz-James, lettre conservée dans les archives de cette famille, constate l'influence des personnes de l'entourage de Mesdames. Celles-ci étaient à Rome, et la duchesse de Fitz-James sollicitait leur appui pour une affaire personnelle. « J'écris encore à ma tante de vous, lui mande la reine le 28 mai 1791 ; tâchez d'être bien avec elles ; mais surtout avec leurs dames : vous savez combien ces dernières les mènent. »

à l'oreille. Au mois de février 1786, on essaya vainement de les décider à échanger Bellevue contre la Muette. La reine voulait donner ce château au Dauphin, et elle poussait le roi, qui promettait toujours d'en parler, tout en disant qu'il était assuré d'un refus, et qui ne voulut pas s'y exposer, sachant ses tantes résolues à ne céder qu'en se posant en victimes.

On prétendit que le roi ayant fait la démarche : « Sire, répondit sa tante, si Votre Majesté l'ordonne, j'obéirai; mais je tiens Bellevue des bontés de mon père, et j'aurais le plus vif regret de me le voir enlever. » Louis XVI n'insista pas, et dit doucement à la reine « qu'il n'était pas heureux pour ses commissions. » Cette anecdote porte en elle-même la preuve de sa fausseté, puisque c'est Louis XVI lui-même, et non Louis XV, qui donna Bellevue à Mesdames. Après tant d'inutiles efforts, elles se résignèrent enfin à reconnaître leur impuissance et se consolèrent en s'entretenant, dans leur petite et maussade cour, des mille bruits qui leur parvenaient, appréciant sévèrement tous les actes, interprétant mal toutes les vues de la reine, et résumant leur opinion à son égard dans ces deux formules invariables : « Nous serions bien surprises qu'elle pensât comme mon père ou comme mon frère. » Ou : « Nous la surprenons tous les jours avec de nouvelles opinions contraires à la maison de France (1). »

Cette opposition ne cessa pas, malgré les sinistres avertissements que les événements auraient dû donner aux membres de la famille royale en leur faisant comprendre qu'ils se perdraient en perdant la reine. Madame Adélaïde essaya même un moment de recouvrer son influence en s'opposant aux dangereux projets du contrôleur général, et en cette circonstance, elle se fit l'alliée de la reine qui voulait absolument la chute de ce ministre follement prodigue et son adversaire déclaré. La princesse patronait alors le conseiller d'État Foulon, celui-là même qui fut l'une des premières victimes de la Révolution, et elle présenta au roi un mémoire rédigé par ce magistrat, pour démontrer les fâcheuses conséquences de l'opération faite sur les monnaies par M. de Calonne, dont en réalité il convoitait la succession. Le roi remit ce travail à Calonne qui n'eut pas de peine à y reconnaître bon nombre de passages tout-à-fait semblables aux sévères remontrances précédemment formulées par le parlement. Il en fit part à Louis XVI en insistant sur la liaison de Foulon avec le premier président d'Aligre, et il n'eut pas de peine à faire « écarter un ambitieux aspirant

(1) Soulavie.

depuis longtemps au contrôle-général (1). » Foulon n'ayant pas voulu écrire d'excuses, fût exilé dans sa terre près de Saumur (juillet 1786). Madame Adélaïde fut profondément blessée de cet échec. Le roi était alors complétement dominé par son contrôleur général, au point même de savoir mauvais gré aux ministres qui essayaient, comme le maréchal de Castries, de lui démontrer ses flagrants mensonges. La reine, le comte de Provence, le duc d'Orléans, le prince de Conti étaient d'accord ; le comte d'Artois, ne voyant dans Calonne que l'homme aimable et plein de ressources, lui prêtait son concours ; le prince de Condé, les ducs de Bourbon et de Penthièvre se tenaient en dehors ; quant à Madame Adélaïde, « elle s'est absolument déclarée contre lui, et si elle peut faire valoir son premier ascendant sur l'esprit du roi, elle en profitera pour culbuter ce ministre, qu'elle regarde comme le fléau de la France (2). » Elle vit longuement à ce propos le roi « qui parut très-sérieux et très-pensif, le 17 mars 1787 et encore le 4 avril (3). Les conférences se multiplièrent même jusqu'à l'automne et rendirent comme une ombre de crédit à Madame Adélaïde qui la saisissait avec bonheur. On raconte qu'au commencement de

---

(1) Bachaumont, 3 avril 1786.
(2) Bachaumont.
(3) Ibidem.

septembre, elle était dans le cabinet de Louis XVI, quand la reine entra. Marie-Antoinette parut un moment surprise: « Vous n'êtes pas de trop, lui dit la vieille princesse; Madame, il est question de sauver l'honneur du roi, le vôtre et la nation du danger qui les menace (1). » Calonne fut renversé, mais ce fut bien plutôt le triomphe de la reine, car sa succession échut au cardinal de Loménie, c'est-à-dire à l'homme du parti de Marie-Antoinette, et surtout de l'abbé de Vermond, le déplorable conseiller de la reine qui, repoussée partout où elle aurait dû trouver des avis et un appui, avait cru pouvoir se confier à l'homme que l'impératrice avait placé comme un guide auprès d'elle.

Madame Adélaïde aimait le duc d'Orléans chez lequel elle trouvait une grande propension à adopter ses idées et une implacable haine contre la reine; il l'avait soutenue contre Calonne et elle lui prêta tout le concours possible pour le défendre dans cette fâcheuse campagne où, après la chute du contrôleur-général, la reine dirigea toute ses forces contre le duc en accueillant trop aisément les accusations les plus violentes. Le duc d'Orléans se jeta alors de plus en plus dans le mouvement contre la cour et ne craignit pas, comme l'a écrit énergiquement l'un de ses récents biographes,

(1) Bachaumont, 3 avril 1787. — Loménie fut nommé le 1ᵉʳ mai.

d'engager le terrible duel qui, pour tous les combattants, se termina sur l'échafaud. On sait la sortie qu'il osa faire devant le roi au lit de justice du 19 novembre 1787, pour réclamer en faveur des états-généraux le droit exclusif d'établir des impôts nouveaux. On sait aussi que Louis XVI répondit en exilant son dangereux cousin à Villers-Cotterets. Madame Adélaïde exprima en termes très-vifs son blâme au roi (1).

La princesse fit un peu plus tard une tentative directe auprès du roi pour obtenir le rappel du duc. Notre chroniqueur raconte ainsi cette scène, Madame Adélaïde dit au roi : « Sire, je viens demander à Votre Majesté la lettre de cachet que ma démarche va sans doute m'attirer. » Il rit, refusa, et il accepta de ses mains une lettre remplie de protestations de soumission de la part du duc d'Orléans. Madame Adélaïde alla porter elle-même la réponse, peu favorable pourtant, à Villers-Cotterets (25 novembre 1787). A cette époque Louis XVI de nouveau était littéralement obsédé par ses tantes. Après Madame Adélaïde, ce fut Madame Louise qui, atteinte de l

---

(1) M. de Montigny, dans ses *Mémoires de Mesdames*, attribue à la princesse une lettre au roi qui ne me paraît nullement authentique, et dans laquelle lui reprochant la faiblesse de son caractère, appelant son attention sur la mobilité des parlements, elle lui aurait indiqué le duc d'Orléans comme son seul ferme soutien.

maladie qui devait l'emporter, écrivait huit pages au roi pour déplorer l'assimilation faite entre les catholiques et les protestants ; le roi, à qui précisément ses ministres se plaignaient alors des sollicitations perpétuelles de « la Carmélite », répondit « durement » (27 novembre 1787).

Comprenant la gravité des circonstances, Mesdames reconnurent probablement trop tard combien elles avaient servi les mauvaises passions des ennemis de la monarchie en entretenant les dissensions dans le sein de la famille royale et en contribuant à exciter le mécontentement contre cette reine qu'on accusait si injustement d'être Autrichienne, quand elle-même écrivait qu'elle se sentait « Française jusqu'au bout des ongles ». Les princesses s'étaient rapprochées cependant de la famille royale (1), mais une fois encore, soit par peur, soit par réflexion, soit par un triste retour de leurs anciennes rancunes, elles cessèrent de nouveau ces visites ; un de leurs biographes affirme même qu'elles prièrent le roi et la reine de venir moins souvent à Bellevue ; elles ne conservèrent de relations intimes et suivies qu'avec Madame Élisabeth qui montrait encore alors des sentiments peu favorables à la reine. Elles redoublèrent leurs aumônes, multiplièrent leurs

---

(1) Au mois de juin 1788, Mesdames reçurent la reine en grand apparat ; elles eurent cinquante personnes à dîner.

dons patriotiques, envoyèrent plusieurs fois de leur argenterie à la Monnaie. Ces efforts étaient bien inutiles ; les amis de la révolution ne se laissaient pas séduire par ces humbles démonstrations. Sous l'impression d'un péril qui s'accentuait malheureusement chaque jour davantage, Mesdames cédèrent enfin au sentiment qui les pressait de ne plus songer à d'anciennes et inutiles inimitiés, et de faire, au contraire, cause commune avec ceux dont elles n'auraient dû jamais se séparer.

La peur devait d'ailleurs évidemment exercer une influence décisive sur ces deux femmes, âgées déjà ; c'est là surtout ce qui les détermina à quitter Bellevue pour se fixer à Versailles dans l'appartement du rez-de-chaussée qui leur était offert. Durant les mois de septembre et d'octobre 1790, elles envoyèrent encore près de deux mille trois cents marcs de leur argenterie à la Monnaie, afin de mériter un bon point auprès des patriotes et de pouvoir appuyer devant l'Assemblée nationale la demande faite par les Carmélites de Saint-Denis, de pouvoir demeurer dans leur couvent où Madame Louise était morte deux ans auparavant. L'Assemblée n'écouta naturellement pas ces modestes prétentions (1).

(1) Un chercheur érudit et curieux, M. Eud. Soulié, nous avait obligeamment prévenu que des lettres nombreuses

de Mesdames Adélaïde et Victoire, concernant cette période, existaient et auraient été versées, en 1815, par les archives départementales de Seine-et-Oise, aux archives de la liste civile et de là aux archives impériales. Nous nous sommes empressés de nous adresser à M. le directeur général de ce dernier dépôt, lequel nous a répondu, le 20 mars 1869 : « Cette recherche a été faite avec le plus grand soin dans le fonds des archives de la couronne, *Maisons des reines, princes et princesses*, mais sans parvenir à découvrir les pièces qui vous intéressent, et nous ignorons sur quelle raison M. Soulié peut croire que cette correspondance se trouve dans notre dépôt. » D'après M. Soulié, ces lettres seraient favorables à Mesdames quant au point de vue politique.

CHAPITRE XII

MESDAMES PENDANT LA RÉVOLUTION

(1790-1800)

Les journées d'octobre. — Mesdames à Versailles. — Elles s'établissent à Bellevue. — L'apologie de M. Necker. — Elles se résolvent à s'expatrier. — Elles demandent des passeports. — Opposition des sections. — Démarche qu'elles font à l'Assemblée. — Mirabeau. — Le municipal Mulot. — Départ furtif. — Les tricoteuses envahissent Bellevue. — Le général Berthier. — Violences commises. — Article de la *Chronique de Paris*. — Publications révolutionnaires. — Mesdames arrêtées à Moret. — Elles passent outre. — Leur arrestation sérieuse à Arnay. — Députation à l'Assemblée. — Elles sont relâchées malgré le populaire. — Émotion à Paris. — La chemise de Marat. — Mesdames arrivent à Chambéry. — Bonne réception. — Parme. — Arrivée à Rome. — Accueil du Pape. — Vie de Mesdames. — Embarras financier. — Elles quittent Rome pour Caserte. — Le progrès des armées françaises les chassent. — Elles errent dans le sud de l'Italie. — Bari. — Brindisi. — Elles s'embarquent. — Deux traversées. — Corfou. — Arrivée à Trieste. — Madame Victoire meurt en arrivant. — Mort de Madame Adélaïde. — Retour de leurs cendres à Saint-Denis.

La Révolution était faite. La cour ne vivait

plus à Versailles que dans une perpétuelle anxiété. Mesdames de France s'y trouvaient lors des journées des 5 et 6 octobre (1). La plupart des personnes de leur maison étaient réunies avec elles dans leur salon. Madame Adélaïde montrait un grand calme au milieu des cris et du tumulte : « Nous leur apprendrons à mourir (2), » dit Madame Adélaïde. Comme l'appartement était au rez-de-chaussée on avait dû fermer les

(1) Au mois d'avril 1790 elles avaient quelquefois à diner Maury, Cazalès et Foucault.
(2) *Mémoires de madame de la Rochejacquelein*. Cette noble femme, qui fut successivement marquise de Lescure et marquise de la Rochejacquelein, était fille du marquis de Donnissan, gentilhomme d'honneur de Monsieur, et de mademoiselle de Civrac, fille elle-même du duc de Civrac, chevalier d'honneur de Madame Victoire; la duchesse de Civrac était dame d'honneur de la même princesse et la marquise de Donnissan sa dame d'atours : aussi la sœur de celle-ci, la comtesse de Chastellux, d'abord dame de Madame Victoire, succéda plus tard à la duchesse de Civrac. Mademoiselle de Donnissan eut Madame Victoire pour marraine et elle fut toujours traitée par elle avec la plus affectueuse bienveillance; elle fut élevée à Bellevue et à Versailles, dans le salon de madame de Civrac où Madame Victoire venait achever toutes ses soirées : « Par sa bonté et par sa simplicité, dit-elle, cette excellente princesse s'efforçait de faire oublier son rang. » En 1785, elle accompagna Madame avec sa mère à Vichy et en 1786 à Louvois : elle passa ensuite l'été à la maison de sa grand'mère, à Brimborion, petit pavillon au bas de Bellevue que lui prêtèrent Mesdames.

volets, de manière que l'on ne pouvait rien voir de ce qui se passait au dehors : mais à chaque instant on apportait des nouvelles contradictoires. Le comte Louis de Narbonne, l'ami de La Fayette, arriva vers minuit, assurant que tout était apaisé et se moquant de la peur de chacun. Il parlait encore que M. de Thianges et madame de Béon ouvrent la porte en criant : « M. de La Fayette est chez le roi ! » — On ne saurait peindre l'étonnement qui saisit tout le monde à cette nouvelle ; le salon de Mesdames se vida presque aussitôt et les princesses se rendirent chez Louis XVI par leur petit escalier (1).

On sait les événements déplorables qui suivirent cette visite du général La Fayette et son imprudent sommeil (2). Le roi annonça son départ pour Paris, et madame de la Rochejacquelein nous apprend qu'elle fit des cocardes pour Mesdames qui devaient être du cortége royal pendant une certaine partie du trajet. Elles montèrent dans leur carrosse avec la duchesse de Narbonne, madame de Chastellux, madame et mademoiselle de Donnissan : leur voiture suivait à assez grande

---

(1) *Mémoires de M*^{me} *de la Rochejacquelein.*
(2) A un moment, quand La Fayette parut en imposer à la foule, Madame Adélaïde se jeta dans ses bras en lui disant : « Ah ! général, vous nous avez sauvés ! » (Thiers).

distance celle du roi et elle en fut bientôt tout à fait séparée par l'affluence de la foule. Un piquet de cent hommes de la garde nationale de Paris avait été affecté spécialement à la garde des tantes du roi. Ils entouraient la voiture. Mesdames leur parlèrent quelquefois pendant le trajet avec une extrême bonté, moins par peur que par l'habitude qu'elles avaient d'être simples et affables. Madame Adélaïde surtout, qui avait besoin de mouvement, causa plus souvent avec eux. « Nous fûmes cinq heures pour aller de Versailles à Bellevue où Mesdames eurent la permission d'habiter. Les cent hommes y restèrent pour les y garder (1). »

Mesdames essayèrent de se faire oublier en ne s'occupant plus que d'œuvres charitables. Nous voyons cependant figurer leurs noms dans une brochure anonyme qui fit assez de bruit, sous le titre d'*Apologie de M. Necker*, et qui était au contraire la critique violente des actes du ministre Cette brochure se terminait par cette page

« A Mesdames :

« Nobles et vénérables filles de Louis XV, je n'oublierai pas votre douleur, d'autant plus vive

(1) *Mém. de Madame de la Rochejacquelein.* — Madame de Donnissan quitta Bellevue le 19 octobre pour aller soigner sa santé chez elle dans le midi.

que vous êtes plus à portée de comparer les deux règnes. Vous vîtes plus d'une fois les orages se former, et jamais vous n'entendîtes éclater la foudre. Vous ne vîtes jamais le peuple divisé, se haïr, jamais de mains impies ne se levèrent sur le trône ; jamais le danger ne fut pour nous, mais seulement pour les magistrats : et quand ce magistrat offrait sa tête pour prix de sa résistance, le monarque désarmé sentait que c'était déjà trop de l'avoir menacé de sa colère.

« Filles augustes, plus vertueuses que Véturie, et non moins respectées, allez comme elle, non pas vers Coriolan qui assiége sa patrie, mais vers un roi dont la facile confiance fait tout le malheur et celui de son peuple ; et sans nommer, ni même qualifier ces princes qui firent le malheur du monde, et dont l'histoire n'a pu nous transmettre les noms sans peindre son effroi, dites-lui qu'il n'en est pas un seul qui ait mis son empire ou son royaume dans l'état où est le sien. Il en est plus d'un sur cette liste qui firent périr de grands rebelles et des prêtres sectaires : mais il n'en est pas un seul qui ait vu tous les grands, toute sa noblesse et tous les prêtres fidèles sous un glaive exterminateur ; dites-lui qu'un roi de France *n'est pas un fauteuil exécutif ;* qu'il a le véritable trône et qu'il ne peut sans s'avilir attendre d'ordre pour s'y asseoir. Rappelez-lui cette fédération et ces cris qui lui témoignèrent de quel amour ses provinces sont embrasées pour lui. Il ne veut être que ce que ses peuples veulent qu'il soit : eh bien! ils se sont expliqués, qu'il soit roi! »

Mesdames conçurent dès leur rentrée à Bellevue le projet de quitter la France (1) et de se retirer à Rome, où elles croyaient seulement trouver un asile assuré. Madame Adélaïde rappela à Paris son chevalier d'honneur. En passant dans cette ville, M. de Narbonne, qui venait de rétablir l'ordre dans les environs de Besançon, essaya d'entraîner Madame Élisabeth avec ses tantes : il la voyait aussi alarmée qu'elles, redoutant autant qu'elles un schisme, mais ses efforts furent vains; Madame Élisabeth, comme si elle eût voulu expier les sentiments regrettables qu'elle avait nourris contre Marie-Antoinette, demeura inébranlable dans sa résolution de rester auprès des royaux prisonniers.

Le départ fut désormais fixé, mais comme il ne pouvait être tenu secret, il souleva de graves complications. Il fut convenu que Mesdames partaient pour visiter l'Italie : le ministre de l'inté-

(1) M. de Beauchesne dit qu'on parla de ce départ dans les journaux. Les Jacobins répandaient le bruit qu'elles emportaient douze millions en or et laissaient beaucoup de dettes.

rieur prévint, le 5 janvier 1791, les directoires de Melun, Auxerre, Dijon, Mâcon, Lyon et Montbrison, que ces princesses allaient traverser leurs départements pour gagner le pont de Beauvoisin et Genève et qu'ils eussent à prendre toutes les mesures nécessaires à cet égard : avis fut également donné au cardinal de Bernis, notre ambassadeur à Rome ; les passeports furent signés, non sans de graves débats, à la Commune, mais le 3 février arrive à la municipalité de Sèvres une dénonciation anonyme, émanée d'une femme de service des princesses, et qui fut transmise immédiatement au club des Jacobins et par celui-ci au Comité des recherches. L'émoi fut grand ; on saisit avec ardeur ce prétexte d'accuser le roi qui, envoyant au loin une partie de sa famille, nourrissait probablement quelques coupables projets. La section de Mauconseil prit l'initiative de provoquer une assemblée générale des sections et du corps municipal : trente-trois commissaires furent nommés et se réunirent sans retard aux Grands-Augustins pour rédiger une adresse à l'Assemblée. Le vice-président de la commission, l'ex-oratorien Mullot, conduisit la députation et prenant le premier la parole rappela que la municipalité de Paris avait fait des démarches dont l'inutilité était très-regrettable, « mais qu'il se représentait volontiers, » renforcé par l'opinion publique. Le président de la députation prononça alors un long et violent discours dans lequel il montrait le roi comme contraint dans sa volonté et voyant avec douleur ses tantes s'éloigner; feignant ensuite de rejeter toute pensée hostile, il ajoutait : « Nous ne croyons pas que les tantes du roi veuillent, comme des citoyens ingrats, disposer hors de leur patrie des richesses qui ne leur ont point été données pour cet usage, et nourrir les étrangers de la substance nationale; nous éloignons de nous la pensée qu'un sexe timide et fait pour conseiller la paix, soit chargé de négocier des traités de guerre. Nous nous refusons à croire que le départ de Mesdames soit une espèce d'essai adroitement suggéré pour exciter le peuple à quelque violence, afin d'acquérir le droit de s'en plaindre. Il nous suffit d'apprendre que ce départ afflige un roi patriote dont on veut lasser le courage par des chagrins domestiques, pour vous demander une loi qui prévienne un pareil malheur. »

Mirabeau, qui présidait l'assemblée, répondit avec un certain embarras, tout en montrant qu'il inclinait à reconnaître la liberté des divers membres de la famille royale. L'abbé Mullot eut avec ses acolytes les honneurs de la séance; il se rendit immédiatement après avec eux aux Tuileries et demanda au roi « d'opposer au vœu de Mesdames un désir qui serait pour elles un ordre, et qui, en les fixant près de nous, ramènera la tranquillité générale. » Le président de section relut ensuite une insidieuse adresse, dans laquelle il insistait sur l'inquiétude que le départ des deux princesses allait causer dans le pays et sur le péril qu'il y avait à laisser consacrer ainsi « les émigrations hostiles ».

Louis XVI ne répondit même pas à cette longue allocution qu'il feignit d'écouter à peine : au municipal Mullot, il dit simplement : « Je suis sensible à la démarche de la Commune. J'ai déjà répondu à la municipalité que mes tantes étant maîtresses de leurs personnes, avaient le droit d'aller partout où bon leur semblait. Je connais trop leur cœur pour croire qu'on puisse concevoir des inquiétudes sur les motifs de leur voyage (1). »

Les délégués revinrent peu satisfaits, et d'autant plus mal intentionnés : l'un d'eux ayant même voulu démontrer la sagesse de la réponse du roi au conseil général de la Commune, fut rudement rappelé à l'ordre. Mullot relata les faits sans réflexion, mais aussi sans paraître attacher une sérieuse importance au maintien du départ de Mesdames. La section de Mauconseil en pensa autrement : les agitateurs virent dans cet incident un

(1) 20 février 1791.

prétexte pour tenter un mouvement : plusieurs d'entre eux firent partager leur colère à ces mégères qui chaque soir se rassemblaient dans le jardin du Palais-Royal, et il fut convenu qu'elles se transporteraient le lendemain à Bellevue, où déjà une députation des dames de la Halle était venue prier Mesdames de ne pas quitter la France. Cette démarche, au sujet de laquelle Mesdames vinrent incognito trouver le roi aux Tuileries, hâta naturellement au contraire leur résolution, mais rien n'avait été disposé, et ce fut le comte de Virieu, colonel du régiment Royal-Limousin et fils d'une des dames de Madame Victoire, qui disposa tout en quelques heures et fit monter les princesses le 19 février, au soir, dans la voiture d'une dame qui était venue faire une visite à Bellevue (1). Au moment de partir, Madame Adélaïde vit un inconnu s'approcher d'elle, comme elle tenait la clef de la grille du parc : il lui offrit de lui éviter la peine de l'ouvrir : la princesse refusa poliment sans laisser paraître son émotion, et monta en voiture avec sa sœur et la duchesse de

---

(1) Déjà le 6 octobre, M. de Virieu, ayant vu des hordes se diriger sur Bellevue, sauta à cheval, courut vers elles, les harangua gaiement, chercha à les arrêter comme s'il était des leurs, puis ayant gagné assez de temps pour que les princesses aient pu être prévenues, piqua des deux sous une grêle de pierres.

Narbonne : le comte Louis et dix-huit personnes de suite suivaient dans d'autres équipages (1). Les cochers eurent d'abord l'ordre d'aller sans se presser, mais quand on eut rejoint la grande route de Fontainebleau, Mesdames montèrent dans d'autres voitures et partirent à toute vîtesse. « Mes tantes sont parties un peu précipitamment, écrit Madame Élisabeth à madame de Raigecourt, parce que les femmes qui nous avoient amenés ici alloient les chercher, mais sont heureusement arrivées trop tard. »

Ces femmes étaient cependant arrivées à Bellevue le dimanche matin : elles revinrent donner l'alarme à Paris et des détachements des clubs accoururent pour s'opposer au moins au départ des fourgons contenant les bagages des princesses. Ils trouvèrent au château le général Alexandre Berthier, qui d'accord avec les municipalités de Sèvres et de Meudon, les força à respecter Bellevue, mais ne put empêcher ces misérables

(1) L'abbé Delille, un des fidèles de la cour de Bellevue, devait être du voyage : il dut y renoncer faute d'avoir pu obtenir un passeport.

La suite de Mesdames comprenait outre madame et M. de Narbonne, le comte de Chastellux, chevalier d'honneur de Madame Victoire, sa femme, dame d'honneur, leurs enfants, l'abbé Madier, M. Couture, architecte du roi et quelques personnes du service. (*Dernières années de Louis XVI*, par F. Hue, p. 209).

de parcourir les appartements du château, et surtout de vider les caves : quelques tricoteuses se vautrèrent dans les lits des princesses (1). Cet incident prit de grandes proportions, à ce point que le lendemain le roi envoya à l'Assemblée une lettre qui aurait dû mettre fin à toute cette affaire.

« Messieurs, ayant appris que l'Assemblée nationale avait donné à examiner au Comité de constitution une question qui s'est élevée à l'occasion d'un voyage projeté par mes tantes, je crois à propos d'informer l'Assemblée que j'ai appris qu'elles étaient parties hier au soir à 10 heures. Comme je suis persuadé qu'elles ne pouvaient être privées de la liberté qui appartient à chacun d'aller où il veut, j'ai cru ne devoir, ni pouvoir mettre aucun obstacle à leur départ, quoique je ne voie qu'avec beaucoup de regret leur séparation d'avec moi. » Dans cette séance, le député Camus proposa de retrancher au roi la somme équivalente à la pension qu'il servait à ses tantes. « Les philosophes de l'Assemblée, dit M. de Beauchesne, s'inquiétaient qu'on pût croire qu'elles quittaient la France par l'horreur du schisme décrété par eux. »

Les journaux s'emparèrent de cet incident et

---

(1) *Madame Élisabeth*, I, 347.

l'un d'eux, la *Chronique de Paris*, inséra un article bien digne de la littérature républicaine :

« Deux princesses sédentaires par état, par âge et par goût, se trouvent tout à coup possédées de la manie de voyager et courir le monde...., c'est singulier, mais c'est possible... Elles vont, dit-on, baiser la mule du pape...., c'est drôle, mais c'est édifiant.

« Trente-deux sections et tous les bons citoyens se mettent entre elles et Rome...., c'est très-simple :

« Mesdames, et surtout Madame Adélaïde, veulent user des droits de l'homme...., c'est naturel.

« Elles ne partent pas, disent-elles, avec des intentions opposées à la Révolution; c'est possible, mais c'est difficile.

« Les belles voyageuses traînent à leur suite quatre-vingts personnes... c'est beau, mais elles emportent douze millions...., c'est fort laid.

« Elles ont besoin de changer d'air....., c'est l'usage. Mais ce déplacement inquiète leurs créanciers....., c'est aussi l'usage.

« Elles brûlent de voyager (désir de fille est un feu qui dévore.....); c'est l'usage. On brûle de les retenir......, c'est aussi l'usage.

« Mesdames soutiennent qu'elles sont libres d'aller où bon leur semblera...., c'est juste. (1) »

L'acharnement du populaire fut incroyable : on lui persuada que le roi faisait partir les femmes de sa famille pour se livrer librement à une sanglante réaction; un journal assura que la cour n'attendait que ce signal pour faire sauter Paris; on reparla des millions enlevés par les princesses, et Barnave, portant sérieusement ces plaintes ridicules à la tribune, demanda qu'on accélérât la loi sur l'émigration. Pendant ce temps les délégués des sections n'abandonnaient pas Bellevue où Berthier s'était installé : ses soldats prirent fait et cause contre lui et peu s'en fallut qu'il ne fût massacré dans la cour même du château. Les efforts des municipalités de Meudon et de Versailles furent inutiles et ce ne fut que le 24 mars que le général parvint à triompher de cette éner-

(1) Voici ce qu'écrivait le rédacteur des *Sabbats jacobites* (t. I, p. 28) : « Mesdames vont en Italie essayer le pouvoir de leurs larmes et de leurs charmes sur les princes de cette contrée. Déjà le grand-maître de Malte a fait dire à Madame Adélaïde qu'il lui donnerait et son cœur et sa main dès qu'elle serait hors de France, et qu'elle pourrait compter sur le secours de trois galères et de quarante-huit chevaliers jeunes et vieux. Notre Saint-Père se charge d'épouser Victoire et lui promet son armée de 300 hommes pour opérer une contre-révolution. »

gique opposition et put faire partir les bagages de Mesdames (1).

Le voyage des princesses ne s'effectua pas sans de pénibles incidents. (2) Nous avons dit qu'elles étaient parties de Bellevue le samedi 19 février, à dix heures du soir, et qu'elles avaient pris la route de Fontainebleau. Les agents des sections avaient eu soin d'envoyer quelques jours auparavant deux émissaires actifs pour exciter le peuple sur le parcours de Mesdames, en représentant les périls que ce départ soulevait, insistant sur les

---

(1) La Convention décida le 5 mai 1794 que Bellevue serait réservé « pour le peuple ». Couthon voulait en faire une école de peinture, et on y installa un régiment qui brisa les statues et dévasta tout : le grand salon, qui mesurait 49 pieds sur 28, fut seul conservé, parce que le commandant en fit sa chambre : il y avait deux superbes cheminées et il était meublé en gourgouran bleu céleste agrémenté de soie blanche. M. Tastu acheta ensuite le château qu'il démolit; il garda les ailes latérales et dépeça le parc. M. Guillaume se rendit acquéreur de la totalité du domaine en 1823, et y fonda le village qui existe aujourd'hui. Les deux ailes et les communs se voient encore sur les côtes de la terrasse; un établissement hydrothérapique a remplacé la coûteuse fantaisie de madame de Pompadour.

(2) Nous résumerons ici tous les bruits qui circulèrent à propos de ce départ et qui sont épars dans les récits contemporains.

Les médecins mirent en avant la santé de Madame Victoire. Le roi conseillait de rester : la reine craignait que le peuple ne lui imputât ce voyage ; l'évêque de Clermont,

sommes énormes qu'elles auraient enlevées et, au nom de la patrie, invitant les amis de l'ordre à les arrêter. Ces efforts portèrent principalement sur les villes de Fontainebleau et de Moret. Le dimanche au matin les voyageuses relayèrent cependant, sans embarras, à Fontainebleau, mais elles trouvèrent à la porte de Moret les membres de la municipalité; leur chef demanda les passeports : les princesses firent présenter celui signé par le roi et celui signé par la municipalité de Paris.

Les officiers de Moret prétendirent que ces deux instruments se contredisaient, l'un indiquant un voyage à Rome, l'autre un simple voyage à l'intérieur et ils se décidèrent à retenir Mesdames jusqu'à nouvel ordre de l'Assemblée Nationale.

les Narbonne, les Chastellux poussaient au départ, désirant assurer leur propre sécurité; Madame Victoire était connue comme bonne et bienfaisante; Madame Adélaïde comme hautaine, fière, impérieuse, ambitieuse; on disait qu'elles enlèveraient le Dauphin dans le fond de leur voiture, tandis qu'on présenterait au château le fils de M. de Saint-Sauveur, que deux mille gentilshommes les escorteraient; ce départ était considéré comme un échec du général de La Fayette, qui était accusé de leur avoir promis trois aides de camp si elles devaient aller en Hollande; on prétendait qu'elles emportaient des millions de louis en laissant beaucoup de dettes. Aussi leur départ, dans le public, passait pour le premier essai d'un grand mouvement. Madame Adélaïde était considérée comme le chef du parti du clergé.

Les princesses firent quelques justes observations. M. de Narbonne parla avec plus d'énergie. Une bande de vauriens se mit à proférer d'horribles menaces, des cris : « à la lanterne » ; la garde nationale, même, faisait mine de se joindre à eux, quand cent chasseurs de Lorraine, de la garnison de Fontainebleau et, en ce moment en promenade militaire, ayant été prévenus, vinrent charger la populace, faire ouvrir les portes de la ville et délivrer les voitures des princesses (1) en faisant partir les attelages à fond de train. La municipalité de Moret transmit aussitôt ses plaintes à l'Assemblée avec un procès-verbal relatant exactement les faits tels que je viens de les transcrire, à part les menaces non réprimées du populaire (2).

(1) Voici comment Madame Élisabeth raconte cet événement à l'abbé de Lubersac, aumônier de Madame Victoire : « Soyez tranquille, ma tante a passé à Sens avec la plus grande tranquillité. A Moret on a voulu les arrêter, mais au bout d'une demi-heure on les a laissées aller sans autre inconvénient que d'avoir attendu une demi-heure. Je suis persuadée que le reste du voyage sera aussi heureux. Elles ont eu un courage extrême au moment de leur départ : heureusement elles se sont décidées promptement, car les poissardes se sont emparées de Bellevue peu de temps après ; je crois qu'elles y sont encore, mais elles n'y font pas le moindre dégât. »

(2) L'un de ces hommes proposa de descendre le réverbère de la porte pour y pendre les princesses.

Le député Rewbell prit la parole pour blâmer M. de Montmorin d'avoir contresigné le passe-port délivré au nom du roi et demander le châtiment des chasseurs de Lorraine. Le duc d'Aiguillon renchérit sur ces récriminations et ne trouva pas de paroles assez sévères pour de braves soldats qui n'avaient fait qu'obéir aux ordres du roi.

L'émotion, habilement développée, grandit promptement et d'une façon tout à fait démesurée dans Paris : l'Assemblée adopta les propositions des deux députés et quelques jours après les dames de la Halle (1) se présentèrent aux Tuileries, forcèrent le roi à les recevoir et lui adressèrent un discours contre l'émigration des princes : « Que Votre bonne Majesté ne souffre pas que ses tantes, qui lui ont toujours été si chères, nous abandonnent encore. Si elles violentent votre cœur, et si elles obtiennent de votre respect pour la déclaration des droits de l'homme, l'arrêt de leur absence sous le nom de permission, elles partiront paisiblement ; personne n'oubliera que vous le leur avez permis ; mais si elles sont poursuivies par le remords de vous avoir quitté, qu'elles se souviennent que nous aurons essayé de le leur

---

(1) Parmi elles on comptait plusieurs hommes des sections habillés en femmes, notamment celui qui porta la parole.

avoir épargné. » Puis, on prétendit que Monsieur avait fui également et l'on répéta que Mesdames avaient emmené le Dauphin déguisé en petite fille. Il fallut montrer au peuple ces deux enfants sur le balcon des Tuileries.

L'Assemblée n'en continua pas moins de s'occuper vivement et de cet incident et de la loi sur l'émigration. Elle reçut à ce sujet deux lettres : l'une (1) du vicomte de Ségur, colonel des chasseurs du Hainaut, déclarant que c'était un escadron de son régiment qui avait eu l'honneur d'escorter Mesdames à Moret, par ses ordres ; l'autre, de M. de Montmorin, déclarant que le roi avait le droit de délivrer des passeports hors du royaume tant qu'une loi n'aurait pas défendu d'en passer les limites. On comprend que ces explications n'étaient pas de nature à calmer l'animation des débats de l'Assemblée. Mirabeau, alors très-dévoué à la cour, feignait d'approuver les opinions de Rewbell et du duc d'Aiguillon, mais il multipliait les incidents pour traîner les choses en longueur et donner aux deux princesses le temps de gagner la terre étrangère. Tout changea quand M. de Lessart, ministre de l'intérieur, monta à la tribune pour annoncer l'arrestation de Mesdames à Arnay-le-Duc, lut leur réclamation et dénonça au

---

(1) Lue le 2 mars à l'Assemblée.

nom du roi cet attentat contre la liberté individuelle et contre son autorité souveraine.

Les agents des clubs avaient été en effet plus heureux à Arnay-le-Duc, qu'à Moret et à Fontainebleau : leurs plaintes furent écoutées et le 21 février le major de la garde nationale de cette petite ville, accompagné d'un « groupe de citoyens actifs », se présenta dans la salle des séances du conseil municipal assemblé extraordinairement pour prévenir ses membres de l'arrivée de Mesdames, et leur faire remarquer que l'on pouvait « soupçonner ce voyage fait contre l'intention de l'Assemblée nationale ; que l'on ne pouvait admettre que les membres de la famille royale pussent quitter le royaume avec une simple permission du roi, mais bien avec l'assentiment de l'Assemblée, ainsi que les citoyens de Paris l'avaient demandé ; qu'en conséquence il priait le conseil de requérir la garde nationale et de défendre au maître de poste de donner des chevaux aux voyageuses si elles ne présentaient un passeport en règle de l'Assemblée et de la Commune de Paris. » Le conseil consulta immédiatement les administrateurs du Directoire et décida d'accord avec eux que Mesdames seraient arrêtées à Arnay. Une partie de leurs voitures de service étaient déjà arrivées : le lendemain M. de Narbonne survint avec les passeports, à cheval : il fut arrêté et conduit à l'hôtel de ville au milieu d'une population dont les dispositions semblaient des moins rassurantes. Les observations de M. de Narbonne, soutenues par quelques hommes raisonnables, furent promptement comprises, et la municipalité, confessant son erreur, consentit à reconnaître le droit des princesses de continuer leur route : mais elle se repentit persque immédiatement de cette équitable résolution et décida que Mesdames resteraient à Arnay jusqu'à ce que l'Assemblée nationale eût tranché la question qui devait lui être soumise par le docteur Billequin, officier municipal, et par M. de Narbonne.

Pendant que ces choses se discutaient à la municipalité, Mesdames entraient en ville, et, effrayées des cris et des murmures du populaire qui encombrait le faubourg, se réfugièrent dans une chambre de l'auberge de la *Croix Blanche*. MM. de Narbonne et Billequin partirent à l'heure même pour Paris, et le premier présenta à l'Assemblée une lettre de Mesdames dans laquelle elles réclamaient « respectueusement le droit de citoyennes et la loi qui permet à tout Français d'aller où il lui plait ».

L'Assemblée discuta immédiatement sur cette affaire. L'abbé Maury parla le premier, en faisant remarquer l'énormité des prétentions de la municipalité d'Arnay-le-Duc, qui ne prétendait à rien moins qu'à se mettre au-dessus des lois reconnues. La discussion s'anima et se généralisa. M. de Narbonne plaida la cause des princesses avec le talent et l'énergie dont il était si richement doué. Mirabeau déclara que la question appartenait tout entière au pouvoir exécutif : « Le salut du peuple, dit-il, ne peut dépendre du voyage que Mesdames feront à Rome. Tandis qu'elles se promèneront près des lieux où fut jadis le Capitole, rien n'empêchera l'édifice de notre liberté de s'élever à son faîte. » Camus proposa au contraire d'approuver la conduite de la municipalité d'Arnay-le-Duc, en invoquant, avec le représentant Gourdon, le salut du peuple : le débat fut clos par le comte de Menou, qui s'écria : « L'Europe sera bien étonnée sans doute, lorsqu'elle apprendra que l'Assemblée nationale de France a passé quatre heures entières à délibérer sur le départ de deux dames qui aiment mieux entendre la messe à Rome qu'à Paris. » L'Assemblée vota conformément à l'avis de Mirabeau, que « attendu qu'il n'existe aucune loi du royaume qui s'oppose au libre voyage de Mesdames, tantes du roi, déclare qu'il n'y a pas lieu à délibérer sur le procès-verbal de la commune d'Arnay-le-Duc, et renvoie l'affaire au pouvoir exécutif. »

Cette décision excita un violent mécontentement parmi les patriotes: des attroupements considérables se formèrent autour des Tuileries en vociférant qu'il fallait obtenir du roi le retour de ses tantes. La Fayette et le maire Bailly cherchèrent vainement à se faire écouter : on les insulta, plusieurs gardes nationaux, en essayant de maintenir l'ordre, furent blessés, et ce n'est qu'avec la nuit que ces misérables se dispersèrent en faisant entendre des menaces et des insultes contre Mesdames (6 octobre) (1).

M. de Narbonne et le docteur Billequin avaient cependant repris à la hâte le chemin d'Arnay, pour porter le décret au directoire du département, qui le transmit à celui du district. Quand on apprit cette décision à Arnay, les hommes qui avaient provoqué cette misérable affaire se rendirent sans perdre un instant à la municipalité pour réclamer le maintien de l'arrestation des deux princesses, sous le prétexte que l'Assemblée préparait une loi sur la position des membres de la famille royale, et qu'en laissant partir Mesdames, on les mettait ainsi hors des atteintes de cette loi.

(1) « Il y a eu du bruit jeudi pour le départ d'Arnay-le-Duc, écrit Madame Élisabeth à madame de Raigecourt : la garde s'est portée au château avec zèle ainsi que les gens bien intentionnés ; M. de Lafayette s'est bien conduit. »

Parlant de cette arrestation dans une lettre à madame de Raigecourt, Madame Élisabeth dit très-légèrement : « Mes tantes sont toujours arrêtées à Arnay-le-Duc, je ne sais quand cette plaisanterie finira. »

Mesdames étaient alors au presbytère avec mesdames de Narbonne et de Chastellux : la municipalité accueillit les observations des Jacobins d'Arnay, plaça une double garde auprès des princesses et prit une délibération annulant le décret de l'Assemblée et surséant « à la levée de la consigne de Mesdames, tantes du roi, jusqu'à la réception de nouveaux ordres du pouvoir exécutif ». Deux commissaires furent de nouveau envoyés à Paris, tandis que le comte de Narbonne était gardé à vue : il parvint cependant à envoyer un homme sûr qui porta à M. de Civrac des lettres de Mesdames et de lui. Le ministre de l'intérieur dénonça à l'Assemblée la coupable résistance de la municipalité d'Arnay et donna l'ordre aux deux commissaires de cette ville d'y faire mettre immédiatement fin sous peine de s'exposer à des mesures sévères. Deux membres de l'administration départementale, MM. Guyton de Morveau et Hernoux se rendirent à Arnay. Ces efforts faillirent encore échouer : aveuglée et effrayée par les meneurs qui provoquèrent sous les fenêtres du presbytère, où étaient véritablement détenues Mesdames, une bruyante émeute, la municipalité retint encore pendant deux jours les princesses. Force resta enfin à la loi, quoiqu'on assure que l'argent largement répandu par M. de Narbonne fut encore plus puissant que les décrets de l'Assemblée.

Mesdames quittèrent Arnay, le 3 mars (1), après onze jours de captivité, pendant lesquels elles reçurent quotidiennement les visites de quelques dames royalistes de la ville : le marquis de Damas

(1) On prétendit que l'aubergiste d'Arnay avait donné vingt-cinq louis à la municipalité pour qu'elle laissât partir Mesdames.
Voici en quels termes le Directoire de la Côte-d'Or rendit compte au gouvernement de ce départ : cette pièce nous a été communiquée par M. le comte Étienne de Luppé :

« Arnay-le-Duc, le 4 mars 1791,
à 4 heures et demie après midi.

« Monsieur, nous avons la satisfaction de pouvoir vous informer que nous ne serons pas dans le cas d'user des moyens que vous avez mis à la disposition du département de la Côte-d'Or par votre lettre du 2 de ce mois. Mesdames tantes du roi sont montées en voiture à 2 heures après midi de ce jour. Notre commission portait que nous les accompagnerions jusqu'aux limites de notre département, et elles avaient approuvé la proposition que nous leur en avions faite ; mais les dispositions des citoyens et des gardes nationales à déférer avec une entière soumission aux ordres du roi s'étant manifestées avec plus de rapidité que l'on n'osait l'espérer, le maître de poste n'a pu rassembler assez de chevaux pour les équipages de la suite de Mesdames, et elles nous ont elles-mêmes dispensés de les accompagner.

« Nous rendons compte de leur départ et de toutes les circonstances qui l'ont accompagné à M. de Lessart.

« Le courrier que nous chargeons de la présente, sera retardé de quelques heures faute de chevaux, mais nous lui recommandons de faire la plus grande diligence.

« Le commissaire de Directoire du département
de la Côte-d'Or.   Hernoux

« J.-B. Guyton, procureur-général syndic. »

d'Antigny vint publiquement de Commaraies leur faire la cour et mettre tout ce qu'il avait à leurs ordres, mais à l'égard du bien-être matériel la municipalité avait au moins très-convenablement fait les choses (1).

Cet incident d'Arnay-le-Duc fournit à la presse du temps une boutade assez heureuse pour trouver place ici : elle égayera un moment ce triste récit :

« *Les chemises à Marat, ou l'arrestation de Mesdames, tantes du roi, à Arnay-le-Duc.*

« Marat avait dit dans son journal que les chemises de Mesdames lui appartenaient. Les patriotes de province qui lurent exactement le *Courrier des 83 départements* et l'*Ami du peuple*, crurent de bonne foi que Mesdames avaient emporté les chemises de Marat. L'estime que l'on a conçue pour les écrits de ce grand homme fait que l'on prend intérêt à tout ce qui lui appartient, même à ses chemises.

« Les habitants d'Arnay, ci-devant le Duc, instruits de cette aventure, et sachant que Mesdames devaient passer en leur ville, décidèrent

(1) Pendant leur captivité Mesdames écrivaient qu'elles jouaient au trictrac et au piquet avec M. le curé d'Arnay et que pendant la nuit on blanchissait leurs chemises, le linge leur manquant. (*Madame Élisabeth*, par M. de Beauchesne, 1,350.)

qu'il fallait les arrêter au passage pour leur faire rendre les chemises qu'elles avaient dérobées au folliculaire Marat. A peine cette civique résolution est-elle prise, que l'on voit entrer dans la ville les deux tantes avec toute leur suite. On les arrête de la part de la nation et de Marat, on les fait descendre de voiture, et les officiers municipaux, avec leurs habits noirs, leur gravité, leurs écharpes, leur civisme et leurs perruques, disent à Mesdames :

Air : *Rendez-moi mon écuelle de bois.*

Donnez-nous les chemises
A Marat,
Donnez-nous les chemises.
Nous savons, à n'en douter pas,
Que vous les avez prises.

« Madame Adélaïde, étonnée d'un tel propos, répond sur le même air que ces messieurs de la municipalité :

Je n'ai point les chemises
A Marat,
Je n'ai point les chemises :
Cherchez, messieurs les magistrats,
Cherchez dans nos valises.

« Madame Victoire dit à son tour :

Avait-il des chemises,
Marat,
Avait-il des chemises ?
Moi, je crois qu'il n'en avait pas,
Où les aurait-il prises ?

« MM. les municipaux, qui connaissent de réputation les chemises de l'écrivain, répondent avec une gravité toute municipale :

> Il en avait trois grises,
> Marat,
> Il en avait trois grises,
> Avec l'argent de son fatras
> Sur le Pont-Neuf acquises.

« La municipalité se mit alors en devoir de fouiller dans les malles de Mesdames, en disant :

> Cherchons bien les chemises
> A Marat,
> Cherchons bien les chemises.
> C'est pour vous un fort vilain cas,
> Si vous les avez prises.

« Enfin ne pouvant distinguer, parmi tant de chemises, lesquelles appartenaient à Marat, et les tantes du roi persistant à nier qu'elles eussent dérobé celles de ce grand homme, la municipalité d'Arnay, ci-devant le Duc, accorda à Mesdames la permission de continuer leur voyage, après les avoir retenues prisonnières l'espace de dix jours.

« Ce qu'il y a de plus curieux, c'est que Marat se fâche et prend sa grosse voix pour faire taire Gorsas. On conçoit sa colère, quand on sait qu'il venait de vendre les draps de son lit pour pouvoir faire paraître son journal (1). »

Mesdames poursuivirent dès lors en toute hâte leur route, n'ayant plus qu'une idée, celle de

(1) Nous avons lu un certain nombre de plaquettes publiées à ce moment contre Mesdames.

Voici leurs titres :

« Adresse présentée à l'Assemblée nationale et au ro sur le départ de Mesdames, 1791. »

« Conversation entre Mesdames et le pape à leur arrivée à Rome. »

« Lettre de la Société des amis de la Constitution séante à Versailles aux Sociétés affiliées sur la manière dont les ordres ont été exécutés à Bellevue le 5 mars 1791. »

« Seconde lettre b... patriotique de la mère Duchesne où elle fait ses adieux à Mesdames. »

« Preuve d'un complot épouvantable formé par une troupe de faux patriotes à l'occasion du départ de Mesdames. »

« Route que doivent prendre Mesdames pour sortir du royaume avec le détail de leurs bagages, et les noms des personnes qui composaient leur suite. L'an II de la liberté. »

« Arrivée de Mesdames à Rome, et grande excommunication lancée par le Pape contre l'abbé Fauchet et le clergé patriote français. »

Enfin : « Les Intrigues de Madame de Staël, à l'occasion du départ de Mesdames de France, comédie en 3 actes et en prose. A Paris, se trouve au boudoir de madame de Staël. »

C'est une pièce royaliste particulièrement dirigée contre madame de Staël, et dans laquelle figurent sous des couleurs peu avantageuses Barnave, Mirabeau, Bailly, Camus, et les deux Lameth.

passer la frontière (1) : elles traversèrent Lyon sans s'arrêter, malgré le désir de la population de leur faire oublier les insultes d'Arnay, mais elles furent en butte, jusqu'à la frontière, aux plus pénibles démonstrations; quand elles eurent franchi le pont de Beauvoisin des huées s'élevèrent de la rive française, tandis que des salves d'artillerie les accueillirent sur le sol étranger : elles ne se crurent en sûreté qu'une fois à Chambéry, où elles arrivèrent brillamment escortées, et où les attendait un des principaux officiers de la maison du roi de Sardaigne, qui les complimenta au nom de son maître et les installa au palais (2). Elles n'y demeurèrent que trois jours et se rendirent à Turin où elles restèrent deux semaines. Elles éprouvèrent de grandes difficultés pour franchir la Maurienne et le Mont-Cenis, quoique le roi de Sardaigne eût envoyé quatre cents soldats pour déblayer la neige sur leur passage ; le comte d'Artois vint les chercher jusqu'à Nova-

(1) Madame Victoire avait dit à madame Campan qu'elle pensait partir dans peu de temps; qu'elle ne s'éloignait que pour laisser le roi plus libre de ses actions, séparé de sa famille, et qu'elle espérait que le public n'attribuerait leur détermination qu'à l'indignation que causait à Mesdames la constitution civile du clergé.

(2) « Madame Victoire ne cessait de verser des larmes : Madame Adélaïde ne pleurait pas, mais elle avait presque perdu l'usage de la parole. » (*Madame Élisabeth*, I, 151.)

lèse, au pied du Mont-Cenis. Toute la noblesse de Turin se rendit au-devant de Mesdames que le roi reçut avec la plus grande cordialité sur le péristyle de son palais. Le soir elles allèrent à l'hôtel que le prince de Condé avait occupé, et y tinrent leur cour : le roi y vint (13 mars 1791). Mesdames ne voulant pas causer des frais exagérés au roi Victor-Emmanuel, quittèrent Turin le 26 mars et arrivèrent à Parme où le duc les reçut avec les honneurs que l'on rendait aux têtes couronnées. M. le comte d'Artois les y rejoignit deux jours après et les conduisit jusqu'à Bologne, d'où il se rendit à Venise, tandis que ses tantes, en attendant que les préparatifs de leur installation à Rome fussent entièrement terminés, passèrent quelque temps à Bologne où elles reçurent le roi des Deux-Siciles, M. de Calonne, le duc et la duchesse de Polignac. Le pape avait fait splendidement décorer leurs appartements et choisi les personnages les plus considérables de l'État pontifical pour composer la maison des deux princesses.

« Mesdames sont arrivées ici samedi (16 avril), vers 3 heures après-midi : elles étaient seules dans leurs voitures; leurs dames occupaient deux carrosses de suite qu'accompagnaient cinq courriers au nombre desquels était celui envoyé par le Saint-Père.

« Mesdames vinrent descendre directement au palais du cardinal de Bernis. S. E. était partie dès les onze heures du matin pour aller à leur rencontre. Le premier hommage rendu, M. le cardinal de Bernis était revenu une heure avant les princesses, et ce fut lui qui eut l'honneur de les recevoir au bas du perron de son palais. Tout était prêt pour les traiter dignement en princesses ; elles trouvèrent un dîner tel que le magnifique cardinal savait en ordonner dans le temps de sa plus grande splendeur. Mais bientôt Mesdames le prièrent de se débarrasser de ce soin, et de s'épargner toute dépense, leur intention étant de s'en charger elles-mêmes, ainsi que de toute celle de sa maison et de ses gens, tant qu'elles occuperaient son palais.

« C'est dimanche, vers les 7 heures du soir, que Mesdames eurent leur première audience du pape, qui les reçut avec les témoignages de la plus vive tendresse (1) : elles lui remirent une lettre du roi et elles restèrent environ deux heures avec Sa Sainteté. Le lendemain elles reçurent du souverain pontife le présent d'usage, mais en plus grande abondance que de coutume, puisqu'il y avait soixante plats ou corbeilles de plus qu'on n'en offre ordinairement. Le présent consistait en comes-

(1) Il avait chargé sa nièce, la princesse Braschi, de les amener.

tibles de toute espèce et du plus beau choix (1).»
Ce même jour le pape vint chez Mesdames qui le reçurent sur la marche du grand escalier (2). Le lendemain elles assistèrent à la messe célébrée à Saint-Pierre par le souverain pontife qui leur donna la sainte communion. Elles eurent aussi la visite du roi et de la reine de Naples, alors à Rome.

Mesdames durent recevoir tout ce que Rome renfermait d'habitants et d'hôtes considérables. Elles assistèrent à des *conversazioni* chez les princesses Barbini, Alfieri, Bracciano, chez le prince Borghèse et chez le cardinal Zélada, mais elles refusèrent de prendre part aux réjouissances qui signalèrent alors le passage à Rome des souverains napolitains : elles figurèrent seulement aux cérémonies religieuses où, traitées de « filles de l'Église » par le pape, elles jouirent des mêmes honneurs que les têtes couronnées (3).

Mesdames s'empressèrent de visiter les monuments de la Ville éternelle, les musées et les galeries : elles fréquentèrent habituellement l'église de Saint-Louis des Français et se signalèrent par leur piété et leurs abondantes aumônes. Leur pre-

(1) *Mémoires de Mesdames*, par C. de Montigny.
(2) Il leur envoya encore de magnifiques corbeilles d'argent remplies de fruits et de confitures.
(3) A la fin de septembre 1791, le bruit se répandit en France que Mesdames allaient y rentrer.

mière entrée à Saint-Louis fut accompagnée de cérémonies spéciales, et l'aumônier, l'abbé di Lando, fit remarquer dans un discours que « jamais depuis sa fondation cette église n'avait eu la gloire de recevoir les filles et les tantes de nos rois. » Elles allaient souvent aussi au couvent des Carmélites, en mémoire de leur sœur et elles donnèrent 4,000 livres pour parfaire la somme nécessitée par les fêtes de la béatification de la fondatrice de l'ordre en France (1).

Mesdames sortaient souvent aussi dans la campagne. Madame Adélaïde aimait alors à descendre de voiture et à causer avec les laboureurs et les bergers : cette vie libre et sans étiquette convenait à leur santé cruellement éprouvée. Mais il leur aurait fallu aussi une parfaite tranquillité d'esprit, que les événements politiques interdisaient mal-

---

(1) Les princesses étaient cependant dans la plus fâcheuse position pécuniaire : on en jugera par cette lettre de Madame Adélaïde à M. de Musset, fermier-général, écrite de Rome, le 20 juillet 1791 : elle a passé en 1867 à l'une des ventes de M. E. Charavay.

« Je vois avec bien de la peine, monsieur, l'embarras où nous nous trouvons si malheureusement; je n'y entrevois aucune ressource, du moins de sitôt : où il n'y a rien on ne peut payer : je crois qu'il faut suspendre toutes mes pensions que l'on payera à mesure que l'on recevra, et aux créanciers leur donner des mandats sur ce que le roi nous doit. J'ai écrit sur cela à l'abbé Ruallem; conférez-en avec lui ».

heureusement. Un jour cependant, Mesdames crurent toucher au terme de leurs inquiétudes. Un courrier arriva leur annonçant le succès de la fuite de Varennes. Un véritable enthousiasme se manifesta dans Rome : la ville s'illumina et le peuple vint crier : Vive le roi ! sous les fenêtres de Mesdames, qui convièrent, en signe de réjouissance, toute la haute aristocratie romaine à un grand dîner. Le pape adressa à Louis XVI une bulle de félicitation que devait lui remettre sur les bords du Rhin, un nonce nommé *ad hoc*. Un second courrier survint le matin de la fête préparée par les princesses, faisant connaître la triste vérité : elle parvint aussitôt aux oreilles de Mesdames qu'elle attrista sans les décourager. On savait alors résister à ces premières épreuves, comme si l'on comprenait qu'elles étaient bien minimes à côté de celles qu'il se fallait préparer à subir. La fête de Saint-Louis fut célébrée quelques jours après avec une pompe inaccoutumée : Mesdames y étaient dans une tribune décorée pour la cérémonie et vingt-trois cardinaux assistaient à l'office.

Mesdames cependant ne négligeaient pas les questions politiques et elles trouvaient tout naturellement un appui auprès de Mgr Consalvi, dont elles avaient décidé trois ans plus tôt la nomination à l'auditorat de Rote et qui jouissait à Rome d'un grand crédit : il paraît même qu'elles abusèrent de la complaisance du cardinal de Bernis, qui s'est plaint dans une lettre que les princesses et leur suite se montraient « très-exigeantes et un peu tracassières ». Elles s'empressèrent d'accueillir avec une grande faveur l'abbé Maury qui vint se faire sacrer archevêque de Nicée (9 mai 1792) et fut nommé nonce extraordinaire à la diète impériale ; il se rendait tous les jours chez Mesdames. Leur conduite était cependant assez prudente pour ne point fournir aux révolutionnaires de prétexte à attaquer des princesses vivant paisiblement au fond d'un palais à Rome. Un jour un jeune homme arrivant de France amena à Mesdames quatre chiens qu'elles avaient laissés à Versailles et qu'elles affectionnaient. Aussitôt l'un des mauvais journaux romains d'imprimer : « On parle beaucoup ici de quatre émigrés français qui sont descendus chez Mesdames et logent dans leur palais. On assure que Mesdames en les voyant ont versé des larmes de joie : ce sont vraisemblablement leurs meilleurs amis et tout le monde s'accorde à en faire les plus grands éloges. Ces émigrés, comme on les appelle ici, sont quatre superbes chiens que Mesdames ont fait revenir de Versailles pour charmer les ennuis de leur sainte retraite. » Elles avaient également conservé des relations suivies avec la reine, qui leur écrivait souvent (1). Il paraît du reste que tout en s'affligeant du triste progrès des mauvaises passions, Mesdames ne pouvaient s'arrêter à la pensée de sinistres complications : vivant hors de France, entourées d'émigrés éloignés de Paris depuis quelques mois au moins et accueillant de trompeuses illusions, elles ne pouvaient se figurer leurs compatriotes à la veille de commettre un grand crime. Madame Adélaïde écrivit au roi à l'occasion du jubilé ordonné pour la France, le 5 avril, à Marie-Antoinette, à Madame Élisabeth, mais sans témoigner d'inquiétudes sérieuses. La nouvelle du 10 août les consterna d'autant plus rudement : elles la reçurent le lendemain de la seconde fête de saint Louis célébrée pour elles à Rome et elles tombèrent dès lors dans un profond découragement, ne comptant plus que sur des jours de deuil. L'année suivante, Mesdames célébrèrent encore la fête de saint Louis à l'église française, mais couvertes de vêtements noirs et accompagnées de toutes les femmes de la noblesse romaine également en deuil. Chaque jour apportait une nouvelle douleur à Mesdames, qui ne pouvaient se dissimuler que si elles fussent restées en France, elles seraient certainement montées sur le même écha-

(1) Nous le savons notamment par la lettre de la reine à la duchesse de Fitz-James, en 1791, laquelle était alors à Rome.

faud que Marie-Antoinette et que Madame Elisabeth.

Les événements contraignirent Mesdames à quitter Rome où elles avaient vécu relativement dans le plus grand calme et reçu les plus touchants témoignages de la part de la société romaine. Les mouvements révolutionnaires qui se faisaient déjà sentir dans la Ville éternelle, l'approche des troupes françaises, rendaient cette détermination nécessaire. La population se montrait hostile envers elles et l'on parlait d'effacer leur nom de la plaque de marbre qui surmontait la porte de leur palais, avec l'écusson fleurdelisé. Le pape, impuissant à conjurer l'orage, comprit ces raisons et n'essaya même pas de détourner Mesdames de leur résolution. Elles étaient d'ailleurs assurées de rencontrer un asile dans le royaume des Deux-Siciles, non pas cependant à Naples, où la cour se trouvait dans une situation aussi difficile que celle de la cour de France en 1790 et 1791. Les princesses traversèrent seulement cette ville et elles allèrent s'installer à Caserte, dans un magnifique palais comparable à celui de Versailles (mai 1796). Elles y passèrent trois années, à peu près tranquilles, jouissant de ce magnifique climat du sud de l'Italie, de ce splendide pays, avec lequel aucune contrée ne peut rivaliser en Europe, émues seulement par les progrès des armées françaises, par le renversement du pouvoir pontifical, par les menaces de Championnet, bientôt par l'échec du roi Ferdinand.

Le prince revint à Belvédère — aux portes du parc de Caserte — dans la nuit du 13 au 14 décembre. Ce retour impressionna vivement Mesdames, que Ferdinand IV fit rassurer en leur promettant une visite de la reine pour le lendemain; mais cette princesse partit en toute hâte le matin pour Naples, avec son époux, après avoir écrit à Mesdames, une lettre des plus affectueuses où elle exposait nettement la gravité de la situation, ajoutant : « Nous regarderons comme un allégement à nos souffrances de vous posséder dans le seul coin de terre qui nous reste et de partager avec vous, dans ce refuge, notre passé de douleurs et notre pain de larmes (1). » Les princesses allèrent dîner le 15 chez le roi, et l'on convint du départ, aussi apprirent-elles avec une extrême surprise que, malgré les promesses les plus formelles, Ferdinand et Caroline s'étaient furtivement embarqués dans la nuit du 21 au 22 décembre : ils avaient songé cependant à s'excuser par écrit auprès des filles de Louis XV,

(1) Nous empruntons ces détails à la relation écrite par le comte César de Chastellux, témoin oculaire, relation publiée en 1816 et rééditée par le comte de Marcellus dans la *Revue contemporaine*.

les prévenant des sentiments hostiles de la popution napolitaine à l'égard des Français, et leur envoyant un courrier chargé de les escorter jusqu'à Manfredonia, où elles devaient trouver une frégate pour les conduire, à leur choix, à Trieste ou à Palerme. Mesdames choisirent la première de ces deux villes, et fixèrent leur départ au 24 : le courrier leur observa que c'était trop attendre; elles communièrent donc à minuit, le 23, et partirent deux heures après, emmenant avec elles la duchesse de Narbonne, le comte et la comtesse de Chastellux, avec leur fils César et leurs filles, la comtesse Louis de Narbonne, l'évêque de Pergame, le médecin Lavite, le chirurgien Bousquet; les autres voitures devaient suivre de douze en douze heures (1). A mi-chemin, on apprit que la frégate avait levé l'ancre sans ordre, et l'on expédia un courrier à l'amiral Nelson, pour lui demander d'envoyer un bâtiment anglais. La caravane arriva à Manfredonia le 25, après avoir subi les rigueurs d'un froid extrême : on y trouva le marquis del Gallo, qui, chargé d'une mission à Vienne

---

(1) Ce qui rendait le voyage plus difficile, c'est que les princesses avaient avec elles une soixantaine de personnes, parmi lesquelles vingt-cinq femmes. Plusieurs émigrés avaient été recueillis par elles, comme l'évêque d'Ath, la comtesse de Calan, la marquise de Roquefeuille avec sa fille.

devait accompagner les princesses ; mais, aucune réponse n'arrivant, et les ennemis approchant, le marquis s'embarqua à tout hasard sur une polacre et engagea Mesdames à gagner Foggia, ville ouverte et d'où on pouvait au besoin s'échapper facilement. Comme Mesdames, suivant ce conseil, approchaient de cette ville, elles rejoignirent une voiture de leur suite et les personnes qui l'occupaient dissuadèrent les princesses de se rendre dans une localité toute prête à céder au mouvement. Mais Mesdames étaient à bout de forces après dix jours de courses indécises et pleines de périls pendant une saison rigoureuse : elles entrèrent à Foggia où le président du tribunal, devenu le principal fonctionnaire de la ville et qui occupait le palais, se prétendit malade pour se dispenser de rendre aux augustes voyageuses les honneurs qui leur étaient dus (1). Quelques jours s'écoulèrent au bout desquels le président de la douane invita Mesdames à s'éloigner. M. de Chastellux écrivit alors au viceroi de Naples, lequel fit savoir qu'il n'avait aucun bâtiment à mettre à la disposition des filles de Louis XV, et à l'amiral Outschakoff, commandant de l'escadre russe, mouillée à Otrante : mais

(1) Quand le comte de Chastellux, craignant un malheur, le pressa de lui procurer une polacre, ce fonctionnaire refusa en disant qu'il serait trop embarrassé de justifier une pareille dépense auprès des Français quand ils arriveraient.

on partit, sans attendre cette dernière réponse, le 15 janvier 1799, pour Cérignole où la population se montra empressée et respectueuse, et de là pour Trani où l'on séjourna, grâce à la trêve conclue entre les troupes royales et les Français, mais où le calme fut constamment troublé par les menées des républicains. Mesdames voulaient se rendre à Brindisi où le marquis del Gallo avait fait préparer des logements, mais le comte de Chastellux les pressait de venir à Raguse où un navire devait être disposé par les soins d'un émigré, M. de Clérembault. Elles suivirent ce conseil en voyant le gouverneur de Trani montrer une vive inquiétude de la prolongation de leur séjour (26 janvier) ; la santé de Madame Victoire, qui depuis Foggia donnait de sérieuses inquiétudes, exigea un arrêt à Bari dont les habitants étaient très-bourbonniens. La rupture de la trêve, l'approche des Français contraignirent la princesse à oublier ses maux : malgré son état réellement grave, elle préféra fuir que de tomber entre les mains de nos commissaires. Mesdames s'embarquèrent sur un trabaccolo, petit bâtiment particulier à l'Adriatique, n'ayant que quatre pieds de hauteur dans l'entrepont, avec toute leur suite, et elles eurent le temps de voir distribuer les cocardes tricolores à toute la population avant que leur petit bâtiment eût quitté le port (4 février). On venait heureusement de recevoir la plus obligeante réponse de l'amiral russe, ce qui releva un peu le courage des fugitifs. Vers la fin de la nuit le vent sauta et le trabaccolo, après avoir couru de sérieux dangers, dut revenir au soir mouiller sous le môle de Bari, où, en entendant la fusillade et en voyant les maisons incendiées, on apprit l'arrivée de nos soldats. Le patron de la tartane venait d'annoncer qu'il fallait absolument rentrer dans le port, quand le vent changea encore et l'on put gagner rapidement Brindisi. Nouvelle déception : l'amiral russe ne voyant pas Mesdames arriver et pensant qu'elles avaient été obligées de renoncer à leur projet, avait levé l'ancre en emmenant le marquis del Gallo. Mesdames ne s'émurent pas trop de ce contretemps, voulant seulement, quoique des appartements leur eussent été préparés en ville, rester à bord pour ne pas être exposées à une surprise de la part des troupes républicaines. Le séjour sur le trabaccolo était cependant insupportable. « Le repos même était déjà un malheur, dit le comte de Chastellux, pour les individus qui séjournaient renfermés et circonscrits dans un tel bâtiment, où chacun n'ayant que la place de son corps, ne respirait que par l'évasure du tillac qu'on fermait le soir. Les uns couchaient sur des nattes, les autres sur les coussins des voitures, peu sur des matelas. Ils étaient au nombre de soixante et par conséquent très-pressés ; tous les genres d'incommodités et de souffrances épuisaient tour à tour leur courage. Les princesses seules avaient deux très-petites chambres et deux petits lits ; les deux dames d'honneur couchaient sur des matelas qui le jour servaient de siéges. Il fallut cependant passer trente et un jours de cette manière et sans pouvoir se déshabiller, trop heureux encore de conserver ce bâtiment que les matelots voulaient abandonner et qu'il fallut acheter à prix d'or (1). » Pendant ce temps M. de Chastellux négociait avec l'amiral Outschakoff pour obtenir un navire convenable.

Mesdames vivaient à bord de la tartane comme dans leur palais : ayant emporté un certain nombre de livres, elles pouvaient se faire faire la lecture pendant les longues heures de cette captivité. Voici d'ailleurs en quels termes le comte César de Chastellux commente les notes de son père : « Une seule ouverture placée au milieu du bâtiment y répandait, avec un froid glacial, une lumière bien imparfaite. Bien avant le lever du soleil, les matelots commençaient à laver le bâtiment, ce qui rendait tout sommeil impossible ;

---

(1) Il fallut souscrire un engagement de six mille ducats.

le moment des repas était peut-être encore plus triste. Les ustensiles nécessaires manquaient, et la manière dont on distribuait successivement à chacun sa part tout autour de ce lieu si incommode, était bien faite pour ôter l'appétit. Tous les soirs, un chapelain de Mesdames, à genoux près d'une lampe qui n'éclairait que lui, récitait des prières auxquelles chacun répondait du triste lit où il s'était retiré. Et cependant Madame Adélaïde, dont la santé n'était pas altérée, conserva constamment sa vivacité, sa gaité même, et n'était occupée qu'à ranimer la fermeté quelquefois ébranlée des personnes qui l'entouraient. » Un incident vint tout à coup rompre la monotonie de cette pénible existence.

Un jeune Corse, usant habilement de sa ressemblance avec le prince héréditaire de Naples, se fit passer pour lui, et, après avoir servi à l'armée de Condé, il vint à Forli où il fut reçu avec enthousiasme. S'étant rendu à Brindisi il eut bon marché des républicains et se vit en peu de temps à la tête d'un certain nombre de partisans. Ce jeune Corse, qui se nommait le comte de Corbara, se fit présenter à Mesdames, leur déclara qui il était réellement et comment il voulait essayer de faire servir l'erreur dont il était l'objet au bien de la cause royale, les priant de constater la droiture de ses intentions et la loyauté de ses sentiments (1). Tous les environs de Brindisi se rallièrent promptement à la réaction royaliste grâce aux soins et aux compagnons de Corbara. Mais Mesdames ne cherchèrent pas à débarquer : un nouveau péril se présenta, quand on eut acquis la certitude qu'un corsaire croisait au large pour capturer le trabaccolo.

M. de Chastellux parvint à faire arriver une nouvelle lettre à l'amiral Outschakoff qui envoya immédiatement une frégate et une polacre pour amener les fugitifs à Corfou, en s'excusant de ne pas venir offrir lui-même ses hommages et ses services à Mesdames, à cause de l'attaque de l'île de Vido qu'il dirigeait en ce moment. Les bâtiments mouillèrent dans le port de Brindisi le 5 mars. Les vents contraires retardèrent le départ jusqu'au 15, puis une tempête éclata et dura trois jours avec une rare violence. M. de Chastellux employa ce temps à se procurer deux mille ducats sur les fonds royaux, les princesses n'ayant plus aucun argent. Le 19 on eut une terrible alerte en apercevant un vaisseau de 74. On craignit que ce ne fut le *Généreux*, navire français,

---

(1) Corbara s'embarqua pour Corfou afin de s'assurer de l'appui de la flotte russe : pris par les corsaires algériens, il fut racheté par les Anglais et transporté à Palerme où il servit utilement.

qui croisait depuis longtemps. Les préparatifs de combat furent faits, et Mesdames descendues à fond de cale, où elles se trouvèrent à côté de trois marins français pris quelques jours avant sur une tartane dans la rade de Brindisi : parmi eux était Ganteaume, qui devint vice-amiral. Tous trois montrèrent un grand respect pour les princesses. Puis grâce à un saut de vent, la frégate gagna rapidement le port de Durazzo. Les princesses étaient excessivement fatiguées, Madame Victoire surtout inspirait de vives inquiétudes ; elle était obligée de garder le lit et montrait cependant un courage admirable. On remit à la voile le 24 mars, et le 28 au matin on jeta l'ancre à Corfou où l'on apprit que le vaisseau qui avait causé une si vive alarme était un navire portugais envoyé par Nelson au secours de Mesdames et qui emmenait à Trieste plusieurs personnes de la suite de Mesdames avec l'abbé de Ruallem.

La réception de Mesdames à Corfou fut telle qu'elle aurait pu l'être à l'époque la plus éclatante de leur existence. L'amiral Outschakoff se rendit à bord de la frégate dès qu'elle fut signalée par la vigie, et comme elle était encore sous voiles: un ambassadeur turc envoyé en Angleterre vint aussi saluer les princesses auxquelles il s'adressa en français: les habitants de la ville rivalisèrent de zèle pour faire oublier à Mesdames leur exil. Installées dans le palais épiscopal, le 1ᵉʳ avril, Mesdames eurent une garde d'honneur, et les principaux gentilshommes du pays remplirent auprès d'elles les fonctions de chambellans et d'écuyers. Bientôt elles virent arriver les cardinaux d'York, Braschi et Pignatelli, avec plusieurs grands personnages de la cour napolitaine. Il eût été à souhaiter que les princesses se décidassent à rester à Corfou, mais la santé de Madame Victoire rendait indispensable le séjour de Trieste où elle pouvait seulement espérer trouver les soins désirables. Le mal de mer l'avait profondément épuisée et le scorbut l'avait gravement atteinte à Durazzo. Le 20 avril son état parut assez inquiétant pour qu'elle dût être administrée. Des prières publiques eurent lieu à la cathédrale catholique. Les soins du docteur Lavite lui rendirent encore une fois quelques forces. On résolut de profiter sans retard de cette amélioration.

On ne put mettre à la voile cependant que le 15 mai. Madame Victoire s'embarqua sur la *Reine de Portugal*, et le mouvement de la mer lui rendit l'enflure des membres qui avait un moment disparu. Quinze bâtiments russes, anglais, portugais et turcs formèrent l'escadre que commanda l'amiral Pustokin jusques à la hauteur d'Ancône : les bâtiments russes regagnèrent alors le port de Corfou et le commodore Stone prit la direction de l'expédition. Cette fois le temps fut constamment beau : le 19 on mouilla dans le port de Trieste, où Mesdames furent reçues, chacune, avec une salve de 21 coups de canons et où M. le comte de Brigido, gouverneur de la ville, mit tout en œuvre pour le service des princesses, qui purent faire leur courte quarantaine dans l'hôtel du consul d'Espagne.

Pendant les premiers jours Madame Victoire parut éprouver une réelle amélioration, mais après ce court répit, le mal se montra plus violent: l'enflure de l'hydropisie envahit tout le corps et au commencement du mois de juin la princesse ne se faisait plus aucune illusion. Elle pria l'abbé de la Tour, son aumônier, de lui apporter une croix spécialement indulgentiée pour elle *in articulo mortis*, et elle demanda les sacrements. « Elle les reçut, dit le comte de Chastellux, avec la présence d'esprit la plus complète et cette piété profonde qui avait animé toute sa vie ; elle répondait elle-même aux prières. Lorsque, suivant l'usage, on lui demanda, avant l'Extrême-Onction, si elle n'avait pas d'ennemis à qui elle dût pardonner, elle n'attendit pas la fin de cette question ; avec une sorte d'élan qui prouvait bien que ce sentiment était dans son cœur, elle dit d'une voix forte : « Je ne leur en ai jamais voulu pendant ma vie, comment leur en voudrais-je à ma mort? » Bientôt la gangrène s'annonça par d'affreuses douleurs intérieures qui durèrent plusieurs jours. Dans la nuit du 7 au 8 juin les douleurs se calmèrent, mais on jugea que la fin approchait ; M. de la Tour, évêque nommé de Moulins, prononça l'indulgence accordée pour ces derniers instants : la princesse s'unit aux prières comme si elle eût été en pleine santé; puis elle dit plusieurs fois : « Je veux qu'on emporte madame de Chastellux », qui ne l'avait jamais quittée un seul instant et qu'il fallut en effet emporter avec ses filles. César resta dans la chambre. La princesse se retourna vers moi et daigna me dire : « Mon ami, ayons du courage si nous pouvons. » Je la tins sept heures dans mes bras. Pendant un moment où M. l'évêque de Moulins, pour ne pas la fatiguer, laissait quelques courts intervalles entre ses exhortations, et ne se trouvait pas auprès d'elle, elle leva les yeux au ciel en disant : « Est-ce là que j'irai?... » Pénétré de la plus vive émotion, je m'écriai : « Oui, sans doute, fille de saint Louis ! — Ah! ce n'est plus à ma naissance, me répondit-elle, qu'il faut penser, c'est à ma mort! » Ses dernières heures furent tranquilles et son dernier soupir n'offrit aucune apparence de convulsion ni de douleur. »

Madame Victoire mourut le 8 juin, ayant à peine soixante-sept ans. Son corps fut déposé dans la cathédrale de Trieste, où son cercueil fut apporté par MM. le comte d'Armagnac, capitaine au régiment de Vivarais, de Fresne, conseiller au parlement de Bretagne, émigrés, Lavison et Devaulx, négociants français établis dans la ville. Madame Adélaïde, qui avait résisté à tant de secousses, ne fut pas assez forte pour supporter la perte de sa sœur : depuis le 8 juin elle ne fit que dépérir. Vivant dans une retraite absolue, sa santé s'altéra promptement d'une façon inquiétante. Elle refusa de venir s'établir à Agram, en Croatie, ville choisie par l'Empereur comme la mieux préservée contre les chances de la guerre, et elle s'éteignit doucement le 18 février 1800. Son corps fut déposé auprès de celui de sa sœur. Le comte de Brigido fit célébrer pour chacune des princesses un service avec une pompe royale : leur fidèle aumônier, l'abbé de la Tour, prononça les oraisons funèbres (1).

(1) Comme nous avions déjà terminé ce travail, nous avons appris par une obligeante communication de M. Guizot, que les mémoires manuscrits de madame la comtesse de Boigne renfermaient des détails intéressants sur Madame Adélaïde, près de laquelle madame de Boigne avait passé son enfance. Nous nous sommes aussitôt adressé à M. le duc d'Audiffret-Pasquier, dépositaire de ces manuscrits, qui a dû nous opposer, avec un regret très courtoisement exprimé, la clause testamentaire interdisant formellement toute reproduction partielle de ces mémoires.

Un des premiers soins de Louis XVIII, en rentrant en France, fut de faire ramener à Saint-Denis les restes de ses deux tantes. Mgr. de la Tour, alors évêque de Moulins, fut naturellement chargé de cette pieuse mission. Une frégate l'emmena à Trieste et rapporta les deux cercueils à Toulon au moment où les Bourbons reprenaient encore une fois le chemin de l'exil. L'abbé Michel, curé de Toulon, depuis évêque de Fréjus, s'entendit avec les autorités, et tous furent d'accord pour faire respecter ce funèbre dépôt. Quand les événements eurent rouvert la porte des Tuileries à Louis XVIII, Mgr. de la Tour acheva sa mission et présida à l'inhumation des deux filles de Louis XV auprès de leurs sœurs dans les caveaux de Saint-Denis.

Nous sommes arrivé à la fin de la tâche que nous nous étions proposée. Nous ne pouvons pas nous flatter d'avoir éclairé d'un jour bien nouveau l'histoire du dix-huitième siècle, mais nous espérons cependant ne pas avoir composé un travail inutile. En effet, on connaissait bien imparfaitement la vie des filles de Louis XV, appréciées avec une excessive rigueur par quelques-uns, et louées sans aucune modération par le plus grand nombre. L'intérieur de la cour, la vie intime du palais n'était guère plus familière au public. Nous nous sommes efforcé de satisfaire le lecteur à ce double point de vue.

Chemin faisant, nous avons été amené à montrer une assez grande sévérité contre la reine Marie Leckzinska et contre ses filles. Le lecteur est maintenant à même de porter un jugement en pleine connaissance de cause (1). Mais nous tenons à déclarer, en terminant, que si Mesdames de France se laissèrent égarer au point de vue politique, si elles ne surent pas se consoler en voyant le pouvoir leur échapper au profit de l'auguste princesse qu'elles appelaient l'Autrichienne, et qui fut cependant Française dévouée jusqu'à la mort, elles eurent de solides vertus, de grandes qualités. La fin de Mesdames Adélaïde et Victoire est propre, d'ailleurs, à faire oublier bien des torts, car, elles aussi, quoiqu'elles n'aient pas subi l'emprisonnement du Temple et la mort sur l'échafaud, elles eurent une douloureuse et longue agonie. On ne peut, en effet, s'empêcher de faire ce rapprochement. Cette fuite périlleuse et pénible à travers un royaume envahi par les troupes de la Révolution, cette navigation sur une mer troublée par la tempête, à bord du navire le plus chétif, réservé

---

(1) Madame la comtesse d'Armaillé vient de publier un livre intitulé *Marie-Thérèse et Marie-Antoinette* qui apprécie avec sévérité aussi l'attitude de Mesdames. (Librairie académique de Didier et Cie, janvier 1870, in-12).

exclusivement d'ordinaire au transport des plus viles marchandises, cette espèce d'emprisonnement où deux princesses âgées et épuisées durent passer trente-deux jours et trente-deux nuits, manquant de tout, au point de ne pouvoir se déshabiller une seule fois, cette misère, en un mot, fait penser aux orages des rues de Paris, aux privations des cachots du Temple. Mais, tandis que Louis XVI, Marie-Antoinette, et Madame Élisabeth portèrent leurs têtes sous le couteau de la guillotine, Mesdames Adélaïde et Victoire moururent relativement tranquilles, avec toutes les suprêmes consolations que notre admirable religion prodigue, sûres, en outre, des prières que les trois martyrs que nous venons de nommer adressèrent certainement alors pour elles à Dieu.

APPENDICE

I

PORTRAITS DE MESDAMES

Les portraits de Mesdames sont nombreux.

Il existe d'abord beaucoup de miniatures données par elles-mêmes aux dames de leurs maisons et qui sont conservées dans les familles de celles-ci ; c'est ainsi que madame la comtesse d'Affry possède une bonbonnière sur le couvercle de laquelle Mesdames Adélaïde, Victoire et Sophie sont représentées.

Nous allons donner la description sommaire des trente-six portraits de Mesdames conservés dans le Musée de Versailles.

Six existent en panneaux ou en dessus de porte dans la chambre de Louis XV :

Madame Infante (1 mètre 05 sur 1 m. 20), assise, en toilette de cour avec manteau de velours bleu doublé d'hermine.

Madame Henriette. (1 mètre 05 sur 1 m. 20), par Nattier, assise, avec un manteau fleurdelisé.

Madame Adélaïde (1 mètre 05 sur 1 m. 20), assise, tenant sur ses genoux un livre de musique ; copie d'après Nattier.

Madame Victoire (1 mètre 05 sur 1 m. 20), tenant un éventail dans la main droite; d'après Nattier.

Madame Sophie (1 mètre 09 sur 1 m. 52), assise devant une table, robe rose, tenant un papier de musique ouvert.

Madame Louise (1 mètre 09 sur 1 m. 52), assise, robe bleue, tenant un livre d'une main et de l'autre ses gants.

Voici maintenant les autres portraits :

Mesdames Adélaïde, Sophie et Victoire, assises sur des nuages, têtes nues ; l'une tient une lyre et une couronne de lauriers ; la seconde a devant elle un papier ; la dernière, portant une écharpe de gaze violette, s'appuie sur l'épaule de la première : tableau exécuté de 1770 à 1774, attribué à Drouais (1 mètre 08 sur 1 m. 52).

Madame Infante et Madame Henriette : elles paraissent avoir cinq à six ans, elles sont debout; la première tient une colombe, la seconde une branche d'olivier (1 mètre 08 sur 0 88).

Madame Infante :

1. La princesse est assise, en tenue de chasse, chapeau sur la tête; la figure est grasse, rude d'expression; peint en 1760, par Nattier (1 mètre 06 sur 1 m. 04)

2. La princesse est représentée debout, coiffée d'un énorme chapeau à plumes, appuyée sur un balcon, tenant par la main son fils âgé de deux ans; peint en 1780 par Madame Guiard, mis à l'exposition l'année suivante (2 mètres 72 sur 1 m. 60).

Madame Henriette :

1. Buste de face ; décolletée; les cheveux avec deux boucles pendantes et des roses; manteau fleurdelisé, doublé d'hermine. La princesse est très-colorée, l'air gai et animé (0 mètre 80 sur 0 m. 64).

2. Assise, robe rouge, jouant du violoncelle, teint également coloré; peint en 1754 par Nattier, exposé en 1754 (2 mètres 46 sur 1 m. 85).

Deux copies de ce tableau sont dans la galerie 167 ; même dimension.

Madame Adélaïde :

1. La princesse est assise ; robe rose ; grande ressemblance avec la précédente ; peint par Nattier (1 mètre 28 sur 0 m. 96).

2. Assise, robe bleue garnie de fourrure noire ; petit chien griffon aux pieds de la princesse, qui tient un cahier de musique ; peint par Nattier (2 mètres 28 sur 1 m. 45).

3. Debout ; robe montante à traîne, ouverte, sur une jupe étoilée ; de la main droite la princesse tient un crayon, de la gauche une torche ; devant elle un chevalet supportant un médaillon ovale qui présente les trois têtes ébauchées de profil du roi, de la reine et du dauphin. Au bas du médaillon on lit: « Leur image est encor le charme de ma vie. » Sur un pliant, derrière la princesse, un rouleau de papier sur lequel est tracé le plan du couvent fondé à Versailles par la feue reine ; à côté, une chaise. Le fond est une salle antique ornée de bas-reliefs représentant diverses scènes de la vie de Louis XV, notamment la bataille de Fontenoy et la mort de ce prince ; peint par madame Guiard, née Labille, daté de 1777 (2 mètres 71 sur 1 m. 94).

4. Assise, robe bleue ; la princesse est déjà âgée ; ovale (0 mètre 80 sur 0 m. 50).

5. Assise, le bras appuyé sur une console ; la princesse est âgée ; peint par Heinsius (0 mètre 66 sur 0 m. 52)

6. Assise, robe rouge garnie de fourrures ; âgée ; peint par Heinsius (1 mètre 37 sur 1 m. 04).

7. La princesse, âgée de cinq à six ans, est debout auprès d'une cage (1 mètre 08 sur 0,88).

8. Copie du tableau n° 2.

Madame Victoire :

1. La princesse est représentée en Diane chasseresse, assise ou plutôt à demi couchée sur un rocher: de la main droite elle tient des flèches posées par terre, de la main gauche un

arc; elle est très-décolletée, remarquablement jolie; les pieds nus dans des sandales : fond de paysage, grand arbre. Peint par Nattier, en 1748 (1 mètre 04 sur 1 mètre 41).

2. La princesse très-colorée, mais jolie, porte un manteau fleurdelisé sur une robe blanche brochée d'or; devant elle une table, et dessus une couronne de laurier et une lyre. Peint par Nattier (2 mètres 40 sur 1 mètre 84).

3. Robe blanche; assise; la princesse est déjà âgée; expression très-gracieuse. Ovale, 0,70 sur 0,55.

4. Debout, montrant du doigt une statue de l'amitié posée sur un piédestal; elle est déjà âgée. Peint par Mme Guiard (2 mètres 71 sur 1 mètre 65.)

5. Assise, robe bleue; âgée (1 mètre 35 sur 1 mètre 04).

Madame Sophie :

1. Debout; robe bleue ornée d'hermine; ovale (0,64 sur 0,54).

2. Debout, robe jaune, parure de diamants; par Nattier (1 mètre 02 sur 0,80).

3. Grand portrait de la princesse, en robe bleue garnie de fourrures blanches; peint par Nattier (2 mètres 21 sur 1 mètre 40).

4. Robe brochée; tenant de la musique; attribué à Drouais (0,64 sur 0,54).

5. Bonne toile. La princesse est d'un âge déjà mûr; assise, en robe de cour (ovale, 0,70, sur 0,57).

6. La princesse, très décolletée, est couchée par terre, le bras gauche appuyé sur un tertre, tressant une couronne de fleurs; par Nattier (1 mètre 04 sur 1 mètre 40).

8. Debout; robe blanche brochée d'or. Peint, en 1748, par Nattier (0,79 sur 0,60).

Madame Louise :

1. Robe jaune, garnie de fourrures; peint par Nattier (2 mètres 22 sur 1 mètre 46).

2. En carmélite (ovale, 0,71 sur 0,57).

Le catalogue de la bibliothèque de Madame Adélaïde, dressé en 1786 et conservé à la bibliothèque de l'Arsenal, renferme une miniature inédite, excessivement curieuse, de la princesse. Elle y est représentée en Minerve, de face, casquée, assise dans un fauteuil; d'une main elle tient un livre relié à ses couleurs et à ses chiffres; l'autre main est posée sur une carte étalée sur un bureau près d'un globe terrestre ; au-dessus de la tête de Madame, un rameau de laurier ; sur le tapis du parquet à gauche, un chat et un petit chien jouant ; un chien debout sur un coussin de velours vert.

Nous terminerons en reproduisant un document assez curieux ; c'est la note des portraits faits par le peintre Du Creux pour Madame Adélaïde avec la suite donnée à cette affaire par les autorités révolutionnaires. Cette pièce est conservée aux archives départementales de Seine-et-Oise :

Note des portraits faits pour Madame Adélaïde, par Du Creux, *en 1775.*

RÈGLEMENT.

15 *louis*.	L'original.	30 *louis*.
9 »	Une miniature de madame la princesse de Piémont, jouant de la guittare, qui couvre une grande boiste.	18 »
4 »	(La Reine en ayant payé la moitié.) — Une miniature de Madame Clotilde ordonnée par Madame Adélaïde pour madame Machelard, sa nourrice. (Entre la reine et moi.) .	10 »
15 »	Une copie de Madame, donnée à Madame Adélaïde le 9 décembre. . .	16 »

43 *louis*.   72 *louis*.

43 *louis.*		72 *louis.*
15 »	Le portrait de la Reine, donné le 3 février 1776............	16 »
15 »	Celui de Monsieur, donné le même jour...............	16 »
15 »	Celui de Madame Adélaïde pour madame la comtesse de Narbonne..	16 »
15 »	Celui de madame la comtesse d'Artois, donné le 14 juillet......	16 »
7 1/2 »	Madame la princesse de Piémont. Ordonné pour madame Machelard, par Madame Adélaïde (la Reine en ayant payé la moitié)..	16 »
15 »	Un pour madame la marquise de Caumont.............	16 »
	(Ces deux dessins ont été payés par la Reine.)	
15 »	Un de Madame Adélaïde, envoyé à Turin à madame la princesse de Piémont, ainsi que j'en receu l'ordre de toutes la familles royalles, le 8 juillet 1776..........	16 »
140 *louis* 1/2.		202 *louis.*

« Sur quoi j'ai touchez 1,320 livres le 28 aoust 1776, chez M. Marquet, rue Saint-Honoré, près la place Vendôme, par un ordre que madame la comtesse de Narbonne me fit passer, il y a à retirer 5 louis d'une part et 8 de l'autre, ce qui fait .... 13 *louis.*

Décompte du sieur du Creux.

« Suivant le règlement en l'autre part porté en marge du mémoire et qui a été fait sur les prix qui luy ont été payés pour des objets de même nature le 6 juin 1777 par Madame Sophie, le total dudit mémoire, en retranchant ce qui luy a été payé par la Reine, est de cent quarante louis et demi, qui font....................... 3,372 »

« Sur quoy il a receu, le 28 aoust 1776, de Madame Adélaïde, sur une lettre de même date de madame de Narbonne.............. 1,320 »

« Il reste conséquemment à luy payer pour solder son mémoire................ 2,052 »

« Bon à payer pour la somme de :
« *Deux mille cinquante deux livres tournois.*

« Signé : MARIE-ADÉLAÏDE (1). »

« Je n'ai connu la ci-devant Narbonne que trois mois après avoir fait le portrait de Marie-Adélaïde, ainsi il ni a pas eu de prix fait entre elle et moi puisque setait le même prix que pour toutes la familles, mais cette intrigantes fachéz que j'avais pein Adélaïde sans avoir passé par son canal, apporta toutes les opositions possibles pour retarder mon payement, et ce ne fut que lors que je dis en 1791 à l'abbée de Rualem, son chancellier (chancellier alors de Marie-Adélaïde), qui me dit que j'avais été payé de ce mémoire, que j'allais l'attaquer, qu'elle m'envoya de Rome le second mémoire ; mais toujours dirigé par l'intrigantes, dans les memes principes, et dont je reclame aussi le payement de son portrait, depuis ce temps je n'avais pu parvenir à lui parler, et ce ne fut que en 1791 au thuilerie qu'elle convien qu'elle ne me connaissait qu'après que j'avais pein Marie-Adélaïde.

« Si j'avais voulu me soumettre aux volontés de la Narbonne, j'aurais été payé il y a long tems.

« Ce que j'affirme.

« Signé : DU CREUX. »

(1) Déjà le 26 décembre 1779, Madame Adélaïde avait écrit, de Versailles, cette note jointe au dossier :

« Il a été fait prix par madame de Narbonne, et je n'entens pas à le payer plus cher que ce qu'il a été fixé (*sic*).

« MARIE-ADÉLAÏDE. »

« Nous, soussignés, membres du Conservatoire des Arts de Versailles, section de peinture, nous étant réunis en exécution des dispositions d'une lettre adressée au citoyen Gayard, notre collègue, par l'administration municipale de Versailles *intra muros*, en date du 6 de ce mois, à l'effet de procéder à l'examen d'un mémoire de fournitures d'objets d'art, faites par le citoyen Ducreux, peintre, à la F^e Adélaïde, tante de Louis Capet, laquelle fourniture consiste en portraits, ainsi qu'il est énoncé de l'autre part, la totalité des articles montant à la somme de deux cent deux louis, formant celle de quatre mille huit cent quarante-huit livres, sur laquelle somme le réclamant déclare avoir reçu celle de treize cent vingt livres, pourquoi il lui reste dû la somme de trois mille cinq cent vingt-huit livres, dont ledit citoyen Ducreux sollicite le paiement.

« Nous, Commissaires susdits, après avoir pris connaissance de chacun des articles contenus audit mémoire, avons reconnu que les sommes qui y sont portées pour lesdites fournitures des portraits n'excèdent point le prix usité pour ces objets, attendu qu'ils proviennent d'un artiste dont le mérite est bien connu, nous pensons qu'il y a lieu de payer audit citoyen Ducreux ladite somme de trois mille cinq cent vingt-huit livres qui lui reste due par ladite femme Adélaïde Capet.

« A Versailles, le 12 prairial an IV de la République française une et indivisible.

« GAYARD   LANRASC,   J. LENGLIER. »
conservateur. conservateur.

II

Voici la lettre de M. Rochon de Chabannes et les vers dont nous avons parlé au chapitre VI, page 184.

« Ce 21 octobre 1762. — Mademoiselle, je reçois à l'instant à Châteaudun en Beauce, dans les terres d'un de mes amis, la lettre que vous m'avez fait l'honneur de m'écrire et de m'envoyer à Paris : voilà la cause du retard de ma réponse. Vous me comblez de joie en m'apprenant le succès de la petite bagatelle que j'ai faite pour votre illustre famille. C'est un rien qui me devient bien précieux; il n'y a d'heureux instants dans la vie que ceux où l'on rend service et où l'on réussit. Qu'ils sont rares, et qu'un particulier est borné! Ne me parlez point de votre reconnaissance; c'est moi qui vous dois tout, mademoiselle. Vous m'avez procuré le plaisir de vous servir, j'ai réussi; je suis trop heureux. Ce rien va être pour moi une source intarissable de plaisir. Quelle satisfaction, quand, du fond de ma retraite, j'entendrai parler des bontés de Mesdames par l'aimable enfant qui a récité mes faibles vers! Le nom de ses aïeux, son mérite personnel, contribueront, sans doute, à son élévation et à sa fortune, mais j'aurai fait le premier pas : j'aurai appris à Mesdames, qu'à la honte de la nation, la famille du célèbre La Fontaine languissait à Château-Thierry, tandis que les enfants des publicains écrasent à Paris du poids de leur insolence le mérite indigent; j'aurai appris ces choses inouïes et j'aurai touché l'âme vraiment généreuse de nos adorables princesses. Voilà d'où je partirai pour me faire un bonheur de tout ce qui pourra désormais vous arriver d'avantageux. Faites de mon ouvrage, Mademoiselle, tout ce qu'il vous plaira; il m'a déjà assez rapporté pour que je n'y regarde pas de si près. On en dira tout ce qu'on voudra, je l'abandonne; jamais je ne tirerai d'aucun ouvrage la satisfaction que j'ai de celui-ci; c'est une occasion unique. J'ai parlé aux Bourbons pour la famille de La Fontaine; on a entendu ma faible voix et la main de nos dieux s'est étendue sur la postérité de ce grand homme. Il faut bien qu'il m'arrive un peu de mortification et quelques petits chagrins après tant de gloire et de bonheur. Mettez ma fable dans les feuilles, dans les journaux, dans le *Mercure*, je l'abandonne à la causticité du lecteur. Qu'ai-je à y perdre? Un peu de vaine fumée que vous m'avez donnée. Je n'ai point la faiblesse de m'en repaître. Votre motif est noble et généreux ; vous devez publier, Mademoiselle, l'histoire de vos malheurs et les bontés de Mesdames. Faites éclater leur bienfaisance et leur humanité. Montrez à ces hommes vains qui chargent la surface de la terre que nos rois sont hommes, tandis qu'avec un titre de secrétaire du roi et vingt mille livres de rente, on a depuis longtemps cessé de l'être. Montrez l'humanité assise sur l'auguste trône des Bourbons, tandis qu'un bourgeois de Paris, sortant à peine du soc et de la charrue, la chasse impitoyablement de son antichambre.

« Votre reconnaissance est juste, et l'exemple inutile peut-être, quoique admirable.

« Je suis avec le plus profond respect, etc.

« ROCHON. »

« Comme il s'est peut-être glissé quelques fautes dans la copie que vous avez reçue de ma fable, en voici une de ma main :

A MESDAMES DE FRANCE.

Jean s'en alla, comme il était venu,
Mangeant son fonds avec son revenu.
C'était mon bisaïeul, de célèbre mémoire ;
Son fils fit tout de même, ainsi son petit-fils ;
Jamais au monde ils n'ont acquis
Que de l'estime et de la gloire.
Mon bisaïeul était un fablier,
Disait très-plaisamment une femme immortelle :
Cet arbre est mort, mais non pas tout entier ;
J'en suis un rejeton, une tige fidèle
Et voici de mes fruits une fable nouvelle ;
Avec bonté daignez la recevoir ;
Dans mon malheur, c'est mon unique espoir.

LE CHÊNE ET LE LIERRE.

Faible, abattu, cherchant un appui salutaire,
Un lierre desséché languissait sur la terre.
   Il aperçut un chêne audacieux
   Dont le sommet se perdait dans les cieux.
Ce chêne répandait son ombre bienfaisante :
Les mortels, fatigués des ardeurs du midi,
Trouvaient dans son feuillage un précieux abri,
Y venaient ranimer leur force languissante.
Cet arbre était sacré, les bergers d'alentour
L'avaient déifié dans leur reconnaissance.
    Qui fait les dieux ? C'est notre amour.
Notre lierre s'approche, et plein de confiance,
   Poussé par un heureux destin ;

Il embrasse le tronc de cet arbre divin ;
Il serpente avec joie autour de son écorce.
Le voilà ranimé, vigoureux, plein de force.

   Je suis un lierre abandonné ;
Vous, cet arbre divin que ma faiblesse embrasse,
   Je vous ai peint mon sort infortuné,
   Votre appui seul, peut en changer la face.

« Si j'osais, Mademoiselle, vous prier, en envoyant cette drogue à M. Fréron, de lui faire mes compliments ! J'ai pour lui la plus parfaite estime, et je crois être de ses amis. Je vous supplie de ne me point épargner si je puis vous être propre à quelque chose. Je me ferai toujours honneur et plaisir de vous rendre les petits services qui dépendront de moi. Permettez-moi d'embrasser l'aimable enfant qui a débité ma fable : sans doute, je lui dois le succès qu'elle a eu. — ROCHON DE CHABANNE. » (Archives de la famille Héricart de Thury).

III

BIBLIOTHÈQUE DE MESDAMES

Le catalogue de la bibliothèque de Madame Adélaïde, dressé par les autorités révolutionnaires en 1792, et conservé à l'Arsenal, comme nous l'avons dit, renferme 10,526 volumes. Les manuscrits y figurent pour 27 numéros, parmi lesquels on distingue :

« Lettres de M. l'abbé de Saint-Cyr au Dauphin, pendant la campagne de 1745, à Madame Adélaïde, in-4°.

« Heures de la Vierge, par Jarry.

« Catalogue de la bibliothèque de Mesdames à Bellevue, 1789.

« Catalogue de la bibliothèque de Madame Adélaïde, 1786.

« Catalogue de la bibliothèque de Madame Victoire, 1777.

« Catalogue des livres en langues étrangères de Madame Adélaïde, 1786.

« Mémoires et réflexions sur la vie de Louis XIV.

« Mémoires de Saint-Simon, 2 vol. in-4°.

« Le mémoire de Tringant sur la probité.

« Recueil de chansons sur le règne de Louis XIV. »

Le catalogue de la bibliothèque de Madame Victoire, dressé de même en 1792, comprend deux parties : la bibliothèque de la princesse, contenant 6,611 volumes, et celle de madame de Narbonne, acquise par elle, contenant 4,060 volumes.

Le dépôt de l'Arsenal possède également les quatre catalogues qui figurent ci-dessus, au nombre des manuscrits de Madame Adélaïde.

Le catalogue de 1789 renferme 975 numéros; celui de Madame Victoire, de 1777, 3,650 volumes répartis en douze armoires dans deux pièces, au fond de ses appartements, l'une à l'entresol, l'autre au rez-de-chaussée ; celui des livres en langues étrangères renferme une grammaire hébraïque, un livre sur les racines hébraïques et une nouvelle méthode pour apprendre l'hébreu. Tous ces volumes étaient reliés en maroquin aux couleurs et aux armes de Madame. Le catalogue de Madame Adélaïde, dressé en 1786, contient 394 numéros; il est orné d'une très-belle et très-précieuse peinture-miniature, dont nous avons parlé plus haut.

IV

FINANCES DE MESDAMES

Le compte des recettes et dépenses de la bouche de Mesdames, pour les années 1787-1788. se trouve comme nous l'avons dit (page 373), aux *Archives* de Seine-et-Oise, série A, n° 493. Ce compte ne présente rien de remarquable. En tête se trouve la note suivante :

« RENSEIGNEMENTS.

« SUR LA RECETTE.

« Il est payé par le trésor royal annuellement au trésorier de la maison de Mesdames, 600,000 fr. pour la bouche de Mesdames, à raison de 50,000 fr. par mois.

« SUR LA DÉPENSE.

« Les dépenses pour la maison de bouche de Mesdames se payent sur un état général arrêté par M. l'abbé de Ruallem, chef de leur conseil, au commencement de chaque mois, au pied duquel est son ordonnance de payement, adressée au trésorier général, qui en fait passer le montant à l'argentier de la maison de Mesdames, à Versailles.

« Chaque partie prenante va chercher au bureau un extrait imprimé qu'il porte à l'argentier, et ce dernier remet la somme portée sur l'extrait au dos duquel est la quittance du payement; cette quittance reste à l'argentier pour en compter au trésorier général de la maison. »

Puisque nous en sommes aux finances de Mesdames, c'est ici le lieu de parler sommairement de quelques pièces intéressantes dont M. de Chastellux a bien voulu nous donner communication, et que, malgré tout notre désir, il nous est impossible, vu leur étendue, de reproduire intégralement.

En voici les titres et une courte analyse :

1° « État par émargement des dépenses faites, pendant l'année 1786, pour le service de la chambre de Madame Victoire, à payer par madame la comtesse de Chastellux, dame d'honneur de cette princesse, par les mains de M. Coquet, secrétaire de ladite chambre, sur des quittances particulières et sous les signatures des ci-après nommés en marge du présent état. »

Fournitures d'objets d'ameublement ou de toilette, frais d'entretien et surtout appointements et gratifications de toute sorte pour le service, telles sont les dépenses portées sur cet état. Le total s'élève à 56,686 liv. 15 sols.

Les *voitures de la cour* y figurent pour 3,592 liv. 10 sols. On y remarque aussi l'article suivant : « MM. Sénéchal et Rainville, Mesdames veuves le Coq et Guillemin, 3,489 liv. pour fournitures faites par eux à l'occasion du voyage de Louvois. Lesdites fournitures ont monté en total à 6,489 liv. La chambre de Madame Adélaïde n'a payé que 3,000 liv. et les autres 3,489 liv. sont restées à la charge de la chambre de madame Victoire. »

2° « État des pensions de Madame Victoire de France, tante du roi, à l'époque du 1er février 1791. »

Le nombre des pensionnaires est de 241, chiffre que doivent un peu diminuer les décès survenus, comme on le voit en marge de quelques articles. La pension la plus élevée est celle de Madame la comtesse de Saisseval : 4,000 liv.; après celle-ci, on en trouve deux ou trois seulement qui dépassent 1,200 liv.; la moindre est de 48 liv.; le total s'élève à 8ɔ,544 livres. De ces pensions, plusieurs sont visiblement la récompense d'anciens services; la plupart sont des actes de pure bienfaisance. Quelques-unes, destinées à pourvoir à des éducations, étaient temporaires. A côté de noms obscurs, qui sont de beaucoup les plus nombreux, on trouve aussi sur la liste plus d'une femme ou fille de la noblesse pauvre.

Au bas de l'original est écrit ce qui suit de la main de Madame :

« Plus à Madame Sévin et à Madame du Tilloy, 1,522 liv. — A M. de la Villaléon, mon écuyer, 1,200 liv.— A Gautier chargé de payer mes pensions, de plus que les 1,500 liv. ci-dessus comptées, 1,500 livres pour compléter 3,000 livres (1).

« *Dépenses fixes.*

« Les pauvres de la paroisse de Notre-Dame de Versailles à raison de 240 liv. par mois.	2,880 liv.
« Ceux de la paroisse de Saint-Louis, de Versailles, à raison de 120 liv. par mois.	1,440
« Habillement des pauvres filles de ces deux paroisses lors de leur première communion.	226 liv. 13 sols. 4 den.
« L'école gratuite de dessin..	180
« Madame l'abbesse de l'*Ave Maria*.	588
« Charités ou gratifications éventuelles.	600
« Total.	5,954 liv. 13 sols. 4 d. »

(1) En marge.

« M. de Chastellux enverra à Gautier une petite note des charités qu'il paie pour moi. »

3° « État des pensionnaires de Madame Adélaïde en 1792. »

Les observations générales que nous avons faites au sujet de la liste de Madame Victoire sont de même applicables ici ; nous ne les répéterons pas. Le nombre des pensions inscrites est de 245, dont quelques-unes notées comme éteintes par décès ou suppression ; leur chiffre varie de 48 à 4,000 livres ; elles forment ensemble un total de 87,059 livres. On y remarque une pension de 600 livres au nom de *Mademoiselle de la Fontaine, à présent madame de Marson*, qui figure aussi sur l'*État* de Madame Victoire pour une pension de même somme.

4° « État des gratifications accordées aux femmes et officiers de la chambre de Madame Victoire à cause de la suspension de leur traitement et pour fournir aux dépenses nécessaires à leur entretien jusqu'à un nouvel ordre de choses, suivant la décision de Mesdames, prise le 2 décembre 1792. »

Le nombre des personnes inscrites sur cet état est de 12 seulement, et la modicité du chiffre des gratifications montre combien étaient alors exiguës les ressources de Mesdames.

V

LETTRES DE MADAME VICTOIRE.

Nous devons la communication des lettres suivantes à M. le comte H.-P.-C. de Chastellux, arrière petit-fils de M. Henri-Georges-César, comte de Chastellux, qui épousa, le 18 avril 1771, Angélique-Victoire, fille du duc de Civrac et de Anne de la Faurie de Monbadon, et filleule de Madame Victoire. Madame de Chastellux remplaça, le 12 décembre 1786, sa mère comme dame d'honneur de cette princesse, et M. de Chastellux succéda peu de temps après à son beau-père comme chevalier d'honneur de Madame Victoire. Honorés de l'amitié et de la confiance de la princesse, M. et Madame de Chastellux furent toujours aux côtés de Madame dès que le péril menaçait; ils durent à leur honorable conduite d'être sollicités par Madame Victoire de l'accompagner hors de France, et c'est dans leurs bras qu'elle rendit le dernier soupir.

M. le comte de Chastellux a bien voulu, parmi les nombreuses lettres de Madame Victoire qu'il possède, choisir celles qui lui ont paru les plus intéressantes.

N° 1.

A LA MARQUISE DE CIVRAC (1).

(1ᵉʳ mois de 1773.)

Madame de Chastellux sort de chez moi; elle m'a dit des choses très-honnêtes pour moi et pour toi, nous sommes convenues de nos faits; j'ai sa parole pour le mariage; elle m'a demandé quel jour il falloit qu'elle vînt avec M. d'Aguesseau pour te demander ta fille, je lui ai dit que je (le) lui ferois dire; elle paroît fort désirer que le mariage se termine promptement; je lui ai dit que je le désirois aussi très-vivement. Pour le coup, nous la tenons. J'en suis ravie de toutes façons. Je t'embrasse, mon cœur.

---

(1) Nous n'avons pas cru devoir reproduire l'orthographe ni la ponctuation de ces lettres : en voici un spécimen pour les curieux :

« Mᵐᵉ de Châtellus sort de chés moi; elle m'a dit des choses très honnestes pour moi et pour toi, nous sommes convenües de nos faits; j'ay sa parolle pour le marriage, elle m'a demandée qu'elle jour il falloit qu'elle vînt avec Mʳ d'Aguesseau pour te demander ta fille, je lui ay dit que je lui ferois dire ; elle paroît fort desirer que le marriage se termine promptement ; je lui ay dit que je le désirois aussi très vivement, pour le coup nous l'a tenons. J'en suis ravie de toutes façons, je t'embrasse, mon cœur. »

N° 2.

A LA MÊME.

Je viens de demander au Roi, en faveur du mariage, la survivance et la place de dame; il m'a tout accordé avec un visage très-agréable. Le régiment viendra après. Je n'en ai pas encore parlé, parce qu'il ne peut lui manquer, et que cela auroit été beaucoup de choses à la fois. Je viens d'envoyer chercher M. de la Vrillière.

N° 3.

A LA COMTESSE DE CHASTELLUX.

Ce 27 janvier 1784.

Je prends, Madame, une véritable part à la perte que vous avez faite. J'aimois et estimois le marquis, et je le regrette infiniment. Je vous prie de me donner des nouvelles de votre santé et de celle de M. de Chastellux, et de (lui) dire que je ne lui écris pas de crainte de l'importuner, et tout ce que je pense sur l'objet de ses regrets. Je vous aime et embrasse, Madame, de tout mon cœur.

VICTOIRE.

Dites au chevalier la part que je prends à son malheur.

N° 4.

A LA MÊME.

Ce 10 juin 178...

Ne faut-il pas, mon cher cœur, que je vous souhaite un petit bonjour pour me ragaillardir un peu? car je me suis éveillée ce matin bien triste, quoique ma nuit ait été assez bonne; enfin, pour mon plaisir, il m'est nécessaire de vous dire que je vous aime et que je vous embrasse de tout mon cœur ainsi que le chef du ménage.

VICTOIRE.

N° 5.

A LA MÊME (1).

Ce 9 juillet (1784), à Bellevue.

Je vous remercie, Madame, des nouvelles que vous m'avez données de votre mère. Je ne puis vous exprimer combien notre séparation me fait de peine; il est inutile, je crois, de vous dire combien je l'aime, ni de vous recommander les soins pour elle. Je connois votre tendresse, et elle ne diminue pas la tendre amitié que j'ai pour vous; n'oubliez pas, je vous prie, de m'en donner des nouvelles bien exactement; je vous recommande surtout point de cérémonial dans vos lettres, mais bien exactement datées. Madame de Civrac m'a mandé qu'elle étoit contente de M. Bourdois, c'est-il bien vrai? car je vous avoue que je le désire vivement. Mais ne me trompez jamais, ni sur la santé de madame de Civrac, ni sur rien. La personne que je devois voir est à la campagne, mais je la verrai sûrement et j'agirai en conséquence. Vous avez dû avoir bien chaud en chemin. Heureusement que le temps est rafraichi. Bonsoir, Madame; je vous aime et embrasse de tout mon cœur.

N° 6.

A LA MÊME.

Ce 6 août 1784.

Je suis enchantée, Madame, des bonnes nouvelles que vous me donnez de madame de Civrac et de vous. Je voudrois qu'elle fût à Barèges, car je crains toujours qu'elle ne préfère Bagnères, et c'est les bains de Barèges qui lui sont nécessaires J'ai attribué le petit accident qu'elle a eu à l'émotion de sa réception dans son pays. Je suis bien

---

(1) Madame la comtesse de Chastellux se trouvait alors à Bordeaux.

aise que vous ayez M. de Pontac; il est aimable et (de) bonne compagnie..... Je suis enchantée que vous soyez contente de M. Bourdois, je voudrois bien que madame de Civrac prît confiance en lui, car vous savez bien qu'elle n'en a en aucun médecin. Il est cependant nécessaire d'en avoir; je le pense pour elle comme pour vous. M. de Chastellux m'a écrit une lettre charmante, il m'a mandé qu'il avoit trouvé toute sa petite famille en très-bonne santé, ce qui m'a fait grand plaisir. Il m'a envoyé le discours de M. le prince de Condé aux États (1), qui est parfaitement beau. Je reviens à Bagnères : vous êtes donc bien contente du pays? Tout ce que vous en dites est charmant; quoique fort éloignée, j'y suis bien souvent. Adélaïde me charge de vous embrasser, et moi, madame, je m'en acquitte avec plaisir, en vous assurant de ma tendre amitié.

VICTOIRE.

N° 7.

A LA MÊME.

Ce 22 septembre 1784.

..... On est enchanté de M. de Chastellux; il a réussi aux États supérieurement; ses louanges me sont revenues de tous les côtés; vous savez ce que je pense sur lui et sur vous. Sur ce, je vous souhaite le bonsoir en vous embrassant de tout mon cœur.

VICTOIRE.

N° 8.

A LA MÊME.

Ce 5 août 1785, à Versailles.

J'ai bien de l'impatience, ma chère, de vous savoir arrivée sans accident. Mon voyage s'est très-bien passé; point

(1) De Bourgogne.

de douleur, ni à l'estomac ni aux reins; point fatiguée. J'ai été me promener ce matin, vers les huit heures, à l'Hermitage comme à Vichy. M. de Chastellux se porte très-bien ; il m'a promis de ne me point abandonner pour l'abbé de la Fare, et c'est beaucoup comme tu sais. M. le prince de Conti a perdu son fils, M. de Vauréal, de la petite vérole ; il en est dans une douleur qui fait compassion. Tu as bien fait de faire inoculer tes enfants. Madame de Donissant se porte bien, et moi, mon cher cœur, je t'embrasse aussi fort que je t'aime, et c'est tout dire en vérité. Écrivez-moi le plus souvent que vous pourrez, et, par charité, parlez-moi de votre santé et datez vos lettres.

Victoire.

N° 9.

A la Même.

(Octobre 1786.)

J'ai (été) bien combattue, Madame, entre la crainte de vous importuner dans ces moments cruels, et cependant le désir de vous parler de mon amitié. Mon cœur souffre terriblement de l'état de votre mère. M. de Chastellux m'a dit que vous étiez fort maigrie ; ménagez-vous pour votre mari, pour vos enfants et pour moi. On m'a dit qu'il y avoit un peu de mieux ce matin. Bonsoir, Madame, je vous embrasse de tout mon cœur.

Victoire.

N° 10.

A la Même.

Ce 29 7bre (décembre) 1786 (1).

Je suis bien occupée de vous, mon cœur. Tu aimois ta mère, elle t'aimoit ; ce qui faisoit ton bonheur ne le fait

---

(1) Le lendemain de la mort de la duchesse de Civrac.

plus malheureusement. Je l'aimois bien tendrement par goût, par estime et par reconnoissance; elle me sera toujours chère ainsi que ses enfants. Si tu veux me voir demain à huit heures du soir, j'en serai ravie, mais ne te force pas, mon cœur, et compte sur mon amitié la plus tendre.

VICTOIRE.

A six heures.

N° 11.

A LA MÊME.

(Décembre 1786.)

Je suis bien aise, mon cher cœur, que tu sois à moi, et les liens que vous avez bien voulu prendre feront le bonheur de ma vie, et, j'espère, de la vôtre, en les adoucissant de ma part autant qu'il me sera possible. C'est une grande consolation pour moi, après la tendre amie que j'ai perdue, d'en retrouver une dans sa fille qui l'aimoit aussi tendrement et qui la connoissoit bien, excepté pour elle. J'ai été très-peu fatiguée de mon voyage, et je me porte bien. Bonsoir, mon cher cœur, je t'aime beaucoup, et je t'embrasse de tout mon cœur en attendant demain.

VICTOIRE.

N° 12

AU COMTE DE CHASTELLUX.

Ce 4 avril 1787.

Je ne savois pas encore, monsieur, le danger de l'état de M. de Civrac (1) quand vous êtes parti ce matin. La Suse me l'a dit le moment d'après. Je suis dans la plus grande inquiétude de madame de Chastellux, qui ne se doutoit de rien; je crains qu'elle ne soit arrivée au milieu des

(1) Le duc de Civrac mourut quelques jours après.

sacrements. Par charité, donnez-m'en des nouvelles. La tête me tourne un peu. Si vous en trouvez l'occasion, dites-lui tout ce que ma tendre amitié peut penser pour elle; et surtout donnez-m'en des nouvelles tous les jours bien exactement, et de tout ce qui se passera pour elle; tout m'intéresse. Le petit ménage m'appartient et je l'aime bien tendrement.

VICTOIRE.

N° 13

A LA COMTESSE DE CHASTELLUX.

Ce 7 août 1787.

Si le temps vous paroît long, mon très-cher cœur, d'être sans me voir, je t'assure bien véritablement qu'il me semble encore plus long d'être sans vous. Je n'ai point trop approuvé que vous vous soyez promenée aussi longtemps en arrivant à Chastellux; vous n'êtes pas assez forte. Je suis bien aise de savoir que la montagne (1) ne m'effrayera pas en arrivant à Chastellux, car j'ai toujours le projet d'y aller un jour. Vous êtes à présent en pleine jouissance de vos enfants et heureuse par conséquent. J'ai grand désir de les voir.. Adélaïde me charge de vous embrasser et de vous dire qu'elle auroit un grand plaisir à diriger votre ferme. Vous savez que j'ai passé toute la nuit du jeudi au vendredi dans le jardin. Oh! que le soleil étoit beau à son lever, et quel beau temps! Je me suis couchée cependant à huit heures du matin, après avoir déjeuné avec une soupe à l'oignon excellente et une tasse de café à la crême. Je n'ai ressenti aucune incommodité de cette jeunesse. Oh! comme tu m'aurois grognée! Madame de Mesmes y a été d'une humeur charmante; je me suis réellement amusée

---

(1) Dans ce temps là on arrivait à Chastellux par une descente extrêmement rapide, et on montait au château par une côte du même genre. — La visite projetée par la princesse n'a pu avoir lieu; lorsqu'elle a traversé l'Avallonais, c'était en février 1791 et il fallait fuir.

du beau temps, de la belle lune, de l'aurore et du beau soleil; ensuite de mes vaches, moutons et volailles, et du mouvement de tous les ouvriers qui commençoient leur ouvrage gaiement. J'embrasse et aime la femme, le mari et puis tous les enfants de tout mon cœur.

VICTOIRE.

N° 14

Ce 12 août 1787, à Bellevue.

Enfin, mon cher cœur, j'ai eu des nouvelles de votre réunion avec vos enfants; je m'en suis fait le tableau qui, selon ce que vous m'en dites, est très-ressemblant; j'ai une très-grande impatience de vous revoir avec vos petits enfants. Vous ne me dites pas si vous amènerez votre fille ; il me semble que, quoique tu l'aies trouvée maigre, sa santé est bonne. Je me réjouis bien de penser que d'aujourd'hui en huit vous partez; je ne peux plus tenir à votre absence. Je ne suis point surprise de ce que vous me dites de M. de Chastellux : il est bon mari, bon père et très-aimable ami; comme notable et citoyen, et attaché au roi, il doit être content des réformes. La petite écurie est réunie à la grande; les gens d'armes, les chevau-légers, les gardes de la porte, la grande fauconnerie, la louveterie, sont réformés, et la moitié des gens de la chambre du roi. Ensuite point de voyage à Fontainebleau. Je ne sais pas où en est mon portrait de Montpetit; j'y aurois envoyé si j'avois su où il demeure. Bonsoir, mon cher cœur; je t'aime et t'embrasse de tout mon cœur.

VICTOIRE.

N° 15.

A LA MÊME.

Ce 15 août 1787.

Mon très-cher cœur, tous les détails que vous me faites de votre petite famille m'intéressent trop pour qu'ils puissent jamais m'ennuyer; bien au contraire, ils me font plaisir. Il y a bien longtemps que j'y suis attachée et intéressée; je crois voir en toi celle que je n'oublierai jamais et qui possédoit mon cœur à de si justes titres. Tu lui ressembles par l'esprit et le cœur : conserve cette dernière ressemblance, et j'en suis assurée... Bonsoir, mon cher cœur ; je t'attends lundi avec la plus vive impatience. Je t'embrasse beaucoup.

Victoire.

N° 16

A LA MÊME.

Ce 22 juin 178..

Oh! quel plaisir, mon cher cœur ! J'ai reçu hier une lettre et une ce matin ; je voudrois en avoir une tous les jours. Je suis presque fâchée de vous avoir permis d'aller à Chastellux ; je crains qu'il ne vous fasse tourner la tête; mais, plaisanterie à part, ce pays me paroît réellement beau et singulier, et la vue de mon appartement me plaira sûrement beaucoup. J'attends les plans avec impatience... Je viens de voir le vicomte de Sesmaisons, qui a reçu les lettres et qui est dans une grande joie. Je suis tranquille et paisible ici, les choses me paroissent calmées, et d'ailleurs nous ne parlons de rien. Vous avez donc eu bien des orages et bien forts ; heureusement que vous n'en avez pas peur. Ils ont été ici continuels, mais pas forts ; mais beaucoup de pluies qui ont rendu les promenades presque impossibles.. Fais mes excuses à M. de Chastellux si je ne lui écris pas. mais mon amie et enfant l'emporte sur mon ami, et deux lettres sont beaucoup. Cependant je ferai un effort pour lui, car je l'aime bien, ainsi que toi, mon cher cœur, et encore les petits. J'embrasse père, mère et enfants de toute mon âme.

Victoire.

VI

Lettre circulaire sur la mort de Madame Louise-Marie de France (1).

A Saint-Denis, de notre Monastère des Carmélites de *Jesus-Maria* et de Saint-Louis, le 23 décembre 1787.

Ma révérende et très-honorée mère,

Dans ces jours de salut, où les anges annoncent aux hommes un grand sujet de joie, parce qu'il leur est né un Sauveur, la douleur, les larmes, la consternation, sont notre partage. La main du Seigneur s'est appesantie sur nous, il nous a abreuvées de toute l'amertume de son calice, et, dans ce fatal moment, il ne faut rien moins que le spectacle d'un Dieu-Homme humilié, souffrant, soumis à la volonté de son père, pour adoucir la rigueur du coup dont sa providence nous a frappées.

Déjà, ma révérende mère, nous vous avions informée de la perte que nous venons de faire de notre sainte princesse, la mère Thérèse de Saint-Augustin, notre prieure, la restauratrice de notre maison, sa gloire, ses délices, l'appui de notre Ordre. Déjà, sans doute, vous avez mêlé vos larmes avec les nôtres, vous vous êtes empressée de former les vœux les plus ardents, d'adresser au ciel les prières les plus ferventes pour accélérer son bonheur, s'il restoit encore à une âme si pure quelques légères fautes à expier. Mais nous

(1) Manuscrit de la Bibliothèque de Marseille, coté A. b. 27, petit in-4º de 37 pages, d'une bonne écriture du siècle dernier; plus, un titre. Il est suivi de vers français et provençaux en l'honneur de Madame Louise, d'une autre écriture que celle du manuscrit, mais également du xviiiº siècle. Nous devons la communication de ce document inédit à notre ami Alfred de Courtois, dont le monde lettré connaît le nom et la valeur, et qui vient d'être ravi à notre affection par une mort bien cruellement prématurée. E. B.

ne doutons pas non plus que vous n'attendiez de nous, malgré la douleur qui nous accable, un récit abrégé de ses vertus.

Nous allons, ma très-révérende mère, tâcher de satisfaire vos justes désirs. S'il est encore pour nous quelque consolation à espérer, nous la trouverons en partie à vous peindre quelques traits de celle même qui excite nos regrets. Elle n'est plus..... voilà notre malheur ! Nous dirons ce qu'elle fut, et, en nous occupant de son image chérie, nous soulagerons, autant qu'il est possible, la profonde affliction que nous cause sa mort.

Madame Louise-Marie de France naquit le 15 juillet de l'année 1737. Dès le berceau, cette princesse fut remise entre les mains des dames de la célèbre abbaye de Fontevrault, où le roi faisoit déjà élever Mesdames Victoire et Sophie. Son éducation fut spécialement confiée à Madame *de Soulanges*, religieuse de cette abbaye. Cette dame, digne par ses lumières, sa douceur et sa prudence, de l'importante fonction dont elle étoit chargée, trouva aussi dans son auguste élève toutes les dispositions propres à la lui rendre aussi facile qu'agréable : une âme innocente, susceptible des principes de toutes les vertus, docile à l'instruction, et d'une sensibilité qui lui rendoit précieux les soins qu'on lui donnoit et la portoit à en profiter autant par reconnoissance que par devoir. Cette reconnoissance fut dans la suite effective, et la première grâce que Madame Louise demanda au Roi, son père, fut l'abbaye de *Royal-Lieu* pour Madame *de Soulanges*. Elle ne se crut pas acquittée, par ce bienfait, de ce qu'elle croyoit devoir à la sage institutrice de son enfance ; toujours, depuis, Madame Louise entretint avec Madame de Soulanges des rapports d'amitié et de confiance, qui s'accrurent encore lorsque la conformité d'état eut établi entre elles une espèce d'égalité.

A quatorze ans, la princesse fut rappelée à la Cour, et, par un concours de circonstances aussi heureux qu'il est rare, elle y trouva tout ce que le ciel pouvoit lui fournir de moyens et de secours pour y conserver les vertueux principes qu'elle y apportoit du cloître : une mère, le modèle des reines chrétiennes ; un frère doué de tous les genres de mérite ; des sœurs d'une piété propre à animer la sienne par l'exemple, à la guider par les conseils. Aussi, dès son entrée dans une carrière si dangereuse, annonça-t-elle ce qu'on devoit attendre d'une éducation soignée, d'un esprit nourri des maximes les plus sages, d'un cœur formé au goût de la vertu. Madame Louise fut les délices de la famille royale par sa vivacité, son enjouement et l'aimable de son caractère ; elle en fut l'édification au milieu de tant de personnes augustes, qui elles-mêmes édifioient toute la France. Modestie dans les parures, fréquentation des sacrements, prières réglées, aumônes abondantes, la récitation des offices de l'Église, de bonnes œuvres de toute espèce, sanctifièrent l'aurore de sa vie et lui facilitèrent d'avance la pratique du plus austère christianisme. Dieu l'y appeloit, et ce fut pour l'y conduire qu'il lui inspira la vocation à la vie religieuse. Cette vocation, ignorée de toute la terre, fut longtemps éprouvée. Madame Louise ne pouvoit espérer de pouvoir, pendant la vie de la reine, suivre son attrait pour la solitude ; tout lui disoit que la plus tendre, comme la plus vertueuse des mères, ne consentiroit jamais à sa retraite dans un monastère. Elle attendit donc le moment marqué par la Providence, et continua cependant à s'exercer avec une ferveur encore plus active au genre de vie qu'elle se proposoit d'embrasser Le Seigneur, ayant appelé à lui la Reine en 1768, rompit d'un même coup les liens qui attachoient à la terre deux grandes âmes qui lui étoient précieuses.

Ce fut alors que Madame Louise ouvrit son cœur à la douce espérance de voir s'accomplir sur elle les desseins de Dieu. Déterminée à embrasser la vie du cloître, elle avoit été jusqu'à ce moment indécise sur le choix de l'institut auquel elle se consacreroit. Fixée enfin à celui du Carmel, elle s'en procura les règles et les constitutions ; elle les fit relier en forme de reliquaire d'argent, sur lequel elle fit graver cette inscription : *Reliques de sainte Thérèse*, et qui ne s'ouvroit que par un secret connu d'elle seule. Avant de déclarer sa vocation, elle fit des essais multipliés de presque toutes les austérités propres de notre état : prières plus assidues, communions plus fréquentes, diverses mortifications autorisées par ses confesseurs, aux lumières desquels elle se soumettoit toujours. Pour vaincre sa répugnance à brûler de la chandelle, elle ordonna à une de ses filles de garde-robe de lui en apporter en secret, et elle en brûloit tous les soirs dans son cabinet, afin de s'accoutumer à l'odeur du suif. Pour s'essayer à porter la serge, elle écrivit à la révérende mère de la Résurrection, prieure de Compiègne, que la reine honoroit de son amitié, de lui envoyer une tunique, qu'elle portoit souvent avec grand soin d'en cacher la manche. Nous avons su par la princesse elle-même que ce qui l'avoit décidée à embrasser de préférence les austérités du Carmel, c'étoient ces paroles bien méditées : « *Si vous ne faites pénitence, vous périrez* » *tous.* »

Ce fut, ma révérende mère, le 30 janvier 1770, que Madame Louise chargea M. de Beaumont, archevêque de Paris (1), qui depuis longtemps étoit le dépositaire de sa vocation, de l'annoncer au Roi et d'obtenir son consentement pour son entrée en religion. Ce prince, le meilleur des pères, n'apprit qu'avec une surprise extrême et une sorte de consternation la résolution de sa fille si chérie. Après avoir entendu le prélat, le Roi se retira quelques pas en arrière et lui dit d'un ton ferme : « Est-ce vous, monsieur « l'archevêque, qui m'apportez pareille nouvelle?...... » M. de Beaumont, interdit, demeure sans réponse; et il a avoué depuis que s'il avoit pu prévoir l'état de peine où il avoit jeté le Roi, jamais il ne se seroit chargé d'une commission si affligeante. Cependant Sa Majesté, appuyée sur le

---

(1) Christophe de Beaumont, comte de Lyon, né au château de la Roque, diocèse de Sarlat, le 26 juillet 1703. Sacré évêque de Bayonne le 24 décembre 1741. — Archevêque de Vienne en 1745, de Paris en 1746,   A. C.

dos de son fauteuil, la tête dans ses deux mains, gardoit le plus profond silence; elle ne s'interrompoit par intervelles que pour s'écrier: « C'est cruel... c'est cruel... c'est cruel... » Enfin ce religieux monarque, faisant céder le sentiment de la tendresse paternelle à celui de la religion, dit : « Si Dieu » la demande, je ne puis pas la lui refuser; » et, en se tournant du côté de M. de Beaumont, il ajouta : « Je répondrai dans quinze jours. » Le prélat partit aussitôt pour Paris, l'âme attendrie et édifiée du touchant spectacle dont il venoit d'être le témoin.

Vous jugerez facilement, ma révérende mère, quelles étoient, pendant ce temps, les inquiétudes de Madame Louise, livrée tour à tour à la crainte et à l'espérance. Enfin, au bout du temps marqué, M. l'abbé du Ternay, son confesseur, vint la tirer de la cruelle incertitude qui agitoit son âme, en lui présentant une lettre du roi qui lui donnoit son consentement, sa bénédiction et la liberté de choisir le lieu de sa retraite.

Vous n'ignorez pas, ma révérende mère, que notre maison éprouvoit à cette époque toutes les rigueurs de la plus grande pauvreté (1), et qu'elle étoit menacée d'une réunion à un monastère moins indigent Dans une affliction si bien fondée, feue notre révérende mère de Saint-Alexis, alors notre prieure, fut inspirée à la communion de faire un vœu au sacré Cœur de Marie pour obtenir, par sa protection, un sujet qui assurât l'existence de notre communauté. Par notre vœu, nous nous engagions à faire tous les ans une neuvaine au Cœur de Marie, et la première commença le 8 février 1770. Toutes les sœurs s'y portèrent avec une ferveur singulière et proportionnée à la grandeur du bienfait qu'elles sollicitoient. Ce fut pendant cette neuvaine que

---

(1) Le monastère des Carmélites de Saint-Denis, fondé en 1625 par la maison de Brienne, et successivement doté par les maisons de Gamaches et de Créqui, se trouvoit réduit, en 1770, à n'avoir pas même le nécessaire pour 29 religieuses dont la communauté étoit alors composée. (*Note du Manuscrit.*)

Madame Louise obtint le consentement du Roi. Libre sur le choix de sa retraite, elle se détermina pour notre maison, quoiqu'elle eût pensé bien des années auparavant à se retirer dans notre couvent de Paris, rue de Grenelle. C'étoit là qu'assistant à la prise d'habit de notre respectable sœur Thaïs, dans le siècle comtesse de Rupelmonde, elle avoit reçu les premières impressions de sa vocation. Son attachement à notre saint Ordre et sa prédilection pour cette maison de Grenelle, l'avoient portée à déclarer, dans son testament, que, si elle mouroit à la Cour, elle vouloit être enterrée dans ce monastère, revêtue de l'habit de carmélite et dans un lieu qu'elle avoit désigné.

Mais les moments étoient arrivés où le ciel, content de si longues épreuves qui avoient exercé notre résignation à sa volonté et notre confiance en ses miséricordes, fit enfin succéder à une providence rigoureuse une providence miséricordieuse, à une suite de malheurs un enchaînement de prospérités. Dieu, maître de choisir où il veut, de faire de ce qu'il lui plaît l'instrument de notre bonheur, voulut le prendre aux pieds du trône, et illustrer une communauté inconnue à l'univers, en y conduisant une petite-fille de saint Louis, une fille de Louis XV le Bien-Aimé.

Nous ignorions encore que nos prières à la sainte Vierge fussent exaucées lorsque, le 11 avril 1770, M. l'abbé Bertin, conseiller d'État, notre digne et bienfaisant supérieur, vint nous annoncer que, ce jour-là même, Madame Louise de France se rendroit à notre église pour entendre la messe. Il n'en dit pas davantage, la princesse lui ayant ordonné le plus grand secret sur son dessein... Il parloit encore à notre révérende mère prieure, lorsque Madame Louise arriva avec une seule de ses dames et un écuyer. Elle entra aussitôt et demanda de parler à madame la princesse de Ghistelle, qu'elle avoit choisie pour l'accompagner à Saint-Denis. C'étoit pour lui déclarer qu'elle avoit la permission du Roi de rester dans notre maison, et pour lui remettre les lettres par lesquelles Sa Majesté ordonnoit à son monde de lui obéir comme à elle-même.

Madame Louise fut conduite au chœur, où elle resta seule après la messe, pendant que M. l'abbé Bertin fit assembler la communauté au parloir. Il lui annonça que Madame Louise, qui pensoit depuis longtemps à se faire carmélite, avoit choisi notre maison, et qu'elle vouloit y être reçue, non pas à titre de bienfaitrice, mais en qualité de religieuse sans aucune distinction.

Il est aisé, ma révérende mère, de comprendre quelle fut notre surprise, notre joie, notre admiration. Notre révérende mère de Saint-Alexis alla prendre Madame Louise au chœur et la mena au parloir. Cette princesse se mit à genoux à la porte, et demanda, dans les termes les plus humbles, à être reçue parmi nous. Elle nous embrassa toutes, en nous recommandant de prier pour le Roi. M. notre supérieur lui dit alors que, conformément à ses intentions, il avoit prévenu la communauté que Madame demandoit à vivre sans aucune dispense et dans l'observance la plus exacte de toute la règle. Consultée sur le nom qu'elle vouloit prendre..... « Tous les noms, répondit la princesse, me » sont égaux, pourvu qu'on ne me donne ni celui de Marie, » ni celui de Louise. Il faut faire oublier ce que j'ai été. » Notre révérende mère lui répondit que Madame devenant aujourd'hui la Thérèse de la France, la communauté verroit avec joie et reconnaissance qu'elle portât le nom de Thérèse, auquel on la prioit d'ajouter celui d'Augustin.

Dès le jour de son entrée, Madame Louise commença à suivre tous les exercices de la communauté. Quelques instances qu'elle eût faites pour n'avoir aucune distinction, on crut ne pas devoir se prêter à des désirs inspirés par son humilité et manquer à ce qu'exigeoit son rang. On la fit donc communier la première; au réfectoire elle fut assise auprès de la révérende mère prieure, on plaça au chœur un prie-Dieu, un tapis, un fauteuil, un carreau dont Madame Louise ne fit jamais usage, et ce furent les seules choses qui parurent lui faire de la peine. Comme on ne se rendoit pas à ses désirs sur ce point, elle s'en plaignit au Roi et lui écrivit pour obtenir qu'on retranchât absolument toutes ces marques d'honneur qui ne convenoient point à une postulante, seul titre dont elle étoit alors jalouse. Le roi ne blâma point sa religieuse délicatesse, et il lui permit de suivre les mouvements de sa ferveur, pourvu toutefois qu'elle fût toujours dépendante de la volonté de ses supérieurs.

L'exemple d'une Fille de France se consacrant à Dieu dans le cloître étoit trop beau et trop persuasif pour n'être pas imité. Plusieurs jeunes demoiselles sollicitèrent la grâce d'être admises au nombre de ses compagnes, et notre maison qui commençoit à manquer de sujets, vit bientôt son noviciat enrichi d'acquisitions précieuses. Madame Louise toujours à la tête de la troupe fervente des novices et des postulantes, leur traçoit la route qu'elles devoient suivre C'étoit surtout dans celle de l'obéissance qu'elle se distinguoit. Cette obéissance si difficile à tous les hommes, mais plus qu'à tout autre à ceux qui ne paroissent nés que pour commander, cette obéissance, la sauve-garde de tous les devoirs monastiques, semble être dès ses premiers pas dans la carrière religieuse, la vertu d'inclination de Madame Louise ; elle demandoit à genoux, selon notre usage, les plus légères permissions. Lorsqu'on lui annonça la première visite de Mesdames, elle pria notre révérende mère de la dispenser de l'oraison, si elle sonnoit pendant que les princesses seroient dans la maison.

Qui pourroit vous dire, ma révérende mère, combien d'agréments se joignoient à tant de vertus ?... un esprit naturel et facile, un maintien libre, un enjouement modeste, une naïveté ingénieuse, surtout un excellent cœur. Elle nous parloit avec une bonté admirable, avec amitié, et, mettant à part toute distinction de rang et d'emploi, elle n'excluoit de sa société ni de ses caresses nos sœurs du voile blanc. « Elles sont, disoit-elle, elles sont mes sœurs comme les autres »

Comme les autres aussi, elle voulut balayer, nettoyer les chandeliers, laver la vaisselle etc. Notre révérende mère, pour épargner à l'humble postulante des travaux aussi dégoûtants que pénibles, lui représenta la difficulté de s'en acquitter avec ses ajustements. Madame Louise leva bientôt cet obstacle à son zèle, en se faisant apporter de la cour des habits plus conformes à l'usage qu'elle en vouloit faire. Nous les conservons ces habits plus précieux à nos yeux que la pourpre qu'ils remplaçoient; tant qu'ils subsisteront, ils seront dans notre monastère un monument irréfragable de l'humilité et du courage de celle qui les porta; les empreintes de divers domestiques qui s'en servirent seront autant de caractères divins où nous-mêmes et celles qui nous suivront liront leurs devoirs et apprendront que la vraie vertu sait triompher de l'orgueil du rang, et s'élever au dessus des délicatesses de la nature

Un événement aussi frappant que celui de l'entrée d'une Fille de France en religion, devoit intéresser plus que tout autre le souverain Pontife, porté l'année d'auparavant de l'obscurité du cloitre sur la chaire de Saint-Pierre. Aussi Clément XIV s'empressa-t-il de témoigner à Madame Louise, par un bref, toute l'admiration, dont il étoit pénétré, à la vue d'une démarche qui ne pouvoit être inspirée que de l'esprit de Dieu. Il y voyoit l'édification et la consolation de l'Église universelle, le fondement de ses espérances pour la prospérité de son gouvernement et une des époques qui signaleront le plus glorieusement son pontificat. Un second bref, adressé au confesseur de Madame Louise, l'autorisoit à lui accorder toutes les dispenses qu'il jugeroit convenable pour le bien de son âme. Le Pontife connaissoit mal cette princesse qui ne voyoit pour son âme d'autre bien que celui d'observer toute sa règle. Elle n'entendit qu'avec peine la lecture de cette partie du bref, et ne se prévalut jamais d'une indulgence qui ne s'accordoit ni avec ses vues, ni avec ses principes.

Les six mois que Sa Majesté Louis XV avoit fixés pour la durée du postulat de Madame Louise, lequel n'est ordinairement que de trois mois, étant expirés, le Pape chargea Monseigneur l'archevêque de Damas, son nonce en France(1),

---

(1) N... Giraud, archevêque de Damas, nonce ordinaire de S. S. en 1772.   A. C.

de faire en son nom, et comme son représentant, la cérémonie de la prise d'habit, et ce fut notre auguste souveraine, alors Dauphine de France, qui le lui donna. Vous avez eu dans son temps, ma révérende mère, la relation de cette touchante cérémonie, où tous ceux qui eurent le bonheur d'être témoins du sacrifice de Madame Louise admirèrent l'héroïsme de fermeté et de courage avec lequel elle le fit.

Elle eut souvent occasion de le renouveler pendant son noviciat et dans la suite de sa vie. A la première visite qu'elle reçut du Roi, après sa prise d'habit, le monarque, saisi à la vue du lugubre et grossier vêtement où il trouvoit sa fille, lui dit du ton de la tendresse affligée : « Vous avez donc renoncé à tous vos titres et à tous vos droits... » « Non, répondit la princesse, avec toute la vivacité de l'amour filial, non, ô mon père, puisque je conserve encore et le titre de votre fille, et tous mes droits sur votre cœur. »

Ce n'étoient pas l'éclat du trône, les délices de la cour, les honneurs du rang, qui avoient coûté le plus à Madame Louise à sacrifier, c'étoit la présence d'un père qui, par sa bonté, ses attentions, ses complaisances, faisoit le bonheur de ses augustes enfants; c'étoient les douceurs d'une société domestique où les cœurs s'épanchoient mutuellement avec liberté et confiance. Chaque circonstance qui retraçoit à Madame Louise une félicité à laquelle elle avoit renoncé, lui demandoit un nouvel effort pour s'arracher à une idée si touchante et offrir de nouveau à Dieu tant de biens dont elle ne jouissoit plus.

Que vous dirai-je, ma révérende mère, de la ferveur et de la constance avec laquelle cette courageuse novice parcourut la carrière des épreuves? Elle avoit beaucoup promis dans son postulat, elle alla au-delà de ses promesses. Il fallut toute l'autorité et la vigilance de ses supérieures, il fallut toute sa soumission au moindre signe de leur volonté, pour arrêter un zèle qui, abandonné à lui-même, auroit passé les bornes. Outre ce sentiment d'obéissance qui décidoit tout chez elle, il en étoit, à la vérité, un autre qui influoit alors sur sa docilité par rapport aux mortifications, celui de la crainte de ne pouvoir arriver à son terme si sa santé s'altéroit pendant son noviciat. « Vous faites bien, » nous disoit-elle agréablement, « de me ménager un peu pendant que je suis novice; la plus légère indisposition seroit pour le roi une raison de me rappeler auprès de lui et de m'enlever pour toujours à ma chère retraite. Traitez-moi donc avec un peu de douceur; j'y consens, je saurai me dédommager quand je serai professe et qu'il n'y aura plus rien à craindre du côté de Versailles. »

L'année du noviciat ne s'écouloit pas assez rapidement au gré de Madame Louise. Pour seconder sa pieuse ardeur nous nous empressâmes de lui donner, dès le 2 mai 1771, par l'unanimité de nos suffrages une preuve de notre respect, de notre reconnoissance et de notre attachement pour elle. Le temps de sa profession arriva enfin, et elle s'y prépara selon l'usage, par une retraite de dix jours. Il est encore d'usage dans notre communauté que la novice, la veille de sa profession, jeûne tout le jour au pain et à l'eau, porte le cilice et reste après matines jusqu'à minuit au chœur. Toutes sortes de motifs engagèrent notre révérende mère à dispenser Madame Louise de ces rigoureuses pratiques, mais la princesse ne voulut aucun adoucissement. « Pour être fille de roi, disoit-elle, je n'en suis pas moins obligée de faire comme les autres. » Pour rendre la cérémonie plus édifiante et plus utile au public, monseigneur l'archevêque de Paris nous accorda les prières des quarante heures pendant les trois jours qui la précédèrent. Le 12 septembre 1771 étant le jour fixé pour cette consécration religieuse, Monseigneur l'archevêque arriva chez nous avant la messe de communauté; il exposa le Saint-Sacrement et entonna le *Veni Creator*. Madame Louise communia la première, revêtue du manteau de notre sainte mère Thérèse, que l'on conserve dans notre monastère de la rue Saint-Jacques, à Paris, et que cette communauté se fit un devoir et un plaisir d'envoyer à la princesse pour favoriser sa dévotion envers la sainte fondatrice de notre ordre, qui allait devenir sa mère et sa patronne.

Après la messe nous descendîmes processionnellement au chapitre pour y être témoins d'un des plus beaux triomphes de la religion. Nous vîmes aux pieds de notre révérende mère de Saint-Alexis, la fille de notre souverain, nous l'entendîmes répondre avec transport aux interrogations d'usage dans ces circonstances, et prononcer d'une voix ferme et distincte l'engagement solennel qui la séparoit totalement du monde et la vouoit pour le reste de ses jours à toutes les austérités du cloître. En sortant du chapitre, notre respectable mère, sœur Thérèse de Saint-Augustin écrivit au Roi pour lui annoncer qu'elle avoit le bonheur d'être carmélite, bonheur qu'elle devoit au consentement que Sa Majesté avoit bien voulu lui accorder. Elle ajoutoit que la plume dont elle se servoit était celle dont elle s'étoit servie pour écrire la formule de ses vœux.

La cérémonie du voile noir fut fixée au 1er octobre et la nouvelle professe le reçut des mains de madame la comtesse de Provence. Ce fut encore monseigneur le nonce qui fit cette cérémonie. Il étoit accompagné de vingt évêques, et d'un grand nombre d'ecclésiastiques de tout rang. Madame Louise nous avoit montré à sa prise d'habit le courage d'un athlète qui entre dans la carrière ; la prise du voile noir nous fit voir dans la sœur Thérèse de Saint-Augustin la joie modeste d'un vainqueur qui s'applaudit de sa victoire. Les âmes chrétiennes y applaudirent avec elle, et se retirèrent en bénissant Dieu, dont le bras n'est pas raccourci, et qui dans ce siècle a daigné faire de grandes choses.

Tous ces faits vous étoient déjà connus, ma révérende mère, mais nous aimons à vous rappeler, à nous rappeler à nous-mêmes, une époque qui fut celle de notre bonheur personnel et de la gloire de notre ordre. Nous devons à la mémoire de l'auguste, de la vertueuse princesse que nous pleurons, de consigner dans son éloge funèbre les traits qui caractérisèrent le mieux son âme ferme et intrépide

Madame Louise, dès le lendemain de sa prise de voile noir, fut nommée par monsieur notre supérieur maîtresse des novices. Il put paroître extraordinaire à ceux qui ne connoissent pas toutes les ressources de la vertu que la sœur Thérèse de Saint-Augustin, en sortant du noviciat, fût chargée de former des novices, fonction sans contredit la plus importante de toutes dans une communauté religieuse; mais pendant plus de dix-huit mois, cette princesse avoit bien appris elle-même ce qu'elle devoit enseigner aux autres, elle étoit entrée en religion à un âge où l'on a de l'expérience, où on connoît les hommes en s'étudiant, en se connoissant soi-même. La sainteté du cloître n'est, comme dans le monde, que la pratique de l'Évangile, et Madame Louise y avait été fidèle au milieu du plus grand monde. L'ordre, l'enchaînement des diverses observances monastiques ne sont au-dessus de la portée de personne, et pour être bien sus, n'ont besoin d'autre maître que l'usage et le son de la cloche. Le grand art, l'art essentiel d'une maîtresse des novices est d'apprendre à ses élèves à joindre en tout l'esprit à la lettre : et qui en étoit plus capable que celle qu'on avoit toujours vue agir par les motifs les plus nobles, d'après les principes les plus religieux, avec le zèle le plus selon la science de Dieu, qui, à des moyens déjà si puissants par eux-mêmes, joignoit encore le talent de gagner les cœurs par l'aménité de son caractère, et d'inspirer par son exemple l'esprit de l'état et l'amour du devoir ? Le cri de Madame Louise, maîtresse des novices, étoit celui-ci : « Mes sœurs, peut-être ne saurai-je pas vous parler, mais je saurai agir. » Nos espérances ne furent pas trompées, et l'évènement justifia le choix de M. notre supérieur. Nous eûmes la consolation de voir nos jeunes sœurs se former sensiblement à toutes les vertus religieuses, et leurs progrès furent dus plus encore à l'action qu'aux discours de celle qui les cultivoit.

Dès la première année après la profession de Madame Louise, notre saint ordre recueillit les fruits de son exemple et de sa protection. Plusieurs religieux carmes, désirant vivre selon l'esprit primitif de leur règle, s'adressèrent à notre auguste princesse pour assurer le succès de leur projet. Ils avoient besoin d'un bref du Souverain Pontife qui séparât les religieux qui aspiroient à la perfection de leur état d'avec ceux qui ne vouloient pas observer leurs règles dans toute leur vigueur. Le monastère de Charenton étoit alors le noviciat de la province de Paris, et il renfermoit dans son enceinte un grand nombre de fervents religieux qui ne soupiroient qu'après le moment où ils se verroient, par la pratique de toutes leurs observances, de vrais enfants de notre séraphique mère, sainte Thérèse, et de notre père, saint Jean de la Croix. Madame Louise ne pouvoit pas manquer d'approuver et de seconder une si édifiante entreprise; mais avant d'agir auprès du Roi dont la protection étoit nécessaire pour la faire réussir, elle consulta monseigneur l'Archevêque de Paris et plusieurs autres personnes éclairées. Toutes entrèrent dans ses vues, et bientôt elle obtint pour les Carmes de Charenton un bref de réforme. Il est daté du 15 avril 1772. Depuis cette époque, ma révérende mère, la maison de Charenton est l'édification du diocèse de Paris par sa régularité, sa ferveur, sa pénitence, enfin par le véritable esprit du Carmel, qui y règne.

La fondation du monastère des Carmélites d'Alençon, en 1778, est encore l'ouvrage du zèle de Madame Louise pour la propagation de notre saint ordre. De toutes ces pieuses entreprises, c'est peut-être celle qui lui a donné le plus de peine et, en sa considération, Monsieur, frère du Roi, voulut bien se déclarer le fondateur et le protecteur de ce nouvel établissement.

Les six années du priorat de la révérende mère de Saint-Alexis étant expirées, Madame Louise fut destinée à la remplacer dans le gouvernement de notre monastère; c'étoit le vœu de toute la communauté dont elle s'étoit gagné le cœur; la bonté du sien, la droiture de son âme, son air affable, ses tendres prévenances, tout nous annonçoit que nous aurions en elle une mère plus digne encore de notre confiance que de notre respect. Ce fut donc avec une joie indicible que nous osâmes l'élire pour prieure. Le désir de nous être encore plus utile dans la première place où la portoit l'unanimité de nos suffrages, la lui fit accepter, et pendant huit ans, nous avons eu le bonheur d'avoir à notre tête une supérieure telle que notre sainte fondatrice l'eût choisie elle même.

La mère Thérèse de Saint-Augustin, chargée du gouvernement d'une nombreuse communauté, se livra, se sacrifia même à l'étendue et à l'importance des devoirs que lui imposoit sa place. Cette activité, qu'elle tenoit de son caractère, elle la porta dans toutes les parties de l'administration spirituelle et temporelle qui demandoient de la vigilance L'œil ouvert sur tout, toujours prête à voler où sa présence pouvoit être utile, voyant bien par elle-même et disposée néanmoins à s'aider des conseils d'autrui, toujours docile à les suivre s'ils venoient de la part de ses supérieurs, elle vouloit le devoir, et elle l'obtenoit sans peine, parce que sa manière de commander étoit celle de la douceur, de l'insinuation, de la prudence. L'approchoit-t-on avec confiance en lui disant qu'on s'adressoit à elle comme à une mère pour déposer dans son sein ses désirs et ses peines: « Ajoutez, répondoit-elle, ajoutez à ce titre de mère celui d'amie » De quelle consolation n'étoit-elle pas pour les sœurs malades, par les soins qu'elle leur prodiguoit, par les fréquentes visites qu'elle leur rendoit? Tout ce qui nous intéressoit lui étoit cher. Que de secours n'a-t-elle point accordé à nos familles sans fortune! combien de places obtenues par son crédit pour nos proches sans état!

Parmi tant de vertus qui enrichissoient l'âme de Madame Louise, pourrions-nous, ma révérende mère, vous indiquer celle qui la distinguoit le plus? oui, ma chère mère, et c'est celle qu'elle avoit le plus à pratiquer, celle dont nous étions le plus souvent témoins, celle qui faisoit sur nos cœurs la plus vive impression... l'humilité. Elle sembloit avoir parfaitement oublié qu'elle étoit la fille d'un grand roi, et parce qu'il étoit impossible que nous l'oubliassions nous-même, ce n'étoit qu'avec le sentiment de la plus profonde admiration que nous la voyions s'abaisser au-dessous des moins distinguées d'entre nous par la naissance ou par les talents jusqu'à lier les cordons des alpargates (1) des sœurs, jusqu'à leur rendre les plus vils services comme les plus rebutants. Jamais, ma révérende mère, non, jamais, nous ne vîmes dans cette auguste princesse un trait de hauteur, un moment d'humeur. Croyoit-elle avoir, je ne dis pas contristé, mais intimidé par un air plus sérieux la dernière de ses filles, elle la cherchoit pour guérir une blessure qu'elle n'avoit point faite, elle lui parloit avec une affabilité qui dissipoit tous les nuages et faisoit revivre la confiance.

Sa mortification dans la nourriture et le vêtement fut héroïque; pour le bien comprendre, ma révérende mère, il faut recourir aux objets de comparaison, et mettre continuellement en contraste Madame Louise de France, et la mère Thérèse de Saint-Augustin, Versailles et le Carmel de Saint-Denis. Nos aliments, aussi mal apprêtés qu'ils sont grossiers par eux-mêmes, furent ses mets de tous les jours et malgré la répugnance de la nature quelquefois plus forte que le courage, elle n'admit jamais pour elle de distinction dans la nourriture. Si elle s'apercevoit qu'on lui servoit quelque chose de plus délicat que ce qui étoit servi à la communauté, elle le renvoyoit, et c'étoit en vain qu'on s'efforçoit de le lui faire accepter. Les austérités de la règle ne suffisant pas à son zèle, combien de fois n'obtint-elle pas la permission de faire des punitions extraordinaires! Son dénûment, son amour de la pauvreté se manifestoient dans tout ce qui étoit à son usage: jamais elle ne demanda ni ne retint rien sur sa pension. Cette abnégation de tout ce qui ne s'accordoit pas avec l'esprit de son état, ce courage à embrasser tout ce qui lui paroissoit propre à le perfectionner en elle, elle les puisoit dans la prière dont elle faisoit ses délices, dans la communion journalière que les supérieurs lui avoient accordée dès le noviciat, et dont elle avoit éprouvé par elle-même les heureux effets En conséquence, elle se montroit facile à permettre à ses filles la communion fréquente; c'étoit, selon elle, le moyen

(1) Sandales.

le plus sûr d'avancer dans la perfection, le secours le plus puissant contre les ennemis les plus dangereux de l'âme religieuse, l'ennui, la tristesse, la défiance, le scrupule. Sa foi, sa confiance, son amour pour Dieu la conduisoient sans cesse aux pieds des autels; elle y trouvoit de la consolation dans ses peines — et vous le savez, ma révérende mère, Madame Louise en éprouva de bien vives — des lumières dans ses doutes et le calme au milieu des embarras inséparables du gouvernement dans une grande communauté. A chaque heure de la journée qu'on allât au chœur, on l'y trouvoit presque toujours prosternée en présence du saint Tabernacle. Une piété si tendre et si continue me dispense ma révérende mère, d'ajouter qu'à l'oraison, à matines, à tous les offices communs à toutes les sœurs, elle étoit toujours la première, qu'elle y surveilloit la décence du culte public et la régularité des cérémonies. Elle étoit à cet égard d'une ponctualité qui prévenoit ou arrêtoit les écarts de la légèreté ou de l'inattention.

Nous voici, ma révérende mère, à l'époque de la vie de Madame Louise où elle se montra sous les traits d'une âme tendre qui accorde à la nature ce qu'elle a droit d'exiger, d'une âme forte qui combat l'adversité avec les armes de l'Évangile, d'une âme chrétienne qui connoît la Providence, adore ses décrets et s'y soumet. D'éloquents orateurs vous peindront sans doute bientôt les terribles moments où cette vertueuse princesse apprit la maladie, le danger, la mort du roi, son père. Interprètes de ses sentiments, ils vous diront ce qui devoit se passer alors dans son cœur... Nous, ma révérende mère, nous vous dirons ce que nous avons vu avec la simplicité qui nous convient, avec la vérité qui nous commande et doit nous adoucir le triste ministère que nous remplissons aujourd'hui. Madame Louise étoit la plus respectueuse, la plus reconnoissante des filles; elle dut pleurer la perte du plus tendre, et, à son égard, du plus bienfaisant des pères, elle le pleura... mais elle n'avoit rien épargné auprès de Dieu pour détourner ce coup fatal qui venoit de la frapper, pour prolonger les jours d'un monarque cher à son cœur et encore nécessaire au bonheur de la nation. Elle avoit passé les jours et les nuits en prières ; elle avoit ajouté à ses œuvres de pénitence ; elle nous avoit associées aux pratiques multipliées de sa ferveur ; les filles réunies à la mère par les mêmes sentiments, les mêmes motifs, les mêmes intérêts, avoient concouru à faire violence au Seigneur pour obtenir la conservation d'un prince qu'elles avoient tant de raisons d'aimer. Hélas! nos vœux ne furent point exaucés. Mais seroit-ce trop présumer de la divine miséricorde et du mérite des prières de Madame Louise que de croire que Dieu leur accorda au moins les saintes dispositions dans lesquelles mourut ce religieux monarque? Dès que le ciel eut parlé, Madame Louise garda le silence de la résignation et sans doute le ciel ne condamna pas les larmes qui l'accompagnèrent.

Madame Louise n'avoit pu prolonger le séjour du feu roi sur la terre : elle s'empressa d'accélérer son bonheur dans le ciel et nous entrâmes sans peine dans ses vues. Ce prince pouvoit être regardé comme le fondateur de notre monastère et nous ne pouvions porter trop loin les témoignages de notre reconnoissance pour tous ses bienfaits. Outre trois services solennels, une messe chantée pendant quarante jours, un anniversaire et beaucoup d'autres offices consacrés par l'Église pour les défunts, la communauté s'engagea de concert avec son auguste prieure à faire célébrer chaque jour à perpétuité une messe basse pour le repos de l'âme de Louis XV et à doter neuf sujets dans différentes maisons de l'ordre. Pour attirer les bénédictions du ciel sur le roi son neveu, Madame Louise ordonna qu'on diroit tous les jours en communauté l'hymne *Veni Creator*.

Le ciel ne tarda pas à éprouver de nouveau la constance de Madame Louise; son cœur gémissoit encore en sa présence de la perte qu'elle venoit de faire, lorsqu'il sembla lui demander le sacrifice de tout ce qui lui restoit de plus cher au monde, celui de Mesdames Adélaïde, Victoire et Sophie près de descendre au tombeau, victimes de la piété filiale. Dieu les rendit aux vœux ardents de leur auguste sœur, à ceux de notre communauté et de toute la France. Mais peu d'années après, Madame Louise eut encore à pleurer la mort de Madame Sophie. Ainsi la divine Providence venoit répandre alternativement, dans la retraite de notre auguste prieure, la joie et l'affliction, et toujours le Seigneur trouvoit son âme digne de lui, toujours reconnoissante de ses consolations, toujours soumise à ses rigueurs.

Vous le savez, ma révérende mère, et peut-être l'avez-vous éprouvé vous-même, vous savez de quelle ressource étoit pour toutes nos maisons la charité et la bienfaisance de Madame Louise ; il en est peu qui n'en aient ressenti les effets, et combien lui doivent, pour ainsi dire, leur existence, puisque, sans le secours qu'elle leur prodiguoit, ces maisons auroient peut-être croulé sous le poids de l'indigence ! Notre auguste prieure sembloit n'avoir conservé son crédit, que lui donnoit son rang, que pour les intérêts des carmélites. Près d'expirer, elle s'occupa encore du soin d'assurer à notre ordre la protection du roi son neveu. Son zèle ne se borna pas aux sœurs que lui avoit données le Carmel de France, il alla en chercher d'étrangères : au sein du malheur, elle donna dans sa propre maison un asile à quinze de ces vierges infortunées, que de fâcheuses circonstances forcèrent d'abandonner leur patrie. C'est sa tendre sollicitude, son active commisération qui, dans le royaume, firent ouvrir les portes de tant de monastères, non-seulement aux carmélites expatriées, mais encore à un grand nombre d'autres religieuses d'ordres différents ; c'est en sa considération que le roi voulut bien les faire naturaliser gratuitement.

Mais en vous parlant de ce que fit Madame Louise pour nos maisons de France, puis-je, ma révérende mère, passer sous silence ce qu'elle entreprit, ce qu'elle exécuta pour la nôtre ? C'étoit peu pour elle que d'avoir pourvu, dès son entrée, aux réparations de toute espèce qu'exigeoient nos bâtiments, c'étoit peu d'en avoir ajouté de nouveaux, devenus nécessaires par le nombre toujours croissant des sujets que nous recevions ; elle voulut aussi ériger au Très-

Haut un temple digne de sa souveraine majesté. Notre ancienne église menaçoit ruine, moins par sa vétusté que par les vices de sa construction. Louis XV s'étoit engagé à la faire réparer, mais la mort avoit empêché l'exécution de ses pieuses intentions. Louis XVI adopta les vues et étendit les projets de son auguste aïeul (1). Nous avons vu s'élever, par son ordre, un nouveau temple qui, par son élégance, le dispute aux plus beaux édifices sacrés de la capitale, et où l'ordre simple, mais édifiant des cérémonies, inspire la piété plus encore que la richesse des ornements n'y excite d'admiration. Il sera un monument durable et de la munificence de notre généreux souverain, et du zèle de Madame Louise pour la maison du Seigneur.

Dans cette admirable princesse, vous avez vu, ma révérende mère, une prieure de carmélites, gouvernant seule sa communauté conformément à notre institut, exerçant avec sagesse, mais avec autorité, tous les droits que lui donne sa charge, exigeant, au nom du bon ordre, l'obéissance de ses filles, et ne connoissant, dans la conduite intérieure de la maison, d'autre dépendance que celle que lui impose Dieu, sa règle et sa conscience. Mais je dois vous la montrer aussi vis-à-vis de ceux que Dieu lui avoit donnés pour supérieurs au dehors : MM. les visiteurs généraux et M. le supérieur particulier de la communauté. Ici, ma révérende mère, vous voyez disparoître dans Madame Louise la prieure indépendante. Pleine de confiance dans les lumières des respectables guides qu'elle tient de la Providence, elle les consulte dans toutes les occasions où ses propres lumières lui paroissent insuffisantes ; pleine de déférence à leurs avis, elle ne balance jamais à leur sacrifier les siens. Elle n'abuse pas de son pouvoir, et elle leur rend compte de l'usage qu'elle en a fait ; elle ne forme de projets que ceux qu'ils

---

(1) Dans un catalogue de lettres autographes récemment publié par M. J. Charavey aîné, on trouve (n°s 211 et 212, quatorze lettres adressées par la princesse à M. Mique, architecte (1784-87), toutes relatives à des réparations à faire à l'église de son couvent   A. C.

ont avoués et n'exécute que ceux qu'ils approuvent. C'est une humble disciple qui interroge ses maîtres, c'est une fille obéissante qui pratique envers ses supérieurs la soumission que lui rendent ses inférieurs. Telle l'a toujours vue, surtout, M. l'abbé Bertin, chargé depuis vingt ans de la supériorité immédiate de notre maison. Personne ne méritoit à de plus justes titres que lui la confiance dont Madame Louise l'honoroit. Mais la vertu étoit faite pour juger la vertu. Qui pouvoit aussi mieux que lui sentir le prix de tant d'humilité, mieux apprécier l'excellence des principes qui en étoient la source, mieux répondre à cette confiance dont on lui donnoit des preuves si religieuses et si honorables?

Témoins journellement des vertus de Madame Louise, nous n'imaginions pas, ma révérende mère, que sa ferveur fût susceptible d'accroissement; mais un ardent amour pour Dieu ne dit jamais : *C'est assez.* Depuis deux ans surtout, nous apercevions dans sa piété, dans sa régularité, dans son zèle pour nos observances, des nuances qui déceloient un désir encore plus vif de la perfection, et annonçoient de nouveaux progrès dans les voies de la sainteté. Elle sembloit pressentir qu'elle touchoit au terme de sa carrière, et elle vouloit y marquer ses derniers pas par une pratique plus sublime de toutes les vertus de son état.

La santé de notre auguste mère n'avoit encore éprouvé aucune altération sensible ; son embonpoint, sa gaieté, sa vivacité toujours la même, écartoient de notre esprit toute idée du malheur qui nous menaçoit ; tout nous portoit, au contraire, à espérer qu'elle feroit encore longtemps la félicité de notre maison et la gloire de notre saint ordre. Mais, hélas ! dans ce temps-là même, cette princesse prenoit toutes les précautions, faisoit tous les arrangements qu'auroit pu lui conseiller la certitude de sa fin prochaine. Elle en parloit souvent à M. l'abbé Consolin (1), chanoine

---

(1) M. l'abbé Consolin, connu de notre maison depuis plus de trente ans, s'en est toujours montré l'ami le plus constant et le plus

de Sainte-Opportune, son confesseur depuis la maladie de M. l'abbé du Terney, et c'est de lui que nous tenons aujourd'hui cette particularité, qui, connue plus tôt, auroit jeté l'effroi dans nos âmes. Mais comblée de grâces, enrichie de mérites, cette princesse étoit mûre pour le ciel, et Dieu alloit appeler à lui une épouse qui lui avoit consacré tous les moments de sa vie.

Depuis douze jours, ma révérende mère, Madame Louise éprouvoit des douleurs dans l'estomac. Quoiqu'elles fussent quelquefois assez vives, elles nous alarmèrent cependant moins que le changement qu'on aperçut dans son visage. M. O'Reilly, notre médecin, ne s'en inquiéta pas, et la princesse elle-même ne parut pas y faire grande attention; elle mangeoit de bon appétit, mais dormoit peu. Le samedi 22 décembre, veille de sa mort, elle étoit levée et habillée dès sept heures, et elle fut en état d'aller au parloir rendre compte au médecin de la nuit qu'elle avoit passée et qui avoit été fort agitée et sans sommeil. Dans l'après-midi, nous fûmes effrayées d'une oppression considérable qui survint tout à coup et qui augmentoit à vue d'œil. A quatre heures, notre révérende mère demanda son confesseur. Jusqu'alors, elle n'envisageoit la mort qu'avec frayeur; cette frayeur disparut après sa confession, et, la sérénité peinte sur son visage, elle dit à M. Cousolin : « Je mourrai » à présent avec la plus grande paix. » A cinq heures, M. l'abbé de Floirac (1), un de nos visiteurs, entra pour voir et consoler l'auguste malade, et la quitta sans paroître alarmé de l'état où il la laissoit. Cependant l'oppression alloit toujours croissant, et ce fut alors que la communauté consternée commença une neuvaine au Cœur de Marie, avec vœu de réciter tous les jours ses litanies dans l'her-

généreux. Pendant plusieurs années il a rempli, dans notre communauté, toutes les fonctions du saint ministère avec un désintéressement le plus parfait. (*Note de la sœur Thérèse de Jésus.*)

(1) L'abbé de Floirac, grand-vicaire de l'archevêque de Paris et chanoine. A C.

mitage qui lui est dédié. Nous nous adressâmes encore à notre vénérable sœur Marie de l'Incarnation, avec promesse de doter un sujet qui porteroit son nom, si elle nous obtenoit de Dieu la conservation d'une mère dont nous étions prêtes à racheter la vie par le sacrifice de la nôtre. Je lui fis part des vœux que nous venions de former pour elle. « Ah! que vous êtes bonnes, me répondit-elle en me pres-
» sant la main, vous n'obligez pas une ingrate ; je vous ai
» toujours toutes tendrement aimées, et je le sens bien dans
» ce moment, qu'il faut nous quitter. »

Depuis le commencement de l'indisposition de notre révérende mère, et avant qu'il parût aucun danger, M. Malouet (1), médecin de Madame Victoire, étoit venu deux fois examiner par lui-même l'état de sa santé. Dans la funeste crise où elle se trouvoit, M. O'Reilly demanda qu'on appelât M. Malouet, qui arriva à dix heures. Frappé de la violence de l'oppression qui étouffoit la malade, il se retira avec son collègue dans une cellule comme pour concerter les remèdes que demandoient les circonstances. Mais M. Malouet, qui prévoyoit la catastrophe prochaine, écrivit à Madame Victoire pour la prévenir sur la triste nouvelle qu'elle devoit bientôt apprendre. Ces messieurs, ayant décidé qu'il falloit administrer au plus tôt Madame Louise, une de nos sœurs, qui avoit promis à cette princesse de l'avertir dès qu'il y auroit du danger, lui proposa de recevoir la sainte communion. Il étoit alors minuit. « Je la dé-
» sire ardemment, répondit la pieuse malade ; je vous re-
» mercie du service que vous me rendez, et je ne l'oublierai
» jamais. » Son confesseur fut appelé pour l'administrer, et il n'arrivoit pas assez tôt au gré de ses désirs. Elle répétoit

---

(1) M. Maloët, médecin de Madame Victoire, et non *Malouet*, comme il est écrit fautivement dans le manuscrit. Un M. Malouet était secrétaire ordinaire du cabinet de Mesdames Victoire et Adélaïde. Il se qualifiait, il est vrai, de médecin, mais le médecin de Madame Victoire était M. Maloët, et c'est lui qu'elle dut envoyer auprès de sa sœur. A. C.

sans cesse ces paroles : *Veni, Domine Jesu, noli tardare.*
Après avoir reçu le saint viatique avec cette foi qui avoit animé toutes ses actions, elle désira l'extrême-onction, et me chargea de demander en son nom pardon à la communauté de tout ce qu'elle pouvoit avoir à se reprocher à l'égard de chacune de ses sœurs ; puis, recueillant toutes les forces qui lui restoient encore, elle nous exhorta d'une voix mourante à la pratique exacte et constante des devoirs de notre état. Les sanglots, les larmes nous suffoquoient. « Mes sœurs, nous dit-elle, ne vous attendrissez pas ; j'es-
» père que vous viendrez toutes où je vais. J'espère aussi
« que ma famille, en ma considération, soutiendra cette
» maison. Elle se souviendra combien cette communauté
» m'a été chère et du temps que j'ai habité parmi vous. Ma
» famille protégera aussi toutes les maisons de notre ordre.
» Malouet, ajouta-t-elle, je vous charge de dire à mes sœurs
» que je meurs contente, et que je leur recommande les
» carmélites de Saint-Denis et M. O'Reilly, leur médecin. »

Notre sainte princesse, sentant approcher sa fin, demanda les prières des agonisants. M. l'abbé Consolin, qui les récitoit, paraissant troublé : « Courage, lui dit-elle, mon père,
» courage !.... je n'aurois jamais cru qu'il fût si doux de
» mourir. » On lui présenta un crucifix, elle le reconnut pour être celui qu'elle avoit envoyé au roi son père, dans ses derniers moments. « Donnez-m'en un autre, dit-elle,
» il y auroit peut-être quelque chose d'humain à baiser ce-
» lui-ci. » Ayant donné à deux de nos sœurs, à chacune un crucifix : « Demandez, leur dit-elle, à la future prieure
» la permission de les garder, car à Dieu ne plaise que je
» meure propriétaire !... Dépêchons-nous d'aller en para-
» dis. » Ce furent les dernières paroles de notre incomparable mère, après lesquelles elle perdit connoissance. Ce fut donc dans cet état que la trouva M. l'abbé de Floirac, qu'on avoit envoyé chercher à Paris, et qui arriva à Saint-Denis à deux heures après minuit. Il récita les prières des agonisants et lut la Passion de Notre-Seigneur selon saint Jean, pendant laquelle nous vîmes expirer Madame Louise-Marie

de France, notre prieure, notre mère, notre amie, âgée de 50 ans six mois, et dans la dix-huitième de son entrée en religion, le 23 décembre, à neuf heures et demie de matin. Il nous est impossible, ma révérende mère, de vous peindre le lugubre, l'attendrissant spectacle que produisit ce funeste événement. Plongées dans la consternation, inondées de nos larmes, sans mouvement et sans paroles, nous nous regardâmes avec cette sombre stupeur qui naît d'une calamité soudaine et générale. Bientôt notre maison retentit des sanglots de la douleur. Un morne silence leur succéda, et chacune de nous, livrée à une sensibilité concentrée, ne put plus l'exprimer que par des soupirs et par des larmes.

M. l'abbé de Rigaud, notre premier visiteur, instruit du danger de Madame Louise, arriva chez nous à cinq heures du matin ; il fut suivi de M. l'abbé Bertin, qui monta aussitôt à l'autel et y offrit le saint sacrifice pour l'auguste défunte. A onze heures M. l'archevêque de Paris (1) vit la communauté, lui porta des paroles de consolation et lui témoigna les plus vifs regrets d'avoir perdu une princesse si capable, par ses vertus, d'attirer des grâces abondantes sur son diocèse. Le lendemain, M. le nonce (2) nous honora aussi de sa visite. Son Excellence voulut entrer dans la maison accompagnée de deux architectes, pour décider du lieu de la sépulture. Ce prélat vouloit qu'elle fût dans le chœur, mais le local ne le permettant pas, il approuva qu'elle se fît au milieu du chapitre.

Nous gardâmes, ma révérende mère, le corps de notre princesse pendant quatre jours, pour attendre les ordres de la cour sur son enterrement. MM. les médecins avoient caractérisé sa maladie d'un dépôt dans l'estomac, et ils nous avoient annoncé que dès qu'il filtreroit dans la poitrine, la malade seroit étouffée. L'événement vérifia leur conjecture. Le dépôt ayant porté à la tête après la mort, et ayant ex-

(1) Antoine-Éléonor-Léon Le Clerc de Juigné, archevêque de Paris depuis 1781.

(2) Le comte Dugnani, archevêque de Rhodes, nonce ordinaire du Pape, 1786. A. C.

trêmement défiguré les traits de son visage, il ne fut pas possible d'exposer notre révérende mère à face découverte. Nous renfermâmes donc le corps dans un cercueil de plomb qui portoit, dans une inscription gravée sur le cuivre, le nom, les titres, l'âge et les années de religion de la princesse, et ce cercueil de plomb fut déposé dans une caisse de bois de chêne. Le roi, pour entrer dans les sentiments d'humilité de sa vertueuse tante, consentit qu'elle fût inhumée comme les autres religieuses.

M. l'archevêque de Paris, par respect pour les vertus de Madame Louise, n'avoit point voulu laisser à d'autres la consolation de faire la cérémonie de ces obsèques. Ce prélat chanta la grand'messe, ayant pour diacre M. l'abbé de Rigaud et pour sous-diacre M. l'abbé de Floirac. Le chœur fut tenu, pendant tout l'office, par les RR. PP. Bénédictins de l'abbaye royale de Saint-Denis. Après la grand'messe, M. l'archevêque de Paris, MM. l'ancien évêque de Senez et l'évêque de Babylone (1), précédés et suivis d'un grand nombre d'ecclésiastiques et de religieux, tant de la capitale que de Saint-Denis et des environs, se rendirent à notre chœur, où le corps étoit exposé ; on y chanta les *Répons* ordinaires, après lesquels tout le clergé descendit au chapitre, où le corps de notre mère fut déposé dans le lieu qui lui avoit été préparé, et sur lequel il sera placé une tombe de marbre blanc avec cette épitaphe :

Ici repose
LE CORPS DE LA TRÈS RÉVÉRENDE MÈRE
THÉRÈSE DE SAINT-AUGUSTIN
LOUISE-MARIE DE FRANCE
FILLE
DU ROI TRÈS-CHRÉTIEN LOUIS XV
ET
PRIEURE DE CE MONASTÈRE

Son sacrifice honora la Religion,
Son courage prouva sa foi,
Sa naissance releva son humilité,

(1) M. Miroudot, évêque de Babylone, sacré le 21 juin 1776.

A. C.

Son zèle maintint la règle,
Sa ferveur inspira l'amour,
Son exemple en adoucit l'amertume.

Elle décéda le XXIII Décembre M. D. C.C. L.X.X.X. V.II.
Dans la LIe année de son âge,
Dans la XVIIIe année de son entrée en Religion,
Dans la IIIe de son second Priorat.

Priez pour elle.

MM. nos visiteurs nous ont notifié, ma révérende mère, que leur intention et leur désir sont qu'on fasse, dans tout l'ordre, un service solennel pour Madame Louise, pendant lequel on fera célébrer plusieurs messes basses. Ils souhaitent aussi qu'on fasse plusieurs communions à la même intention.

Pour nous, ma révérende mère, nous vous supplions d'accorder au plus tôt les suffrages de l'ordre à la chère et respectable princesse que nous pleurons, une communion de votre communauté et une journée de bonnes œuvres qui soit un vendredi. Ajoutez-y trois fois : *Et Verbum caro factum est*, l'hymne *O gloriosa Domina*, et une antienne à saint Louis de Gonzague, objet de sa tendre piété.

Veuillez bien encore, ma révérende mère, vous unir à nous pour obtenir de Dieu une prieure selon son cœur, qui soutienne l'esprit de ferveur, de régularité, que notre auguste mère a laissé dans la communauté.

J'ai l'honneur d'être très-respectueusement, en l'amour de Jésus naissant,

Ma révérende et très-honorée mère,

Votre très-humble et très-obéissante fille et servante,

Sœur Thérèse de Jésus, R. C. I.

TABLE DES MATIÈRES

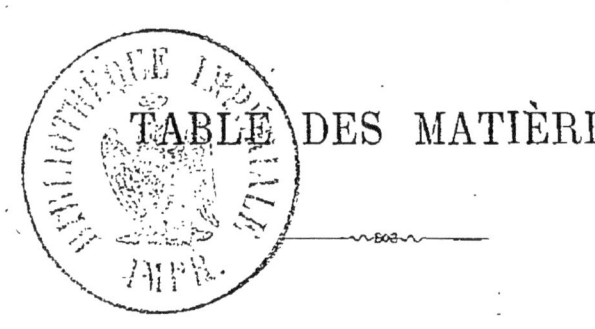

	Pages.
CHAPITRE I. Enfance de Mesdames	1
CHAPITRE II. Mesdames cadettes à Fontevrault	21
CHAPITRE III. Mesdames aînées à la cour (1738-1744)	43
CHAPITRE IV. Madame à la cour (1744-1749)	71
CHAPITRE V. Retour de Madame Victoire (1749-1750)	113
CHAPITRE VI. Mesdames réunies à la cour (1750-1764)	141
CHAPITRE VII. Madame Infante	193
CHAPITRE VIII. Fin du règne de Louis XV (1764-1774)	241
CHAPITRE IX. Mesdames et la politique (1743-1774)	281
CHAPITRE X. Madame Louise	311
CHAPITRE XI. Mesdames pendant le règne de Louis XVI (1774-1790)	347
CHAPITRE XII. Mesdames pendant la Révolution (1790-1800)	395

IMPRIMERIE DUFOUR ET Ce, BOULEVARD BONNE-NOUVELLE, 26
IMPASSE BONNE-NOUVELLÉ, 5

www.ingramcontent.com/pod-product-compliance
Lightning Source LLC
Chambersburg PA
CBHW051125230426

43670CB00007B/676